EIRINI AFENTOULIDOU-LEITGEB

DIE HYMNEN DES THEOKTISTOS STUDITES AUF ATHANASIOS I. VON KONSTANTINOPEL

EINLEITUNG, EDITION, KOMMENTAR

ÖSTERREICHISCHE AKADEMIE DER WISSENSCHAFTEN
INSTITUT FÜR BYZANZFORSCHUNG
INSTITUT FÜR BYZANTINISTIK UND NEOGRÄZISTIK
DER UNIVERSITÄT WIEN

WIENER BYZANTINISTISCHE STUDIEN

HERAUSGEGEBEN VON
JOHANNES KODER, OTTO KRESTEN
und CHRISTIAN GASTGEBER

BAND XXVII

ÖSTERREICHISCHE AKADEMIE DER WISSENSCHAFTEN
INSTITUT FÜR BYZANZFORSCHUNG
INSTITUT FÜR BYZANTINISTIK UND NEOGRÄZISTIK
DER UNIVERSITÄT WIEN

EIRINI AFENTOULIDOU-LEITGEB

Die Hymnen des Theoktistos Studites auf Athanasios I. von Konstantinopel

Einleitung, Edition, Kommentar

Vorgelegt von w. M. Johannes Koder in der Sitzung am 14. Dezember 2007

Die verwendete Papiersorte ist aus chlorfrei gebleichtem Zellstoff hergestellt, frei von säurebildenden Bestandteilen und alterungsbeständig

Alle Rechte vorbehalten

ISBN 978-3-7001-6043-4

Copyright © 2008 by
Österreichische Akademie der Wissenschaften, Wien
Druck und Bindung: Börsedruck Ges.m.b.H., 1230 Wien

http://hw.oeaw.ac.at/6043-4
http://verlag.oeaw.ac.at

INHALTSVERZEICHNIS

ABBILDUNGSVERZEICHNIS

Für alle Bilder © Ökumenisches Patriarchat von Konstantinopel / IRHT, Paris

DANKSAGUNG

Meinem Lehrer Prof. W. Hörandner, der mit seiner philologischen Kompetenz meine Arbeit unterstützte, möchte ich meinen aufrichtigen Dank aussprechen. Ebenfalls danke ich Prof. J. Koder, dessen konstruktive Fragestellung zur Vertiefung des Themas beitrug.

Prof. S. Kotzabassi erweckte seit wortwörtlich der ersten Stunde meines Studiums an der Aristoteles Universität, Thessaloniki, mein Interesse an das mir bis dann völlig unbekannte Fach der „Mittelalterlichen Griechischen Philologie"; sie kontrollierte das Manuskript und lieferte wertvolle Ergänzungshinweise.

Dem Ökumenischen Patriarchen Bartholomaios I. danke ich für die Erlaubnis, den Codex Chalc. S. Trin. 64 am Ort zu lesen. Dem Bibliothekar der Patriarchatsbibliothek Archimandriten Athenagoras danke ich für die Gastfreundschaft während meines dortigen Aufenthalts.

Prof. O. Kresten und Prof. De Gregorio danke ich für wertvolle Hinweise in paläographischen Fragen. Weiters bedanke ich mich bei Prof. Gerda Wolfram für die fruchtbaren Diskussionen bezüglich musikologischer Aspekte der Hymnen.

Dr. Christian Gastgeber danke ich für seine wichtigen Verbesserungsvorschläge bezüglich formaler Konsequenz. Dr. Annelies Paul hat das Korrekturlesen des deutschen Textes bereitwillig übernommen. Ihr drücke ich meinen herzlichsten Dank aus.

Hier kann ich nicht alle Personen nennen, die mir auf die eine oder andere Weise geholfen haben. Ich denke besonders an Dr. Leena Mari Peltomaa, Dr. Alice-Mary Talbot, Dr. Elena Kaltsogianni und Dr. Emmanouil Patedakis. Mein besonderer Dank gilt meinem Mann Rudolf Leitgeb für seine liebevolle Unterstützung.

ABKÜRZUNGSVERZEICHNIS

AB	Ἁγιορειτικὴ Βιβλιοθήκη
ADSV	Античная древность и средние века (Antičnaja drevnost' i srednie veka)
AHG	Analecta Hymnica Graeca e codicibus eruta Italiae inferioris, ed. G. SCHIRÒ et alii, T. I–XIII. Rom 1966–1983
ΑνΒλατ	Ανάλεκτα Βλατάδων
AnBoll	Analecta Bollandiana
BHG	Bibliotheca Hagiographica Graeca. 3ᵉ édition par F. HALKIN. I–III. Novum Auctarium. Brüssel 1957. 1984
BNV	Byzantina et Neograeca Vindobonensia
BollGrott	Bollettino della Badia Greca di Grottaferrata
BSH Ac-Roum	Académie Roumaine, Bulletin de la Section Historique
BV	Byzantina Vindobonensia
BZ	Byzantinische Zeitschrift
CCSG	Corpus Christianorum, Series Graeca
CFHB	Corpus Fontium Historiae Byzantinae
CPC	Christ, W. – Paranikas, M., Anthologia Graeca Carminum Christianorum. Leipzig 1871 (Nachdruck Hildesheim 1963)
CSHB	Corpus Scriptorum Historiae Byzantinae
ΔΧΑΕ	Δελτίο της Χριστιανικής Αρχαιολογικής Εταιρείας
DOP	Dumbarton Oaks Papers
EE	EUSTRATIADES, S., Εἱρμολόγιον (*AB* 9). Chennevières-sur-Marne 1932
ΕΕΒΣ	Επετηρίς Εταιρείας Βυζαντινών Σπουδών
ΕΕΘΣΑ	Επιστημονική Επετηρίς Θεολογικής Σχολής Αθηνών
ΕΕΘΣ Α.Π.Θ.	Επιστημονική Επετηρίς Θεολογικής Σχολής, Αριστοτέλειο Πανεπιστήμιο Θεσσαλονίκης
ΕΕΦΣ Α.Π.Θ.	Επιστημονική Επετηρίς Φιλοσοφικής Σχολής, Αριστοτέλειο Πανεπιστήμιο Θεσσαλονίκης
EO	Échos d'Orient
ER	Εὐχολόγιον τὸ μέγα. Rom 1873
HR	Ὡρολόγιον τὸ μέγα. Rom 1876
IRHT	Institut de Recherche et d'Histoire des Textes
JÖB	Jahrbuch der Österreichischen Byzantinistik
JÖBG	Jahrbuch der Österreichischen Byzantinischen Gesellschaft
Lampe	G. W. H. LAMPE, A Patristic Greek Lexicon. Oxford 1961
LBG	Lexikon zur Byzantinischen Gräzität, erstellt von E. TRAPP [et al.] I. A–K. Wien 2001. 5. Fasz. (λ–παλιάνθρωπος). Wien 2005. 6. Fasz. (παλιγγενεσία–προσπελαγίζω). Wien 2007

LSJ	H.G. LIDDELL – R. SCOTT – H. STUART JONES – R. MCKENZIE, A Greek-English Lexicon. Oxford [9]1940. Revised Supplement, ed. by P.G.W GLARE with the assistance of A.A. THOMPSON. Oxford 1996
MM	MIKLOSICH, F., – MÜLLER, J., Acta et Diplomata Graeca Medii Aevi sacra et profana I.II.III.IV.V.VI. Wien 1860.1862.1865.1871.1887.1890. Nachdruck Athen, ohne Jahresangabe
MMB	Monumenta Musicae Byzantinae
MR	Μηναῖα τοῦ ὅλου ἐνιαυτοῦ I–VI. Rom 1888–1901
OCA	Orientalia Christiana Analecta
PG	Patrologiae cursus completus. Series graeca, ed. J.-P. MIGNE. 1–161. Paris 1857–1866
PLP	Prosopographisches Lexikon der Palaiologenzeit, erstellt von E. TRAPP [et al.]. Wien 1976–1996
PeR	Πεντηκοστάριον χαρμόσυνον. Rom 1883
PmbZ	R.-J. LILIE [et al.], Prosopographie der mittelbyzantinischen Zeit. Erste Abteilung (641–867). 1–7. Berlin 1998–2001
PR	Παρακλητικὴ ἤτοι Ὀκτώηχος ἡ μεγάλη. Rom 1885
PRK	Das Register des Patriarchats von Konstantinopel, hrsg. v. H. HUNGER – O. KRESTEN [et al.]. 1–3. Wien 1981–2001. Indices I–II. Wien 1995
REB	Revue des Études Byzantines
RHM	Römische Historische Mitteilungen
RSBN	Rivista di Studi Bizantini e Neoellenici
SC	Sources Chrétiennes
ΘΗΕ	Θρησκευτικὴ καὶ Ἠθικὴ Ἐγκυκλοπαιδεία. I–XII. Athen 1962–1968
TLG	Thesaurus Linguae Graecae. Online Version (http://www.tlg.uci.edu), letztes benutztes Update 03.05.2007. University of California, Irvine
TR	Τριῴδιον κατανυκτικόν. Rom 1879
VV	Византийский Временник – Βυζαντινὰ Χρονικὰ (Vizantijskij Vremennik)
WBS	Wiener Byzantinistische Studien

BIBLIOGRAPHIE

Werke von und über Athanasios

DELEHAYE, Vie: DELEHAYE, H., La Vie d'Athanase, Patriarche de Constantinople (1289–1293, 1303–1309). *Mélanges d'archéologie et d'histoire de l' École Française de Rome* 17 (1897) 39–75. Nachdruck in: H. DELEHAYE, Mélanges d'hagiographie grecque et latine (*Subsidia Hagiographica* 42). Brüssel 1966, 125–149.

FUSCO, Enkomion: FUSCO, R., L'Encomio di Teoctisto Studita per Atanasio I di Costantinopoli (*BHG* 194a–b). *RSBN N.S.* 34 (1997) 83–153.

PAPADOPOULOS-KERAMEUS, Vita: PAPADOPOULOS-KERAMEUS A., Житія двухъ вселенскихъ патріарховъ XIV в., Свв. Атанасія и Исидора I. *Записки историко-филологическаго факультета императорскаго С.-Петербургскаго Университета* 76 (1905) 1–51.

PATEDAKIS, Athanasios: PATEDAKIS, E. S., Athanasios I Patriarch of Constantinople (1289–1293, 1303–1309). A Critical Edition with Introduction and Commentary of Selected Unpublished Works. Oxford 2004 (unveröffentlichte Doktorarbeit).

PATEDAKIS, Διαμάχη: PATEDAKIS, M., Η διαμάχη του Πατριάρχη Αθανασίου Α΄ (1289–1293, 1303–1309) με τον κλήρο της Αγίας Σοφίας (1306–1307) μέσα από ένδεκα ανέκδοτες επιστολές. *Ελληνικά* 56 (2006) 279–319.

TALBOT, Correspondence: TALBOT, A.-M. M., The Correspondence of Athanasius I, Patriarch of Constantinople. Letters to the Emperor Andronicus II, Members of the Imperial Family and Officials. An Edition, Translation and Commentary (*CFHB* 7). Washington, D.C. 1975.

TALBOT, Miracles: TALBOT, A.-M. M., Faith Healing in Late Byzantium. The Posthumous Miracles of the Patriarch Athanasios I of Constantinople by Theoktistos the Stoudite. Brookline, Massachusetts 1983.

TROIANOS, Epistole: TROIANOS, S., Ἐγκύκλιος Ἐπιστολὴ τοῦ Πατριάρχου Ἀθανασίου Α΄ πρὸς τοὺς νεοχειροτονουμένους Ἀρχιερεῖς. In: Ορθοδοξία και Οικουμένη. Χαριστήριος τόμος προς τιμήν του Οικουμενικού Πατριάρχου Βαρθολομαίου Α΄. Athen 2000, 455–468.

TSAMIS, Syngrammata: TSAMIS, D. G., Ἰωσὴφ Καλοθέτου Συγγράμματα (*Θεσσαλονικεῖς Βυζαντινοὶ Συγγραφεῖς* 1). Thessaloniki 1980.

Sonstige Textausgaben

AJJOUB, Horologium: AJJOUB, M. L., Livre d'heures du Sinai (Sinaiticus graecus 864). Introduction, texte critique, traduction, notes et index, avec la collaboration de J. PARAMELLE (*SC* 486). Paris 2004.

AUVRAY, Studites: AUVRAY, E., Theodori Studitae Parva Catechesis. Paris 1891.

CARRAS, Athanasia: CARRAS, L., The Life of St Athanasia of Aegina: A critical edition with introduction, in: Maistor. Classical, Byzantine and Renaissance Studies for Robert Browning (*Byzantina Australiensia* 5). Canberra 1984, 199–224.

CHRESTOU, Palamas: CHRESTOU, P. et al., Γρηγορίου τοῦ Παλαμᾶ Συγγράμματα I.II.III.IV. Thessaloniki 1962.1966.1970.1988.

Constitutiones Apostolorum: METZGER, M., Les constitutions Apostoliques I.II.III (*SC* 320. 329.336). Paris 1985.1986.1987.

EUSTRATIADES, Theotokarion: EUSTRATIADES, S., Θεοτοκάριον (*AB* 7–8). Chennevières-sur-Marne 1931.

FAILLER, Pachymeres: FAILLER, A., Georges Pachymérès, Relations historiques, édition et notes. Traduction française par V. LAURENT. I.II.III.IV.V. (*CFHB* 24). Paris 1984. 1984.1999.1999.2000.

FATOUROS, Studites: FATOUROS, G., Theodori Studitae Epistulae. I: Prolegomena et Textum epp. 1–70 continens. II: Textum epp. 71–564 et indices continens (*CFHB* 31). Berlin – New York 1992.

FOLLIERI, Mauropus: FOLLIERI, E., Giovanni Mauropode, Otto Canoni Paracletici a N.S. Gesù Cristo. Rom 1967.

FOUNTOULIS, Symeon: FOUNTOULIS, I. M., Συμεὼν Ἀρχιεπισκόπου Θεσσαλονίκης τὰ λειτουργικὰ συγγράμματα. I. Εὐχαὶ καὶ ὕμνοι (*Ἑταιρεία Μακεδ. Σπουδῶν, Ἐπιστ. Πραγματεῖαι, Σειρὰ Φιλολ. καὶ Θεολογική* 10). Thessaloniki 1968.

HAUSHERR, Symeon: HAUSHERR, I., Un grand mystique byzantin. Vie de Syméon le Nouveau Théologien (949–1022) par Nicétas Stéthatos (*Orientalia Christiana* 12). Rom 1928.

HERO, Akindynos: HERO, A. C., Letters of Gregory Akindynos. Greek Text and English Translation (*CFHB* 21). Washington, D.C. 1983.

HERO, Eulogia: HERO, A. C., A woman's quest for spiritual Guidance: The correspondence of Princess Irene Eulogia Choumnaina Palaiologina. Brookline, Massachusetts 1986.

KOMINIS, Athonita: KOMINIS, A., Un Canone inedito in onore di Sant'Atanasio l'Athonita, in: Le Millénaire du Mont Athos 963–1963. Études et Mélanges. T. I. Chevetogne 1963, 135–143.

LEONE, Gregoras: LEONE, P.L.M., La *Vita Antonii Cauleae* di Niceforo Gregora. *Nicolaus N.S.* 11 (1983) 17–50.

MAAS – TRYPANIS: MAAS, P. – TRYPANIS, C. A., Sancti Romani Melodi Cantica. Bd. I. Cantica Genuina. Oxford 1963. Bd. II. Cantica Dubia. Berlin 1970.

MAI, Commentarius: MAI, A., Domini Eustathii metropolitae Thessalonicensis Commentarius in Hymnum Pentecostalem S. Iohannis Damasceni, in: Spicilegium Romanum V. Rom 1841 (Nachdruck Graz 1974), 161–383.

MEYENDORFF, Défense: MEYENDORFF, J., Grégoire Palamas. Défense des saints hésychastes I–II. Introduction, texte critique, traduction et notes (*Spicilegium Sacrum Lovaniense* 30–31). Louvain 1959.

NADAL CAÑELLAS, Akindynos: NADAL CAÑELLAS, J., Gregorii Acindyni Refutationes Duae (*CCSG* 31). Turnhout – Leuven 1995.

NAUCK, Canones: Ioannis Damasceni Canones iambici cum commentario et indice verborum ex schedis A. NAUCK editi, in: Melanges Greco-Romains ... VI. St. Petersburg 1893, 199–223.

PANTOKRATORINOS, Vita: ATHANASIOS PANTOKRATORINOS, Βίος καὶ πολιτεία τοῦ Ἀθανασίου Α΄ οἰκουμενικοῦ πατριάρχου (1289–1293 καὶ 1304–1310) συγγραφεὶς ὑπὸ Ἰωσὴφ Καλοθέτου μοναχοῦ. *Θρᾳκικά* 13 (1940) 56–107.

ROMANO, Acropolita: ROMANO, R., Costantino Acropolita, Epistole. Saggio introduttivo, testo critico, indici. Neapel 1991.

SCHOPENUS, Gregoras: Nicephori Gregorae Byzantina Historia T. I.II ed. L. SCHOPENUS (*CSHB* 19). Bonn 1829.1830.

TRYPANIS, Cantica: TRYPANIS, C. A., Fourteen Early Byzantine Cantica (*WBS* V). Wien 1968.

TSAMIS, Logoi: TSAMIS, D. G., Ἰωσὴφ Καλοθέτου λόγοι (*ΕΕΘΣ Α.Π.Θ.* 19, Παράρτημα). Thessaloniki 1975.

Sekundärliteratur

In **Fettdruck** sind die Wörter hervorgehoben, die den Kurztitel bilden.

AFENTOULIDOU, Ei., Zur akzentuierenden **Metrik** der dem Johannes Damaskenos zugeschriebenen jambischen Kanones, in: Wiener Byzantinistik und Neogräzistik. Beiträge zum Symposion Vierzig Jahre Institut für Byzantinistik und Neogräzistik der Universität Wien im Gedenken an Herbert Hunger (Wien, 4.–7. Dezember 2002). Hrsg. von W. HÖRANDNER, J. KODER und M. A. STASSINOPOULOU (*BNV* XXIV). Wien 2004, 45–52.

ALFEYEV, H., **St. Symeon** the New Theologian and Orthodox Tradition (*Oxford Early Christian Studies*). Oxford 2000.

ALIVIZATOS, A. S., Ἡ **ἀναγνώρισις** τῶν ἁγίων ἐν τῇ ὀρθοδόξῳ ἐκκλησίᾳ. *Θεολογία* 19 (1941–1948) 18–52.

ALYGIZAKIS, A. E., Η οκταηχία στην ελληνική λειτουργική υμνογραφία. Thessaloniki 1985.

ANASTASIOU, I., Ὁ θρυλούμενος **διωγμὸς** τῶν ἁγιορειτῶν μοναχῶν ὑπὸ τοῦ Μιχαὴλ Η΄ Παλαιολόγου καὶ τοῦ Ἰωάννου Βέκκου, in: Ἀθωνικὴ Πολιτεία. Thessaloniki 1963, 207–257.

BANESCU, N., Le patriarche Athanase Ier et Andronic II Paléologue: État religieux, politique et social de l'empire. *BSH Ac-Roum* 23 (1942) 28–56.

BECK, H.-G., Humanismus und Palamismus, in: Actes du XIIe Congrès International d'Études Byzantines T. I. Belgrad 1963, 66.

BECK, H.-G., **Kirche** und theologische Literatur im byzantinischen Reich. München ^{2}1977.

BEKATOROS, G. G., Ἀκολουθία, in ΘΗΕ, T. 1, 1217–1221.

BEYER, H.-V. Участие Ирины-Евлогии Хумнены в исихастском противоборстве XIV в. (Die Teilnahme der Eirene/Eulogia **Chumnaina** am Hesychastenstreit des XIV. Jh.s, dt. Zusammenfassung). *ADSV* 31 (2000) 297–322.

BOOJAMRA, J. L., The Ecclesiastical Reforms of Patriarch Athanasius of Constantinople (1289–1293; 1303–1309). New York 1976.

BOOJAMRA, J. L., **Church Reform** in the Late Byzantine Empire. A Study for the Patriarchate of Athanasios of Constantinople (*ΑνΒλατ* 35). Thessaloniki 1982.

BOOJAMRA, J. L., The church and **social reform**. The policies of the Patriarch Athanasios of Constantinople. New York 1993.

BROWNING, R., Medieval and Modern Greek. Cambridge ²1983 (Nachdruck 1989).

CALI, L., Le ipakoè dell'octoichos bizantino. *BollGrott N.S.* 19 (1965) 161–174.

CHRIST, W., **Beiträge** zur kirchlichen Literatur der Byzantiner. München 1870.

CONSTANTELOS, D. J., Life and Social Welfare Activity of Patriarch Athanasios I of Constantinople. *Θεολογία* 46 (1975) 611–625.

DARROUZÈS, J., Les **calendriers** byzantins en vers. *REB* 16 (1958 = Mélanges Sévérien Salaville) 59–84.

DARROUZÈS, J., Conférence sur la **primauté** du Pape à Constantinople en 1357. *REB* 19 (1961) 76–109.

DARROUZÈS, J., Les **regestes** des actes du patriarcat de Constantinople. Bd. I: Les actes des patriarches. Fasz. V. Les regestes de 1310 à 1376. Fasz. VI. Les regestes de 1377 à 1410. Paris 1977.1979.

DE GREGORIO, G. – PRATO, G., **Scrittura arcaizzante** in codici profani e sacri della prima età paleologa. *RHM* 45 (2003) 59–101.

DELEHAYE, H., **Catalogus** Codicum hagiographicorum graecorum Bibliothecae Scholae Theologicae in Chalcae Insula. *AnBoll* 44 (1926) 1–63.

DELEHAYE, H., **Sanctus**. Essai sur le culte des saints dans l'antiquité (*Subsidia Hagiographica* 17). Brüssel 1927.

DETORAKIS, Th., Ἀνέκδοτα **Μεγαλυνάρια** τοῦ Μεγάλου Σαββάτου. *ΕΕΒΣ* 47 (1987–1989) 221–246.

DMITRIEVSKIJ, A., Описанiе литургическихъ рукописей хранящихся въ библiотекахъ православнаго востока. T. I.–III. Kiew 1895.1901.1917. Nachdruck Hildesheim 1965.

DVORNIK, F., Byzance et la primauté romaine. Paris 1964.

EHRHARD, A., Überlieferung und Bestand der hagiographischen und homiletischen Literatur der griechischen Kirche von den Anfängen bis zum Ende des 16. Jahrhunderts. Bde 1.2. 3/1. 3/2. Leipzig 1937. 1938. 1943. Berlin 1952.

EMERAU, C. Hymnographi Byzantini. *EO* 21 (1922) 258–279; 22 (1923) 11–25, 419–439; 23 (1924) 195–200, 275–285, 407–414; 24 (1925) 163–179; 25 (1926) 177–184.

FAILLER, A., La première **démission** du patriarche Athanase (1293) d'après les documents. *REB* 50 (1992) 137–162.

FLOROS, C., Universale Neumenkunde I–III. Kassel 1970.

FOLLIERI, E., **Initia** Hymnorum Ecclesiae Graecae, T. I.II.III.IV.V. (*Studi e Testi* 211–215). Città del Vaticano 1960.1961.1962.1963.1966.

FOLLIERI, E., Problemi di innografia Bizantina, in: Actes du XIIe Congrès International d'Études Byzantines T. II. Ochride 1964, 312–325.

FOUNTOULIS, I. M., Τὸ **λειτουργικὸν ἔργον** Συμεὼν τοῦ Θεσσαλονίκης (*Ἑταιρεία Μακεδονικῶν Σπουδῶν, Ἵδρυμα Μελετῶν Χερσονήσου τοῦ Αἵμου* 84). Thessaloniki 1966.

GAFFURI, A. L., La teoria grammaticale antica sull'**interpunzione** dei testi greci e la prassi di alcuni codici medievali. *Aevum* 68 (1994) 95–115.

GILL, J., Emperor Andronicus II and the Patriarch Athanasios I. *Βυζαντινά* 2 (1970) 11–19.

GOUNARIDIS, P., Το **κίνημα** των Αρσενιατών (1261–1310). Ιδεολογικές διαμάχες την εποχή των πρώτων Παλαιολόγων. Athen 1999.

GRECU, V., Das Geburtsjahr des byzantinischen Geschichtsschreibers Nikephoros Gregoras. *BSH Ac-Roum* 27 (1946) 56–61.

GROLIMUND, V., **Theoktistos** Studites – ein wenig bekannter byzantinischer Hymnograph und theologischer Gelegenheitsschriftsteller des 14. Jahrhunderts, in: Festschrift für Fairy von Lilienfeld zum 65. Geburtstag, herausgegeben von A. REXHEUSER und K.-H. RUFFMANN. Erlangen 1982, 479–510.

GROSDIDIER DE MATONS, J., **Romanos le Mélode** et les origines de la poésie religieuse à Byzance. Paris 1977.

GRUMEL, V., Le **Mois de Marie** des Byzantins. *EO* 31 (1932) 257–269.

GRUMEL, V., **L'apodosis** de la fête de la Koimesis dans le rite byzantin, in: Εἰς μνήμην Σπυρίδωνος Λάμπρου. Athen 1935, 321–327.

HANNICK, Ch., Le texte de l'Oktoechos, in: Dimanche – Office selon les huit tons (*La prière des Églises de rite byzantin* III). Chevetogne 1972, 37–60.

HANNICK, Ch., Étude sur l'ἀκολουθία ᾀσματική. *JÖB* 19 (1970) 243–260.

HANNICK, Ch., The Performance of the Kanon in Thessaloniki in the 14th Century (*Studies in Eastern Chant* V). Crestwood, NY 1990, 137–152.

HANNICK, Ch., Frühe Phasen der byzantinischen Heiligenverehrung im liturgischen Raum, in: Ab Oriente et Occidente (Mt 8,11). Kirche aus Ost und West. Gedenkschrift für Wilhelm Nyssen, ed. M. SCHNEIDER – W. BERSCHIN. St. Ottilien 1996, 141–148.

HERO, A. C., **Irene-Eulogia** Choumnaina Palaiologina, Abbess of the Convent of Philanthropos Soter in Constantinople. *Byzantinische Forschungen* 9 (1985) 119–147.

HILBERG, I., Ein **Accentgesetz** der byzantinischen Jambographen. *BZ* 7 (1898) 337–365.

HINTERBERGER, M., Les *Vies des Saints* du XIVe siècle en tant que biographie historique: l'œuvre de Nicéphore Grégoras, in: Les *Vies des Saints* à Byzance. Genre littéraire ou biographie historique? Hrsg. P. ODORICO und P. AGAPITOS (*Dossiers Byzantins* 4). Paris 2004, 281–301.

HORROCKS, G., Greek. A History of the Language and its Speakers. London – New York 1997.

HUNGER, H., Die hochsprachliche profane Literatur der Byzantiner. Bde I.II (*Handbuch der Altertumswissenschaft* 5.1–5.2). München 1978.

HUNGER, H., Byzantinische **Namensdeutungen** in jambischen Synaxarversen. *Βυζαντινά* 13 (1985) 1–26.

JANIN, R., La géographie ecclésiastique de l'empire byzantin. Le siège de **Constantinople** et le patriarcat Œcuménique. T. III: Les églises et les monastères. Paris [2]1969.

JANIN, R., La géographie ecclésiastique de l'empire byzantin. Les églises et les monastères des grands centres Byzantins. Paris 1975.

KATZIGKAS, A. D., Τὸ ὑμνογραφικὸ καὶ εὐχολογικὸ ἔργο Θεοκτίστου τοῦ Στουδίτη. Thessaloniki 2000.

KAŽDAN, A., Two letters of Athanasios I, Patriarch of Constantinople: An Attempt at Reinterpretation, in: Charanis Studies. Essays in Honor of Peter Charanis. Hrsg. Angeliki E. LAIOU-THOMADAKIS. New Brunswick, N.J. 1980.

KIDONOPOULOS, V., Bauten in Konstantinopel 1204–1328. Verfall und Restaurierung, Umbau und Neubau von Profan- und Sakralbauten (*Mainzer Veröffentlichungen zur Byzantinistik* 1). Wiesbaden 1994.

KODER, J., **Patres Athonenses** a Latinophilis occisi sub Michaele VIII. *JÖB* 18 (1969) 79–88.

KODER, J., **Kontakion** und politischer Vers. *JÖB* 33 (1983) 45–56.

KODER, J., Normale Mönche und **Enthusiasten**: Der Fall des Symeon Neos Theologos, in: Religiöse Devianz. Untersuchungen zu sozialen, rechtlichen und theologischen Reaktionen auf religiöse Abweichung im westlichen und östlichen Mittelalter. Hrsg. von D. SIMON. Frankfurt/Main 1990, 97–119.

KONTOGIANNOPOULOU, A., Το **σχίσμα** των Αρσενιατών (1265–1310). Συμβολή στη μελέτη της πορείας και της φύσης του κινήματος. *Βυζαντιακά* 18 (1998) 177–235.

KOROLEVSKIJ, C., L'édition romaine des ménées grecques. *BollGrott N.S.* 3 (1949) 30–40, 153–162 und 225–247.

KOSTOGRYZOVA, L. Ju., Оценка паламитами и антипаламитами роли ирины-евлогии хумнены в исихастском противобостве XIV в. (Die Beurteilung der Rolle der Eirene-Eulogia Chumnaina im Hesychastenstreit durch Palamiten und Antipalamiten). *ADSV* 31 (2000) 290–296.

KOTZABASSI S., Die handschriftliche Überlieferung der rhetorischen und hagiographischen Werke des Gregor von Zypern (*Serta Graeca* 6). Wiesbaden 1998.

KRAUS, C., **Kleriker** im späten Byzanz. Anagnosten, Hypodiakone, Diakone, Priester 1261–1453 (*Mainzer Veröffentlichungen zur Byzantinistik* 9). Wiesbaden 2007.

KRUMBACHER, K., Die Akrostichis in der griechischen Kirchenpoesie, in: Sitzungsberichte der philosophisch-philologischen Klasse der Königlich Bayerischen Akademie der Wissenschaften, Jahrgang 1903. München 1904, 551–691.

KÜLZER, A., **Heilige Berge**: das Ganos-Gebirge in Ostthrakien (Işıklar dağı), in: P. SOUSTAL (Hrsg.), Holy Mountains and Deserts. Wien 2008 (in Druckvorbereitung).

LAIOU, A., Constantinople and the Latins. The Foreign Policy of Andronicus II, 1282–1328. Cambridge, MA 1972.

LAIOU, A., The Provisioning of Constantinople during the winter of 1306–1307. *Byzantion* 37 (1967) 91–113.

LAIOU-THOMADAKIS, A., Saints and Society in the Late Byzantine Empire, in: Charanis Studies. Essays in Honor of Peter Charanis. Hrsg. Angeliki E. LAIOU-THOMADAKIS. New Brunswick, N.J. 1980.

LAOURDAS, V., Συμεὼν Θεσσαλονίκης. **Ἀκριβὴς διάταξις** τῆς ἑορτῆς τοῦ ἁγίου Δημητρίου. *Γρηγόριος Παλαμᾶς* 39 (1956) 327–342.

LAURENT, V., Les grandes **crises** religieuses à Byzance. La fin du schisme arsénite. *BSH Ac-Roum* 26/2 (1945) 225–313.

LAURENT, V., La **direction** spirituelle à Byzance. La correspondance d'Irène-Eulogie Choumnaina Paléologine avec son second directeur. *REB* 14 (1956) 48–86.

LAURENT, V., Le **Serment** de l'empereur Andronic IIème Paléologue au Patriarche Athanase Ier, lors de sa seconde accession au trône œcuménique (Sept. 1303). *REB* 23 (1965) 124–139.

LAURENT, V., Les **regestes** des actes du patriarcat de Constantinople. Bd. I: Les actes des patriarches. Fasz. IV: Les regestes de 1208 à 1309. Paris 1971.

LAUXTERMANN, M., The velocity of pure **iambs**. Byzantine observations on the metre and rhythm of the dodecasyllable. *JÖB* 48 (1998) 9–33.

LAUXTERMANN, M. D., The **Spring of Rhythm**. An Essay on the Political Verse and Other Byzantine Metres (*BV* 22). Wien 1999.

MAAS, P., Der byzantinische **Zwölfsilber**. *BZ* 12 (1903) 278–323.

MACRIDES, R., **Saints** and Sainthood in the Early Palaiologan Period, in: The Byzantine Saint, ed. S. HACKEL. University of Birmingham, Fourteenth Spring Symposium of Byzantine Studies. London 1981.

MALTESE, E. V., **Ortografia** d'autore e regole dell'editore: gli autografi bizantini, in: L'edizione critica fra testo musicale e testo letterario. Lucca 1995, 261–286.

MATEOS, J., Le Typikon de la Grande Église. Introduction, texte critique, traduction et notes. T. I: Le cycle de douze mois. T. II: Le cycle des fêtes mobiles (*Orientalia Christiana Analecta* 165.166). Rom 1962.1963.

MAZZUCCHI, C. M., Per una punteggiatura non anacronistica, e più efficace, dei testi greci. *BollGrott N.S.* 51 (1997) 129–143.

MEYENDORFF, J., Introduction à l'étude de Grégoire Palamas (*Patristica Sorbonensia* 3). Paris 1959.

MINEVA, E., Το υμνογραφικό έργο του Μάρκου Ευγενικού. Athen 2004.

MOŠIN, V. A. – TRALJIC, S. M., Filigranes des XIIIe et XIVe ss. Bde I–II. Zagreb 1957.

MÜLLER-WIENER, W., Bildlexikon zur Topographie Istanbuls. Tübingen 1977.

NADAL CAÑELLAS, J., Un fait inconnu de la vie du Patriarche **Athanase** I de Constantinople, in: Philohistôr. Miscellanea in honorem Caroli Laga septuagenarii, ed. A. SCHOORS – P. VAN DEUN (*Orientalia Lovaniensia Analecta* 60). Leuven 1994, 443–449.

NICOL, D. M., The last centuries of Byzantium, 1261–1453. Cambridge – New York ^{2}1993.

NIKOLAKOPOULOS, K. Orthodoxe Hymnographie. Lexikon der orthodoxen hymnologisch-musikalischen Terminologie. Schliern b. Köniz 1999.

NIKOLOPOULOS, P. G., Ἀκολουθία ἀνέκδοτος εἰς Ἀρσένιον Πατριάρχην Κωνσταντινουπόλεως. *ΕΕΒΣ* 43 (1977–8) 365–383.

NORET, J., Quand donc rendrons-nous à quantité d'**indéfinis**, prétendument enclitiques, l'accent qui leur revient? *Byzantion* 57 (1987) 191–195.

NORET, J., Notes de **ponctuation** et d'accentuation byzantines. *Byzantion* 65 (1995) 69–88.

OLIVIER, J.-M., Répertoire des bibliothèques et des catalogues de manuscrits grecs (*Corpus Christianorum*). Turnhout 1995.

ONASCH, K., Kunst und Liturgie der Ostkirche in Stichwörtern unter Berücksichtigung der Alten Kirche. Wien 1981.

PAPADAKIS, A., **Crisis** in Byzantium. The Filioque Controversy in the Patriarchate of Gregory II of Cyprus (1283–1289). Crestwood, NY ^{2}1997.

PAPADOPOULOS, G. I., **Συμβολαὶ** εἰς τὴν ἱστορίαν τῆς παρ' ἡμῖν Ἐκκλησιαστικῆς Μουσικῆς. Athen 1890 (Nachdruck Athen 1977).

PAPADOPOULOS-KERAMEUS, A., Σχεδίασμα περὶ τῶν λειτουργικῶν μηναίων. *VV* 1 (1894) 341–388.

PAPADOPOULOS-KERAMEUS, A., **Δεύτεραι** ᾠδαὶ ᾀσματικῶν κανόνων. *VV* 13 (1907) 484–488.

PAPAILIOPOULOU-FOTOPOULOU, E., Ταμεῖον ἀνεκδότων βυζαντινῶν ᾀσματικῶν κανόνων. I. Κανόνες μηναίων. Athen 1996.

PAPATRIANTAFYLLOU-THEODORIDI N., Η χειρόγραφη παράδοση των έργων του Νικηφόρου Χούμνου (1250/55–1327) (*ΕΕΦΣ Α.Π.Θ. Παράρτημα* 52). Thessaloniki 1984.

PAPAZOTOS, Th., To **Isa** [sic] **Kapısı Mescidi** στην Κωνσταντινούπολη, μονή του πατριάρχου Αθανασίου. *ΔΧΑΕ (S. 4)* 18 (1995) 39–47.

PATEDAKIS, M., Οι **διαθήκες** των πατριαρχών της πρώιμης Παλαιολόγειας περιόδου (1255–1309). *Θησαυρίσματα* 37 (2007) 65–86.

PELEKANIDIS, S., Παρατηρήσεις τινὲς εἰς Συμεὼν Θεσσαλονίκης «Διάταξις ἀκριβὴς τῆς ἑορτῆς τοῦ ἁγίου Δημητρίου». *Μακεδονικά* 4 (1955–1960) 410–415.

PICCARD, G., Wasserzeichen. Bd. IX 1–2: Werkzeuge und Waffen. Stuttgard 1980.

POLITIS, L., **Κατάλογος** χειρογράφων τῆς ἐθνικῆς βιβλιοθήκης τῆς Ἑλλάδος ἀρ. 1857–2500. Με τὴ συνεργασία Μ. Λ. Πολίτη (*Πραγματεῖαι τῆς Ἀκαδημίας Ἀθηνῶν* 54). Athen 1991.

REINSCH, D. R., **Stixis** und Hören, in: Actes du VIe Colloque international de paléographie grecque, September 2003, Drama. In Druckvorbereitung.

RONCHEY, S., L'Exegesis in Canonem Iambicum di Eustazio di Tessalonica. *Aevum* 59 (1985) 241–266.

RONCHEY, S., **Crise et continuité** à Byzance. Georges Choiroboskos, Jean Arklas: deux auteurs de l'époque iconoclaste dans le prologue de l'exegesis in canonem iambicum d'Eustathe de Thessalonique, in: The 17th International Byzantine Congress (Abstracts of Short Papers). Washington, D.C. 1986, 297f.

RONCHEY, S., An Introduction to Eustathios's **Exegesis** in Canonem Iambicum. *DOP* 45 (1991) 149–158.

RONCHEY, S., Those "whose **writings** were **exchanged**". John of Damascus, George Choeroboscus and John "Arklas" according to the Prooimion of Eustathius's Exegesis in Canonem Iambicum de Pentecoste, in: Novum Millennium. Studies in Honour of Paul Speck, ed. Claudia SODE and Sarolta TAKACS. London 2001, 327–336.

SALAVILLE, S., Un office grec du «très doux **Jésus**» antérieur au «Jubilus » dit de Saint Bernard. *Revue de l'Ascétisme et de Mystique* 25 (1949) 246–259.

SCHMIDT, H., Zum formelhaften Aufbau byzantinischer Kanones. Wiesbaden 1979.

SINKEWICZ, R., Manuscript Listings for the authors of the Patristic and Byzantine Period (*Greek index project series* 4). Toronto 1992.

SOTIROUDIS, P., Ἱερὰ Μονὴ Ἰβήρων. Κατάλογος Ἑλληνικῶν Χειρογράφων. Τόμος Α΄ (1–100). Hagion Oros 1998.

STATHIS, G. Th., Ἡ δεκαπεντασύλλαβος ὑμνογραφία ἐν τῇ βυζαντινῇ μελοποιΐᾳ. Athen 1977.

STIERNON, D., Le quartier du **Xérolophos** à Constantinople et les reliques vénitiennes de saint Athanase. *REB* 19 (1961) 165–188.

SYKOUTRIS, I., Περὶ τὸ σχίσμα τῶν Ἀρσενιατῶν. *Ἑλληνικά* 2 (1929) 267–332.

TALBOT, A.-M., **Fact and Fiction** in the *Vita* of the Patriarch Athanasios I of Constantinople by Theoktistos the Stoudite, in: Les *Vies des saints* à Byzance. Genre littéraire ou biographie historique? Hrsg. P. ODORICO und P. AGAPITOS (*Dossiers Byzantins* 4). Paris 2004, 87–101.

TOMADAKIS, E. I., **Ἰωσὴφ** ὁ ὑμνογράφος. Βίος καὶ ἔργον (*Ἀθηνᾶ, Σειρὰ διατριβῶν καὶ μελετημάτων* 11). Athen 1971.

TOMADAKIS, N. V., Αἰσθητικὴ διαφοροποίησις θρησκευτικῆς καὶ ἐκκλησιαστικῆς ὑμνογραφίας. *ΕΕΒΣ* 28 (1958) 65–86.

TOMADAKIS, N., Ἐπίμετρον περὶ τοῦ Θεοτοκαρίου τοῦ Νικοδήμου. *ΕΕΒΣ* 32 (1963) 15–25.

Tomadakis, N. V., Ἡ Βυζαντινὴ Ὑμνογραφία καὶ ποίησις, ἤτοι Εἰσαγωγὴ εἰς τὴν Βυζαντινὴν Φιλολογίαν. T. II, Athen ²1965.

Tsakopoulos, Ai., Περιγραφικὸς κατάλογος τῶν χειρογράφων τῆς βιβλιοθήκης τοῦ Οἰκουμενικοῦ Πατριαρχείου. T. B΄, Ἁγ. Τριάδος Χάλκης. Istanbul, ohne Jahresangabe (1953).

Turner, H. J. M., **St. Symeon** the New Theologian and Spiritual Fatherhood (*Byzantina Neerlandica* 11). Leiden – New York – Kopenhagen – Köln 1990.

Van Deun, P., Les **citations** de Maxime le Confesseur dans le florilège palamite de l'Atheniensis, Bibliothèque Nationale 2583. *Byzantion* 57 (1987) 127–157.

Vassis, I., Initia carminum Byzantinorum (*Supplementa Byzantina* 8). Berlin – New York 2005.

de Vries-van der Velden, E., L'élite byzantine devant l'avance turque à l'époque de la guerre civile de 1341 à 1354. Amsterdam 1989.

Wellesz, E., A History of **Byzantine Music** and Hymnography. Oxford ²1962.

Wellesz, E., Eastern Elements in Western Chant (*MMB Transcripta*, vol. I). Kopenhagen 1936.

Weyh, W., Die Akrostichis in der byzantinischen Kanonesdichtung. *BZ* 17 (1908) 1–69.

Xydis, Th., Βυζαντινὴ ὑμνογραφία. Ohne Ortsangabe (Athen) 1978.

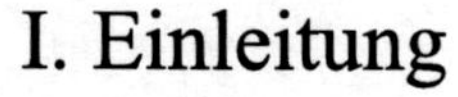

I. Einleitung

1. THEOKTISTOS STUDITES. LEBEN UND WERK

1.1 Die bisherige Forschung

Theoktistos Studites gehört zu jenen Schriftstellern, die am Rande des Interesses der Byzantinistik stehen. Seine Bedeutung für die Kirchengeschichte und für die Philologie ist gering. Sein tradiertes Werk bezieht sich auf den Patriarchen Athanasios I. von Konstantinopel (1289–1293 und 1303–1309), liefert aber kaum neue Informationen zu dessen kirchenpolitischem Wirken.

Die Anfänge der philologischen Beschäftigung mit dem Werk des Theoktistos hängen mit dem Interesse an der – auch spätbyzantinischen – Hagiographie zusammen. H. DELEHAYE publizierte 1897 Teile der von Theoktistos verfassten Vita des Athanasios aus dem Codex Vatic. Barber. 583 (olim VI 22)[1]. Kurz danach, im Jahr 1905, publizierte A. PAPADOPOULOS-KERAMEUS die Vita aus dem Codex Athon. Iberon 50[2]. Diese bleibt trotz ihrer Mängel die einzige vollständige Ausgabe des Textes. In der Einführung wurden die Synaxarverse und Synaxarnotiz aus der Akoluthia des Athanasios transkribiert. Eine kritische Ausgabe der Vita gehört zu den Desideraten der Athanasios- und Theoktistos-Forschung. A. EHRHARD widmet Athanasios I. von Konstantinopel und seinen Hagiographen in seinem Werk *Überlieferung und Bestand der hagiographischen und homiletischen Literatur der griechischen Kirche* einen Paragraphen[3]. 1959 erschien H.-G. BECKS „Kirche und theologische Literatur im byzantinischen Reich", in dem er kurz auf Theoktistos zu sprechen kommt[4]. BECK erwähnt die elf Kanones nicht, schreibt dafür dem Theoktistos eine Akoluthia zu.

Eher zufällig wurde ein weiteres Opusculum des Theoktistos ediert: Im Rahmen der von P. CHRESTOU geleiteten kritischen Edition der Werke des Gregorios Palamas wurden im kritischen Apparat zwei Tetrasticha auf Pa-

---

1 DELEHAYE, Vie.

2 PAPADOPOULOS-KERAMEUS, Vita.

3 EHRHARD, Bd. 3/2, 991–992.

4 BECK, Kirche 700.

lamas transkribiert, die in zwei Handschriften am Ende des Traktates Περὶ θεοποιοῦ μεθέξεως überliefert sind[5]. Eines von ihnen wird Theoktistos Studites zugeschrieben. Die Herausgeber kommentieren die Person des Theoktistos Studites nicht.

In den letzten Jahrzehnten wuchs das Interesse an dem umstrittenen Patriarchen Athanasios – nicht zuletzt wegen der kritischen Ausgabe eines Teils seiner Korrespondenz durch A.-M. TALBOT im Jahr 1975[6] – und daher auch an seinem Biographen Theoktistos Studites. 1982 erschien ein Artikel von V. GROLIMUND[7], in dem er eine erste Untersuchung von Leben und Werk des Theoktistos versuchte. Er zitierte auch Werke, die nur in kirchenslawischer Übersetzung erhalten sind.

Durch das erneute Interesse an der Hagiographie als Quelle zu vorher wenig beachteten Themen wie Alltagsleben und Heiligenkult profitierte das Werk des Theoktistos. Im Jahr 1983 edierte TALBOT die Rede des Theoktistos Studites auf die Reliquientranslation des Athanasios[8]. Das war die erste kritische Ausgabe von Werken des Theoktistos und das erste Mal, dass der wichtige Codex Chalk. S. Trin. 64 für eine Ausgabe benützt wurde. Der Titel der Ausgabe ist für die Fragestellung bezeichnend: *Faith Healing in Late Byzantium. The Posthumous Miracles of the Patriarch Athanasios I of Constantinople by Theoktistos the Stoudite*. In der Einführung behandelt TALBOT unter anderem Probleme der Biographie des Theoktistos[9]. In den zwei Anhängen stellt sie die Frage, ob Theoktistos mit dem Verfasser eines berühmten Kanons auf Jesus zu identifizieren sei, und gibt ein Werkverzeichnis des Theoktistos.

1997 erschien die zweite kritische Ausgabe eines Werkes von Theoktistos über Athanasios, und zwar des Enkomions durch R. FUSCO[10]. In der Einführung diskutiert FUSCO unter anderem die sprachlichen Bezüge zwischen dem Enkomion und der Vita.

Vor kurzem erschien ein Artikel von A.-M. TALBOT, in dem sie die Angaben der von Theoktistos verfassten Vita des Athanasios mit aus anderen Quellen bekannten Informationen vergleicht. Sie zeigt, wie der Hagiograph Ereignisse aus dem Leben des Athanasios unter ein positives Licht stellt

5 CHRESTOU, Palamas, Bd. II 163.
6 TALBOT, Correspondence.
7 GROLIMUND, Theoktistos.
8 TALBOT, Miracles.
9 TALBOT, Miracles, S. 31–38.
10 FUSCO, Enkomion.

oder gar verschweigt[11]. Darüber hinaus sei ein großer Teil der Vita sowie der anderen Prosawerke des Theoktistos früheren hagiographischen Autoren entnommen.

Ein Problem der Theoktistos-Forschung ist die Frage, ob er mit dem zweiten geistlichen Vater der Eirene-Eulogia Chumnaina zu identifizieren ist. V. LAURENT warf 1956 die Frage der Identifizierung des „Vaters" mit einem der bekannten Hagiographen des Athanasios auf[12]. A. HERO nahm 1985 die Diskussion wieder auf[13]; 1986 edierte sie den Briefwechsel Eulogias mit ihrem geistlichen Vater[14]. Der Artikel von H.-V. BEYER im Jahr 2000 setze die Diskussion fort[15]; BEYER schlug die Identifikation des geistlichen Vaters Eulogias mit Theoktistos Studites vor.

Die Hymnen auf Athanasios wurden bis jetzt weder von der hagiographischen noch von der hymnographischen Forschung beachtet. Das ist für die Hymnographie der Palaiologenzeit symptomatisch: Denn einerseits bietet sie kaum Informationen zum Leben und Wirken der gefeierten Heiligen, andererseits erhebt sie keine hohen literarischen Ansprüche, was teilweise ihrem epigonalen Charakter zuzuschreiben ist. Jedoch spielte die Hymnographie auch in der Palaiologenzeit eine große Rolle im Leben der Byzantiner: Die Hymnendichter waren oft Persönlichkeiten des öffentlichen Lebens und ihre Werke wurden zwar nicht in die liturgischen Bücher aufgenommen wie die Werke eines Ioannes Damaskenos (7.–8. Jh.) oder eines Ioseph Hymnographos (9. Jh.), waren jedoch für ihre Zeit und für den bestimmten geographischen Raum bedeutend. Die hymnographische Forschung der Palaiologenzeit ist in der glücklichen, aber nicht selbstverständlichen Lage, Hymnen von bzw. über Persönlichkeiten zu besitzen, die aus verschiedenen Quellen bekannt sind; das erlaubt, die Hymnen in ihrem historischen Kontext besser zu verstehen. Die Tatsache, dass die späteren Hymnendichter berühmte Vorbilder nachahmen, kann die literarische Qualität beeinträchtigen; manchen Autoren gelingt es jedoch, diesen Epigonismus zu nützen, indem sie in Dialog mit ihren berühmten Vorbildern treten. Die in der vorliegenden Arbeit unternommene kommentierte Ausgabe der Kanones des Theoktistos Studites auf Athanasios will ein Beitrag zur Erforschung der hagiographischen Hymnographie der Palaiologenzeit sein.

---

11 TALBOT, Fact and Fiction.

12 LAURENT, Direction.

13 HERO, Irene-Eulogia.

14 HERO, Eulogia.

15 BEYER, Chumnaina.

1.2 Probleme der Biographie des Theoktistos Studites

1.2.1 Autobiographisches in den Werken auf Athanasios

Theoktistos Studites ist uns nur aufgrund seiner Werke bekannt. Alle biographischen Informationen sind aus seinen spärlichen impliziten autobiographischen Angaben zu entnehmen[16].

Theoktistos war ein jüngerer Zeitgenosse des Athanasios. Er hatte auch für einige Zeit persönlichen Kontakt mit ihm: „ὃ δ' ἴσως ἐρῶ […] οὐδεὶς ἀπιστήσειε τῶν ἀκηκοότων τε καὶ γινωσκόντων *ἡμῶν*“[17]; „Ἴσμεν οἱ *πολλάκις* καθωμιληκότες τούτῳ (sc. Athanasios) σαφῶς *ἡμεῖς* καὶ νυξὶν ἀΰπνοις ἐπακροώμενοι“[18]; „τὸν βίον, *ὡς ἔλεγε πρός με*, Ἀλυπίου τοῦ κιονίτου ὑπαναγνούς“[19]. Vielleicht darf angenommen werden, dass ihn Athanasios tonsuriert hat, wenn die folgende Textstelle wörtlich zu interpretieren ist: ἐπικαλούμεθά σε τὰ σὰ τέκνα, ἃ διὰ τοῦ Εὐαγγελίου καὶ τοῦ ἀγγελικοῦ σχήματος ἐγέννησας[20]. Er muss spätestens um die Jahrhundertwende geboren sein – wahrscheinlich sogar früher; denn Athanasios ist spätestens um 1323 gestorben, und kurze Zeit danach behauptete Theoktistos, mehrere Hymnen, Enkomien und Viten geschrieben zu haben[21].

Theoktistos gehörte anscheinend einer Generation an, die Verfolgungen seitens der Unionisten nicht erlebt hatte. Denn in der Vita des Athanasios macht er allein den Patriarchen Ioannes Bekkos für die Verfolgungen verantwortlich und lehnt jede Verantwortung des Kaisers Michael VIII., des Vaters des Andronikos II., ab; der Teufel habe zwar in der Seele Michaels die Keime der Häresie gesät, dem Kaiser sei das jedoch nicht bewußt gewesen: Ἐπεὶ δ' ὁ τῶν ζιζανίων σπορεὺς […] τὴν τῶν πνευματομάχων Ἰταλῶν αἵρεσιν τῇ τοῦ κρατοῦντος ψυχῇ *λεληθότως* ἐνέσπειρε […] καὶ Βέκκον ἐκεῖνον τὸν ἀνίερον τοῖς ὑψηλοῖς τοῦ πατριαρχείου θώκοις φέρων ἐνίδρυσε[22]. Zur Zeit der Abfassung der Vita waren die Ressentiments gegen den unionistischen Kaiser abgeschwächt, und Michael VIII., dem 1282 ein kirchliches Begräbnis verweigert worden war, wurde gerechtfertigt. In Kanon

---

16 Siehe auch TALBOT, Miracles 31–38.

17 FUSCO, Enkomion II 17–19.

18 FUSCO, Enkomion VII 1–2.

19 PAPADOPOULOS-KERAMEUS, Vita 4.6.

20 FUSCO, Enkomion XVIII 2–3.

21 PAPADOPOULOS-KERAMEUS, Vita 1.1–4.

22 PAPADOPOULOS-KERAMEUS, Vita 12.10–15.

8.4.2 beschuldigt Theoktistos aber doch Michael: Στερρῶς ἀντικατέστης [...] ταῖς τοῦ κρατοῦντος προσβολαῖς[23].

Theoktistos stammte vielleicht nicht aus Konstantinopel. Einen Hinweis dafür könnte folgender Text liefern: *Ἴσμεν* οἱ πολλάκις καθωμιληκότες τούτῳ σαφῶς ἡμεῖς καὶ νυξὶν ἀΰπνοις ἐπακροώμενοι καὶ τῶν μελισταγῶν τῆς ἐκείνου διδασκαλίας ναμάτων ἐμφορηθέντες [...] *ἴσασι πάντες* οἱ τὴν βασιλίδα τῶν πόλεων κατοικοῦντες *τότε* καὶ ταῦτα βλέποντες[24]. Die zwei kursiven Formen könnten antithetisch verwendet sein. In diesem Fall würde sich Theoktistos nicht zu denjenigen zählen, die in Konstantinopel gewohnt und die karitative Tätigkeit des Athanasios gesehen hatten; er habe Athanasios als Mönch gut gekannt (ἴσμεν), aber die frühere Tätigkeit des Patriarchen haben andere gesehen (ἴσασι ... τότε). Es könnte aber nur ein Gegensatz sein zwischen dem Mönch Athanasios, den nur ein enger Kreis kannte, und dem früheren Patriarchen Athanasios, den alle kannten. Schließlich könnten ἴσμεν und ἴσασιν in derselben Bedeutung verwendet sein; denn wenn ein Redner ἴσασι πάντες sagt, dann zählt er oft auch sich selbst zu den πάντες. Weitere Hinweise über die Herkunft des Theoktistos fehlen.

Zur Zeit der Abfassung seiner Werke war Theoktistos jedenfalls in Konstantinopel tätig. Die Vita wurde in Konstantinopel verfasst: Τὸ ἄστυ τοῦτο, τὸ τοῦ Βύζαντος πόλισμα[25]. Die Rede auf die Reliquientranslation wurde in Konstantinopel gehalten: Ἀπὸ τῆς πόλεως ταύτης[26]. Das Enkomion muss ebenfalls in Konstantinopel gehalten worden sein, und zwar am Fest der Reliquientranslation: Τὸν συνεληλυθότα λαὸν πρὸς τὴν σὴν πανήγυριν καὶ ἱερὰν ἀνακομιδὴν τοῦ σοῦ λειψάνου[27]. Auch die Kanones wurden in Konstantinopel gesungen, und zwar die meisten in jener Kirche, in der die Reliquien des Athanasios aufbewahrt wurden[28].

Aus seinem Beinamen ist zu erschließen, dass Theoktistos zumindest für einen Teil seines Lebens Mönch im Studiu-Kloster war. TALBOT vermutet, dass er später ins Kloster des Athanasios in Xerolophos umgezogen ist und deswegen eine so aktive Rolle bei dessen Verehrung gespielt hat[29]. Das ist möglich, besonders wenn die Aussage des Theoktistos wörtlich zu nehmen

[23] Siehe auch Kapitel 2.2 und 2.3, S. 57–59.
[24] FUSCO, Enkomion VII 1–5.
[25] PAPADOPOULOS-KERAMEUS, Vita 32.23.
[26] TALBOT, Miracles 46.32.
[27] FUSCO, Enkomion XIX 22–23.
[28] Siehe Kapitel 4.1, S. 91–92.
[29] TALBOT, Miracles, S. 32–33.

ist, dass er auch nachts Athanasios zuhörte: Ἴσμεν οἱ πολλάκις καθωμιληκότες τούτῳ σαφῶς ἡμεῖς καὶ νυξὶν ἀΰπνοις ἐπακροώμενοι[30]. Unbestätigt bleibt die Hypothese, dass Theoktistos zuerst Mönch im Studiu-Kloster war und dann in das neu gegründete Kloster in Xerolophos um 1289 eintrat. Das Studiu-Kloster war seit der lateinischen Herrschaft in Konstantinopel und bis zu seiner Restaurierung ca. 1290–1293 verfallen[31], was für eine solche Entscheidung des Theoktistos eine Rolle gespielt haben mag.

Doch Theoktistos muss nicht unbedingt Mönch in Xerolophos gewesen sein, um Jünger des Athanasios zu werden[32]. Die Mönche in Xerolophos oder andere Verehrer des Athanasios könnten den gelehrten Studiten mit der Abfassung hagiographischer Texte beauftragt und ihm Quellen und Informationen zur Verfügung gestellt haben[33]. Das Studiu-Kloster lag nicht weit von Xerolophos[34], was den Kontakt zwischen Mönchen der zwei Klöster erleichtert haben dürfte. Theoktistos zitiert in der Vita zwei weitere Mönche des Studiu-Klosters, die sich mit Athanasios befassten: Agathon Kurupes, der als Augenzeuge von dem persönlichen Einsatz des Patriarchen in der Armenküche berichtete und später dem Studiu-Kloster beitrat, und den Presbyteros Hierotheos, der von den Mönchen des Esphigmenu-Klosters über dessen asketische Leistungen unterrichtet wurde[35].

Aus seinen Werken ist zu erkennen, dass Theoktistos gebildet war, was er gerne zeigt. Seine Prosawerke folgen den Regeln der Rhetorik und sind voll von klassischen Reminiszenzen, die nicht immer adäquat eingesetzt

---

30 Fusco, Enkomion VII 1–2.

31 Kidonopoulos 1.1.20, S. 49–51.

32 Ein früheres Beispiel ist Niketas Stethatos, der ein Studites war und gleichzeitig ein aktiver Jünger von Symeon Neos Theologos.

33 Aus derselben Zeit sind vergleichbar die Viten der hl. Theophano und des hl. Antonios (Kauleas) von Nikephoros Gregoras: προσελθόντες ἄνδρες ἀρετῆς ἐρασταὶ καὶ φιλήκοοι καὶ ὑπομνήματα βίου δόντες τοῦ θείου τοῦδε πατρὸς Ἀντωνίου, ὁπόσα τύχη τις ἀγαθὴ τῶν ὀδόντων καὶ τῆς γαστρὸς ἀφελεῖν ἠδυνήθη τοῦ χρόνου, τοῖς ὁμοίοις δοῦναι καὶ τοῦτον γράμμασιν ἔπεισαν (Leone, Gregoras 21.47–50. Siehe Hinterberger, Vies 283–284 und 294–295).

34 Papazotos, Isa [sic] Kapısı Mescidi.

35 … ὡς ὁ Κουρούπης Ἀγάθων μοι διηγήσατο, μαθητὴς τυγχάνων τότε τοῦ κλεινοῦ Θεοφάνους ἐκείνου καὶ βλέπων ταῦτα, νῦν δὲ κατειλεγμένος ἐν τοῖς πρώτοις τῶν ἀδελφῶν τῆς εὐαγοῦς τῶν Στουδίων λαύρας (Papadopoulos-Kerameus, Vita 35.3–13, hier 9–12) und Ἱερόθεος γὰρ ὁ πρεσβύτερος τῶν Στουδίου μοι διηγήσατο […] ὡς παραγενόμενός ποτε τῇ τοῦ Ἐσφιγμένου μονῇ ἤκουσε παρὰ τῶν ἐν αὐτῇ μοναχῶν usw. (Papadopoulos-Kerameus, Vita 6.2–26, hier 2–5).

werden[36]. Anscheinend trat er in das mönchische Leben in einem Alter ein, in dem er die Schulausbildung – oder zumindest den größten Teil davon – abgeschlossen hatte.

Theoktistos muss ein aktiver Palamit gewesen sein. Er schrieb Verse auf Palamas, in denen er ihn als φύλαξ τῶν δογμάτων lobt. Der Palamit Ioseph Kalothetos nennt ihn in seiner Athanasios-Vita „einen heiligen und weisen Mann“ und lobt sein Werk[37].

1.2.2 Hymnen schreiben auf Bestellung

Theoktistos hat viele hymnographische und hagiographische Werke verfasst, wie er selbst sagt[38]. Er muss das Hymnenschreiben zumindest teilweise professionell ausgeübt haben. In zwei Kanones gibt es ein Gebet für einen Auftraggeber: Τῷ ταύτην ἐκ πόθου σοι συντεθῆναι, μάκαρ, τὴν ᾠδὴν αἰτησαμένῳ θερμῶς νῦν μὲν πρὸς Θεοῦ ῥῶσιν διπλῆν αἴτησαι, ψυχικήν τε καὶ σωματικήν, ἐν δὲ τῷ μέλλοντι θείας δόξης τὴν ἀπόλαυσιν (Kanones 8.9.3[39]) und Τὸν αἰτήσαντα τὸν ὕμνον τοῦτον νῦν συντεθῆναι σοι ῥῶσιν διπλῆν πρυτάνευσον καὶ αἰωνίου τυχεῖν εὐφροσύνης, μάκαρ, καταξίωσον (Kanones 6.9.3). Über die Identität des Auftraggebers wird nichts gesagt. Es geht um eine männliche Person. Ob es sich in beiden Kanones um dieselbe Person handelt, ist nicht bekannt. Die Stellung der zwei Troparia ist immer in der neunten Ode, und zwar das letzte oder vorletzte Troparion vor dem Theotokion. Die zwei Troparia sind sprachlich und inhaltlich sehr ähnlich. Das könnte heißen, dass die zwei Kanones zeitlich sehr nahe beieinander liegen und vielleicht zum selben Auftrag gehören, oder, dass der Wortschatz zur Berufsterminologie des Theoktistos gehörte.

---

[36] Er sagt z.B., dass Athanasios sich für das mönchische Leben entschied, als er die Vita des heiligen Alypios las, und setzt fort: Nicht so sehr nützte Perikles Athen und Cato dem alten Rom, wie die Vita des Alypios dem Athanasios genützt hat (Papadopoulos-Kerameus, Vita 4.17–19). Mehr über die klassische Bildung des Theoktistos bei Talbot, Miracles, S. 33–38.

[37] Er werde nicht von den Wundern des Athanasios erzählen, denn πρὸ ἡμῶν μικρά τινα τῶν τοῦ μεγάλου θαυμάτων κάλλιστα διεξειργάσθησαν ἱερῷ τινι καὶ σοφῷ ἀνδρί. Tsamis, Syngrammata S. 501, Z. 1572–73.

[38] Papadopoulos-Kerameus, Vita 1.1–4.

[39] Es wird nach Kanon, Ode und Troparion zitiert, außer bei dem 2. und dem 4. Kanon („jambisch“), bei denen nach Kanon und Vers zitiert wird.

Das Gebet für den Auftraggeber ist nicht mit den sehr häufigen Fürbitten für die Gläubigen zu verwechseln. Diese Fürbitten sind in der ersten Person Singular oder Plural formuliert. Die Ich-Person kann der Hymnenschreiber, der Sänger oder der Chor im Namen der Gemeinde, jede(r) einzelne GottesdienstteilnehmerIn, der/die den Gesang geistig mitverfolgt, oder insgesamt die betende Gemeinde sein. Phrasen wie ἱκέτευε ὑπὲρ τῶν ἐκ πόθου τελούντων τὴν ἀεισέβαστον μνήμην σου[40] gehören zum Standardvokabular. Man identifiziert sich als Singende(r) mit dem Hymnenschreiber, wie folgendes Beispiel zeigt: Αἶνον πλέκοντες εὐτελῶν ἐκ χειλέων ἅπαντες ὡς δώρημα μικρὸν ἐκ πόθου προσήξαμεν[41]. Es wird nicht wirklich zwischen Hymnen schreiben (αἶνον πλέκοντες) und Hymnen singen (εὐτελῶν ἐκ χειλέων) unterschieden. Die Fürbitten für den Auftraggeber in den zwei Kanones des Theoktistos unterscheiden sich jedoch von den üblichen Fürbitten der byzantinischen Hymnographie. Das Gebet steht nicht in der ersten Person, sondern in der dritten. Die Person, für die man betet, singt weder, noch hat sie den jeweiligen Hymnus verfasst, sondern sie hat darum gebeten (αἰτησαμένῳ, αἰτήσαντα), dass der Hymnus verfasst wird (συντεθῆναι). In diesem Kontext erinnert die Phrase ἐκ πόθου (8.9.3) eher an die Widmungsepigramme, in denen sie für den Auftraggeber verwendet wird[42].

Die explizite Erwähnung des Auftraggebers war sehr selten in der byzantinischen Hymnographie. Doch die – zumindest teilweise – berufliche Ausübung des Hymnenschreibens muss eine geläufige Praxis gewesen sein. Ein ähnliches Beispiel aus der spätbyzantinischen Zeit ist Markos Eugenikos. Markos selbst gibt keine derartige Information, doch wir haben das explizite Zeugnis seines Gegners, des Patriarchen Gregorios III., dass er seinen Kanon auf den Propheten Elias im Auftrag der Kreter gegen Belohnung verfasste: Οἱ ἐν τῇ περιωνύμῳ νήσῳ Κρήτῃ ἠξίωσαν αὐτὸν τὸν αἰδέσιμον Ἐφέσου λόγον ποιῆσαι, ἵνα ἀναγινώσκωσιν ἐν τῇ ἐτησίῳ μνήμῃ τοῦ ἁγίου Ἠλιού. Ὁ δὲ δεξάμενος τὴν *οὐκ ἄμισθον* παράκλησιν [...][43]. Ähnliche

40 MR I 37, 8–9.

41 AHG III 398, 146–148 (13. November, Johannes Chrysostomus).

42 Z.B. in der Inschrift auf der Ikone des hl. Georg in der Georg-Kirche in Struga (H. MELOVSKI, The Inscription on the Icon of St. George .... *BSl* 59 (1998) 271–278) oder auf einem Fresko ebenfalls des hl. Georg in der Georg-Kirche τοῦ κάστρου in Geraki, Peloponnes (K. G. ZISIOU, Ἐπιγραφαὶ χριστιανικῶν χρόνων τῆς Ἑλλάδος. *Byzantis* 1 (1909) 145, Nr. 99). Ich danke Dr. Andreas Rhoby dafür, dass er mir Material aus dem Projekt „Byzantinische Epigramme in inschriftlicher Überlieferung" zur Verfügung stellte.

43 MINEVA 114.

Kanones auf verschiedene Heilige, die in Kirchen von Konstantinopel verehrt wurden, sowie Kanones für den Kaiser und den Patriarchen[44] dürfte Markos ebenfalls gegen Belohnung verfasst haben. Die ironische Bemerkung des Gregorios sollte eher als leichtes Misstrauen gegenüber der beruflichen Ausübung geistiger Tätigkeit interpretiert werden und nicht als ein Zeichen, dass diese unüblich war. Hymnen dürften neben Reden und Epigrammen eine Einkommensquelle für byzantinische Gelehrte gewesen sein, wenngleich Hinweise auf „profane" Aspekte des Schreibens, wie Auftrag und Lohn, nicht zur Thematik der Hymnen gehörten.

1.2.3 Der geistliche Vater von Eulogia Chumnaina

Ein Problem der Theoktistos-Forschung ist die Frage, ob dieser mit dem anonymen geistlichen Vater der Eirene-Eulogia Chumnaina zu identifizieren ist. Eirene war Tochter des Gelehrten und Staatsmannes Nikephoros Chumnos[45]. Sie war mit dem Despotes Ioannes, Sohn des Kaisers Andronikos II., verheiratet. Nach dem frühen Tod ihres Mannes wurde die sechzehnjährige Witwe tonsuriert. Sie nahm dabei den Namen Eulogia an (1307). Später wurde sie Äbtissin des Klosters τοῦ Φιλανθρώπου Σωτῆρος. Ihr erster bekannter geistlicher Vater war Theoleptos von Philadelphia (PLP 7509). Zwischen 1332 und 1338 (mindestens zehn Jahre nach dem Tod des Theoleptos) steht sie in Briefwechsel mit einem zweiten anonym gebliebenen geistlichen Vater. Ein Teil dieser Korrespondenz ist im antipalamitischen Codex Scorial. Φ.III.11 überliefert[46]. Die Briefe wurden innerhalb eines einzigen Jahres geschrieben. In den erhaltenen Briefen ist die Rede von einer bzw. mehreren Schriften ihres geistlichen Vaters über Athanasios[47]. Die Schrift(en) in ihrer ausgearbeiteten Form sei(en) in Thessaloniki, eine noch zu bearbeitende Version befinde sich in den Klöstern des Athanasios: Οἱ μὲν [sc. λόγοι] ἐν τοῖς πρώτοις αὐτοὺς ὑπολαβοῦσι χάρταις ἔτι διεσχεδιασμένοι καὶ δυσδιάκριτοι, τοὺς δὲ τελειωθέντας [...]

---

44 MINEVA, 79–80, 92–99, 114, 241 sowie Kanones VIII, X, XI, XVI.

45 Eirene-Eulogia Chumnaina Palaiologina (PLP 30936) ist nicht mit Eirene-Eulogia Palaiologina Komnene (PLP 21360), Schwester des Kaisers Michael VIII. zu verwechseln. R. FUSCO ist zur irrtümlichen Annahme gekommen, dass „Irene-Eulogia Comnena (!) Paleologina, sorella di Michele VIII, badessa del convento τοῦ Φιλανθρώπου Σωτῆρος" war (FUSCO, Enkomion S. 100).

46 Ed. HERO, Eulogia. Über den Zeitrahmen der Korrespondenz s. S. 21.

47 HERO, Eulogia, Briefe 1.27–29, 2.15–19, 3.11–25 und 4.1–11.

ἔχει Θεσσαλονίκη und εὔρηνται δὲ ἡμῖν οἱ παρόντες τῶν λόγων [...] ἐν τοῖς μοναστηρίοις Ἀθανασίου τοῦ πάνυ, καί εἰσιν οὐχ οἵους ἐγὼ τούτους μετὰ ταῦτα κατέστησα καὶ ἀφῆκα ἐν τῇ Θεσσαλονίκῃ[48]. Eulogia wollte die Schrift(en) haben, ihr geistlicher Vater zögerte, weil sie unbearbeitet war(en). Doch er gab nach und schickte Eulogia sein(e) Werk(e)[49]. Es erhebt sich die Frage, ob er mit einem der bekannten Hagiographen des Athanasios zu identifizieren ist, nämlich Ioseph Kalothetos, Theoktistos Studites oder Ignatios Hieromonachos[50]. Der erste ist aus zeitlichen Gründen auszuschließen; denn er war Mönch auf dem Athos und kam erst 1341 nach Konstantinopel[51].

V. LAURENT erschließt aufgrund der Briefe folgende Informationen über die Identität des geistlichen Vaters der Äbtissin:

a) Der geistliche Vater war zur Zeit der Abfassung der Briefe jung.

b) Er sei nach dem Tod von Andronikos II. (1332) und Nikephoros Chumnos (1327) in die Kaiserstadt gekommen, denn er habe diese beiden nicht kennen gelernt. Als Herkunftsort wird Philadelphia vorgeschlagen. Diese Annahme würde Theoktistos ausschließen, denn er war zu Lebzeiten des Athanasios (terminus ante quem 1323) in Konstantinopel. In diesem Punkt kommt LAURENT zu einem zu schnellen Schluss. Denn die Tatsache, dass der geistliche Vater Eulogias dem Kaiser nicht vorgestellt wurde, heißt nicht, dass er nicht in Konstantinopel war.

c) Er sei lange Zeit Jünger des Metropoliten von Philadelphia Theoleptos gewesen. Diese Schlussfolgerung ist ein Missverständnis, wie A. HERO zeigte[52].

d) Eulogia habe sich um die Verbreitung seiner Schriften gekümmert; ihr geistlicher Vater sei eine Person, deren Werke uns erhalten sind. Das Argument ist auch nicht sehr stichhaltig; schließlich hatte der geistliche Vater auch Λόγους ὑπὲρ τῶν λόγων πρὸς τοὺς οὐκ ἀγαθὸν οἰομένους τὸν λόγον geschrieben und Eulogia geschickt, diese sind jetzt aber verschollen[53].

---

48 HERO, Eulogia, Briefe 2.15–18 und 4.4–8.

49 HERO, Eulogia, Brief 4.1–11.

50 Über Ignatios Hieromonachos s. Kapitel 2.7.

51 TSAMIS, Syngrammata 22–23.

52 HERO, Irene-Eulogia 131f. und HERO, Eulogia, 118 (Kommentar zu Brief 9.43–54).

53 HERO, Eulogia 62.1–14 (Brief 12) und 124–126 (Kommentar).

LAURENT schlägt den antipalamitischen Mönch Ignatios (PLP 8076) vor[54]. Dieser sei identisch mit Ignatios Hieromonachos. Von Ignatios sind zwei Akoluthiai auf Athanasios erhalten (bzw. eine und Teile einer zweiten). Die Schriften des geistlichen Vaters seien diese zwei Akoluthiai.

TALBOT ist etwas skeptisch gegenüber dieser Identifizierung, ohne sie auszuschließen[55]. HERO hält sie für "an interesting hypothesis"[56]. Sie schließt Theoktistos aus. Die Argumente LAURENTS ergänzt sie mit dem Hinweis, dass Theoktistos Palamit war. Eine Stütze für diese Annahme könne ein Brief des Antipalamiten Gregorios Akindynos an einen anonymen Geistlichen liefern, der mit Eulogia verbunden war; dieser könne Ignatios sein[57]. J. MEYENDORFF hält die Identifizierung für möglich[58].

Die Identifizierung des geistlichen Vaters mit dem Antipalamiten Ignatios basiert auf der Annahme, dass mit den erwähnten Λόγοι die Akoluthiai des Ignatios Hieromonachos gemeint sind. Aber Σύγγραμμα bzw. Λόγοι, die der geistliche Vater verfasst hat, sind kein liturgisches Werk; mit diesen Wörtern sind eher Prosawerke und seltener nicht-liturgische poetische Werke gemeint. Zudem ist es sehr unwahrscheinlich, dass die vollendeten Akoluthiai nach Thessaloniki geschickt bzw. zurückgelassen wurden und sich nur in ihrer provisorischen Form in Xerolophos befanden. Denn die Akoluthiai wurden für die liturgische Praxis in Xerolophos verfasst und ziemlich früh gefeiert, früher, als Eulogia die Briefe an ihren geistlichen Vater schrieb[59]. Aus diesen Gründen sind die erwähnten Λόγοι mit den Akoluthiai nicht identisch. Das schwächt das wichtigste Argument LAURENTS für die Identifizierung des Antipalamiten Ignatios mit Ignatios Hieromonachos bzw. mit dem geistlichen Vater Eulogias deutlich ab.

Vor kurzem wurde die Diskussion durch den Beitrag von H.-V. BEYER wieder aufgenommen. BEYER schließt Ignatios aus[60] und identifiziert Theoktistos Studites mit dem geistlichen Vater der Eulogia[61]. Die Argumente für die Identifizierung sind folgende: Es gebe sprachliche Ähnlichkeiten zwi-

---

54 LAURENT, Direction 64–68.

55 TALBOT, Miracles 24–25.

56 HERO, Irene-Eulogia 139.

57 HERO, Irene-Eulogia, Anm. 61 und 62; HERO, Eulogia 104–105 (Kommentar zu Brief 1.28–29) und 109–110 (Kommentar zu Brief 5.14–21); HERO, Akindynos, 16–19 (Brief 6) und 318–319 (Kommentar).

58 HERO, Eulogia 18.

59 Über die Zeit der Verfassung der Akoluthiai von Ignatios s. 1.3.1, b und d.

60 BEYER, Chumnaina 309–310.

61 BEYER, Chumnaina 308–315.

schen den Briefen und den Werken des Theoktistos über Athanasios. Theoktistos Studites und der geistliche Vater verwenden beide klassische Zitate. Außerdem seien mit Λόγοι Prosawerke gemeint, und daher nicht die Akoluthiai. Der geistliche Vater der Eulogia unterscheidet selber bei anderen seiner Werke zwischen Λόγοι und Στίχοι: Τὸ παρὸν βιβλίον ἔχει λόγους [...], ἔχει καὶ στίχους [...]. Τοὺς μὲν οὖν λόγους [...] τοὺς δὲ στίχους[62]. Im Briefwechsel sei von Λόγοι im Plural die Rede; Theoktistos ist der einzige, von dem mehrere Prosawerke auf Athanasios bekannt sind[63]. Außerdem hätte Theoktistos durch die Stadt, und zwar auf der Μέση, gehen müssen, um vom Studiu-Kloster zum Kloster des Philanthropos Soter zu gelangen; der geistliche Vater musste διὰ μέσης τῆς πόλεως gehen[64].

Der Bruch zwischen Eulogia und ihrem geistlichen Vater habe eher nicht politische Gründe gehabt – BEYER nennt dessen mangelnde Bereitschaft, die adelige Äbtissin öfter zu besuchen, als einen möglichen Grund[65]. Nach dem Ausbruch des palamitischen Streites hätten sich Eulogia und ihr ehemaliger geistlicher Vater in gegnerischen Lagern befunden; das sei ein Grund, warum seine Briefe anonym überliefert sind. Das widerspricht der Annahme von MEYENDORFF und HERO, dass der geistliche Vater der später antipalamitischen Äbtissin ebenfalls ein Antipalamit sein musste. Eine weitere Unterstützung der Behauptung BEYERS biete der schon erwähnte Brief des Gregorios Akindynos[66]. Der Empfänger des Briefes ist ebenfalls

---

62 HERO, Eulogia 12.1–5, S. 62. BEYER meint mit Recht, dass die Akoluthiai keine Λόγοι sind. Im Fall der Akoluthiai ist es allerdings methodologisch nicht korrekt, von Prosa und Poesie zu sprechen. Denn die liturgischen Hymnen waren keine Στίχοι und wurden von den Byzantinern nicht als Poesie betrachtet – mit Ausnahme der „jambischen" Kanones und der Synaxarverse. Die hymnographischen Werke wurden weder Λόγος noch Στίχοι, sondern Ὕμνος, Ὠιδή, Ἆισμα usw. genannt. Dies sind Begriffe, die auf einen sangbaren Text hinweisen. Λόγοι sind sowohl Prosawerke als auch Verse (z.B. werden die Bücher der *Dioptra* von Philippos Monotropos als Λόγοι bezeichnet, wie die Gedichte des Symeon Neos Theologos), aber kein sangbarer liturgischer Hymnus.

63 Eulogia verwendet zweimal den Singular: Σύγγραμμα (1.29) und Τὸ τοῦ πατριάρχου κυροῦ Ἀθανασίου (3.23), ihr geistlicher Vater zweimal den Plural Λόγοι (2.10–11 und 4.4–6). Λόγοι bezeichnet normalerweise mehrere Werke oder Kapitel eines Werkes.

64 HERO, Eulogia 8.51, S. 46. Auch JANIN, Constantinople 430–440, MÜLLER-WIENER 147–152, KIDONOPOULOS 1.1.20, S. 49–51 (Studiu-Kloster), und JANIN, a.o. 527–529, MÜLLER-WIENER 109, KIDONOPOULOS 1.1.12, S. 33–36 (Kloster τοῦ φιλανθρώπου Σωτῆρος). Vom Kloster des Athanasios hätte er fast denselben Weg gehen müssen (PAPAZOTOS, Isa Kapısı Mescidi).

65 BEYER, Chumnaina 308 und 312.

66 HERO, Akindynos, Brief 6.

anonym geblieben. Es gibt also zwei voneinander unabhängige antipalamitische Quellen, in denen ein Geistlicher, der mit Eulogia in Verbindung steht, anonym ist. Ob es sich um dieselbe Person handelt, ist unklar. Die Anonymität könne sich dadurch erklären, dass dieser (diese) sich während des Palamitenstreits zum Palamismus bekannte(n) und deswegen eine Damnatio Memoriae bei den Antipalamiten erlitt(en)[67].

Die Argumente BEYERS bringen mehr Information zur Person des geistlichen Vaters, auch wenn sie nicht eindeutig auf Theoktistos hinweisen. Die Identifizierung mit Theoktistos lässt einige Fragen offen. Der geistliche Vater hatte wenig Zugang zu einer reichen Bibliothek; er musste den Pentateuch und die vier Bücher der Könige von Eulogia ausborgen. HERO meint, dass er in keinem Koinobion lebte[68]. Zu dieser Zeit sei der geistliche Vater bestimmt kein Studitenmönch gewesen. Allerdings ist kaum etwas über den Lebenswandel des geistlichen Vaters bekannt; dieser macht Anspielungen auf klassische und kirchliche Schriftsteller[69], was darauf hindeutet, dass er früher Zugang zu Bibliotheken hatte.

Ein weiteres Problem der Identifizierung mit Theoktistos ist, dass sich die Schriften über Athanasios in Thessaloniki befanden. Der Verfasser hat seine Schriften in Konstantinopel, und zwar in den Klöstern des Athanasios, „roh" gelassen – was darauf hindeutet, dass er Beziehungen zu diesen Klöstern hatte. Dann hat er die Schriften in Thessaloniki bearbeitet und diese „gereinigte" Version dort gelassen, als er in die Kaiserstadt kam. Die Texte in Konstantinopel waren zur Zeit des Briefwechsels noch zu bearbeiten[70]. Das würde die Bearbeitung der Vita, der Rede auf die Reliquientrans-

---

[67] Es gibt genug Beispiele von ehemaligen Freunden, die sich während des Palamitenstreites in gegensätzlichen Positionen befanden und zu Feinden geworden sind. Gregorios Palamas war geistlicher Vater seines späteren Feindes Gregorios Akindynos. Auch mit Ioseph Kalothetos hatte Akindynos keine schlechten Beziehungen; das deutet Kalothetos an, wenn er sagt: Μεθ' ἡμῶν γενοῦ, οὓς πρῴην ὀλίγου τοῦ παντὸς ἦγες, πρὸ τοῦ κατάβρωμα καὶ ἅρπαγμα γενέσθαι τῷ διαβόλῳ (TSAMIS, Logoi 1.521–523, S. 58).

[68] HERO, Eulogia 10.49–50; cf. HERO, Irene-Eulogia, Anm. 36.

[69] Von den klassischen Schriftstellern macht er Anspielungen auf Herodot (HERO, Eulogia 10.20–21), Homer (HERO, Eulogia 5.6) und Pindar (HERO, Eulogia 8.27–28). Diese sind nur kurze Phrasen, die er vielleicht von Kompilationen und Schulbüchern kennt. Viel häufiger sind seine Zitate und Reminiszenzen kirchlicher Autoren, vor allem Gregors von Nazianz. Siehe HERO, Eulogia 165–166.

[70] HERO, Eulogia 4.6–9, S. 32: Εὕρηνται [...] οἱ παρόντες τῶν λόγων, οὓς μάλιστα ἐζήτεις, ἐν τοῖς μοναστηρίοις Ἀθανασίου τοῦ πάνυ, καί εἰσιν οὐχ οἵους ἐγὼ τούτους μετὰ ταῦτα κατέστησα καὶ ἀφῆκα ἐν τῇ Θεσσαλονίκῃ, ἀλλ' ὡς ἄν τις εἴπῃ, ἀπ' αὐτῆς εὐθὺς τῆς λοχείας ληφθέντες, καὶ διὰ τοῦτο ἀσπούδαστοι. Siehe auch HERO, Irene-Eulogia, Anm. 37.

lation und des Enkomions in die dreißiger Jahre verschieben, was aber unwahrscheinlich ist, nicht zuletzt deshalb, weil der Codex, in dem sie überliefert sind, früher zu datieren ist[71]. Außerdem wurden diese Texte in den Akoluthiai auf Athanasios vorgelesen. Hätte Theoktistos mindestens ungefähr zehn Jahre nach dem Tod des Athanasios gewartet, bis er die Texte in Xerolophos bearbeitete, wenn doch schon eine vollendete Fassung in Thessaloniki lag? Es wäre eher auszuschließen, dass seine mangelnde Bereitschaft, Eulogia seine Werke zu zeigen, eine Koketterie war und dass die Texte längst in Xerolophos vorgetragen wurden.

Die Identifizierung des anonymen geistlichen Vaters mit Ignatios ist sehr unwahrscheinlich; die Identifizierung mit Theoktistos Studites ist offen, wenngleich problematisch. Man kann allerdings nicht ausschließen, dass der zweite geistliche Vater Eulogias weder Ignatios noch Theoktistos ist und dass seine Schrift(en) über Athanasios nicht erhalten sind. Die einzigen uns bekannten hagiographischen Schriften über Athanasios sind Werke, die mit seinem Kloster und mit den Feierlichkeiten um seine Reliquien zu tun haben. Sie müssen aber nicht die einzigen überhaupt sein. Athanasios war schließlich Patriarch gewesen, und es ist durchaus möglich, dass auch außerhalb seines Klosters Schriften über ihn verfasst wurden. Die Identitätsfrage darf nicht auf „Theoktistos oder Ignatios?“ reduziert werden.

1.3 Die Werke des Theoktistos Studites

1.3.1 Die Werke über Athanasios

Theoktistos verfasste eine Vita[72], eine Lobrede[73], eine Rede auf die Reliquientranslation[74], die Synaxarverse und -notiz der Akoluthia auf Athanasios[75],

---

[71] Siehe Einführung zur Ausgabe, S. 153, Anm. 1 und S. 155, Anm. 4.

[72] Der Text ist in folgenden Codices überliefert: Chalk. S. Trin. 64 (ca. 1313–1330, s. Einführung zur Ausgabe), ff. 38^r–106^r; Vatic. Barber. 583 (14. Jh., 3. Viertel; zur Datierung s. KOTZABASSI 201), ff. 211^r–249^v; Athon. Iberon 50 (14. Jh., 1. Hälfte; s. SOTIROUDIS), ff. 40^r–111^v; Athon. Iberon 369 (a. 1615/6), ff. 59^r–127^r; Athon. Dionysiu 151 (17. Jh.). Es gibt noch keine kritische Ausgabe. PAPADOPOULOS-KERAMEUS gab den Text aus dem Codex Athon. Iberon 50 heraus (PAPADOPOULOS-KERAMEUS, Vita). DELEHAYE edierte Abschnitte aus dem Codex Vatic. Barber. 583 (DELEHAYE, Vie).

[73] In denselben Codices nach der Vita überliefert: Chalc. S. Trin. 64, ff. 107^r–133^r; Vatic. Barber. 583, ff. 250^r–263^r; Athon. Iberon 50, ff. 112^r–132^v; Athon. Iberon 369, ff. 128^v–152^r. Ed. FUSCO, Enkomion.

vielleicht die Synaxarverse und -notiz der Akoluthia auf die Reliquientranslation[76] und elf Kanones[77].

Das Doppelkloster im Konstantinopler Viertel Xerolophos, das Athanasios gründete, war das Zentrum seiner posthumen Verehrung[78]. Die Werke über Athanasios wurden für den Gebrauch in diesem Kloster verfasst – vielleicht mit Ausnahme mancher der elf Kanones. Über die Zeit der Abfassung und die relative Chronologie der Werke kann man nur aufgrund von gelegentlichen Hinweisen in diesen Vermutungen anstellen. Anhaltspunkt für die Datierung der Texte ist die Zuweisung des Codex Chalk. S. Trin. 64 ins 1. Viertel des 14. Jh.

a) Vita

Als erstes Werk muss die *Vita* verfasst worden sein. In der Synaxarnotiz der Akoluthia zum 24. Oktober wird auf die Vita verwiesen: Ὡς ἡ κατ' αὐτὸν ἱστορία δηλοῖ[79]; das ist ein Hinweis, dass die Vita schon bekannt war und einen offiziellen Charakter hatte, zumindest bei den Jüngern des Athanasios. In der Akoluthia zum 24. Oktober wurde die Vita gelesen[80]. In der Rede auf die Reliquientranslation gibt es Verweise auf die Vita[81]. In der Synaxarnotiz der Akoluthia auf die Reliquientranslation wird ebenfalls die Vita erwähnt[82]. Der Verfasser dieser Synaxarnotiz – vielleicht Theoktistos selber – werde nicht viel über das Leben von Athanasios sagen, denn dieses

---

[74] In Chalk. S. Trin. 64, ff. 157ʳ–199ʳ überliefert, ed. TALBOT, Miracles.

[75] In Chalk. S. Trin. 64, ff. 29ᵛ–32ʳ, und in Athon. Iberon 50, ff. 31ᵛ–34ᵛ überliefert. Aus dem letzteren Codex hat PAPADOPOULOS-KERAMEUS die Texte ediert (PAPADOPOULOS-KERAMEUS, Vita IV–VI). Er las die Marginalnotiz im Chalk. S. Trin. 64 f. 29ᵛ fälschlicherweise „Θεοστήρικτος“ (PAPADOPOULOS-KERAMEUS, Vita IV), es ist aber eindeutig Θεοκτίστου zu lesen. Im Mikrofilm ist die Notiz nicht zu sehen, weil aus konservatorischen Gründen Papier darauf geklebt wurde. In PLP 7498 (Θεόκτιστος Στουδίτης) und 7553 (Θεοστήρικτος) wird die Frage gestellt, ob es sich um dieselbe Person handelt; der Eintrag 7553 ist zu streichen.

[76] Im Codex Chalk. S. Trin. 64, ff. 146ᵛ–147ᵛ überliefert. Es gibt keine Ausgabe.

[77] Im Codex Chalk. S. Trin. 64, ff. 200ʳ–241ᵛ überliefert. Eine kritische Ausgabe findet sich im zweiten Teil dieses Bandes.

[78] Siehe Kapitel 2.7.

[79] PAPADOPOULOS-KERAMEUS, Vita V.9.

[80] Chalk. S. Trin. 64, f. 11ʳ.

[81] Πρότριτα μὲν μικρά τινα περὶ τοῦ θαυμασίου τοῦ μεγάλου βίου τοῦδε διεξελθών (TALBOT, Miracles 46.18–20) und ἅπερ ἅπαντα τῷ βίῳ τούτου τοῖς ἐντυγχάνουσιν ἀνάγραπτα κεῖνται (TALBOT, Miracles 50.1–2).

[82] Chalk. S. Trin. 64, 146ᵛ.

wurde schon ausführlich in *der* ihn betreffenden Erzählung behandelt (ἡ κατ' αὐτὸν ἱστορία – dieselbe Formulierung, wie in der Synaxarnotiz zum 24. Oktober). Im Enkomion gibt es keine Erwähnungen der Vita, aber viele Sätze, die Theoktistos aus der Vita übernimmt. Es ist unwahrscheinlich, dass die Vita auf dem Enkomion basiert. Denn das Enkomion ist eine rhetorisch ausgeschmückte Rede, die die Kenntnis der historischen Daten voraussetzt und darauf nur Anspielungen macht. Daraus ist zu schließen, dass die Vita vor dem Enkomion verfasst wurde.

Eine Frage ist, ob die Vita vor oder nach der Reliquientranslation geschrieben wurde. Am Ende der Vita gibt es einen Exkurs über die Klöster des Athanasios in Xerolophos. Dort werden zum ersten Mal die Namen der Kirchen erwähnt, die Athanasios in den Klöstern gegründet hatte. Unter diesen ist die Kirche τῷ ἑνὶ τῆς Τριάδος σωτῆρι Χριστῷ, ἵνα καὶ τὸ ἱερὸν αὐτοῦ κατάκειται λείψανον[83]. Dieser Satz wurde definitiv nach der Reliquientranslation geschrieben. An einer früheren Stelle der Vita beschreibt Theoktistos, wie Andronikos II. Athanasios zum ersten Mal auf den Patriarchenthron berufen hatte; er habe Athanasios gefunden, als er an dem Ort ausruhte (ἡσυχάζοντι), ἔνθα νῦν τὸ ἱερὸν αὐτοῦ κατάκειται λείψανον· μετὰ γὰρ τὸ μεταναστεῦσαι τοῦ Γάνους [...] μετῳκίσθη πρὸς τὸν τόπον, ὅπου νῦν τὰ εὐαγῆ αὐτοῦ σεμνεῖα καὶ μοναστήρια ἵδρυται. Als Grabstelle wird hier das Grundstück genannt, auf dem die Klöster gebaut wurden, und nicht speziell die Kirche, in die der Leichnam des Athanasios drei Jahre nach seinem Tod übertragen wurde. Das könnte heißen, dass dieser Satz geschrieben wurde, als die Reliquien des Athanasios noch im Grab lagen; so etwas würde eine Version der Vita vor der Reliquientranslation voraussetzen. Vielleicht ist aber die zweite Textstelle nur eine allgemeinere Formulierung derselben Sache: Statt die Kirche zu nennen nennt Theoktistos den Ort, in dem sich die Kirche befand. Auf jeden Fall dürfte die Vita nicht lang nach der Reliquientranslation verfasst worden sein. Die Anhänger des Athanasios werden wohl bald nach seinem Tod ihre eigene Version seines Lebens verbreitet haben.

b) Synaxarnotiz zum 24. Oktober

Die *Synaxarnotiz* in der Akoluthia zum 24. Oktober basiert auf der Vita. Viele Sätze der Vita werden in der Synaxarnotiz unverändert übernommen. Obwohl es keinen eindeutigen Beweis gibt, ist es sehr wahrscheinlich, dass

---

[83] Papadopoulos-Kerameus, Vita 48.14–15.

sie bald nach der Vita geschrieben wurde. Die Synaxarnotiz der Akoluthia zum 24. Oktober erwähnt nichts über die Reliquientranslation.

Vor der Synaxarnotiz gibt es die *Synaxarverse*, die ebenfalls von Theoktistos stammen. Diese sind ein Epigramm aus zwei Zwölfsilbern und eines aus einem daktylischen Hexameter:

Θανών, Ἀθανάσιε, φωστὴρ ποιμένων
παρίστασαι νῦν ἀθανάτῳ ποιμένι.
Εἰκάδι τῇ τετάρτῃ Ἀθανασίου ὄστ' ἐκάλυψαν.

Die Verse haben viele Abweichungen von den klassischen metrischen Regeln. Das ist kein Zeichen von mangelhafter Bildung, denn Theoktistos war klassisch gebildet[84]. Es ist eher ein Zeichen, dass die Verse, die für die liturgische Praxis bestimmt waren, nicht unbedingt den klassischen Regeln folgten. Denn das akustische Ergebnis zählte und nicht immer die klassische Metrik[85].

Die Akoluthia, innerhalb deren die Synaxarnotiz gelesen wurde, muss nach der Reliquientranslation verfasst worden sein: Μακαρίζομέν σε, ἱεράρχα Χριστοῦ, ὅτι ὅσιος αὐτοῦ ὤν, ἀοίδιμε, θνήσκεις μέν, *οὐ διεφθάρης δὲ ταφείς* (Chalk. S. Trin. 64, f. 10^r^); Συνελθόντες ἐν τῇ θείᾳ σου μνήμῃ τιμῶμεν τὴν *λάρνακα τοῦ ἁγίου λειψάνου σου* (f. 12^v^); Νέον Ἀβραάμ, οὓς ἐγέννησας καλοῦσι, πάτερ, τὰ πνευματικά σου γεννήματα νῦν περικυκλοῦντα τὴν *θήκην σῶν λειψάνων* (f. 17^v^).

In dem von Ignatios verfassten Kanon der Akoluthia steht: Ὁ γὰρ σῶμα φέρων *τάφος* τὸ σὸν βοᾷ, κηρύττει, μαρτυρεῖ τὸν βίον τοῖς θαύμασιν (f. 27^v^). Τάφος ist hier nicht das Grab, sondern der Sarg. Mit dieser Bedeutung wurde das Wort oft in der Hagiographie verwendet[86] und kommt auch in der Rede auf die Reliquientranslation vor[87].

Es gibt keine Indizien, aus denen hervorgeht, ob die Akoluthia zum 24. Oktober vor oder nach den Texten, die mit der Reliquientranslation zu tun haben (Rede auf die Reliquientranslation und Enkomion), verfasst wurde.

---

84 Siehe Kapitel 1.2.1, S. 30–31.

85 Ebenfalls prosodielos sind die „jambischen" Kanones von Theoktistos. Siehe Kapitel 6.2.5 und AFENTOULIDOU, Metrik.

86 Siehe die Vita der hl. Athanasia aus Ägina (9. Jh.). Nach ihrer Reliquienübertragung wurde der Sarg (Γλωσσόκομον) zur Schau gestellt (CARRAS, Athanasia 221.5–26). Die Reliquie war also nicht mehr im Grab. Kurz danach sei ein Mädchen zum Τάφος gekommen: Κόρη … τῷ *τάφῳ* τῆς ὁσίας προσερρύη (Vita Athanasiae 222.3–5). In 223.20 wird wieder das Wort τάφος verwendet; sonst werden die Wörter Λείψανον und Σορὸς verwendet, die auch in den Texten über Athanasios sehr häufig sind.

87 TALBOT, Miracles 90.31.

Doch die Feierlichkeiten zum Todestag kommen logischerweise vor den Feierlichkeiten zur Reliquientranslation.

c) Rede auf die Reliquientranslation

TALBOT datiert die Rede auf die Reliquientranslation in die Zeit zwischen 1330 und 1340[88]; aufgrund paläographischer Kriterien halte ich jedoch alle im Codex Chalkensis überlieferten Texte für etwas früher[89]. Die Rede wurde für das Fest der Reliquientranslation am 23. August verfasst: Σήμερον τὸ [...] σῶμα ἐκκομίζεται (46.28–30). Sie wurde nicht sehr lang nach der Vita verfasst: *Πρότριτα* μὲν μικρά τινα περὶ τοῦ θαυμασίου τοῦ μεγάλου βίου τοῦδε διεξελθών[90]. Das Wort πρότριτα ist freilich sehr ungenau. Auf jeden Fall sind zwischen der Reliquientranslation und der Rede mindestens neununddreißig Wunder passiert.

Die Rede auf die Reliquientranslation (Λόγος εἰς τὴν ἀνακομιδὴν τῶν λειψάνων) wurde während der Akoluthia vorgelesen[91]. Die Lesung erfolgte in zwei Teilen. Der erste Teil wurde nach der Segnung des Brotes am Ende der Λιτὴ vorgelesen. Nach dem Anfang des Orthros und den Antiphona wurde der Rest der Rede (ὁ ἐπίλοιπος τοῦ λόγου) vorgelesen. Aus einer Marginalnotiz erfährt man, wo dieser Einschnitt war[92].

Die Rede auf die Reliquientranslation besteht aus zwei Teilen mit sehr unterschiedlichem Themen- und Sprachniveau[93]. Der erste Teil (44.5–76.19) ist ein Lob des Athanasios und eine rhetorische Beschreibung der Reliquientranslation. Der zweite Teil (76.20–122.9) ist eine Sammlung von Wundererzählungen und ist sprachlich und stilistisch einfacher. Die zwei Teile gehören zwei verschiedenen literarischen Gattungen an. Dennoch waren die zwei Teile ursprünglich nicht zwei verschiedene Texte. Ein Zeichen dafür ist, dass die Synaxarnotiz auf die Reliquientranslation eine Zusammenfassung der ganzen Rede und nicht nur eines Teiles ist; die Rede wird in der Synaxarnotiz als einheitlicher Text betrachtet. Außerdem ist der Einschnitt bei der Lesung der Rede in der Akoluthia nicht zwischen den zwei stilistisch unterschiedlichen Teilen, sondern mitten in der Erzählung der Wunder.

---

88 TALBOT, Miracles, S. 24.

89 Siehe Einführung zur Ausgabe, S. 153, Anm. 1 und S. 155, Anm. 4.

90 TALBOT, Miracles 46.18–20.

91 Chalk. S. Trin. 64, f. 142^r.

92 TALBOT, Miracles 98.15 (Chalk. S. Trin. 64, f. 187^v). Siehe auch unten, S. 87.

93 Siehe die Bemerkungen in TALBOT, Miracles S. 33–34.

d) Synaxarnotiz auf die Reliquientranslation

Die Synaxarnotiz auf die Reliquientranslation ist im einzigen Überlieferungsträger, Codex Chalk. S. Trin. 64, anonym überliefert. Es ist aber sehr wahrscheinlich, dass sie von Theoktistos geschrieben wurde, so wie die Synaxarnotiz zum Gedenktag des Athanasios (24. Oktober). Die Synaxarnotiz ist eine Zusammenfassung der Rede auf die Reliquientranslation. Viele Sätze aus der Rede sind in der Synaxarnotiz fast unverändert übernommen, so wie viele Sätze der Vita auch in der Synaxarnotiz zum Gedenktag aufscheinen. Der erste Teil der Synaxarnotiz ist ein Bericht über die Reliquienübertragung, der zweite besteht aus Wundererzählungen. Die vier ersten Wunder sind dieselben, über die Theoktistos in seiner Rede berichtet. Dann wird allgemein angeführt, dass Athanasios noch bei vielen gesundheitlichen Problemen heilend gewirkt hat: bei Blindheit (τυφλούς), verschiedenen gynäkologischen Krankheiten (γυναιξὶ ποικίλαις συνεχομέναις ταῖς νόσοις), Sterilität (στερίφαις), urologischen Problemen (δυσουρία) und Wassersucht (ὑδεριῶντας)[94]; in der Rede beschreibt Theoktistos ausführlich Heilungen derselben Leiden (außer der Sterilität). Einiges deutet darauf hin, dass die Rede und die Synaxarnotiz mehr oder weniger zur selben Zeit verfasst wurden. Denn Theoktistos spricht in der Rede von einem allgemeinen Fest (παγκοίνου πανηγύρεως)[95]; so etwas würde einen Orthros mit einer Synaxarnotiz voraussetzen.

Es ist nicht auszuschließen, dass Theoktistos später seine Rede auf die Reliquientranslation mit weiteren Wundererzählungen erweiterte. Man fragt sich, wieso eine so spektakuläre Geschichte, wie diejenige der Κατηνιτζίνα[96], in der Synaxarnotiz nicht einmal kursorisch erwähnt wird. Eine mögliche Antwort könnte sein, dass die Synaxarnotiz die Zusammenfassung von einer ersten Redaktion der Rede ist, in der die Geschichte mit Katenitzina fehlte.

Wie die Akoluthia zum Gedenktag hat auch die Akoluthia auf die Reliquientranslation Synaxarverse vor der Synaxarnotiz:

---

[94] Chalk. S. Trin. 64 f. 147ᵛ.

[95] TALBOT, Miracles 44.14.

[96] TALBOT, Miracles 114.6–120.5. Katenitzina war vom Teufel besessen; bei der Eroberung von Prussa (1326) wurde sie gefangen genommen, vor Orhan gebracht und dann frei gelassen. Sie kam nach Konstantinopel und wurde von Athanasios geheilt. Ihr Mann war noch Gefangener; Athanasios erschien ihm im Traum und gab ihm Hinweise, wie er fliehen könne. Beide Eheleute sind ins Kloster eingetreten.

Ἄλλη κιβωτὸς ἥδε καὶ πάλιν νέα
φέρουσα νέκυν ἔνδον Ἀθανασίου.
Εἰκάδι Ἀθανασίου ἐπάνοδος τριτάτῃ τύχθῃ.

Die Verse dürften vom selben Autor wie die Synaxarnotiz stammen. Wie in der Akoluthia zum Gedenktag haben auch diese Verse viele Abweichungen von den klassischen Prosodieregeln.

e) Enkomion

Das Enkomion wurde nach der Reliquientranslation und nach der Vita verfasst. Es wurde am Fest der Reliquientranslation gelesen: Τὸν συνεληλυθότα λαὸν πρὸς τὴν σὴν πανήγυριν καὶ ἱερὰν ἀνακομιδὴν τοῦ σοῦ λειψάνου (XIX 22–23). Es gibt keinen Hinweis, dass es während der Akoluthia gelesen wurde. Vielleicht wurde es an diesem Tag außerhalb eines Gottesdienstes vorgelesen, z.B. während eines festlichen Mahles in der *Trapeza*. Das Enkomion behandelt unter anderem Ereignisse, die aus der Vita bekannt sind. Manchmal werden von der Vita entlehnte Sätze verwendet[97]. Der Unterschied zwischen der Vita und dem Enkomion liegt darin, dass das eine ein historisch-biographisches Werk (wenn auch tendenziös) und das andere eine Lobrede ist: Οὐ δὲ γὰρ καθ' ἱστορίαν καὶ διήγησιν βίου προὐθέμεθα γράφειν, ἀλλ' ἐγκωμίων νόμοις (II 17–18). Deswegen werden historische Daten weggelassen, wenn sie nicht zum Lob des Athanasios direkt beitragen, oder sie werden auf eine andere Ebene übertragen, wie im folgenden Beispiel: Ἄλλος μὲν οὖν πατρίδα τοῦ μάκαρος ἐπαινείτω [...] ἐμοὶ δὲ τοσοῦτον εἰπεῖν ἐξαρκέσει. Ἀθανασίῳ πατρὶς μὲν ἡ ἄνω Ἰερουσαλὴμ [...] (I 17–II 1).

Der stark apologetische Ton an vielen Stellen gibt den Eindruck, dass das Enkomion kurz nach dem Tod des Athanasios verfasst worden ist. Die Argumentation hat nur mit der Lebensweise des Athanasios zu tun. Von Wundern ist kaum die Rede. Deswegen ist das Enkomion kurz nach der Vita zu datieren. Das spricht für die Datierung des Enkomions vor der Rede auf die Reliquientranslation. Außerdem steht im Codex Chalk. S. Trin. 64 das Enkomion nach den Texten zum Gedenktag (Akoluthia und Vita) und vor den Texten zur Reliquientranslation (Akoluthia und Rede); geschrieben wurde es vom selben Kopisten wie die Texte zum Gedenktag[98]. Wenn das Enkomion früher entstanden ist, dann musste es ein Fest zur Reliquienübertragung gegeben haben, bevor die Akoluthia mit dem uns überlieferten

[97] FUSCO, Enkomion, S. 105–107 (Einführung).
[98] Siehe Einführung zur Ausgabe, S. 155.

Synaxar verfasst wurde. Denn das Enkomion wurde im Rahmen eines Festes zur Reliquienübertragung vorgetragen.

f) Elf Kanones

Die elf Kanones auf Athanasios sind Prosomoia, sie folgen nämlich dem metrischen und musikalischen Schema bekannter Vorbilder. Theoktistos hat Kanones in allen acht Echoi verfasst. Im Vierten Echos verfasste er drei Kanones, im Ersten Plagal zwei und in allen anderen Echoi je einen Kanon. In der Handschrift sind sie nach Echoi geordnet[99].

Die Reihenfolge, in der die Werke des Theoktistos auf Athanasios verfasst wurden, ist möglicherweise folgende: Vita, Synaxar der Akoluthia zum Gedenktag, Enkomion, Rede auf die Reliquientranslation, Synaxar der Akoluthia auf die Reliquientranslation. Die elf Kanones wurden wahrscheinlich als letzte verfasst.

1.3.2 Sonstige dem Theoktistos Studites zugeschriebene Werke – echte, zweifelhafte und unechte

Theoktistos selbst sagt, dass er hagiographische Prosa- und Hymnentexte geschrieben hat: Ἐμοὶ δὲ λίαν ἐτιμήθησαν οἱ τοῦ Θεοῦ φίλοι [...] τούτων ἐνίους μὲν ὕμνοις καὶ ᾠδαῖς ὡς ἐνὸν κατεστέψαμεν, ἐνίους δὲ καὶ λόγοις ἐγκωμίων κατεκοσμήσαμεν· τινῶν δὲ καὶ βίους συνεγραψάμεθα[100]. Kein rein hagiographisches Werk, in Prosa oder poetisch, ist unter dem Namen des Theoktistos überliefert, außer den Werken auf Athanasios. Ein Tetrastichon auf Palamas sowie eine Reihe von Kanones und Gebeten an Jesus, die Gottesmutter, die Engel und Johannes den Täufer werden ebenfalls einem Theoktistos Studites zugeschrieben[101]. Es besteht der Verdacht, dass manche Werke dem Theoktistos Studites unter Einfluss des Autornamens des berühmten Kanons auf Jesus[102] zugeschrieben wurden; oder, dass der Autor ein anderer Theoktistos war, und der Beiname Studites später dazugegeben wurde. Eine Untersuchung der handschriftlichen Überlieferung dieser Texte mag zur Klärung beitragen.

---

99 Die Kanones werden ausführlicher in den Kapiteln 4–6 behandelt.

100 Papadopoulos-Kerameus, Vita 1.1–4.

101 Die Werke a–h werden auch in Talbot, Miracles 151–152 erwähnt. Der Kanon auf Jesus (b) erscheint in dieser Liste dreimal (Nummer B 2, 9 und 10) unter verschiedenen Überschriften und Incipits.

102 Siehe unten, unter b) angeführt.

a) Tetrastichon auf Gregorios Palamas

Theoktistos hat ein Tetrastichon auf Palamas geschrieben, wahrscheinlich zu dessen Lebenszeit[103]. In diesen Versen lobt er Palamas für seine Rechtgläubigkeit:

Φύλαξ πεφυκὼς ἀκριβὴς τῶν δογμάτων
τηλαυγέσιν ἄριστα πνεύματος λόγοις
κλεινὸς Παλαμᾶς συκοφαντίας πάσας
δείκνυσι φρούδας καινὰς ὑθλοφωνίας.

Die Verse sind prosodisch, im Gegensatz zu den „jambischen" Kanones[104] und den Akrostichides in zwei seiner Kanones auf Athanasios. Das Gedicht wird in zwei Handschriften des 15. Jh. am Ende des Traktates Περὶ θεοποιοῦ μεθέξεως des Gregorios Palamas überliefert[105].

b) Kanon auf Jesus (*Κανὼν εἰς τὸν γλυκύτατον Ἰησοῦν*)

Unter dem Namen des Theoktistos Studites ist ein Kanon auf Jesus überliefert. Die Überschrift variiert von Handschrift zu Handschrift. Die kürzere Form lautet Κανὼν παρακλητικὸς εἰς τὸν κύριον ἡμῶν Ἰησοῦν Χριστόν (Vatic. gr. 1746) oder ähnlich, die längere Ἀκολουθία νήψεως καὶ νίψεως, νοὸς δηλαδὴ καὶ ἁμαρτημάτων συνεχῶς ἐπιφέρουσα τὸ φρικτὸν μὲν τοῖς δαίμοσιν ὄνομα τοῦ Ἰησοῦ, ἡμῖν δὲ τὸ γλυκύτατον καὶ σωτήριον· ἣν ὁ καθ' ἡμέραν μετερχόμενος ἀταράχως ἀπὸ δαιμόνων βιώσεται, ὡς ἔγνωμεν ἀπὸ πείρας (Venet. Marc. gr. 14 und Vatic. gr. 778) oder ähnlich. Inc. Ἰησοῦ γλυκύτατε Χριστέ, Ἰησοῦ μακρόθυμε. Der Kanon ist nach dem metrischen und melodischen Schema des Kanons Ἐν βυθῷ κατέστρωσε ποτέ (2. Echos) gebaut[106]. Die Besonderheit dieses Kanons ist die Wiederholung des Namens Jesu: das Wort Ἰησοῦς kommt im Kanon achtundachtzig Mal vor.

Der Kanon auf Jesus ist weit verbreitet. Bis jetzt konnte ich zehn Handschriften aus dem 14. und 15. Jh. finden: Serdic. Dujčev gr. 16 (olim Cosi-

---

103 CHRESTOU, Palamas, Bd. II 163, kritischer Apparat.

104 Siehe Kapitel 6.2.5.

105 Ambrosianus I 24 sup. (gr. 457) und Parisinus gr. 970.

106 Der Kanon Ἐν βυθῷ κατέστρωσε ποτέ ist einer jener Kanones, deren Heirmoi sehr oft als Vorbilder anderer Kanones dienten, deren andere Troparia aber zumindest beim heutigen Stand der Forschung unbekannt bleiben. Die Heirmoi dieses Kanons sind u.a. in EE 34 (Nr. 46) unter der Bezeichnung Ἀναστάσιμος (Auferstehungskanon) ediert; inhaltlich beziehen sie sich aber nicht auf die Auferstehung, sondern auf die Menschwerdung Christi.

nitzensis 192, 15. Jh., 2./3. Viertel)[107], Sinait. gr. 319 (1627, 14. Jh.), Sinait. gr. 699 (14. Jh.?)[108], Hieros. Patr. Sabb. 162 (15. Jh.), Venet. Marc. gr. 14 (14. Jh.), Vindob. theol. gr. 78 (die hier relevanten Folien stammen aus der 1. Hälfte des 14. Jh.), Mosq. Synod. gr. 269 (Vlad. 305, vom Jahr 1341), Vatic. gr. 721 (olim 625, 14.–15. Jh.), Vatic. gr. 778 (olim 635, 14. Jh.) und Vatic. gr. 1746 (circ. 1368). Diese Handschriften sind Sammelbände von asketischen Prosatexten und/oder von Hymnen für die private Lektüre bzw. Andacht. Der Kanon wurde in die gedruckten liturgischen Bücher aufgenommen (PR 732–737 und HR 324–328), hat aber keine Stelle im liturgischen Wochen- oder Jahreszyklus. Er wurde auch ins Kirchenslawische übersetzt[109].

Einige Publikationen des 19. und frühen 20. Jh. datieren den Kanon und andere unter dem Namen Theoktistos Studites überlieferte Werke ins 9. Jh.[110]. Theoktistos war der Name eines Jüngers des Theodoros Studites, an den der berühmte Abt einen Brief adressierte[111]. Nach diesem Brief zu schließen wurde Theoktistos dreimal verfolgt. Auf denselben bezieht sich eine der Kleinen Katechesen[112], in der man erfährt, dass er auf die Insel Chalke verbannt wurde. In einem weiteren Brief wird er kurz erwähnt[113]. Der Theoktistos Studites des 9. Jh. war für diese Forscher der einzige bekannte mit diesem Namen, und er gehörte einer Zeit an, in der das Studiu-Kloster eine große hymnographische Tätigkeit aufwies. Deswegen schrieben sie ihm hymnographische Werke zu, auch wenn nirgendwo von seiner hymnographischen Tätigkeit die Rede ist.

Derselben falschen Datierung folgt SALAVILLE[114]. Er erforscht die Spiritualität der Verehrung des „süßen Jesus" im Osten und Westen. Ihm bleibt

---

[107] Unter dem Namen des Markos Eugenikos überliefert, s. unten. Zur Datierung s. MINEVA 229–234.

[108] Ein weiterer Codex vom Jahr 1484 aus der Sammlung von P. I. Sevastjanov (Nr. 5) wird in AMFILOCHIJ (Bd. 4, 42–45) beschrieben. Sein jetziger Aufbewahrungsort ist unbekannt (OLIVIER S. 558).

[109] Erhalten z.B. im Codex Vindob. slav. 158 (14. Jh.), ff. 169v–173r. Siehe GROLIMUND 509, Anm. 54. Die Untersuchung der slawischen Übersetzungen der Werke von Theoktistos Studites wäre eine Studie für sich und überschreitet die Ziele der vorliegenden Arbeit. Ich danke Prof. H. Miklas für seine Hinweise.

[110] Z.B. PAPADOPOULOS, Συμβολαί 247–248. Siehe auch SALAVILLE, Jésus, Anm. 2.

[111] FATOUROS, Studites 123.

[112] AUVRAY, Studites 84.

[113] FATOUROS, Studites 96.13.

[114] SALAVILLE, Jésus.

das Verdienst, dass er auf die Ähnlichkeit des Kanons mit der lateinischen Tradition aufmerksam gemacht hat. Eine mögliche Beziehung ist noch zu untersuchen.

TALBOT hat als erste die Datierung ins 9. Jh. bezweifelt und den Theoktistos Studites, Verehrer von Athanasios, vorgeschlagen. Ihre Argumente sind erstens, dass die Datierung ins 9. Jh. nicht begründet ist, zweitens sprachliche Ähnlichkeiten und drittens die Tatsache, dass es keine Handschriften bis zum 14. Jh. gibt, ab dieser Zeit aber zahlreiche. Das erste und das letzte Argument sind am überzeugendsten. Die sprachlichen Ähnlichkeiten sind sehr allgemein.

Die Datierung ins 14. Jh. ist sehr wahrscheinlich. Es kann nicht ausgeschlossen werden, dass der Kanon vor dem 14. Jh. entstanden ist und nicht verbreitet war, bis er im 14. Jh. vielleicht in Zusammenhang mit dem Hesychasmus wieder entdeckt wurde; so eine Möglichkeit scheint mir aber nicht sehr wahrscheinlich. Der Kanon hatte nie eine feste Stellung in der liturgischen Praxis. Die Codices, die ihn überliefern, sind keine liturgischen Bücher, sondern Sammlungen von theologischen Texten, sei es von vereinzelten Kanones, sei es von Prosatexten. Doch das Studiu-Kloster im 9. Jh. war das Zentrum der Gestaltung der liturgischen Bücher, und es erhebt sich die Frage, warum der Kanon des Bekenners Theoktistos keinen Eingang in die liturgischen Bücher gefunden habe und auf seine „Entdeckung" im 14. Jh. habe warten müssen, umso mehr, wenn man bedenkt, dass die Parakletike[115] mehrere Kanones auf Jesus enthält, die je nach Echos am Dienstag der entsprechenden Woche gesungen werden; die meisten von ihnen wurden von Ioseph Hymnographos verfasst (9. Jh.). Die Tatsache, dass der Kanon des Theoktistos Studites keinen Platz in den liturgischen Büchern hat, ist ein Argument dafür, dass dieser zu einer Zeit verfasst wurde, als diese Bücher mehr oder weniger ihre endgültige Form hatten.

Der Kanon könnte in einem hesychastischen Milieu verfasst worden sein. Er wurde auf jeden Fall im hesychastischen Milieu rasch verbreitet. Die Wiederholung des Namens Jesu war ein wichtiger Punkt des hesychastischen Gebetes. In Vatic. gr. 778 steht im unteren Marginalrand jedes Recto (außer am ersten Folio) die hesychastische Gebetsphrase στίχ⟨ος⟩: κ⟨ύρι⟩ε Ἰ⟨ησο⟩ῦ Χ⟨ριστ⟩έ, υἱὲ τοῦ Θεοῦ, ἐλέησόν με. Es ist der Vers, der vor jedem Troparion dieses Kanons gesungen werden sollte. Ein Sonderfall ist in diesem Sinne der Kanontext in Sinait. gr. 319 (1627). Die Überschrift

[115] Siehe Anhang „Hymnographisches Glossar".

lautet Κανὼν παρακλητικὸς εἰς τὸν παντοκράτορα καὶ κύριον ἡμῶν Ἰησοῦν Χριστὸν ὁ λεγόμενος τῆς νήψεως. Πόνημα Θεοκτίστου μοναχοῦ. Der Text ist eine Bearbeitung des Kanons, die darin besteht, das Wort Ἰησοῦς durch andere Wörter – meist παντοκράτωρ – zu ersetzen, z.B. Παντοκράτωρ δέσποτα Χριστέ statt Ἰησοῦ γλυκύτατε Χριστέ. Der Codex stammt aus dem 14. Jh. Es ist zu vermuten, dass ein antihesychastischer Bearbeiter beabsichtigte, den Kanon vom „Häresieverdacht" zu befreien.

Die Zuschreibung an Theoktistos Studites, den Verehrer des Athanasios, ist sehr wahrscheinlich. Die Frage muss aber näher untersucht werden. Der Name Theoktistos war nicht selten bei den byzantinischen Mönchen[116]. Die einzigen Personen namens Theoktistos Studites, die wir kennen, sind der Jünger des Theodoros und der Verehrer des Athanasios. Wir müssen aber davon ausgehen, dass es mehrere Studiten mit dem Namen Theoktistos im Laufe der Geschichte gab, denn es muss eine Ehre für die späteren Studiten gewesen sein, den Namen eines Bekenners der „heroischen" Zeit des Studiu-Klosters zu tragen. Die unter dem Namen Theoktistos Studites überlieferten Texte sollten nicht a priori einem dieser zwei Mönche zugeschrieben werden.

In den verschiedenen Handschriften wurden dem Kanon weitere Troparia hinzugefügt[117]. Eine Untersuchung der Überlieferung würde zeigen, aus welchen Troparia der Kanon ursprünglich bestand, welche Troparia den Kanon ursprünglich begleiteten (z.B. Stichera, Kontakion, usw.) und welche später geschrieben wurden.

c) Kanon auf Johannes den Vorläufer

Ein Kanon auf Johannes den Vorläufer für die „Seefahrer" wird einem Theoktistos Studites zugeschrieben: Κανὼν εἰς τὸν πανάγιον Πρόδρομον διὰ τοὺς θαλαττεύοντας Θεοκτίστου μοναχοῦ τοῦ Στουδίτου φέρων ἀκρο-

---

116 In der mittelbyzantinischen Zeit war der Name Theoktistos für Laien und Mönche nicht ungewöhnlich. In der Palaiologenzeit war er für Laien kaum belegt, als Mönchsname dagegen immer noch geläufig (s. PmbZ und PLP).

117 Markos Eugenikos muss solche Troparia verfasst haben. Unter seinem Namen ist der Kanon im Codex Serdic. Dujčev gr. 16 (olim Cosinitzensis 192), ff. 142ʳ–144ᵛ, zusammen mit anderen seiner Kanones erhalten. Die Zuschreibung an Markos bezieht sich wahrscheinlich auf die zweite Gruppe von Stichera (ἕτερα) am Ende des Kanons und die Megalynaria (MINEVA XX, S. 498–500). Siehe auch MINEVA 141–142. MINEVA schreibt dem Markos noch das Exaposteilarion und die erste Gruppe von Stichera (S. 497–498) zu, anscheinend weil sie im gedruckten Horologion fehlen. Diese befinden sich aber im Codex Vatic. gr. 778 (olim 635, 14. Jh.), sind also früher als Markos.

στιχίδα τήνδε: Τρικυμίας, Πρόδρομε, πλέοντας ῥύου. Inc. Τρικυμίας, Πρόδρομε Χριστοῦ. Der Kanon wird im 2. Echos nach dem Muster des Kanons Ἐν βυθῷ κατέστρωσε ποτέ gesungen[118]. Er ist im Codex Athon. Batopediu 1001, ff. 1ʳ–4ʳ überliefert. Die Blätter, die den Kanon enthalten, wurden später zugeheftet und stammen aus der ersten Hälfte des 14. Jh.[119] Die chronologische Nähe der Handschrift zu den Texten des Theoktistos Studites könnte für die Echtheit des Kanons sprechen. Die Akrostichis ist so wenig prosodisch wie die zwei Akrostichides in den Kanones auf Athanasios[120]. Am Anfang der 1. Ode steht: Ὑφάπλωσον τὴν χεῖρα σου, Ἰωάννη, was an Zusammensetzungen mit ὑπο- in den elf Kanones an Athanasios erinnert[121]. Sonst sind die Ähnlichkeiten in Sprache und Stil mit den Werken auf Athanasios viel zu allgemein. Es gibt keines der anderen stilistischen Elementen, die Theoktistos relativ oft verwendet (exzessiver Gebrauch von Adverbien, entlehnte Kola aus dem Vorbild), was jedoch nicht gegen die Zuschreibung an Theoktistos spricht. Das Thema ist sehr ungewöhnlich. Es könnte sich um die christliche Symbolik der Seefahrt handeln. Es gibt einen einzigen Hinweis, dass es vielleicht auch um die eigentliche Seefahrt geht: Οἱ πλέοντες […] φθάσαι ποθοῦσιν ἀκύμαντοι τῷ τεμένει σου τούτῳ καὶ πίστει τὴν εἰκόνα σου σεπτῶς προσκυνῆσαι καὶ θῦσαι Θεῷ τὰ χαριστήρια (f. 3ᵛ). Es gibt keine Erwähnung eines Auftraggebers, der – hypothetisch sprechend – Gottes Hilfe für seine Seefahrt suchen würde und den Kanon bestellt hätte. Der Kanon wurde in einer Prodromos-Kirche gesungen, vielleicht in der des Studiu-Klosters.

d) Ein Gebet an Jesus

Θεοκτίστου μοναχοῦ τοῦ Στουδίτου in Athon. Xeropotamu 204 (16. Jh.), ff. 307ʳ–321ʳ und Athon. Xeropotamu 252 (18. Jh.), ff. 69ʳ–73ʳ. Inc. Κύριε, ὁ ἀνοίξας τοὺς ὀφθαλμοὺς τῶν τυφλῶν. Die Handschriften sind jung. Eine Untersuchung der Überlieferung würde zeigen, ob das Gebet vielleicht anonym überliefert und dann unter Einfluss des Jesus-Kanons dem Theoktistos Studites zugeschrieben wurde.

---

118 Siehe Anm. 106.

119 Ich danke Prof. O. Kresten für seine wertvollen Hinweise bezüglich der Datierung.

120 Siehe Kapitel 6.2.6.

121 Über Sprache und Stil von Theoktistos s. Kapitel 6.3.

e) Gebet an den Schutzengel

Ein Gebet in politischen Versen an den Schutzengel gilt als Θεοκτίστου μοναχοῦ in Athon. Xeropotamu 204 (16. Jh.), ff. 366r–369r, τοῦ αὐτοῦ (Θεοκτίστου μοναχοῦ τοῦ Στουδίτου) in Athon. Xeropotamu 252 (18. Jh.), ff. 73v–74v und Θεοκτίστου μοναχοῦ τοῦ Στουδίτου in Venet. Marc. Cl. II 104 (16. Jh.), Athon. Lauras E 67 (529) (17. Jh.) und Athon. Panteleemonos 461 (19. Jh). Inc. Τοῦ πρώτου φάους, ἄγγελε, δεύτερον φῶς τυγχάνων, καὶ προσταχθεὶς περιφρουρεῖν τὴν τάλαιναν ψυχήν μου. Das Gedicht fehlt bei VASSIS, Initia. Es wird nur in späteren Handschriften überliefert. Zwei überliefern auch das Gebet an Jesus (Text d).

f) Lobgebet an die Gottesmutter

Das Gebet gilt als Θεοκτίστου μοναχοῦ in Athon. Iberon 686 (17. Jh.) und Athon. Lauras I 6 (1090; 17. Jh.), Θεοκτίστου μοναχοῦ τοῦ Στουδίτου in Athon. Panteleemonos 803 (17. Jh.). Inc. Δέσποινά μου ὑπεραγία θεοτόκε. Das Gebet ist nur in späteren Handschriften überliefert.

g) Gebet an die hl. Dreifaltigkeit

Ein Gebet an die hl. Dreifaltigkeit wird in Athon. Iberon 535 (16. Jh.), ff. 180v–181v als τοῦ μοναχοῦ Θεοκτίστου τοῦ Στουδίτου überliefert. Inc. Ἡ πανσθενὴς καὶ ζωοποιὸς ἁγία Τριάς[122].

h) Kanon auf die Engel

Der Kanon wird im Codex Athon. Lauras I 20 (1104, 17. Jh.), ff. 175v–180v überliefert. Die Überschrift ist: Κανὼν Θεοκτίστου τοῦ Στουδίτου εἰς τὰς ἀΰλους καὶ ἐπουρανίους δυνάμεις, οὗ ἡ ἀκροστιχίς: πληθύς με σῶσον ἀγγέλων, ἀρχαγγέλων. Inc. Πληθύς με σῶσον ἀγγέλων φωτοειδῶν. Der Kanon wird im ersten Echos gesungen. Es gibt keine speziellen sprachlichen Ähnlichkeiten mit den elf Kanones und den anderen Werken auf Athanasios. Die Akrostichis ist den klassischen metrischen Regeln treu, im Gegensatz

---

122 GROLIMUND stellt die Frage, ob die Überschrift τοῦ μοναχοῦ Θεοκτίστου τοῦ Στουδίτου sich auch auf die vier nächsten Gebete bezieht: ein Nachtgebet an Jesus (ff. 181v–182r), zwei weitere Gebete an Jesus (ff. 182r und 182r–182v) und ein Gebet an die Gottesgebärerin in politischen Versen (182v–185r) (GROLIMUND, Theoktistos 499–500). Das ist nicht sehr wahrscheinlich, denn es gäbe in diesem Fall eher eine Notiz „τοῦ αὐτοῦ" bei dem jeweiligen Gebet. Außerdem wird das erste dieser zwei Gebete in der kirchenslawischen Tradition dem hl. Antiochos zugeschrieben (GROLIMUND, Theoktistos 499).

zu den Akrostichides des 3. und 6. Kanons und zu den Synaxarversen in den zwei Akoluthiai.

i) Kanon auf die Gottesmutter

In den Codices Hieros. Patr. Sabb. 162 (15. Jh.) und Hieros. Patr. Sabb. 492 (18. Jh.) wird ein sehr verbreiteter Kanon auf die Gottesmutter einem Θεόκτιστος zugeschrieben (PR 737–741 und HR 292–300. Inc. Πολλοῖς συνεχόμενος πειρασμοῖς). In vielen Codices ist der Kanon anonym, in anderen einem Theophanes zugeschrieben. Sehr häufig ist er als Θεοστηρίκτου μοναχοῦ (gelegentlich τοῦ Στουδίτου) überliefert. Diese sind z.B. die Codices Athon. Lauras M 26 (1700) und Ω 34 (1844; 18. Jh.), Athon. Iberon Katholiku 8 (1780), Athon. Iberon 399 (16. Jh.), Athon. Iberon 537 (18. Jh.), Athon. Panteleemonos 347 (18. Jh.), Hier. Patr. Sabb. 53 (15. Jh.), Hier. Patr. Stauru 99 (16. Jh.) usw. Die Zuschreibung an Theoktistos Studites ist falsch. Der Name Theoktistos könnte eine falsche Lesung von Theosteriktos unter Einfluss des Autornamens des Jesus-Kanons sein.

j) Kanon auf die Gottesmutter

Ein weiterer Kanon auf die Gottesmutter wird Theosteriktos Studites[123] oder Theoktistos[124] zugeschrieben. Der Kanon ist im 3. Echos, hat die Akrostichis Ἄιδω τρίτον σοι δακρύων γέμον μέλος und fängt mit den Worten Ἀρδευθῆναι πλουσίως δάκρυσι δίδου an. Es gibt sprachliche Ähnlichkeiten zwischen den elf Kanones von Theoktistos und dem Kanon auf die Gottesmutter: das Wort ὑπεξελκόμενον (ungewöhnliche Komposita mit ὑπο- gibt es auch bei Theoktistos) und die Form μακαριοῦμεν als Präsens, die aber nicht eindeutig auf Theoktistos hinweisen. Die Akrostichis ist prosodisch, im Gegensatz zu den zwei Akrostichides in den Kanones auf Athanasios[125]. Die Formulierung der Akrostichis könnte darauf hindeuten, dass der Kanon zu einer Gruppe von acht Kanones gehörte[126]. Es ist nicht bekannt, in welcher/welchen Handschrift(en) Nikodemos Hagioreites den Namen Theoktistos gefunden hat. Beim heutigen Stand der Forschung weiß man nicht, wo sonst und unter welchem Namen dieser Kanon überliefert wurde.

---

[123] EUSTRATIADES, Theotokarion 86, S. 277–280.

[124] Nr. 20 im EUSTRATIADES, Theotokarion von Nikodemos Hagioreites.

[125] Siehe Kapitel 6.2.6.

[126] Siehe Kapitel 4.4.

k) Kanon auf die Gottesmutter

Ein weiterer Kanon auf die Gottesmutter wird im Codex Hieros. Patr. Sabb. 434 (16. Jh), ff. 118^{v}, als Θεοκτίστου μοναχοῦ überliefert. Die Überschrift erinnert an den berühmten Kanon an Jesus (Nr. b): Ἕτερος κανὼν εἰς τὴν ὑπεραγίαν μητέρα τοῦ φωτός, φέρων συνεχῶς τὸ τοῦ φωτὸς ὄνομα. Akrostichis: Φωτὸς δοχεῖον, φώτισόν με. Ἀμήν. Inc. Φωτί με τῶν πρεσβειῶν σου. Er wird im vierten Echos gesungen. Der Kanon wurde auch in das Theotokarion des Nikodemos Hagioreites aufgenommen[127].

l) Kanon auf Jesus

Der Codex Athen. EB 2352 (Ende 16. Jh.), ff. 12^{v}–19^{v}, enthält einen sonst unbekannten κανὼν παρακλητικὸς auf Jesus, der als Θεοκτίστου μοναχοῦ τοῦ Στουδίτου überliefert ist. Der Kanon ist im Vierten Plagal. Inc. Πῶς σοι κινήσω κεχραμένην, ἄχραντε.

m) Akoluthia auf Jesus

Eine Akoluthia auf Jesus wird ebenfalls im Codex Athen. EB 2352 (Ende 16. Jh.), ff. 19^{v}–28^{r}, einem Theoktistos zugeschrieben. Die Überschrift lautet (laut den Herausgebern des Handschriftenkataloges[128]): Ἀκολουθία ἑτέρα πρὸς τὸν Κύριον ἡμῶν Ἰησοῦν Χριστὸν τὸν φιλάνθρωπον ἐπὶ πολυαμαρτήτῳ ψυχῇ καὶ ὀλισθαινούσῃ πρὸς ἀπόγνωσιν, πονηθεῖσα δὲ παρὰ Θεοκτίστου [Στουδίτου] ῥακενδύτου καὶ ἁμαρτωλοῦ. Inc. der Stichera: Οἴκτειρόν με, δέσποτα, τὸν ὑπεράμετρον οἶκτον. Inc. des Kanons (f. 21^{v}): Ἡ ἀκατάληπτος τριὰς ἐπίβλεψον. Der Kanon wird im Vierten Plagal gesungen.

n) Mönchskatechese

Dieses Werk ist nur in der kirchenslawischen Übersetzung im Codex Petropol. RNB (früher GPB) Vjazemskij Q. 251 (17. Jh.), ff. 132^{v}–137^{r}, erhalten[129]. Die Überschrift lautet: Prepodobnago otca našego Feoktista inoka obiteli Studijskija poučenie k bratii (Unseres seligen Vaters Theoktistos, Mönches des Studiu-Klosters, Unterweisung an die Brüder). Inc. Slyši ubo pervoe viděnie (Höre nun die erste Vision).

---

127 Nr. 22.

128 POLITIS, Κατάλογος 356.

129 GROLIMUND, Theoktistos 502–503. Beschreibung des Codex in Opisanie rukopisej knjaza P. P. Vjazemskago, S. Petersburg 1902, 432.

o) Brief über die Zellenregeln

Dieses Werk ist ebenfalls nur in einer kirchenslawischen Übersetzung überliefert. Es ist im Codex Petropol. RNB (früher GPB) Kir. Bel. XV (15. Jh.), ff. 95^{r}–95^{v}, in Kazansk. Dychovn. Akad. Solov. 20 (16.–17. Jh.), ff. 41^{v}–45^{v}, und in Kazansk. Dychovn. Akad. Solov. 239 (16.–17. Jh.), ff. 467^{v}–470^{v} erhalten[130]. Die Überschrift im ersten Codex, die der zweite mit kleinen Abweichungen wiederholt, lautet: Sie poslanie posylaetъ starecъ kirъ Feoktistъ někoemu bratu, prosjaščemu sъ bolězniju kako pravilo vozmožetъ svoe uderžati. poneže mnogya bědy otъ běsovъ podъjat. i bystь vъ symněnii pravila. i sice posylaetъ po silě svoei emy (Diesen Brief sendet der Starec Kyr Theoktistos einem gewissen Bruder, der ihn unter Schmerzen [um Unterweisung] gebeten hatte, wie er seine Vorschriften einhalten könne, da er vielen Anfechtungen durch Dämonen ausgesetzt sei und an den Vorschriften zweifle. Dies also sendet er ihm nach seinem Vermögen). Inc. My, bratie ljubimyj, bědstvovachom (Wir, meine lieben Brüder, lebten in Armut)[131]. In der Überschrift steht der Beiname Studites nicht. Die Bezeichnung Starec (gr. γέρων, alter Mann, Geistlicher) wäre für einen gelehrten Mönch aus dem Konstantinopler Studiu-Kloster unpassend.

Die zwei in kirchenslawischer Übersetzung erhaltenen Texte wären, wenn sie tatsächlich vom selben Theoktistos Studites stammten, die einzigen erhaltenen mit asketischem Inhalt.

---

[130] Siehe GROLIMUND, Theoktistos 487–488 und 503–504. Beschreibung der zwei letzten Codices in Opisanie rukopisej Solovenskago Monastyrja nachodjaščichsja v bibliotek[e] Kazanskoj Dychovnoj Akademii. Bde I. Kazan 1881, 32–34 und 361–366.

[131] Ich danke J. Fuchsbauer für die Übersetzung des slawischen Textes.

2. LEBEN UND NACHLEBEN DES ATHANASIOS I.

2.1 Die Quellen

Die Quellen für das Leben des Patriarchen Athanasios sind hagiographische und historiographische sowie die eigenen Briefe und die Novellen, die er als Patriarch erließ.

Die wichtigste hagiographische Quelle ist die von *Theoktistos Studites* verfasste Vita. Von Theoktistos sind auch eine Rede auf die Übertragung der Reliquien von Athanasios, eine Lobrede und eine bzw. zwei kurze Synaxarnotizen erhalten[132]. Die zweite Vita des Athanasios wurde von *Ioseph Kalothetos* zwischen 1340 und 1350 geschrieben[133]. Sie basiert auf der des Theoktistos. Die hagiographischen Quellen sind vor allem für die Jahre, bevor Athanasios zum Patriarchen geweiht wurde, wichtig, da für diese Zeit seines Lebens keine anderen Quellen überliefert sind.

Die wichtigsten historiographischen Quellen sind *Georgios Pachymeres*[134] und *Nikephoros Gregoras*[135]. Pachymeres war ein kirchlicher Würdenträger und widmete einen großen Teil seines Werkes der Kirchenpolitik. Er hat das Patriarchat von Athanasios erlebt und ist ihm gegenüber feindlich gesinnt. Gregoras ist erst nach dem endgültigen Rückzug des Athanasios aus dem öffentlichen Leben nach Konstantinopel gekommen[136]. Er schreibt weniger detailliert als Pachymeres, scheint aber den moralisieren-

---

132 Siehe Kapitel 1.3.1.

133 TSAMIS, Syngrammata 453–502. Zur Datierung s. a.O. 427–431.

134 FAILLER, Pachymeres VII 37; VIII 13–16, 21–24; IX 5, 24 (Bd. 3, S. 121–123; 157–169; 185–199; 227–233; 277–285); X 9–12, 28–29, 31–36; XI 1–3, 6–7, 20; XII 21; XIII 8, 10, 23, 37 (Bd. 4, S. 321–333; 373–377; 381–401; 403–411; 415–421; 449–451; 565–569; 633; 637–639; 675–679; 707–709); kürzere Fassung XIII 37 (Bd.4, S. 715–725).

135 SCHOPENUS, Gregoras VI 5 und 7; VII 1 und 9 (Bd. I, S. 180–186; 191–193; 214–217; 258–262).

136 Nikephoros Gregoras (PLP 4443) wurde zwischen 1292–1295 in Herakleia am Pontos geboren und ist ca. 1314/5 nach Konstantinopel gekommen.

den Vorstellungen des Patriarchen gegenüber nicht völlig abgeneigt[137]. Auch *Gregorios Akindynos* widmet Athanasios ein Kapitel in seinen Refutationes[138].

Die dritte Quelle sind die mehr als zweihundert *Briefe* des Athanasios an den Kaiser, an kirchliche und weltliche Würdenträger sowie an Mönche und enzyklische Briefe[139]. Dazu gehören auch die Novellen, die er als Patriarch erließ. Diese sind oft unter den Briefen überliefert[140].

2.2 Die früheren Jahre

Der zukünftige Patriarch Athanasios I. von Konstantinopel wurde in Adrianopel ca. 1230–1235 als Sohn von Georgios und Euphrosyne geboren[141]. Sein Taufname war Alexios. In jungem Alter verlor er seinen Vater. Sein Biograph Theoktistos Studites schließt an die hagiographische Tradition an und beschreibt ihn in seiner Kindheit als besonders fromm. Das muss allerdings nicht nur ein hagiographischer Topos sein, denn in jungem Alter verließ er seine Mutter und ging nach Thessaloniki, um dort bei seinem Onkel väterlicherseits Mönch zu werden. Dort bekam er den Mönchsnamen Akakios. Sein Onkel war ihm aber nicht asketisch genug; so fuhr der junge Mann auf den Athos, ließ sich im Esphigmenu-Kloster nieder und gab sich strenger Askese hin. Um dem Neid und dem Lob seiner Mitmönche zu entfliehen, wie Theoktistos erzählt, machte er sich auf den Weg nach dem Heiligen Land und dann auf den Latros. Danach reiste er zum Berg Auxen-

---

137 Vgl. z.B. Πολλὰ δὲ καὶ ἕτερα περιῆν τἀνδρὶ τὰ χρηστὰ καὶ τοῖς τότ' ἀνθρώποις ὠφέλιμα· ζῆλος κατὰ τῶν ἀδικούντων etc. (S. 182.13–15); Ἀλλὰ γὰρ εἰ πλείω ἐτέλει τὸν χρόνον ἐν τῇ πατριαρχίᾳ, πλείω λοιπὸν καὶ τὴν εἰς τὸ βέλτιον πῆξιν τὰ τῆς μοναδικῆς πολιτείας ἔθη λαβόντα παρέμενον ἂν (S. 184.14–16).

138 NADAL CAÑELLAS, Akindynos IV 51.

139 Die Briefe an Kaiser Andronikos II., Mitglieder der kaiserlichen Familie und Staatsfunktionäre hat TALBOT ediert (TALBOT, Correspondence). In der Einführung (xlii–xlv) gibt sie einen Überblick über die bisherigen Ausgaben. Danach edierte TROIANOS einen Brief an die neu ordinierten Bischöfe (TROIANOS, Epistole). PATEDAKIS arbeitet an der Edition der unedierten Briefe des Athanasios. Einige von ihnen edierte er im Rahmen seiner Oxford-Dissertation (PATEDAKIS, Athanasios). Siehe auch PATEDAKIS, Διαμάχη.

140 Vereinzelt werden Briefe und Novellen von Athanasios in zahlreichen Codices meistens kirchenrechtlichen Inhaltes überliefert. TALBOT, Correspondence, erwähnt die wichtigsten von ihnen (xxxiii–xli). Eine ausführliche Beschreibung mit manchen Ergänzungen gibt PATEDAKIS, Athanasios, S. 128–155.

141 Für kritische Bearbeitung der Angaben der Quellen zum Leben von Athanasios s. TALBOT, Correspondence xvi–xxxi, und TALBOT, Fact and Fiction.

tios und nach einem kurzen Aufenthalt ließ er sich im Lazaros-Kloster auf dem Berg Galesion nieder. Dort bekam er die große Tonsur (τὸ σχῆμα τῆς τοῦ μονήρους βίου τελειότητος) unter dem Namen Athanasios und wurde zum Priester geweiht. Auf Galesion fand Athanasios viele und seltene Bücher, die er mehrmals las.

Als er eines Nachts vor dem Kreuz betete, hörte er den Gekreuzigten sagen: „Da du mich liebst, Athanasios, wirst du mir nun das auserwählte Volk weiden“[142]. Die Aussage erinnert an den Pastoralauftrag Petri in Jh 21, 15–17. Theoktistos kommentiert, dass die Berufung des Athanasios ähnlich, ja sogar höher als die von Petrus sei: Τί τούτου τοῦ μυστηρίου φαίη τις ἂν τοῦ πρὸς τὸν κορυφαῖον Πέτρον ἀνόμοιον, εἰ μὴ καὶ χαριέστερον τολμήσαιμι τοῦτ' εἰπεῖν;[143] Denn Jesus habe Petrus gefragt, ob er ihn liebe, wogegen er Athanasios ohne zu fragen beauftragt habe, weil er wisse, dass Athanasios ihn liebe. Der Vergleich mit Petrus erinnert an die Diskussionen um die Primatsfrage[144]. Dieses mystische Erlebnis wiederholte sich später.

Vom Berg Galesion zog Athanasios wieder auf den Athos, wo er diesmal als Eremit lebte. Die Zeit der mönchischen Ruhe dauerte aber nicht lang; zur Zeit der Verfolgungen der Unionsgegner durch den Kaiser Michael VIII. Palaiologos und den Patriarchen Ioannes Bekkos zog er wieder auf den Berg Galesion: Ἐπεὶ δ' ὁ τῶν ζιζανίων σπορεὺς [...] τὴν τῶν πνευματομάχων Ἰταλῶν αἵρεσιν τῇ τοῦ κρατοῦντος ψυχῇ λεληθότως ἐνέσπειρε [...] καὶ Βέκκον [...] τοῖς ὑψηλοῖς τοῦ πατριαρχείου θώκοις φέρων ἐνίδρυσε [...] καὶ πάντες φυγάδαι [sic] καὶ μετανάσται γεγόνασιν [...] τότε δὴ τότε καὶ ὁ [...] Ἀθανάσιος πάλιν πρὸς τὸ Γαλήσιον ἀποτρέχει καὶ φανεὶς ἐκεῖσε θυμηδίας πάντας ἐνέπλησε[145]. Es lässt sich nicht erkennen, ob der Umzug von Athanasios auf den Galesion mehr eine Flucht vom Athos oder ein Akt der Solidarität mit den dortigen Antiunionisten war.

---

142 Ἐπειδὴ φιλεῖς με, λοιπὸν Ἀθανάσιε, ποιμανεῖς μοι λαὸν περιούσιον, PAPADOPOULOS-KERAMEUS, Vita 10.31–11.1.

143 PAPADOPOULOS-KERAMEUS, Vita 11.7–9.

144 Ein wichtiger Punkt in den Auseinandersetzungen zwischen Ost- und Westkirche war der päpstliche Primat. Die Bibelstelle Mt 16, 18 wurde als Begründung des Primates Petri interpretiert; dieser wurde auf die Nachfolger Petri, die die Päpste seien, übertragen. Ab Photios, und viel vehementer nach 1204, bezweifelten die byzantinischen Theologen den päpstlichen Primat. Der Primat Petri wurde am Anfang nicht bezweifelt; ab dem 12. Jh. gab es Stimmen, die die Rolle Petri relativierten – was auch Theoktistos an dieser Stelle macht. Siehe F. DVORNIK, insbesondere Kapitel VIII (La catastrophe de 1204 et ses conséquences, S. 139–153).

145 PAPADOPOULOS-KERAMEUS, Vita 12.10–24.

Vom Berg Galesion zog er zum Berg Ganos in Ostthrakien (heutiger Işıklar Dağı)[146]. Dort gründete er ein Doppelkloster[147]. Der Ruf des rechtgläubigen und asketischen Mönches verbreitete sich und führte dazu, dass sich Männer und Frauen um ihn versammelten. Auch als Wundertäter erlangte er Berühmtheit. Auf dem Ganos war Athanasios näher zur Hauptstadt und konnte eine aktivere Rolle in der Kirchenpolitik spielen. Er verbündete sich mit Antiunionisten und wurde sogar zum Homologeten: Der unionistische Ortsbischof von Ganos verprügelte ihn mit eigenen Händen, weil Athanasios sich weigerte, mit ihm gemeinsam zu beten.

2.3 Die angebliche Konfrontation mit dem Kaiser

Kalothetos erwähnt dazu eine persönliche Konfrontation des Athanasios mit dem Kaiser[148]; Athanasios habe tapfer und überzeugend argumentiert, doch der Kaiser habe sich nicht bekehren und Athanasios geißeln lassen. Danach habe er bereut und alle seine Untertanen mobilisiert, um Athanasios zu finden; doch auf übernatürliche Weise sei jener unsichtbar gewesen, außer für seine Mitkämpfer, wie ein Augenzeuge dem Kalothetos versicherte. TALBOT hält die Geschichte der Konfrontation eher für fiktiv[149].

Ein Kern von Wahrheit ist ihr jedoch vielleicht nicht abzusprechen, denn es gibt dafür ein indirektes Zeugnis des Theoktistos. Dieser verschweigt zwar in seiner Vita fast jede Verantwortung des Kaisers[150], doch in seinem 8. Kanon (8.4.2) schreibt er: Στερρῶς ἀντικατέστης [...] ταῖς τοῦ κρατοῦντος προσβολαῖς· ὅθεν καὶ μάρτυς γενόμενος τῇ προαιρέσει βραβείοις τοῖς τῆς ὁμολογίας κεκόσμησαι. Ὁμολογητὴς (Bekenner) ist jemand,

---

[146] Auf Ganos hielten sich schon in der frühbyzantinischen Zeit Mönchsgemeinden auf. Andreas Külzer stellte mir freundlicherweise das einschlägige Material vom in Kürze erscheinenden Band der Tabula Imperii Byzantini über Ostthrakien (TIB 12) zu Verfügung. Siehe auch KÜLZER, Heilige Berge.

[147] Die Dopperklöster waren in Byzanz nicht unumstritten. Obwohl sie immer wieder verboten wurden – Athanasios selbst ermahnt in einem Ἔνταλμα: Καὶ διπλᾶ μὴ γενέσθαι μοναστήρια (Vatic. gr. 2219, ff. 132ᵛ–143ʳ, hier 137ᵛ; s. auch LAURENT, Regestes 1747) – sind sie von der byzantinischen Klosterlandschaft nicht ganz verschwunden. Wie das Verbot des Doppelklostergründers Athanasios zu erklären ist, bleibt unklar. Vgl. J. PARGOIRE, Les monastères doubles chez les Byzantins. *EO* 9 (1906) 21–25. Für weitere Sekundärliteratur s. KIDONOPOULOS 17, Anm. 203.

[148] TSAMIS, Syngrammata 22, S. 478–480.

[149] TALBOT, Correspondence xvii und Anm. 14.

[150] Siehe S. 28–29.

der verfolgt wird, aber überlebt – wenn er nicht überlebt, dann ist er Märtyrer. Der Κρατῶν ist weder der Ortsbischof von Ganos noch irgendein Würdenträger, sondern der Kaiser selbst. Mit dieser Bedeutung verwendet Theoktistos immer das Wort Κρατῶν[151]. Es ist nicht auszuschließen, dass Theoktistos hier den Kaiser bloß als den moralisch Verantwortlichen für die Verfolgungen nennt. Die Schilderung der Konfrontation des Heiligen mit dem Kaiser bei Kalothetos ist zu klischeehaft und unrealistisch, um die tatsächlichen Ereignisse zu rekonstruieren; doch wäre es möglich, dass Athanasios auf die eine oder andere Weise den Zorn des Kaisers zu spüren bekam. Die Tatsache, dass Kalothetos sich auf einen Augenzeugen beruft, spricht für eine wahre Basis, auch wenn die Erzählung, so wie sie Kalothetos überliefert, unglaubwürdig ist. Diesbezüglich sei auf die Legende der Verfolgung der Athosmönche durch den Kaiser Michael VIII. hingewiesen[152].

Das arsenitische Schisma

Dem unionistischen Kaiser Michael VIII. folgte sein Sohn Andronikos II. (1282–1328). Andronikos versuchte, die Geister zu beruhigen und trieb eine antiunionistische Politik. Ioannes Bekkos und einige unionistische Geistliche wurden abgesetzt; andere wurden für drei Monaten ihres Amtes enthoben. Die Synode von Blachernai (1285) endete mit dem vom Patriarchen Gregorios II. von Zypern verfassten *Tomos*, in dem der lateinische

---

151 In der Vita (PAPADOPOULOS-KERAMEUS, Vita 21.10–20, hier 13–15) z.B. beschreibt Theoktistos, wie Gott den Kaiser Andronikos II. und andere fromme Männer sowie Geistliche dazu bewegte, Athanasios auf den Thron zu berufen: Κινεῖ μὲν τὴν *τοῦ κρατοῦντος* ψυχὴν […] καὶ τοὺς διαβεβοημένους ἐπ' εὐσεβείᾳ καὶ ἀρετῇ θείους ἄνδρας καὶ τῶν ἀρχιερέων καὶ ἱερέων τοὺς πνευματικωτέρους. Ähnlich in der Vita 24.17–19: Αἱ τῶν ἐπιστολῶν αὐτοῦ βίβλοι, ὧν αἳ μὲν πρὸς *τὸν κρατοῦντα* πεπόμφαται, αἳ δὲ πρὸς τοὺς παραδυναστεύοντας. Der Κρατῶν ist wieder eindeutig der Kaiser. Das Wort Κρατοῦντες wird in den Kanones sonst zweimal verwendet: in 4.111–114: Θέσπιν προηγόρευσεν ὁ ἱεράρχης ἔνθους Ἀθανάσιος θεομηνίαν, ἥτις κλόνῳ γῆς φρικτῷ συνετελέσθη καὶ *τοὺς κρατοῦντας* ἐξέπληξε usw. und in 6.5.3: Προλέγων ἄριστα *τοῖς κρατοῦσι* τὰ μέλλοντα. Vielleicht ist mit dem Plural auch der Mitkaiser Michael IX. gemeint, eventuell ist es wieder ein Fall von Unklarheit bezüglich historischer Tatsachen, wie es in der Hymnographie allzu üblich ist.

152 J. KODER edierte eine Version der Legende und kommentierte die historischen Ereignisse, die Anlass zur Legende gegeben haben. Er schließt sich den Forschern an, die die Legende um die Mitte des 15. Jh. datieren (KODER, Patres Athonenses). Siehe auch ANASTASIOU, Διωγμός.

Glaube zum Ausgang des hl. Geistes widergelegt und verurteilt wurde[153]. Zur Zeit des Athanasios war die Union keine dringende Frage mehr. Das große Problem war das arsenitische Schisma[154].

Die Wurzeln des Schismas lagen einige Jahrzehnte früher in Nikaia. Nach dem Tod des Kaisers Theodoros II. Laskaris usurpierte Michael Palaiologos den Thron. Der Patriarch Arsenios Autoreianos[155] verstand sich als Verteidiger des legitimen Thronfolgers, des minderjährigen Sohnes des Theodoros II. Laskaris, Ioannes IV. Er trat zurück bzw. wurde abgesetzt. Ein Jahr nach seinem Rücktritt rief ihn Michael VIII. Palaiologos zurück. Inzwischen ließ aber der Usurpator Ioannes IV. blenden. Arsenios anathematisierte ihn; 1265 musste der Patriarch wieder zurücktreten. Sein Nachfolger im Patriarchat wurde Germanos III. und dann Ioseph I., der das Anathema des Arsenios aufhob. Die Anhänger des Letzteren, die Arseniten, weigerten sich, die Patriarchen Germanos und Ioseph anzuerkennen. Sie hielten sie für unkanonisch, weil der legitime Patriarch, Arsenios, noch lebte. Arsenios hielten sie für einen Heiligen. Die Auseinandersetzung wurde zu einem Schisma: Die Arseniten hielten die Priesterweihen und die anderen Sakramente der „unkanonischen" Patriarchen für ungültig und verweigerten jede Kommunion mit der offiziellen Kirche. Ihr Erfolg beim Volk, aber auch bei Mitgliedern der Aristokratie war groß, und das Schisma zwischen Arseniten und Iosephiten hatte große Auswirkungen. Politisch bzw. dynastisch gesehen waren die Arseniten Gegner der Palaiologendynastie.

2.4 Das Patriarchat des Athanasios

Inzwischen hatte Athanasios in Ganos Verbindungen zu einflussreichen Personen aufgenommen; Pachymeres erwähnt den Porphyrogennetos Konstantinos[156] und den Megas Drungarios Ἡνοπολίτης[157]. Letztere stellten ihn Andronikos II. vor, der ihn nach Konstantinopel einlud und ihm das Kloster

[153] Siehe z.B. PAPADAKIS, Crisis, insb. 63–105.

[154] Über die Arseniten s. SYKOUTRIS; LAURENT, Crises; GOUNARIDIS, Κίνημα; KONTOGIANNOPOULOU, Σχίσμα. Pachymeres und Gregoras verwenden den Begriff Ἀρσενιᾶται, den die meisten griechischsprachigen Forscher übernehmen. In der nicht griechischsprachigen Literatur ist der Begriff Arseniten/arsenitisch geläufiger.

[155] PLP 1694.

[156] PLP 21492, dritter Sohn Michaels VIII. Palaiologos.

[157] PLP 6713. Siehe FAILLER, Pachymeres VII 37 (Bd. 3, S. 123.2).

τοῦ Μεγάλου Λογαριαστοῦ im Konstantinopler Viertel Xerolophos übergab[158]. Athanasios zog mit seinen JüngerInnen nach Xerolophos und gründete wieder ein Doppelkloster bzw. zwei Klöster, ein Männer- und ein Frauenkloster. Im Laufe der Zeit wuchs die Zahl der Mönche; Gregorios Akindynos spricht von tausend Männern[159]. Zu den Klöstern gehörten laut Theoktistos vier Kirchen: zur lebensstiftenden Dreifaltigkeit (τῇ ζωοποιῷ Τριάδι), zum Christus dem Heiland (τῷ σωτῆρι Χριστῷ), zur makellosen Gottesmutter (τῇ Παναχράντῳ) und zu den zwei Erzengeln (τοῖς δυσὶ Ταξιάρχαις, d.i. Michael und Gabriel). Ioseph Kalothetos erwähnt eine weitere Kirche zur Gottesmutter, die zum Nonnenkloster gehörte[160]. Teil dieses klösterlichen Baukomplexes war das heute baufällige İsa Kapısı Mescidi[161]. Andronikos II. berief Athanasios auf den Patriarchenthron in der Hoffnung, dass er den Frieden in der Kirche bringen würde. Athanasios wurde im Jahre 1289 nach langem Zögern seinerseits, so Theoktistos, zum Patriarchen geweiht.

Athanasios hatte sein bisheriges Leben außerhalb von Konstantinopel verbracht. Doch darf man sich ihn nicht als den unwissenden Mönch vorstellen, den der Kaiser aus seiner „Höhle“ herausgelockt und gegen seinen Willen auf den Patriarchenthron gezwungen hat. Athanasios war viel gereist und hatte die großen monastischen Zentren besucht. Seine drei letzten Stationen, Athos, Ganos und Konstantinopel, führten immer näher zum Machtzentrum. Auf Ganos und in Xerolophos war er Gründer monastischer Gemeinden. Er hat in der Kirchenpolitik als Unionsgegner Stellung genommen. Das arsenitische Schisma dürfte ihm nicht gleichgültig gewesen sein. Obwohl die Quellen nichts über eine Verbindung des Athanasios mit den Iosephiten vor seinem Patriarchat erwähnen, hat er sicher den Patriarchen Ioseph I. vor dessen Patriarchat persönlich gekannt. Denn Athanasios war Mönch im Lazaros-Kloster auf dem Berg Galesion, während der späte-

---

158 Über das Kloster τοῦ Μεγάλου Λογαριαστοῦ, bevor es Athanasios übergeben und mit dessen Namen verbunden wurde, ist nichts bekannt. Zu seinem Zustand nach der Übernahme durch Athanasios s. JANIN, Constantinople 10–11. Für weitere Sekundärliteratur s. KIDONOPOULOS 1.1.7, S. 16–18.

159 NADAL CAÑELLAS, Akindynos IV 51.44.

160 PAPADOPOULOS-KERAMEUS, Vita 48.14–17 und TSAMIS, Syngrammata 29.1235–41, S. 490–491. PAPAZOTOS (Isa Kapısı Mescidi, Anm. 27) stellt die Frage, ob Theoktistos nicht die wahre Zahl und Ioseph den Namen der Kirche des Frauenklosters überliefert.

161 Zur Identifizierung des Klosters des Athanasios s. PAPAZOTOS, Isa Kapısı Mescidi.

re Patriarch Ioseph Abt war[162]. Wie man auch die zwei Visionen des Athanasios interpretieren mag, ein gewisser Ehrgeiz ist ihm nicht abzusprechen.

Athanasios hatte klare Vorstellungen über seine Rolle als Patriarch. Der Kaiser bzw. der Staat sei dem Patriarchen bzw. der Kirche unterstellt[163]. Der Kaiser sei der geistliche Sohn und das Reich die Herde des Patriarchen, für deren Moral er zuständig sei. Der moralisierende Ton herrscht in den zahlreichen Briefen, die Athanasios über die verschiedensten Themen an den Kaiser schrieb. In einem Brief schreibt er dem Kaiser: Εἴ γε πατράσιν ὀφεῖλον υἱέσι τὰ τίμια ἀποθησαυρίζειν, τί ἡμῖν τιμιώτερον καὶ χρεὼν τοῦ μὴ μόνον ἀνιστορεῖν, ἀλλ' ἔστιν οὗ καὶ βιάζειν σε τὸν υἱέα τῆς ἐκκλησίας;[164] Im selben Brief beschwert er sich, dass seine bisherigen Briefe unerhört blieben (Z. 28–32: Ἀλλ' εἴ που καὶ τῶν πολλῶν ἅττα μικρὰ ἀναφέρομεν [...] δι' ὑπέρθεσιν ἔμεινεν ἀθεράπευτα) und er bittet, dieser Brief möge nicht weggeworfen werden (Z. 106: Μὴ τῇ θυρίδι αἰτῶ τὸ γράμμα ῥιφήτω).

Athanasios hielt nicht viel von der weltlichen Bildung. Die elegante Lebensweise der Konstantinopler Aristokratie war ihm fremd. Seine asketische Auffassung grenzte, nach dem Empfinden vieler seiner Zeitgenossen, an Härte und Unerbittlichkeit. Der gelehrte Pachymeres kritisiert die Jünger des Athanasios, die barfuss und verdrossen in der Hauptstadt herumliefen und alles angriffen, was sie als unmoralisch empfanden: Οἱ ἐκείνῳ φοιτῶντες, νήλιποί τινες καὶ ὠχρίαι καὶ κατεσκληκότες καὶ γυμνοὶ καὶ ἀπέριττοι, μὴ πολλὰ λαλοῦντες, μὴ περιττὰ ὁμιλοῦντες, κατηφίαι τε καὶ τὰς γνώμας ἀπαραίτητοι καὶ ἀμείλικτοι τοῖς πᾶσι φαινόμενοι[165]. Bereits in einer vorausgehenden Passage, in der er den humanistischen Patriarchen Germanos III. (1265–1266) beschreibt, macht Pachymeres eine Anspielung auf Athanasios und seine Jünger: Ἀρετῆς δὲ μετῆν τῷ ἀνδρὶ (sc. Γερμανῷ) οὐχ ἣν ἂν οἱ παρόντες αἰνοῖεν, ἢ μᾶλλον οἱ παρ' ἑαυτοῖς προὔχειν δοκοῦντες τῶν ἄλλων, βρώματα καὶ πόσεις φιλοκρινοῦντες καὶ ἡμέρας τούτων ἑκάστῳ πρεπούσας καὶ παρὰ τὸ εἰκὸς προσνέμοντες, πεζῇ τε καὶ βάδην αἱρούμενοι διέρχεσθαι τὰς ὁδούς, ἀνιπτόποδες καὶ χαμαιεῦναι καὶ μονοχίτωνες, ἐν

---

162 Ioseph (PLP 9072) war Abt im Lazaros-Kloster auf dem Berg Galesion 1259/1260–1266. Athanasios verbrachte achtzehn Jahre in diesem Kloster zwischen 1250 und ungefähr 1275.

163 LAURENT, Serment, untersucht die Beziehungen zwischen Patriarch und Kaiser. Eine Studie über die politische Ekklesiologie des Athanasios bieten BOOJAMRA, Church Reform 62–70, und BOOJAMRA, Social Reform 19–66.

164 TALBOT, Correspondence, Brief 49.37–39.

165 FAILLER, Pachymeres VIII 14 (Bd. III, 161.20–23).

δευτέρῳ δὲ τούτων τὸν οἶκτον καὶ τὴν ἀγάπην τιθέμενοι [...] σκληροί τινες ὄντες καὶ τοῖς ἄλλοις μωμητικοὶ καὶ μεμψίμοιροι[166]. Diese negative Beschreibung dürfte der Wahrheit nicht fern sein, denn Theoktistos lobt Athanasios für genau dieselben Eigenschaften: Τίς μὲν οὕτω γέλωτος κατεγέλασεν, ὡς μέγα δοκεῖν ἐκείνῳ καὶ ὁρμὴ μειδιάματος[167]; oder Μαθηταῖς ὑποδεικνύων ταπεινώσεως ὡς ἀγχίνους τύπον ἠμφιέννυσο ῥακίοις πιναροῖς παρ' ὅλον τὸν βίον σου, γυμνοῖς ποσί δε σὺ τὰς πορείας σου καθωραϊζόμενος πᾶσιν ἐφαίνου[168].

In vielen Briefen an den Kaiser behauptet Athanasios, dass der politische und militärische Verfall des Reiches eine Folge des moralischen Verfalls sei; es sei die Aufgabe des Kaisers, die Sünde zu bekämpfen. Als Sünde sah Athanasios die soziale Ungerechtigkeit, die Vernachlässigung der rituellen Ordnung und Reinheit, die sexuellen Sünden, die Toleranz gegenüber den Andersgläubigen[169]. Der Kaiser solle sich darum kümmern, dass das Volk die Fastenzeit einhalte; Bäder und Gasthäuser (καπηλεῖα) sollten während der Fastenzeit geschlossen bleiben, Fisch dürfe nicht verkauft werden. Ebenfalls sollten Badehäuser, Gasthäuser und Werkstätten sonntags geschlossen bleiben[170]. Die Mönche und Nonnen sollten nur einmal am Tag essen. So würde man sich mit Gott versöhnen und seine Strafe, die ausländischen Feinde, fern halten. Sein Glaube, dass er durch Gebete das Reich retten könne, wurde von vielen seiner Zeitgenossen als naiv und lächerlich empfunden; und auch als ein Brand am selben Tag ausbrach, an dem er eine Prozession gehalten hatte, hielten ihn manche für verantwortlich dafür[171].

In den kirchenpolitischen Fragen bemühte sich Athanasios kompromisslos, Ordnung zu schaffen und die Korruption zu bekämpfen. In der arsenitischen Frage verweigerte er jeden Kompromiss mit den „Schismatikern". Ein anderes Problem für Athanasios waren die Bischöfe, die ihren Sitz verließen und nach Konstantinopel zogen. Diese flohen oft vor der osmanischen Expansion. Der Kaiser gab ihnen Klöster in Konstantinopel, in denen

---

166 FAILLER, Pachymeres IV 12 (Bd. II, 363.29–365.6).

167 FUSCO, Enkomion IV 11–12.

168 Kanon 9.5.2.

169 Siehe z.B. TALBOT, Correspondence, Briefe 36, 37, 38, 39.

170 TALBOT, Correspondence, Briefe 42 und 43.

171 FAILLER, Pachymeres, XIII 10 (Bd. IV, 637–639); s. auch TALBOT, Correspondence, Brief 69, Z. 175–176: Ἢ οὐκ ἐξερχομένων ἡμῶν ἐν λιταῖς καταμωκῶνται ἡμῶν ἐνώπιον τοῦ λαοῦ, ὡς διὰ τοῦτο ἔρχονται τὰ δεινά;

sie ein reiches Leben verbringen konnten. Oft haben sie auch eigene Kirchenpolitik betrieben und eine Konkurrenz zum Patriarchen gebildet. Athanasios bestand darauf, dass die Bischöfe laut den Kirchenkanones an ihrem Sitz bleiben und Konstantinopel dem Patriarchen überlassen[172]. Wenn die Bischöfe Kleinasiens angesichts der osmanischen Expansion in Konstantinopel Zuflucht finden, dann solle der Kaiser auch sämtliche Einwohner einladen; sollten sich die Bischöfe weigern, in den schwierigen Umständen bei ihrem Volk zu sein, solle der Kaiser Athanasios dorthin schicken – er werde seine Herde nie verlassen[173].

Gegenüber Andersgläubigen zeigte Athanasios keine Toleranz. Den Juden, Armeniern, Lateinern und Muslimen sei zu viel Macht gegeben, so dass die Orthodoxen benachteiligt seien; es gebe Handlungsbedarf seitens des Kaisers[174]. Seine Intoleranz war aus seiner Sicht ein Kampf um die rituelle Reinheit des „neuen Israel", dessen Hirt er war[175].

Beliebt war Athanasios bei Teilen der Bevölkerung wegen seiner karitativen Tätigkeit und seines Kampfes gegen die Ungerechtigkeit. Er hat die Flüchtlinge aus Kleinasien versorgt und den Armen warmes Essen verteilt. Er verstand sich als Verteidiger der Armen und kämpfte gegen die Korruption, was zahlreiche Briefe an den Kaiser zeigen[176]. Athanasios bittet den Kaiser angesichts der Hungersnot 1306–1307 zu verbieten, Weizen aus Konstantinopel zu exportieren[177]. Er fordert ihn auf, etwas gegen diejenigen zu unternehmen, die von der Not des Volkes profitierten[178]. In einem Brief schlägt er vor, dass jeder reiche Adelige eine gewisse Zahl von Flüchtlingen versorgen oder eine Summe dazu beitragen soll[179]. Er droht den Weizenhändlern mit Exkommunikation, wenn sie die Preise weiter hoch halten[180].

---

172 Das Problem wird kursorisch in vielen Briefen angesprochen, z.B. TALBOT, Correspondence, Briefe 2.72–73, 3.60–62, 7.30–47; in anderen ist es das zentrale Thema: Briefe 16, 25, 28, 30, 31, 32 etc.

173 TALBOT, Correspondence, Brief 30.

174 Z.B. TALBOT, Correspondence, Briefe 23 und 41.

175 Zur Haltung des Athanasios gegenüber Andersgläubigen s. BOOJAMRA, Church Reform 181–213.

176 Z.B. TALBOT, Correspondence, Briefe 12; 68; 93; 100.

177 TALBOT, Correspondence, Brief 72.

178 TALBOT, Correspondence, Briefe 72, 73 und 74.

179 TALBOT, Correspondence 22; Ähnliches fordert er im Brief 102.

180 TALBOT, Correspondence 106.

Das mönchische Element bei Athanasios lag nicht in seiner Zurückgezogenheit, sondern in seiner Kompromisslosigkeit. "His monastic vocation led him to believe himself to be the spiritual and moral guardian of Byzantine Christian society [...] For the monk-patriarch Athanasios, the struggle consisted of rebuilding Byzantine society on the pattern of monastic ideals and the social mutuality of the cenobitic community"[181]. Seine Konsequenz in puncto sozialer Gerechtigkeit erscheint in seinen Briefen wie eine Manifestation seiner moralischen Starrheit. Der/die modern(e) LeserIn hat oft gemischte Gefühle gegenüber dem rauen Asketen, der für die humanistische Lebenseinstellung oder die Arroganz der Gelehrten, für die feine Eleganz oder den dekadenten Luxus, für die Lebensfreude oder für die Gleichgültigkeit gegenüber dem Leid kein Verständnis hatte.

Wie zu erwarten war, hat sich Athanasios viele Feinde gemacht. Im Oktober 1293 dankte er ab und zog sich nach Xerolophos zurück. Aber neben dem offiziellen Abdankungsschreiben verfasste er einen zweiten, in dem er einerseits sich selbst anathematisierte, falls er etwas gegen die Kirchendogmen und -kanones getan haben sollte, andererseits seine Feinde und den Kaiser, falls die Vorwürfe falsch wären. Diesen Brief versteckte er in einem Loch in einer Säule des Ὑπερῷον der Hagia Sophia. Inzwischen hatte Ioannes XII. den Patriarchenthron bestiegen. 1297 wurde der Brief mit der Anathematisierung zufällig entdeckt. Der Kaiser verlangte besorgt eine Erklärung. Ein Anathema konnte Athanasios nur als Patriarch lösen, und das war er nicht mehr. Athanasios erklärte, dass er das bereue; das Anathema habe er schon vor seinem Rücktritt aufgehoben. 1302 schrieb der Patriarch Ioannes XII. einen Abdankungsschreiben, den er danach widerrief. Andronikos versprach den Arseniten, einen Patriarchen ihrer Wahl einzusetzen. Doch dachte er immer an Athanasios. Inzwischen sagte Athanasios ein Erdbeben voraus. Der Kaiser wurde überzeugt, dass er Athanasios zurückrufen solle. Ioannes XII. aber, der immer noch Patriarch war, drohte dem Kaiser mit Exkommunikation, wenn er Athanasios zurückrufen würde. Erst im Juni 1303 gab Ioannes nach und Athanasios wurde wieder als Patriarch eingesetzt. Aber das Unbehagen wurde immer größer, und 1309 musste Athanasios zum zweiten Mal abdanken. Er zog sich in sein Kloster in Xerolophos zurück[182].

---

181 BOOJAMRA, Church Reform 22.

182 FAILLER, Démision; TALBOT, Correspondence xix–xxv.

Über die letzten Jahre des Athanasios in Xerolophos ist nicht viel bekannt. Theoktistos schreibt, dass er Visionen und mystische Erlebnisse hatte[183]. Einige Zeit nach seinem Rücktritt hatte er eine Vision, in der ihm Jesus am Kreuz vorwarf, die Kirche aus Feigheit (μικροψυχήσας ... καὶ λειποτακτήσας) verlassen zu haben. Athanasios bereute, und Jesus verzieh ihm[184]. Gregorios Akindynos berichtet, dass Athanasios in seinem Testament Jesus in Anlehnung an Gal 3, 13 als Sünder bezeichnet hatte, was Unmut hervorrief; Athanasios verfaßte ein zweites Testament, in dem er seine unglückliche Formulierung widerrief[185].

Athanasios ist an einem 24. Oktober gestorben und wurde im Kloster begraben. Drei Jahre nach seinem Tod wurden seine Reliquien am 23. August in die Kirche des Heilandes (τοῦ Σωτῆρος Χριστοῦ) innerhalb des Klosters gebracht. TALBOT datiert seinen Tod zwischen 1310 und 1323[186]. Der Terminus post quem wird aufgrund der Tatsache erschlossen, dass die Arseniten im Jahr 1310 als Bedingung für die Versöhnung verlangten, dass Athanasios den Patriarchatsthron nie wieder besteigt[187]. Der Terminus ante quem könne aufgrund der Geschichte der besessenen Katenitzina festgestellt werden[188]: Katenitzina wurde kurz nach der Eroberung Prussas (1326) von den Reliquien des Athanasios geheilt. TALBOT schließt, dass die Reliquien schon vor der Einnahme Prussas übertragen wurden, also war Athanasios mindestens drei Jahre vorher schon tot.

Ein – unsicheres – Zeugnis zum Todesjahr des Athanasios könnte der Brief 85 des Konstantinos Akropolites bieten. In diesem teilt Akropolites einem anonymen Geistlichen (Bischof?) mit, dass er den Leichnam seiner Tochter übertragen wolle, und zwar eventuell ins Kloster des verstorbenen göttlichen Athanasios (τοῦ μακαρίτου καὶ θείου Ἀθανασίου)[189]. Kein anderer Zeitgenosse des Konstantinos Akropolites namens Athanasios, der den Ruf eines Heiligen hatte und mit einem Kloster Konstantinopels in Verbindung stand, ist bekannt. Ein Problem stellt die Datierung des Briefes dar: Wenn es sich um den Patriarchen Athanasios handelt, sollte der Brief frü-

---

[183] PAPADOPOULOS-KERAMEUS, Vita 41.3–16.

[184] PAPADOPOULOS-KERAMEUS, Vita 46.30–47.26.

[185] NADAL CAÑELLAS, Akindynos IV 51.1–28; NADAL CAÑELLAS, Athanase; PATEDAKIS, Διαθήκες.

[186] TALBOT, Miracles 13–14.

[187] LAURENT, Crises, insb. 291.74–81.

[188] TALBOT, Miracles 114.6–120.5. Siehe oben, Kapitel 1, Anm. 96.

[189] ROMANO, Acropolita, S. 173–175, hier Z. 30–31.

hestens im Jahr 1310 geschrieben worden sein. Der Editor des Briefkorpus ROMANO datiert den Brief ins Jahr 1297, ohne die Diskrepanz zu erkennen. Die Angaben des Briefes sind folgende: Akropolites habe seine Tochter in heiratsreifem Alter verloren (παιδὸς ὡραίας γάμου συνέπεσε στέρησις), und das nach einer Reihe von Schicksalsschlägen: nach dem Tod seines erstgeborenen Sohnes (Juni 1295) und nach der Blendung seines Schwiegersohnes Alexios Philanthropenos (Weihnachten 1295)[190]. Nun wolle seine Frau den Leichnam ihrer Tochter (nach Konstantinopel?) übertragen lassen[191]. Wenn der Athanasios des Briefes tatsächlich der Patriarch ist, würde dies bedeuten, dass Akropolites nach fünfzehn Jahren immer noch seine damaligen Schickssalschläge beklagt. Das scheint übertrieben, ist aber nicht auszuschließen. Zwischen den Optionen a) dass der Brief nach 1310 zu datieren ist und b) dass es sich um einen anderen Athanasios handelt, ist die erste am wahrscheinlichsten. Die Neudatierung des Briefes bringt keine konkreten Informationen zum Todesjahr des Athanasios. Sie erlaubt höchstens die nicht weiter zu bestätigende Hypothese, dass Athanasios nicht sehr viele Jahre nach 1310 gelebt hat: Wenn eine Tochter des Akropolites im Jahr 1295 Alexios Philanthropenos geheiratet hat und wenn kurz danach der älteste Sohn mit vierzehn starb, ist es weniger wahrscheinlich, dass die Tochter des Briefes 85 lange nach 1310 heiratsreif gestorben wäre.

Die Reliquien des Athanasios wurden 1454 nach Venedig gebracht, da sie für diejenigen des Athanasios von Alexandrien gehalten wurden. In S. Croce in Giudecca, wo die Reliquien aufbewahrt wurden, soll der Unionsgegner Athanasios Wunder gewirkt haben[192].

---

190 A. O., Z. 5–9. Zur Datierung des Todes des Sohnes s. ROMANO, Acropolita 41–42; D. NICOL, Constantine Akropolites. A Prosopographical Note. *DOP* 19 (1965) 249–256, hier 250. Zur Neudatierung der Blendung des Alexios Philanthropenos s. A. FAILLER, Chronologie et composition dans l'Histoire de Georges Pachymérès (Livres VII–XIII). *REB* 48 (1990) 5–87, hier 28–37.

191 ROMANO, Acropolita, a.O., Z. 25–34. Die Übertragung konnte erst einige Zeit nach dem Begräbnis stattfinden; das waren üblicherweise mindestens drei Jahre, wie im Fall des Athanasios, also, frühestens im Jahr 1299, wenn die junge Frau gleich nach den dramatischen Ereignissen gestorben wäre – die Formulierung des Briefes deutet darauf hin, dass der Übertragung nichts im Wege stehe: τὴν σορὸν … μετακομισθῆναι *νῦν* ἡ μήτηρ αὐτῆς βούλεται (Z. 25–27). Die Datierung 1297 ist daher auf jeden Fall falsch.

192 STIERNON, Xérolophos 173.

2.5 Die Taranina-Episode (Chalk. S. Trin. 64, ff. 70^v–73^r)

Eine eigenartige Geschichte ist auf zwei Folien des Codex Chalk. S. Trin. 64 überliefert. Es geht um die Witwe Taranina[193], die angeblich bestochen wurde, um zu behaupten, dass sie von den Jüngern des Patriarchen zu diesem geführt und von ihm missbraucht wurde. Dafür wurde sie von Gott bestraft: Sie und ihre Söhne wurden vom Teufel besessen. Die Geschichte wurde von einem Anhänger des Athanasios ad hoc geschrieben und hinzugefügt. Der ursprüngliche Text war: Εἴ γε καὶ δυσχερὴς κατά γε ἐμὲ ἡ τῶν ἀμφοτέρων ἐπίτευξις καὶ τῷ λίαν ἐντριβεῖ περὶ λόγους (PAPADOPOULOS-KERAMEUS, Vita 27.9–10). Zwischen ἀμφοτέρων und ἐπίτευξις wurden die zwei Blätter eingefügt, so dass der Text die folgende Gestalt hat: ... *ἡ τῶν ἀμφοτέρων* [f. 71^r] ἐπίτευξις καὶ τῷ λίαν ἐντριβεῖ περὶ λόγους. Ἐπεὶ δὲ βαρὺς ἔδοξεν αὐτοῖς καὶ βλεπόμενος [...] πλὴν ἀλλὰ τά γε τῶν συκοφαντῶν τά γε τῆς συκοφαντησάσης διεξιέναι δυσχερὴς ἡ τῶν ἀμφοτέρων [f. 73^r] *ἐπίτευξις καὶ τῷ λίαν ἐντριβεῖ περὶ λόγους.* Die Syntax ist teilweise ungeschickt, wie z.B. im folgenden Nominativus absolutus: Ταῦθ', ὡς ἐδιδάχθη, εἰποῦσα ἡ Ταρανίνα, τοῦτο γὰρ ὄνομα τῇ ἀθλίᾳ, παρ' αὐτίκα καταρράσσει μὲν εἰς γῆν ὁ πονηρὸς αὐτὴν δαίμων. Der Text lautet:

... εἴ γε καὶ δυσχερὴς κατά γε ἐμὲ ἡ τῶν ἀμφοτέρων [71^r] ἐπίτευξις καὶ τῷ λίαν ἐντριβεῖ περὶ λόγους. Ἐπεὶ δὲ βαρὺς ἔδοξεν αὐτοῖς καὶ βλεπόμενος, συναθροίζεται συναγωγὴ πονηρά, μᾶλλον δὲ σμῆνος Κεκρόπων, μήτ' ἀληθείας, μήτε Θεοῦ φροντίσαντες· ἀλλὰ δεύτερα πάντα θέμενοι, τεκταίνουσι δόλον καὶ κύουσιν ἀνομίαν· συρράπτουσι διαβολὴν, ὄντως διανοίας ἀνάπλασμα κακοδαίμονος. Ὡς ἀπόλοιτο ἐξ ἀνθρώπων ὁ φθόνος, ἡ δαπάνη τῶν ἐχόντων καὶ τῶν πασχόντων· αὐτὸ μόνον τῶν παθῶν ἀδικώτατόν τε ἅμα καὶ δικαιότατον, τὸ μέν, ὅτι τοῖς καλοῖς πᾶσι διοχλεῖ, τὸ δέ, ὅτι τήκει τοὺς ἔχοντας. Φεῦ οἷα σου φθόνε τὰ διαβούλια· φεῦ οἷα σου Σατὰν ἀρχέκακε τὰ σκοτεινὰ μηχανήματα. Ἀλλὰ τίς ὁ φθόνος καὶ τῆς συκοφαντίας σκαιώρημα· γυναῖκά τινα οὐ πρὸ πολλοῦ τὸν ἄνδρα θανάτῳ ἀποβαλοῦσαν, ἀγαθὴν μὲν τὴν ὄψιν, δυσειδῆ δὲ τὴν ψυχὴν ὡς τὸ τέλος ἔδειξεν, ὑπελθόντες οἱ μιαροὶ συκοφάνται, πείθουσι χρημάτων, κατειπεῖν τοῦ μεγάλου, καὶ κατειπεῖν ὦ γῆ καὶ ἥλιε καὶ ἀστέρων χορός, οὐ φορητά τινα καὶ μοχθηραῖς ἀκοαῖς. Εἰσηγοῦνται γὰρ αὐτῇ καὶ ἀναδιδάσκουσιν ἐξειπεῖν, ὡς ἄρα «οἱ μαθηταὶ Ἀθανασίου ἀναβιβάσαντές με πρὸς αὐτόν, εἶθ' ὑπ' ἐκείνου βιασθεῖσα, συνε-

[193] Der Familienmame ist einmal 1289 als Ταράνης (Μώκιος, Mönch und Handschriftenschreiber, PLP 27444) und einmal vermutlich aus dem Beginn des 14. Jh. als Ταράνις (μεσίτης in der Terra d'Otranto, PLP 27445) belegt.

φθάρην τούτῳ καὶ τὴν ἀνομίαν ἐτέλεσα». Ταῦθ᾿ ὡς ἐδιδάχθη, εἰποῦσα ἡ Ταρανίνα, τοῦτο γὰρ ὄνομα τῇ ἀθλίᾳ, παρ᾿ αὐτίκα, καταρράσσει μὲν εἰς γῆν ὁ πονηρὸς αὐτὴν δαίμων· καὶ πατάσσουσα τὸ ἔδαφος χερσὶ καὶ ποσὶ τετριγυῖα τε τοὺς ὀδόντας, καὶ ἀφρὸν τοῦ βεβήλου στόματος παραπτύουσα, καὶ τἄλλα δρῶσα διετέλει, ὅσα πάσχειν δαιμονῶντες εἰώθασι. Καὶ διέμεινε τῇ ταλαιπώρῳ τὸ πάθος, ἕως τῆς προσκαίρου ζωῆς ἐξῆλθεν ἡ τάλαινα. Καὶ ὅ φησι Ναοὺμ ὁ θαυμάσιος, οὐ μόνον αὐτὴ [72r] .... τῶν ἐπιτηδευμάτων αὐτῆς ἐτρύγησεν, ἀλλὰ καὶ τοῖς τέκνοις παρέπεμψεν, ἢ μᾶλλον ὁ κρίνων δίκαια κύριος, ᾧ οὐδὲν ἄδικον ἀρέσκει, τὴν μητρικὴν τοῦ δαίμονος μάστιγα πρὸς τοὺς υἱοὺς αὐτῆς μετέστησεν, ὡς κλῆρον ὄντως ἐπάρατον. Καὶ νῦν ὁρῶνται μέχρι καὶ σήμερον, δεινῶς μαστιζόμενοι, καὶ ἀνὰ τὰς ἀγυιὰς τηνάλως περιφερόμενοι. Οὕτως οἶδε δοξάζειν Θεὸς τοὺς αὐτὸν δοξάζοντας διὰ βίου καὶ ἀρετῆς καθαρότητα.

Ἔδει σε πατέρων ἄριστε καὶ φιλοτεκνότατε τῷ ὁμωνύμῳ σοι τῷ μεγάλῳ, ὡς ὁμότροπον τούτῳ, κατὰ πάντα ἐξισωθῆναι, κἂν ταῖς συκοφαντίαις κἂν ταῖς θλίψεσι, κἂν ταῖς μεταναστεύσεσι, ὥσπερ ἐν τῇ ἀσκήσει καὶ καρτερίᾳ, καὶ τοῖς διὰ Θεὸν ἱδρῶσι καὶ πόνοις. Καθάπερ γὰρ ἐκείνου κατὰ πρόσωπον ὡς ᾤετο ἡ βδελυρὰ καὶ κατάπτυστος ἐκείνη μαινάς στάσα [72v] τὴν συκοφαντίαν ἐξετραγῴδει, μὴ γινώσκουσα καὶ ταῦτα πρὸς ὃν ταῦτα φθέγγεται. Πῶς γάρ, ὃν οὐδὲ πόρρωθεν ἐξεγένετο αὐτῇ πώποτε κατιδεῖν, οὕτω τοῖς ἑαυτῆς ἑάλω πτεροῖς· διὸ καὶ ἠλέγχθη διακενὴς, καὶ αἰσχύνης ἀνάπλεως γεγονυῖα, τοὺς συκοφάντας πλέον κατῄσχυνεν, οἳ καὶ μὴ φέροντες τὴν αἰσχύνην, πρὸς τὴν νεκρὰν ἐκείνην ἔβλεψαν χεῖρα, ἣν ἴστε πάντες, ἐν ᾗ καὶ ἔτι πλέον κατεκάλυψεν αὐτῶν αἰσχύνη τὰ πρόσωπα, καὶ τὴν καθέδραν μετ᾿ αἰσχύνης ἐάσαντες ἀνεχώρησαν. Οὕτω καὶ ἐπὶ σοῦ ἡ συκοφαντία ἠλέγχθη διακενής, Θεοῦ δικάσαντος ἐνδίκως τὴν συκοφαντήσασαν, καὶ παραδόντος ταύτην τῷ Σατανᾷ. Πλὴν ἀλλὰ τά γε τῶν συκοφαντῶν, τά γε τῆς συκοφαντησάσης διεξιέναι δυσχερὴς ἡ τῶν ἀμφοτέρων [73r] ἐπίτευξις καὶ τῷ λίαν ἐντριβεῖ περὶ λόγους. Οὐκ ἔμελλεν οἴσειν ὁ πονηρός usw.

Athanasios wird wegen der Verleumdungen mit seinem großen alexandrinischen Namensgenossen verglichen. Die Geschichte ist typisch für die hagiographische Literatur. Die Darstellung der Frau in dieser Erzählung ist eine Wiederholung des Eva-Motivs: Die Frau sei Träger der Versuchung; auf direkte oder indirekte Weise hat diese Versuchung mit ihrer Sexualität zu tun; doch ist sie nicht selbständig, sondern agiert im Auftrag böser Männer oder des Teufels selbst.

Die Geschichte ist in keiner anderen Quelle überliefert. Doch ganz fiktiv muss sie auch nicht sein, denn der Verfasser nennt Taranina mit Namen und behauptet, ihre besessenen Söhne selbst gesehen zu haben: Καὶ νῦν ὁρῶνται μέχρι καὶ σήμερον δεινῶς μαστιζόμενοι καὶ ἀνὰ τὰς ἀγυιὰς τηνάλως περιφερόμενοι. Dass eine geistig kranke Frau behauptete, Geschlechtsverkehr mit dem Patriarchen gehabt zu haben, ist nicht auszuschließen. Unter dem Volk könnte es Leute geben, die so etwas glauben und gerne weitererzählen würden. Der anonyme Verfasser hat aus dieser unseriösen Geschichte des Konstantinopler Alltags eine Konspiration der Feinde gemacht. Die Geschichte fand keine Ausbreitung in größeren Dimensionen – weder Pachymeres ergreift die Gelegenheit, die Unpopularität des Athanasios lebendiger zu schildern, noch spricht der anonyme Verfasser von einer feierlichen öffentlichen Anerkennung der Unschuld des Heiligen.

2.6 Werke des Athanasios

Außer den Briefen ist uns von Athanasios ein alphabetischer Kanon auf die Gottesmutter erhalten (inc. Ἀμβροσίαν κόσμῳ τὴν τρυφήν, nach der Melodie des Kanons Ἐν βυθῷ κατέστρωσε gesungen[194]). Die Theotokia bilden die Akrostichis Ἀθανασίου. Nach seinem Tod wurde der Kanon in der Akoluthia zu seinem Gedenktag gesungen[195]. Außerhalb der Handschriften, die die Akoluthia überliefern, konnte ich den Kanon nicht finden. Nikodemos Hagioreites ediert eine modifizierte Version des Kanons in seinem Theotokarion[196], ohne die handschriftliche(n) Quelle(n) zu nennen. Aus der Ausgabe von Nikodemos übernahm EUSTRATIADES den Kanon in sein Theotokarion[197].

Zwei liturgische Werke werden von ihren Herausgebern mehr oder weniger mit Vorbehalt dem Athanasios zugeschrieben: ein Gebet in Prosa zum Anfang des Indiktionzyklus[198] und ein Kanon auf den heiligen Athanasios den Athoniten im Zweiten Plagalen Echos (inc: Κλῖνόν μοι τὸ οὖς Σου[199]). Im letzteren ist die Akrostichis ähnlich wie im Kanon auf die Gottesmutter: Die ersten Buchstaben der Theotokia formen das Wort Ἀθανασίου, wobei die zwei letzten Buchstaben (ου) die zwei ersten des Theotokions der 9.

---

194 Zum Kanon Ἐν βυθῷ κατέστρωσε ποτέ s. Anm. 106.

195 Codex Chalk. S. Trin. 64, f. 23^{v}.

196 S. 51.

197 EUSTRATIADES, Theotokarion 59, S. 191–194.

198 Eine Ausgabe dieses Gebets veröffentlichte EUSTRATIADES im ersten Band von Romanos Melodos, der von ihm in Paris herausgegebenen Zeitschrift, die lediglich zweimal erschien: Ἡ τελετὴ τῆς ἰνδίκτου. *Ῥωμανὸς Μελῳδός* Α΄ (1932) 97–102.

199 Ed. KOMINIS, Athonita.

Ode sind. EMERAU nennt Athanasios als Autor von Theotokaria, „inter quae exstat canon ad Deiparam alphabeticam acrostichidem ferens, nomenque Ἀθανασίου in ultimis cujusque odae tropariis exhibens“[200]. Genauere Angaben macht er nicht. In der Akoluthia zum Gedenktag gibt es einen Hinweis auf die hymnographische Tätigkeit des Athanasios: Μακαρίζομέν σε, ἱεράρχα Χριστοῦ, ᾆσμα γὰρ αὐτοῦ καινὸν εἰς τὸ στόμα σου ἐμβαλόντος ὑμνογράφος ὤφθης σύ[201].

Es gibt Hinweise, dass Athanasios dogmatische Werke schrieb. Im Codex Athen. EB 2583 (15.–16. Jh.), einer aus dem Prodromos-Kloster bei Serres stammenden Handschrift mit antilateinischen und palamitischen Exzerpten[202], werden zwei dem Athanasios zugeschriebene Fragmente überliefert. Auf ff. 20^r–22^r steht ein antilateinischer Text mit der Überschrift Ἐκ τῆς βίβλου τῶν συναγμάτων Ἀθανασίου πατριάρχου Κωνσταντινουπόλεως. Inc. Τί δὲ κεκίνηκεν Ἰταλοὺς πρὸς τὴν κατὰ τοῦ Ἁγίου Πνεύματος βασφημίαν (sic). Auf ff. 81^v–88^r wird ein weiterer Traktat überliefert, der die palamitische Lehre unterstützen soll. Die Überschrift, mit der der anonyme Kompilator den Text vorstellt, lautet Ἐκ παλαιᾶς βίβλου, συντεθείσης καὶ ἐγγραφείσης παρὰ τοῦ ἁγίου Ἀθανασίου πατριάρχου Κωνσταντινουπόλεως· ἥτις περιέχει συνάγματα τῶν μεγάλων καὶ ἁγίων πατέρων καὶ θεολόγων σχεδὸν κατὰ πάσης αἱρέσεως καὶ περὶ ἄλλων τινῶν ἀναγκαίων ζητημάτων ἐκ τοῦ παλαιοῦ· πρὸς τὸ τέλος δὲ τῆς αὐτῆς βίβλου ὡς προφητικώτατος συνῆξε καὶ συνεγράψατο πραγματείαν τινὰ ἐκ τῶν αὐτῶν μεγάλων ἁγίων πατέρων καὶ θεολόγων· καὶ παραδίδωσι καὶ δεικνύει ἐμφανέστατα ἡμῖν τὴν πατροπαράδοτον ἡμῶν πίστιν καὶ γνῶσιν ὅπως ἔκπαλαι ἐδόξαζον οἱ ἅγιοι περὶ οὐσίας Θεοῦ καὶ ἐνεργείας θείας· συνετέθη δὲ ἡ τοιαύτη βίβλος παρὰ τοῦ ἁγίου Ἀθανασίου πρὸ πεντήκοντα χρόνων καὶ ἐπέκεινα τοῦ λαληθῆναι παρὰ τοῦ ἀθέου καὶ λατινόφρονος Βαρλαὰμ καὶ τῶν ὁμοφρονούντων αὐτῷ τὸ καταψηφισθὲν αὐτῶν πολλάκις δόγμα παρὰ τῆς ἁγίας καθολικῆς καὶ ἀποστολικῆς ἐκκλησίας, τὸ καὶ ἔτι παρ᾽ αὐτῶν ὡς ἀφρόνων λαλούμενον. Ἔχει οὖν ἡ ἐπιγραφὴ καὶ τὸ κείμενον τῆς πραγματείας αὐτολεξὶ οὕτως. Die Überschrift des Athanasios selbst lautet nach dem Kompilator Ὅτι τὰ προτιθέμενα ταῦτα ὀνόματα οὐχὶ τὴν τοῦ παρακλήτου Θεοῦ δηλοῦσιν οὐσίαν καὶ ὕπαρξιν, ἀλλὰ τὴν θείαν αὐτοῦ ἐνέργειαν τὲ καὶ

200 EMERAU, *EO* 21 (1922) 274.

201 Athon. Iberon 50, f. 12^v. Das entsprechende Blatt im Codex Chalk. S. Trin. 64 ist verloren gegangen.

202 Eine ausführliche Beschreibung des Inhaltes des Codex gibt VAN DEUN, Citations. Siehe auch DARROUZÈS, Primauté 76–79.

χάριν. Inc. Πάλαι μὲν ὁ τῆς ἀνομίας υἱὸς Εὐνόμιος. Am Anfang steht ein durchgehender Text, darauf folgen Exzerpte in Florilegcharakter. Im ersten Fragment ist die Rede von einem Sammelkodex mit von Athanasios verfassten – oder kompilierten – Werken (βίβλος τῶν συναγμάτων τοῦ ἁγίου Ἀθανασίου). Im zweiten Fragment handelt es sich um ein Buch, das von Athanasios zusammengestellt und geschrieben wurde (συντεθείσης καὶ ἐγγραφείσης). Aller Wahrscheinlichkeit nach geht es in beiden Fällen um ein und dasselbe Werk des Athanasios, nämlich ein Buch mit eigenen Werken oder patristischen Florilegien dogmatischen Inhaltes[203].

2.7 Der Kult des Athanasios

Athanasios war schon zu Lebzeiten als Wundertäter berühmt[204] und wegen seiner karitativen Tätigkeit beliebt. Nach seinem Tod wirkte er zahlreiche Wunder. Seine Verehrung verbreitete sich schnell. Die Mönchsgemeinden in Xerolophos, vor allem das Männerkloster, wurden nach seinem Tod zum Zentrum seiner Verehrung. Im Codex Athen. EB 2434 (14. Jh., Synaxar September–Februar), ff. 135^{v}–136^{r} gibt es die folgende Marginalnotiz: Τῇ αὐτῇ ἡμέρᾳ (sc. 28. Oktober, s. unten) μνήμη τοῦ ἐν ἁγίοις πατρὸς ἡμῶν Ἀθανασίου Πατριάρχου Κωνσταντινουπόλεως. Τελεῖται δὲ ἡ αὐτοῦ σύναξις ἐν τῇ ὑπ᾽ αὐτοῦ συστάσῃ μονῇ, ἔνθα καὶ τὸ τίμιον αὐτοῦ κατάκειται λείψανον πολλὰς θαυμάτων ἰάσεις παρέχον τοῖς μετὰ πίστεως προσιοῦσι. Ἑορτάζεται δὲ καὶ μερικῶς καὶ ἐν τῇ ἑτέρᾳ μονῇ τῇ γυναικείᾳ τῇ ὑπ᾽ αὐτοῦ τοῦ ἁγίου συστάσῃ καὶ βελτιωθείσῃ· ἔνθα γὰρ κεῖται τὸ τίμιον λείψανον, ἀνδρῷον ὑπάρχει τὸ μοναστήριον ἐγγὺς τοῦ Ξηρολόφου. Die Marginalnotiz stammt aus dem 15. Jh.; ungefährer terminus ante quem ist 1454, das Jahr der Reliquienübertragung nach Venedig. Zu dieser Zeit lag der Codex in Zichnai[205].

Aus dem Milieu der Jünger des Athanasios stammen die ersten uns erhaltenen hagiographischen und hymnographischen Texte. Wahrscheinlich

---

203 SINKEWICZ schreibt dem Patriarchen von Konstantinopel Athanasios I. auch musikalische Kompositionen (εἱρμοὶ καλοφωνικοὶ) aus dem Codex Athon. Batopediu 1373 (19. Jh.) zu. Das ist ein Irrtum. Die Kompositionen dürften eher vom Patriarchen Athanasios V. von Konstantinopel (1709–1711) stammen. Athanasios V. ist als Athanasius Adrianopolitanus im Katalog von SINKEWICZ aufgenommen. Zum Leben von Athanasios V. s. den Artikel von T. A. GRITSOPOULOS in ΘΗΕ I, 520–521.

204 PAPADOPOULOS-KERAMEUS, Vita 20.12–21.9 und 41.20–44.20.

205 Siehe Marginalnotizen, insbes. die datierte auf f. 198^{v}. POLITIS, Κατάλογος, S. 437.

sind diese die ersten Texte, die über Athanasios geschrieben wurden. Sie sind alle im Codex Chalk. S. Trin. 64 erhalten. Die Prosawerke stammen von Theoktistos Studites: eine Vita, ein Enkomion, eine Rede auf die Reliquientranslation und die Synaxarnotizen für den Gedenktag und vielleicht für die Reliquientranslation. Darüber hinaus verfasste Theoktistos Synaxarverse und elf Kanones[206].

Der zweite namentlich bekannte Verfasser von Texten auf Athanasios aus dieser Zeit ist der Priestermönch Ignatios[207]. Dieser verfasste zwei Akoluthiai, eine für das Fest am 24. Oktober und eine für die Kommemoration der Reliquientranslation am 23. August. Die Synaxarnotiz in der ersten – und wahrscheinlich auch in der zweiten – Akoluthia stammt von Theoktistos, was für eine enge Zusammenarbeit der zwei Autoren spricht. Diese Texte sprechen von gut besuchten Festen in Xerolophos, wo die Reliquien des Athanasios lagen.

Die zwei Codices des Iberon-Klosters (Athon. Iberon 50, 14. Jh., und sein Apographon Athon. Iberon 369, 17. Jh.), die die Vita und die Akoluthia überliefern, erhalten auch neun Zwölfsilber auf Athanasios, von einem sonst unbekannten Basileios geschrieben. Die Verse befinden sich am Anfang des jeweiligen Codex (jeweils f. 1^v)[208]. Es ist nicht bekannt, ob auch der Codex Chalk. S. Trin. 64 die Verse des Basileios überlieferte, da die ersten Blätter dieses Codex verloren gingen. Daher bleibt unklar, ob Basileios in Konstantinopel gelebt hat und ob er zum Kreis der Anhänger des Athanasios in Xerolophos gehörte. Die Tatsache, dass er mit Athanasios so sehr verbunden war, deutet darauf hin, dass er ihn persönlich gekannt hat.

Irgendwann vor 1368 erhielt der Kult des Athanasios eine offizielle Anerkennung durch die Synode. In der Praxis der byzantinischen Kirche war die Anerkennung einer Heiligen Person durch die Synode nicht notwendig; wenn es sie gab, dann war sie eher eine Zustimmung zur Kommemoration

206 Siehe Kapitel 1.3.1.

207 Über Ignatios, den Verfasser der zwei Akoluthiai auf Athanasios, herrscht im PLP eine gewisse Verwirrung. Unter Nr. 8040 wird Ignatios nur als der Verfasser der Akoluthia auf die Reliquientranslation angeführt. Unter Nr. 8076 steht der Antipalamite Ignatios, der ohne Kommentierung mit dem anonymen Beichtvater der Antipalamitin Eirene-Eulogia Chumnaina identifiziert wird (s. Kapitel 1.2.3). Da ihr Beichtvater Schriften über Athanasios schrieb, über die man übrigens nichts weiß, werden ihm „zwei Akoluthien auf Athanasios" zugeschrieben. Der Eintrag schließt mit der Frage, ob dieser Ignatios mit Nr. 8040 zu identifizieren ist.

208 Inc. Ἔρωτι τῷ σῷ καρδίαν τετρωμένος. Letztere Ausgabe in Sotiroudis 93. Siehe auch Vassis.

einer Person, die im Bewusstsein vieler Menschen schon heilig war. Die Orthodoxe Kirche kannte keine offizielle Kanonisierung im Sinne der Kanonisierung in der Katholischen Kirche[209]. Im Tomos Synodikos II (1368) des Patriarchen Philotheos Kokkinos wird die Entwicklung des Kultes des Athanasios folgendermaßen beschrieben: Ἐπεὶ γὰρ ὁ Θεὸς ἐκεῖνον ἐδόξασε διὰ τῶν θαυμάτων, καὶ μήπω τῆς ἐκκλησίας ἀναστηλωσάσης αὐτόν, ἑορτὴν ἐπετέλουν περιφανῆ οἱ τοῦ μοναστηρίου αὐτοῦ μοναχοί, καὶ τὴν ἱερὰν αὐτοῦ εἰκόνα ἔφερον ἐν τῇ μεγάλῃ ἐκκλησίᾳ κατὰ κυριακὴν τῆς ὀρθοδοξίας καὶ ἐν ταῖς λοιπαῖς λιτανείαις διὰ μέσης τῆς πόλεως ἐπὶ χρόνοις πολλοῖς, ὕστερον δὲ τῆς ἱερᾶς συνόδου τοῦτο εἰπούσης καὶ ἐν τῇ μεγάλῃ ἐκκλησίᾳ ἑορτάζεται[210]. Philotheos beschreibt diesen Prozess als ein paralleles Beispiel zu Gregorios Palamas: Er will beweisen, dass die Kommemoration des Palamas vor einer offiziellen Anerkennung nichts Neues war. Die Terminologie, die Philotheos verwendet, ist τῆς ἐκκλησίας ἀναστηλωσάσης αὐτὸν und τῆς ἱερᾶς συνόδου τοῦτο εἰπούσης.

Hier sei auf das Beispiel des Symeon Neos Theologos (949–1022) und dessen geistlichen Vaters Symeon Studites, genannt Eulabes, hingewiesen[211]. Symeon Neos Theologos verehrte den verstorbenen Symeon Studites als Heiligen; er verfasste Hymnen (ὕμνους), Lobreden (ἐγκώμια) und eine Vita (Βίος)[212], ließ eine Ikone malen und feierte sein Fest im Mamas-Kloster in Konstantinopel, unter der Toleranz oder auch Teilnahme der Hierarchie[213]. Aber der Kult hat Reaktionen hervorgerufen; Symeon musste für eine Weile in die Propontis in Verbannung gehen. Als Kompromiss beschloss die Synode, dass Symeon nach Konstantinopel zurückkehren, der Kult aber innerhalb eines beschränkten Kreises bleiben soll. Dass Symeon diese Lösung ablehnte, ist ein Zeichen seiner Kompromisslosigkeit[214]. Er kehrte an seinen Verbannungsort zurück, gründete ein Kloster und feierte das Fest seines geistlichen Vaters besonders prunkvoll[215]. Das Beispiel des

---

209 Über die Anerkennung der Heiligen in der Orthodoxen Kirche s. ALIVIZATOS, Ἀναγνώρισις.

210 DARROUZÈS, Regestes V, Reg. 2541. Text in PG 151.712 A.

211 KODER, Enthusiasten, insb. 106–109 (3. Heiligkeit und Kult des Symeon Eulabes). Zur Biographie Symeon Neos Theologos s. HAUSHERR, Symeon LVI–XCI; TURNER, St. Symeon 16–36; ALFEYEV, St. Symeon 27–42.

212 So in der Vita des Symeon Neos Theologos, die sein Jünger Niketas Stethatos verfasste: HAUSHERR, Symeon 72.21–22, S. 98. Die Texte sind verschollen.

213 HAUSHERR, Symeon 73, S. 100, und 79.8–12, S. 108.

214 HAUSHERR, Symeon 104–108, S. 142–150.

215 HAUSHERR, Symeon 110.18–24, S. 152–154.

Symeon zeigt, dass die byzantinische Kirche lokal beschränkten Kulten gegenüber sehr tolerant war, ja dass diese sogar Bestandteil der Heiligenverehrung in Byzanz waren.

Aus dem Tomos Synodikos II sind folgende, den liturgischen Teil der Kommemoration des Athanasios betreffende Fakten zu erschließen: Das Zentrum der Verehrung war sein Kloster. Dort fand eine prächtige Feier statt. Aller Wahrscheinlichkeit nach ist damit die uns überlieferte Akoluthia gemeint – vielleicht aber auch weitere Feierlichkeiten. Es gab mindestens eine Ikone von ihm. In der Hagia Sophia wurde die Ikone im Rahmen von Prozessionen feierlich mitgetragen, aber erst nach der offiziellen Anerkennung wurde Athanasios dort liturgisch kommemoriert (ἑορτάζεται).

Gregorios Akindynos sagt um das Jahr 1342, dass der Kult des Athanasios über die ganze Stadt und sogar über ihre Grenzen hinaus verbreitet war: Wenn Athanasios zu seinen Lebzeiten eine häretische Lehre hätte verbreiten wollen, dann hätte er einflussreiche weltliche und kirchliche Menschen hinter sich gehabt und außerdem ὅσους νῦν ἔχει τῶν ἑαυτοῦ λειψάνων προσκυνητάς· εἰσὶ δὲ οὗτοι πᾶσα σχεδὸν ἡ πόλις, μᾶλλον δὲ πᾶσαι πόλεις Χριστιανῶν[216]. Athanasios habe aber seinen Einfluss nicht missbraucht, im Gegensatz zu Gregorios Palamas.

Außer in Xerolophos bzw. Konstantinopel gibt es Zeugnisse einer Verehrung des Athanasios im Iberon-Kloster auf dem Athos: Die schon erwähnte Handschrift aus dem 14. Jh. (Athon. Iberon 50) mit der Vita und dem Enkomion des Theoktistos und der Akoluthia des Ignatios sowie ihre Abschrift aus dem 17. Jh. (Athon. Iberon 369) sprechen für eine über Jahrhunderte anhaltende Kommemoration. In der letzteren Handschrift gibt es auch eine Miniatur des Athanasios. Die Schreibernotiz lautet: Τὸ παρὸν βιβλίον ἐγράφη διὰ χειρὸς Ἰωαννικίου εὐτελοῦς ἱερομονάχου[217] διὰ συνδρομῆς τοῦ ὁσιωτάτου κυρίου Θεοφάνους μοναχοῦ, ἐν ᾗ καὶ ἀφιεροῦται παρ' αὐτοῦ εἰς τὴν μονὴν τοῦ ἐν ἁγίοις πατρὸς ἡμῶν Ἀθανασίου ἀρχιεπισκόπου Κωνσταντινουπόλεως τοῦ νέου εἰς τὴν σκήτει [sic] τῶν Ἰβήρων [...] Ἐν ἔτει ͵ζρκδ΄ ἰνδικτιῶνος ιδ΄ (1615–1616). Die Formulierung εἰς τὴν μονὴν τοῦ ἐν ἁγίοις πατρὸς ἡμῶν Ἀθανασίου ἀρχιεπισκόπου Κωνσταντινουπόλεως τοῦ νέου εἰς τὴν σκήτει τῶν Ἰβήρων ergibt wenig Sinn. Gemeint wird wohl eine dem Athanasios geweihte Kapelle (ναΐσκος) in der Haselnuss-Plantage (λεπτοκαρεών) des Iberon-Klosters sein, die der Mönch ATHANASIOS PAN-

216 NADAL CAÑELLAS, Akindynos IV 51.56–58.

217 Siehe L. POLITIS – M. POLITI, Βιβλιογράφοι 17ου–18ου αἰῶνα. Συνοπτικὴ καταγραφή. Athen 1994, 489.

TOKRATORINOS in seiner 1940 erschienenen Ausgabe der Vita des Athanasios von Ioseph Kalothetos erwähnt; in dieser Kapelle sei der Patriarch Athanasios zur Zeit der Ausgabe der Vita immer noch kommemoriert[218].

Im Iberon-Kloster befindet sich eine Vita in einfacherer Sprache (Athon. Iberon 504, 17. Jh.). Außerdem wurde die Vita um 1600 durch den Mönch Ignatios des athonitischen Dionysiu-Klosters (Athon. Iberon 663) in einfacherer Sprache paraphrasiert – vielleicht handelt es sich um denselben Text. Im Dionysiu-Kloster befindet sich die Vita in einer Handschrift aus dem 17. Jh. (Athon. Dionysiu 151). Das Vorhandensein einer Vita in einer Sammelhandschrift unterschiedlichen Inhaltes bedeutet natürlich nicht, dass es eine besondere Verehrung des Athanasios im Dionysiu-Kloster gab; es zeugt aber wenigstens von überdurchschnittlichem Interesse.

Auch in Thessaloniki, wo Athanasios sein mönchisches Leben begann, muss ein gewisses Interesse vorhanden gewesen sein: Der geistliche Vater der Eulogia Chumnaina hatte eine Schrift über Athanasios verfasst, die sich in Thessaloniki befand. Der Verfasser der zweiten uns erhaltenen Vita, Ioseph Kalothetos, stammte aus Thessaloniki. Es ist nicht bekannt, ob er schon in Thessaloniki Interesse an Athanasios hatte; denn in Konstantinopel war er in Kontakt mit den palamitischen Mönchen des Klosters in Xerolophos[219] und das könnte seine Bewunderung für Athanasios wenn nicht inspiriert, zumindest verstärkt haben.

Eine bis in die Neuzeit anhaltende Verehrung ist für Ganos belegt, wo Athanasios einen Teil seines Lebens verbracht und ein Doppelkloster gegründet hat. Aus dem Jahr 1802 stammt eine Handschrift mit einer Akoluthia des Athanasios[220]. Sie ist nicht mit der im Chalk. S. Trin. 64 erhaltenen identisch. Die Handschrift wurde ständig verwendet: Es gibt Besitzernotizen aus den Jahren 1844, 1911 und 1922, als sie bei dem Bevölkerungsaustausch nach Eleutheroupolis (ehemals Pravi, in Pangaion) transportiert wurde. Sie hatte sich in der Kirche des hl. Charalampos befun-

---

218 PANTOKRATORINOS, Vita 79, Anm. 2. Als Σκήτη τῶν Ἰβήρων ist heute die Skete des Johannes des Täufers bekannt, die aber erst im Jahr 1730 gegründet wurde und daher nicht in Frage kommt. Siehe M. CAPUANI, M. PAPAROZZI, Athos. Le fondazioni monastiche. Un millennio di spiritualità e arte ortodossa. Mailand 1997, 240.

219 Ioseph spricht von einem Treffen zwischen palamitischen Mönchen und Gregorios Akindynos im Kloster des Athanasios. TSAMIS, Syngrammata 6.144–149, S. 240–241.

220 Der Codex wird im Kloster *tes Hypapantes* auf Pangaion unter der Signatur 3 aufbewahrt. Siehe G.K. PAPAZOGLOU, Χειρόγραφα καὶ βιβλιοθῆκες τῆς Ἀνατολικῆς Μακεδονίας καὶ Θράκης I. Komotini 1993, 146–152.

den[221]. In einem Megalynarion wird Athanasios als πολιοῦχος, Stadtpatron, bezeichnet. Eine Ikone des Athanasios, die zweite bekannte nach der Miniatur im Iberon-Kloster, wurde aus derselben Kirche in Ganos nach Eleutheroupolis gebracht[222].

Konstantinopel, Ganos, Zichnai, Athos, Thessaloniki: Von diesen Orten gibt es Indizien für ein größeres oder kleineres Interesse an Athanasios. Möglicherweise markieren sie auch die geographische Verbreitung seines Kultes; das war im 14. Jh. größtenteils der Raum, in dem Konstantinopel noch stark präsent war.

Im Zusammenhang mit dem Kult des Athanasios ergibt sich die Frage nach dem genauen Datum seiner Verehrung. Nach dem Codex Chalkensis, der zeitlich und örtlich dem Zentrum des Athanasios-Kultes am nächsten steht, ist es der 24. Oktober. Dasselbe Datum überliefern auch die zwei Handschriften des Iberon-Klosters (Athon. Iberon 50 aus dem 14. Jh. und dessen Apographon, Athon. Iberon 369). Nach dem Codex Athen. EB 2434 (ff. 135^v–136^r) ist der Festtag am 28. Oktober. Dieses Datum nennt auch die spätere Handschrift aus Ganos sowie zwei neugriechische Drucke: der Μέγας Συναξαριστὴς von DOUKAKIS aus dem Jahr 1895[223] und ein Beiheft der Zeitschrift Ἄθως von SPYRIDON LAURIOTES aus dem Jahr 1929[224]. DOUKAKIS publiziert eine volkssprachliche Zusammenfassung der Vita mit vielen inhaltlichen Fehlern, z.B. dass Athanasios unter Kaiser Ioannes VI. Kantakuzenos Patriarch war. Laut diesem Text starb Athanasios am 28. Oktober. Das Buch von SPYRIDON LAURIOTES enthält unedierte Apolytikia und Kontakia. Für den Festtag des Athanasios am 28. Oktober enthält es das Apolytikion und das Kontakion, die der Akoluthia entnommen sind (Ὡς ποιμενάρχην ἀληθῆ und Κατὰ δαιμόνων ἐκ Θεοῦ τὰ νικητήρια). Es geht um eine Kompilation von Angaben und Texten aus verschiedenen Quellen, die vielleicht SPYRIDON LAURIOTES aus früheren Quellen übernahm. Denn das Apolytikion und das Kontakion konnten nur den zwei Iberon-

---

221 Zu den Kirchen der Stadt Ganos s. den Eintrag in A. KÜLZER, Ostthrakien (TIB 12, in Vorbereitung).

222 Die Ikone wurde in einer kurzen Notiz ohne Autorname in *Θρακικά* 15 (1941) 394–395, publiziert.

223 K. DOUKAKIS, Μέγας Συναξαριστὴς πάντων τῶν ἁγίων τῶν καθ' ἅπαντα τὸν μῆνα Ὀκτώβριον ἑορταζομένων. Athen 1895, 455.

224 Ἀπολυτίκια καὶ Κοντάκια τοῦ ὅλου ἐνιαυτοῦ μὴ περιεχόμενα ἐν τοῖς ὡρολογίοις τοῖς ἐντύποις (*Ἄθως. Περίοδος* B_A *Παράρτημα*). Athen 1929, 27.

Handschriften (oder eventuellen Apographa) entnommen sein; in diesen aber ist der Festtag der 24. Oktober.

Der Festtag der Reliquientranslation (23. August) wird nur im Codex Chalk. S. Trin. 64 erwähnt. Alle andere Handschriften oder Bücher nennen ausschließlich den Todestag des Athanasios, den 24. bzw. fälschlicherweise 28. Oktober.

2.8 Die Klöster des Athanasios nach seinem Tod

Die Klöster in Xerolophos wurden einige Jahrzehnte nach dem Tod des Athanasios – und wahrscheinlich, solange die Klostergemeinden existierten, – meistens als Klöster des Athanasios bezeichnet. Im Jahr 1331 wird erwähnt, dass die Mönche des Klosters τοῦ κῦρ Ἀθανασίου das Kloster der hl. Theophano in der Metropolis von Methymna, Lesbos, ohne Genehmigung in Besitz genommen hätten[225]. Im Jahr 1348 hat ein gewisser Antiocheites im Sterbebett in der σεβασμίᾳ μονῇ τοῦ ἐν πατριάρχαις ἁγιωτάτου κῦρ Ἀθανασίου die Tonsur erhalten[226]. In dieses Kloster zog sich der Patriarch Kallistos I. im Jahr 1353 zurück[227]. Der Bischof Dionysios von Kelesene hat in der σεβασμίᾳ μονῇ τοῦ ἁγίου Ἀθανασίου die Tonsur erhalten und als Abt gedient[228].

Das Männer- und das Frauenkloster mussten im Jahr 1383, einige Jahrzehnte nach dem Tod des Athanasios, getrennt werden[229]; wegen des moralischen Verfalls seien sie ein Grund zum „Vorwurf gegen jene heilige und ungekünstelte Seele (sc. Athanasios)“[230]. Im Sigillium über ihre Trennung findet man eine aus byzantinischer Sicht idealisierte Beschreibung des früheren Lebens im Doppelkloster: Da die Mönche und Nonnen die höchste Leidenschaftslosigkeit erreicht hatten, lebten sie „einig und getrennt“ (ἕνω-

---

225 PRK I, 106.14–69, S. 606–610.

226 PRK II, 151.82–84, S. 406. Weiteres über die Benennung des Klosters in KIDONOPOULOS 1.1.7–18, S. 16.

227 Ἐν τῇ τοῦ Ἀθανασίου καταλύει μονῇ: SCHOPENUS, Gregoras XXVIII 19 (Bd. 3, S. 188.11–21, hier Z. 21); Καντακουζηνὸς ὁ βασιλεὺς πολύν τινα χρόνον ἐν τῇ τοῦ Ἀθανασίου μονῇ θεωρῶν ἀπρακτοῦντα τὸν Κάλλιστον, ὅτι βούλεται οἱ πέμψας ἠρώτα τῆς πατριαρχικῆς διαίτης ἡ χρονία διάστασις: SCHOPENUS, Gregoras XXVIII 30 (Bd. 3, S. 195.5–18).

228 PRK IV, 276 (Druck in Vorbereitung).

229 MM II 375, S. 80–83. Siehe auch DARROUZÈS, Regestes VI, Reg. 2754, S. 65–66.

230 τοσοῦτον ὑπορρεῖν ἤρξατο [...] ὥστε [...] ψέγεσθαι παρὰ πάντων, κατηγορούντων τῆς ἁγίας ἐκείνης καὶ ἀπλάστου ψυχῆς (MM II 81.8–13).

σιν ὁμοῦ καὶ διαίρεσιν, 80.34). Jede Gruppe hatte eine eigene Behausung (κατοικίαν, 80.34); die Frauen waren den Mönchen untertan (ὑποκεῖσθαι δὲ τοῖς μοναχοῖς τὰς γυναῖκας, 81.1), hatten gemeinsame Lebensführung, einen gemeinsamen Abt (was wahrscheinlich auch heißt, dass es keine Äbtissin gab), gemeinsames Vermögen und gemeinsames Essen. Ob Letzteres heißt, dass sie gemeinsam gegessen haben oder nur dass die Nonnen für alle gekocht haben, bleibt unklar. Die Männer haben für den täglichen Tisch (τῆς καθ' ἑκάστην τραπέζης) der Frauen gesorgt.

Im Jahr 1454 war der Klosterkomplex schon verwüstet; ein Mönch befand sich noch in der Kirche, wo die Reliquien lagen. Das berichtet Domenego Zotareli (oder Zottarello), ein venezianische Händler, der die Reliquien von Xerolophos nach Venedig brachte[231].

2.9 Athanasios und der Hesychasmus

Athanasios ist vor dem Hesychastenstreit gestorben. Er musste nie zu den Streitpunkten des Hesychasmus bzw. des Palamismus Stellung nehmen. In seinen erhaltenen Briefen steht nichts, was auf die hesychastische psychosomatische Lehre hinweisen könnte.

Gregorios Palamas erwähnt Athanasios unter den Lehrern des Hesychasmus[232]. Es ist aber unwahrscheinlich, dass Athanasios die psychosomatische Lehre vertrat. Denn diese wurde auf dem Athos erst verbreitet, als Athanasios schon in Konstantinopel war. Unter diesem Gesichtspunkt erhebt sich die Frage, in welchem Sinn Palamas Athanasios als Lehrer des Hesychasmus bezeichnet. BOOJAMRA sieht Athanasios und Theoleptos von Philadelphia im Rahmen eines Maximalismus und einer Reformation des kirchlichen und mönchischen Lebens, die in den Hesychasmus führten[233]. Das kann als Interpretation der historischen Umstände bis zu einem gewissen Grad richtig sein; es war aber m. E. nicht von Palamas intendiert. Denn das Denken des Athanasios hatte einen starken sozialen Schwerpunkt; die Umkehr des einzelnen Menschen wurde in seinen Briefen im Rahmen der Umkehr des neuen Israel gesehen. Die hesychastische Lehre ist im Gegen-

231 STIERNON, Xérolophos 170.

232 MEYENDORFF, Défense, Triade I, 2, 12, S. 99.11–24: Ἄνδρες γὰρ μικρῷ πρὸ ἡμῶν μεμαρτυρημένοι [...] ταῦθ' ἡμῖν διὰ στόματος οἰκείου παρέδωκαν [...] τὸν φερωνύμως Θεόληπτον [...] τὸν Ἀθανάσιον ἐκεῖνον, ὃς ἐπ' ἐνιαυτοὺς οὐκ ὀλίγους τὸν πατριαρχικὸν ἐκόσμησε θρόνον, οὗ καὶ τὴν σορὸν ὁ Θεὸς ἐτίμησε [...].

233 BOOJAMRA, Church Reform 160–162.

teil stark individualistisch. Wahrscheinlicher scheint mir, dass Palamas die strenge Askese und die mystischen Erlebnisse des Athanasios meint. Theoktistos schreibt, dass Athanasios vor, zwischen und nach seinen Patriarchaten Visionen und mystische Erlebnisse hatte[234]. Athanasios verdankte seinen Ruf unter den Mönchen mehr seiner Askese als seiner Tätigkeit als Patriarch. In einer Schreibernotiz im Codex Athon. Lauras Γ 99 (339) aus dem Jahr 1303 heißt es: Πατριαρχεύοντος Ἀθανασίου τοῦ ἁγιωτάτου καὶ ἀσκητικωτάτου πατριάρχου[235], wobei ἀσκητικώτατος ein seltenes Attribut für einen Patriarchen ist. Im Enkomion auf Athanasios steht: Προσεδέξαντο [...] οἱ ὅσιοι καὶ ἀσκηταὶ τὸν ἀπαράμιλλον ἐν ἀσκήσει καὶ ὁσιότητι – τοῦτο γὰρ καὶ μᾶλλον αὐτῷ ἰδιαίτατον[236]. So etwas meinte wahrscheinlich Palamas und nicht die reformatorische Tätigkeit des Athanasios während seiner Patriarchate. Es entsprach durchaus der Überzeugung oder der Taktik der Hesychasten, sich auf die gesamte asketische Tradition zu berufen und anerkannte Persönlichkeiten als Vorläufer der psychosomatischen Methode zu präsentieren.

Gregorios Akindynos behauptet, dass Athanasios rechtgläubig sei und mit dem palamitischen „Wahn" nichts zu tun habe: Ἀλλ' οὐκ εἶχε τὴν ἐπὶ κενῇ δόξῃ μανίαν τοῦ Παλαμᾶ, οὐδὲ τὴν ὑπὲρ ταύτης ἀπόνοιαν καὶ κατὰ πάντων τόλμαν, καὶ τῶν ἀψαύστων αὐτῶν[237].

Die Jünger des Athanasios waren Palamiten. Theoktistos hat ein Gedicht über Gregorios Palamas geschrieben[238]. Ioseph Kalothetos, der eine Vita des Athanasios schrieb, war auch ein bekannter Palamit. Kurz nach dem Tod Kaiser Andronikos' III. (15. Juni 1341) versammelte sich eine Gruppe von prominenten Palamiten einerseits und Gregorios Akindynos andererseits im Kloster des Athanasios[239]. Im Codex Athen. EB 2583 (f. 81v–88r) gibt es ein bereits erwähntes, von Athanasios stammendes Florilegium mit patristischen Sprüchen, die die hesychastische Lehre unterstützen sollen.

---

234 PAPADOPOULOS-KERAMEUS, Vita 10.26–11.5, 31.8–16, 41.3–16 und 46.30–47.26.

235 SPYRIDON LAURIOTES / S. EUSTRATIADES, Catalogue of the Greek Manuscripts in the Library of the Laura on Mount Athos. Cambridge/Paris 1925. Nachdruck: New York 1969, 47.

236 FUSCO, Enkomion XVII 16–22.

237 NADAL CAÑELLAS, Akindynos IV 51.59–63, S. 397.

238 CHRESTOU, Palamas, Bd. II 163, kritischer Apparat.

239 TSAMIS, Syngrammata, Logos 6.144–149, S. 240–241. Der Text lautet: Συνεληλυθότων γοῦν ἀδελφῶν εἰς τὸ εὐαγὲς φροντιστήριον [...] τοῦ ἐν ἁγίοις πατρὸς ἡμῶν Ἀθανασίου, τοῦ καὶ τὸν θρόνον τοῦ πατριάρχου ταυτησὶ τῆς βασιλίδος κοσμήσαντος [...] οἱ πλείους δὲ τούτων καὶ λόγιοι καὶ σοφοί [...] προσεκλήθη κἀκεῖνος (sc. Ἀκίνδυνος).

Die Überschrift ist vielleicht bezeichnend für die palamitische Interpretation der Schriften von Athanasios: Πρὸς τὸ τέλος δὲ τῆς βίβλου ὡς *προφητικώτατος* συνῆξε καὶ συνεγράψατο πραγματείαν τινὰ ἐκ τῶν αὐτῶν μεγάλων ἁγίων πατέρων καὶ θεολόγων [...] συνετέθη δὲ ἡ τοιαύτη βίβλος παρὰ τοῦ ἁγίου Ἀθανασίου πρὸ πεντήκοντα χρόνων καὶ ἐπέκεινα τοῦ λαληθῆναι παρὰ τοῦ ἀθέου καὶ λατινόφρονος Βαρλαὰμ καὶ τῶν ὁμοφρονούντων αὐτῷ τὸ καταψηφισθὲν αὐτῶν πολλάκις δόγμα παρὰ τῆς ἁγίας καθολικῆς καὶ ἀποστολικῆς ἐκκλησίας [...][240]. Der palamitische Patriarch Philotheos Kokkinos erwähnt, wie schon gesagt, die Anerkennung des Kultes des Athanasios im Kontext der Anerkennung des Kultes des Palamas. Aber Athanasios lebte vor der Polarisierung des palamitischen Streites, und er war auch bei Menschen beliebt, die später Antipalamiten wurden: Eulogia Chumnaina, Erzfeindin der Palamiten, bezeichnet ihn als „heiligsten Patriarchen kyr Athanasios“[241], und Gregorios Akindynos spricht von ihm positiv[242].

---

240 Siehe oben, S. 71–72.

241 Eulogia fordert von ihrem geistlichen Vater τὸ ὑπὲρ τοῦ ἁγιωτάτου πατριάρχου κυροῦ Ἀθανασίου σύγγραμμα (Hero, Eulogia, Brief 1.27–29). Die Äbtissin hatte vermutlich auch persönliche Gründe, Athanasios zu schätzen: als ihr Mann starb, forderte der Patriarch den Kaiser auf, der Familie des Verstorbenen und vor allem der jungen Witwe Beistand zu leisten (Talbot, Correspondence, Brief 96, S. 250–251).

242 Nadal Cañellas, Akindynos IV 51.

3. DIE LITURGISCHE VEREHRUNG DES ATHANASIOS

3.1 Die Akoluthiai auf Athanasios (24. Oktober und 23. August)

Athanasios lebte zu einer Zeit, in der die liturgischen Bücher ihre endgültige Form erhalten hatten. Kein Menaion enthält, meines Wissens, etwas über Athanasios. Sein Kult war wenig verbreitet; er war eher auf seine Klöster in Xerolophos beschränkt[243], und seine Verehrung spielte dort eine wichtige Rolle. In seinen Klöstern wurde Athanasios am 24. Oktober und am 23. August jeweils mit einer langen Akoluthia verehrt. Beide Akoluthiai bestehen aus dem kleinen Hesperinos, der Lite, dem großen Hesperinos, dem Orthros und der Liturgie. Dass es zwei Hesperinoi und eine Lite gab, zeugt von besonderer Verehrung[244].

Eine Besonderheit der Akoluthia für den 24. Oktober ist, dass sie „Enkomia" enthält, eine Reihe von Troparia, die zwischen den Versen des Psalms 118 (119) gesungen werden[245]. Die bekanntesten „Enkomia", auch Ἐπιτάφιος θρῆνος genannt, sind diejenigen, die im Orthros des Karsamstags (am Karfreitagabend) gesungen werden. Enkomia gibt es auch auf die Gottesmutter und auf Heilige. Letztere sind nicht sehr häufig; sie widerspiegeln eher lokal beschränkte Kulte und sind Zeugen eines besonders großen Festes, wie im Fall des Athanasios. Ein Beispiel sind die „Enkomia" auf den hl. Demetrios, die in Thessaloniki gesungen wurden; sie wurden allerdings nicht am Gedenktag gesungen, wie die Enkomia auf Athanasios, sondern am Tag vorher, dem Karsamstag entsprechend[246]. Das erste Troparion in verschiedenen Reihen von Enkomia ist oft fast identisch, was auf eine gewisse Tradition hinweist: Μακαρίζομέν σε, ἱεράρχα Χριστοῦ

---

243 Siehe Kapitel 2.7.

244 Zu den verschiedenen Typen der Akoluthia s. BEKATOROS.

245 Zu den Enkomia s. F.-X. GARCIA BOVEDA, Πάθος και ανάστασις: ιστορική εξέλιξη της βυζαντινής υμνογραφίας της Μεγάλης Εβδομάδας και της εβδομάδας της Διακαινησίμου. Thessaloniki 2007 (Diss.), 457–506; DETORAKIS, Μεγαλυνάρια; XYDIS 331–339.

246 LAOURDAS, Ἀκριβὴς διάταξις 330–332. Das Fest des hl. Demetrios in Thessaloniki dauert(e) eine Woche, die der Karwoche entspricht.

(Athanasios)/ ἀθλοφόρε Χριστοῦ (hl. Demetrios)[247]/ θεοτόκε παρθένε[248], καὶ τιμῶμεν τὴν ἁγίαν εἰκόνα σου ὡς ἀντίτυπον τῆς θείας σου μορφῆς. Auch *Spanos* (14./15. Jh.?) enthält Enkomia, deren erste Troparia eine Parodie ähnlicher Hymnen sind[249]; der anonyme Verfasser ging davon aus, dass sein Publikum solche Hymnen leicht identifizieren könne.

Am 23. August wurde die Translation der Reliquien des Athanasios zusammen mit der Ἀπόδοσις des Festes der Entschlafung Marias gefeiert[250]. Neben den Hymnen und den Lesungen auf Athanasios wurden viele Hymnen vom 15. August übernommen. Von den letzteren steht im Codex Chalk. S. Trin. 64 nicht nur das Incipit, sondern der ganze Text.

Was die Struktur der zwei Akoluthiai betrifft, sei auf ähnliche Akoluthiai in den Menaia hingewiesen, z.B. zum Fest des hl. Antonios am 17. Jänner. Im Folgenden werden die Incipits der Hymnen der Akoluthia angegeben sowie Anmerkungen zur Struktur, wenn sie anders als im oben genannten Beispiel ist.

3.1.1 Akoluthia zum Gedenktag

Μικρὸς ἑσπερινός

Stichera[251]: Θεῷ παντοκράτορι... Ὄλβιος γενόμενος καρπός... Ἱεραρχικώτατος ποιμήν... Ἀθανάσιε πάτερ.

---

247 Ed. LAOURDAS, Ἀκριβὴς διάταξις.

248 Das Troparion auf die Gottesmutter ist in DETORAKIS, Μεγαλυνάρια 223, ediert.

249 Vgl. das erste Troparion der venezianischen Edition (H. EIDENEIER, Spanos. Eine byzantinische Satire in der Form einer Parodie. Einleitung, kritischer Text, Kommentar und Glossar. Berlin – New York 1977, 132): Μαγαρίζομέν σε, κλανογένη σπανέ, καὶ τσιρλοῦμεν τὴν χεσάδα πατσάδα σου ὡς ἀντίτυπον τοῦ κώλου μας μορφήν.

250 So wie heute, MR VI 485. Das Datum der ἀπόδοσις der Entschlafung Marias variiert in den verschiedenen byzantinischen Typika (s. GRUMEL, Apodosis). Zur Regierungszeit Kaiser Andronikos' II. wurde zuerst die erste Hälfte und dann der ganze August der Gottesmutter gewidmet (PAPATRIANTAFYLLOU 314–325 und GRUMEL, Mois de Marie). Was das für die liturgische Praxis genau bedeutet und wie verbreitet diese liturgische Erneuerung war, bleibt unklar. Es lässt sich z.B. nicht sagen, ob ein großer Teil der Hymnen des 15. August für alle 15 bzw. 31 Tage parallel zu den Hymnen des Tages gesungen wurde. Für Xerolophos muss der 23. August auf jeden Fall in den Jahren um 1330 ein besonders wichtiges Marienfest gewesen sein, denn es wurde vom Fest des Athanasios nicht verdrängt.

251 Die Anfänge des Codex Chalk. S. Trin. 64 sowie des Codex Athon. Iberon 50 sind beschädigt, daher wird nach dem Codex Athon. Iberon 369 zitiert. Danach halte ich mich an die Seitenzählung des Codex Chalk. S. Trin. 64 (ab f. 4[r]).

Aposticha: Βίον ἀκηλίδωτον... Ἐπίγειος ἄγγελος... Ὁ νοῦς σου λαμπόμενος... Ἄνθρωπε τοῦ Θεοῦ.

Apolytikion: Ὡς ποιμενάρχην ἀληθῆ.

Μέγας ἑσπερινός

Stichera: Πρόσχες, παντευλόγητε, φωναῖς... Σκέπη τοὺς προστρέχοντας τῇ σῇ... (Chalk. S. Trin. 64, 4r) Ποίοις εὐφημιῶν στέμμασιν... Ποίοις ὑμνωδιῶν κάλλεσι... Ποίοις σε ἱεροῖς ᾄσμασιν... Ἀθανάσιε, πατὴρ ἡμῶν (Ἰγνατίου ἱερομονάχου in margine).

5r Drei Lesungen aus den Proverbia und der Sapientia Salomonis: Μνήμη δικαίου μετ᾽ ἐγκωμίου... Στόμα δικαίου ἀποστάζει σοφίαν... Ἐγκωμιαζομένου δικαίου εὐφρανθήσονται λαοί[252].

Λιτή

7v Stichera: Ἐκ βρέφους ἀκολουθήσας τῷ Χριστῷ... Ἱερατεύων ἐπὶ γῆς θεαρέστως... Πάτερ Ἀθανάσιε... Δεῦτε ἅπαντα τῶν μοναζόντων.

8v Aposticha: Ὅλον ἀπὸ βρέφους σε... Ὤφθης, Ἀθανάσιε... Ἄστρον ὡς πολύφωτον... Ἁγιώτατε πάτερ Ἀθανάσιε.

11r Apolytikion zweimal: Ὡς ποιμενάρχην ἀληθῆ.

Segnung des Brotes, Lesung der Vita, die mit den Worten «Ἐμοὶ δὲ λίαν ἐτιμήθησαν» anfängt (d.h. die Vita von Theoktistos).

11r Ὄρθρος

10r[253] Kathisma: ἀναβὰς εἰς τὸ ὕψος τῶν ἀρετῶν. Theotokion: Χαριστήριον αἶνον.

10v Lesung (es ist nicht vermerkt, welche)

Psalm 118 (119, Ἄμωμος). Nach jedem zweiten Vers kommt ein nach

---

[252] Die drei Lesungen sind bekannte Kompilationen aus den zwei alttestamentlichen Büchern. Der Text ist in dieser Form nicht im Alten Testament, sondern in den liturgischen Büchern zu finden. Diese sind einerseits das „Prophetologium“, das Lesungen aus dem AT enthält, andererseits die Menaia an Festen von verschiedenen Heiligen (z.B. am 27. Jänner, Reliquientranslation des Johannes Chrysostomus). Ab dem 15. Jh. sind die Prophetologia sehr selten. Siehe Prophetologium (*MMB Lectionaria* I). Fasc. 1–6, ed. C. Høeg et G. Zuntz. Kopenhagen 1939–1970. Pars altera, Fasc. 1–2, ed. G. Engberg. Kopenhagen 1980.1981. Die drei Texte, die auch in der Akoluthia zum 24. Oktober verwendet wurden, sind mit neumatischer Notation aus dem Codex Oxon. Laud. gr. 36 (11. Jh.) ediert (Pars II, Fasc. 1, S. 57–63).

[253] Das Blatt des Codex Chalk. S. Trin. 64 wurde bei der neuen Bindung verstellt. Siehe Einführung zur Ausgabe, S. 155.

den „Enkomia“ gebautes Troparion: Μακαρίζομέν σε, ἱεράρχα Χριστοῦ, καὶ τιμῶμεν τὴν ἁγίαν εἰκόνα σου ὡς ἀντίτυπον τῆς θείας σου μορφῆς.

15v Στάσις β′[254]: Ἄξιον ἐστίν μακαρίζειν σε τὸν ἱεράρχην ὡς τῶν θλιβομένων παράκλησις [sic] καὶ τῶν ἐν ἀνάγκαις θερμώτατον προστάτην.

19r Στάσις γ′. Σὲ τὸν ἱεράρχην μακαρίζομεν πάντες οἱ εὐσεβεῖς ὡς θεράποντα Χριστοῦ τοῦ Θεοῦ.

23r Ὁ δομέστικος διατόρῳ φωνῇ: Αἱ γενεαὶ πᾶσαι σὲ μακαριοῦμεν, τὴν μόνην θεοτόκον: Μακαρίζομέν σε …

23r Kathisma: Τὴν τοῦ βίου πλημμύραν. Theotokion: Τὴν ψυχήν μου, παρθένε.

23v Οἱ ἀναβαθμοί, τὸ α′ ἀντίφωνον τοῦ δ′ ἤχου.

Προκείμενον. Τὸ στόμα μου λαλήσει σοφίαν. Στίχος: Ἀκούσατε ταῦτα. Lesung aus dem Johannes-Evangelium (Jh 10, 1–10).

23v Alphabetischer Kanon an die Gottesmutter. Die Theotokia bilden die Akrostichis Ἀθανασίου (In der Überschrift von Athon. Iberon 50 und 369 steht Ἀθανασίου πατριάρχου als Akrostichis, was nicht stimmt). Die zwei letzten Buchstaben (ου) sind die zwei ersten des letzten Troparions. Nach dem Kanon Ἐν βυθῷ κατέστρωσε gesungen. Inc. Ἀμβροσίας κόσμον τε τρυφήν.

24r Kanon auf Athanasios, von Ignatios: Ἕτερος κανὼν εἰς τὸν ἐν ἁγίοις πατέρα ἡμῶν Ἀθανάσιον Πατριάρχην Κωνσταντινουπόλεως. Ἦχος πλ. δ′. Nach dem Kanon Ἀρματηλάτην (PeR 455, PR 624) gesungen. Inc. Ἄνθρωπος μὲν ὁ παρ᾽ ἡμῶν ὑμνούμενος. Ἰγνατίου in margine. Jede Ode des Kanons wird nach der entsprechenden Ode des vorigen Kanons gesungen.

26r Kathismata zwischen 3. und 4. Ode: Τὴν ὡραιότητα τῆς πανιέρου σου ψυχῆς und Τὴν ὡραιότητα τῆς παρθενίας σου (Theotokion, HR 243).

28v Kontakion zwischen 6. und 7. Ode: Κατὰ δαιμόνων ἐκ Θεοῦ τὰ νικητήρια; Oikos: Ἄγγελοι καθορῶντες τὴν ἁγίαν ψυχήν σου.

29v Synaxarverse: Θανών, Ἀθανάσιε, φωστὴρ ποιμένων/ παρίστασαι νῦν ἀθανάτῳ ποιμένι. Εἰκάδι τῇ τετάρτῃ Ἀθανασίου ὄστ᾽ ἐκάλυψαν und das Synaxar in Prosa. Die zwei letzten Texte stammen von Theoktistos.

35v Exaposteilaria: Πανήγυρις χαρμόσυνος… Theotokion: Μαρία, καθαρώτατον (HR 54) in Chalk. S. Trin. 64 und Athon. Iberon 50, Κυρία πάντων πέλουσα in Athon. Iberon 369.

---

254 So in Chalk. S. Trin. 64. Στάσις heißt hier die ganze Einheit von Troparia mit derselben Melodie. In den Iberon-Codices heißt die Notiz am Ende des ersten Teils der „Enkomia“ στάσις α′ und am Ende des zweiten Teils στάσις β′ (Athon. Iberon 50, ff. 16r und 21r); anscheinend heißt στάσις in diesen Handschriften „Einschnitt“.

36ʳ Stichera: Ἱερέων ἐν χρίσματι... Καὶ φρονήσει λαμπόμενος... Εἰς καθέδραν ἐκάθισας... Ἐν ἀγρύπνοις σου προσευχαῖς... Theotokion: Χαίροις, τὸ ἐργαστήριον Θεοῦ.

37ʳ Λειτουργία

Lesungen: Hebr 7, 26–8, 2 und Jh 10, 9–16.

Κοινωνικόν: Εἰς μνημόσυνον αἰώνιον.

3.1.2 Akoluthia auf die Reliquientranslation

134ʳ Μικρὸς ἑσπερινός

Stichera: Νεύσει θεϊκῇ... Ἔργα μυστικά... Ποῦ σου ἡ ἰσχύς... Σήμερον ἡ χάρις... Σήμερον ἡ χάρις... Χοροστατήσαντες... Πανιερώτατε πάτερ... Καλέσωμέν σε... Ὁ πατριάρχης ὁ μέγας.

135ʳ Apolytikion: Ἐν τῇ κοιμήσει σου, κόρη (Auf die Entschlafung Marias)... Ἐν τῇ κοιμήσει σου τῇ ἐνδόξῳ, ἀοίδοιμε... Ἐν τῇ γεννήσει τὴν παρθενίαν (Auf die Entschlafung Marias, MR VI 411).

135ᵛ Μέγας ἑσπερινός

135ᵛ Stichera auf die Gottesmutter: Ὢ τοῦ παραδόξου θαύματος... Βαβαὶ τῶν σῶν μυστηρίων... Τὴν σὴν δοξάζουσι κοίμησιν (Auf die Entschlafung Marias, MR VI 406–407).

136ʳ Stichera auf Athanasios: Ὢ τοῦ παραδόξου θαύματος... Δεῦτε πανταχόθεν σήμερον... Δεῦρο ἀφανῶς νῦν ἄνωθεν... Ὢ ἱεράρχα τοῦ Χριστοῦ. Theotokion: Τῇ ἀθανάτῳ σου κοιμήσει.

137ʳ Lesungen aus der Sapientia: Δικαίων ψυχαί – ἐν τοῖς ἐκλεκτοῖς αὐτοῦ. Δίκαιοι εἰς τὸν αἰῶνα ζῶσι – ἡ δυναστεία παρὰ ὑψίστῳ. Δίκαιος ἐὰν φθάσῃ τελευτῆσαι – ἐν τοῖς ὁσίοις αὐτοῦ[255].

139ʳ Λιτή

Stichera: Τὸν λύχνον τῶν φώτων... Πάτερ πατέρων... Εὐφρανθῶμεν σήμερον... Ἁγιώτατε πάτερ.

140ᵛ Χαίροις, τῶν μοναζόντων κανών... Χαίροις, ὁ ἐκ πασῶν ἀρετῶν... Χαίροις, χαρίτων θείων πηγή... Σαλπίσωμεν ἐν σάλπιγγι.

141ᵛ Apolytikion: Ἐν τῇ κοιμήσει σου... Ἐν τῇ γεννήσει τὴν παρθενίαν (Auf die Entschlafung Marias, MR VI 411).

---

255 Sap 3, 1–9; Sap 5, 15 – 6, 3; Sap 4, 7–15.

142ʳ Segnung des Brotes und Lesung Εἰς τὸν λόγον τῆς ἀνακομιδῆς (Rede auf die Reliquientranslation).

142ʳ Ὄρθρος

Nach den Antiphona Ἀνάγνωσις: ὁ ἐπίλοιπος τοῦ λόγου[256].

142ʳ Kathisma: Ἀθανάσιε σοφέ... Ἀναβόησον, Δαυΐδ (Auf die Entschlafung Marias, MR VI 411).

142ᵛ Lesung aus dem Evangelium (Jh 10, 1–10).

142ᵛ Idiomelon: Ἐξεχύθη ἡ χάρις.

142ᵛ Kanon auf die Gottesmutter. Inc. Παρθένοι νεάνιδες (MR VI 413).

143ʳ Kanon von Ignatios auf Athanasios mit der Akrostochis Τέταρτος ἦχος αἶνος Ἀθανασίῳ. Ἦχος δ΄. Inc. Τὴν χάριν εὐξώμεθα. Jede Ode wird nach der entsprechenden Ode des Kanons auf die Gottesmutter gesungen.

144ʳ Kathismata zwischen 3. und 4. Ode: Τὴν ἀνακομιδήν... Ἀθάνατον ζωήν... Theotokion: Ἐκ γῆς πρὸς οὐρανόν.

146ʳ Kontakion zwischen 6. und 7. Ode: Μακάριόν σου τὸ ὄνομα. Oikos: Ὁ ὑπερούσιος λόγος τοῦ πατρός.

146ᵛ Synaxarverse: Ἄλλη κιβωτὸς ἥδε καὶ πάλιν νέα/ φέρουσα νέκυν ἔνδον Ἀθανασίου. Εἰκάδι Ἀθανασίου ἐπάνοδος τριτάτῃ τύχθη und Synaxarnotiz, Inc. Τούτου τὸν ἀγγελικὸν βίον. Des.: Αὐτοῦ πρεσβείαις ὁ Θεὸς ἐλέησον ....

150ʳ Exaposteilarion: Ὡς οὐρανὸν τοῖς ἄστροις κατακοσμεῖ καὶ σὲ Θεός... Ἀπόστολοι ἐκ περάτων (Auf die Entschlafung Marias, MR VI 419).

150ʳ Stichera auf die Entschlafung Marias: Τῇ ἐνδόξῳ κοιμήσει σου... Ἐκ περάτων συνέδραμον... Τὴν ζωὴν ἡ κυήσασα... (MR VI 419–420).

150ᵛ Stichera auf Athanasios: Τὸν οὐράνιον ἄνθρωπον... Ἀνθρωπίνων ἐπέκεινα... Ἀρετῶν εἰς ἀκρώρειαν... Ἰσοστάσιε πάτερ ἀσωμάτων ἀγγέλων... Theotokion: Πιστούμενος Ἰησοῦς.

151ᵛ Λειτουργία

Lesungen: Hebr 7, 26–8, 2 und Jh 10, 9–16.

Κοινωνικόν: Εἰς μνημόσυνον αἰώνιον.

---

256 Siehe Kapitel 1.3.1 c.

3.2 Das Triodion des Athanasios

Der Codex Chalk. S. Trin. 64, ff. 152ʳ–155ʳ überliefert anonyme Kanones, die nach den Kanones der Karwoche gesungen wurden (Τριῴδιον προσόμοιον τοῖς τῆς μεγάλης ἑβδομάδος ψαλλόμενον εἰς τὸν ἐν ἁγίοις πατέρα ἡμῶν Ἀθανάσιον πατριάρχην Κωνσταντινουπόλεως). Diese sind Prosomoia der Kanones zum Montag der Karwoche (inc. Τὴν τῶν θλίψεων διαπεράσας θάλασσαν), zum Dienstag (inc. Τὸ δόγμα σὺ τὸ τυραννικόν), zum Mittwoch (inc. Ἐν κενοῖς τῶν φθονούντων) und zum Karfreitag (inc. Ῥυφθείς, ὦ πάτερ). Die Vorbilder dieser Kanones sind von Kosmas von Maiuma verfasst. Der Name Τριῴδιον sollte ursprünglich einen Kanon bezeichnen, der drei statt acht bzw. neun Oden hat; ein Kanon mit zwei Oden hieß Διῴδιον, mit vier Oden Τετραῴδιον. In der Praxis dürfte der Name Τριῴδιον die zwei anderen Termini ersetzt haben; so wird er auch im Codex Chalk. S. Trin. 64 verwendet, obwohl der Kanon zum Dienstag technisch gesehen ein Διῴδιον ist.

Zum Autor dieser Kanones können nur Hypothesen geäußert werden. Die exzessive, spielerische Entlehnung vieler Wörter aus den Vorbildern erinnert stark an die Kanones des Theoktistos: Τῷ τῶν θλίψεων διαπεράσας θάλασσαν θείῳ Θεοῦ προστάγματι, μακαριώτατε, basiert z.B. auf Τῷ τὴν ἄβατον κυμαινομένην θάλασσαν θείῳ αὐτοῦ προστάγματι ἀναξηράναντι[257]. Allerdings sind die Kanones in einem Kodex anonym überliefert, in dem der Name des Theoktistos sonst oft vorkommt.

Es gibt kein Prosomoion des Kanons zum Gründonnerstag. Dieser ist der einzige Kanon der Karwoche, der kein Τριῴδιον ist, sondern acht Oden hat. Vielleicht ist das der Grund, warum der Verfasser kein Prosomoion dieses Kanons unter seine Τριῴδια aufnimmt. Eventuell aber hat diese Lücke auch damit zu tun, dass es schon ein Prosomoion dieses Kanons gab, und zwar den 9. Kanon des Theoktistos, der zusammen mit den anderen zehn Kanones überliefert wurde. Wenn dies zutrifft, dann sollte der 9. Kanon vor den Triodia geschrieben worden sein. Die Möglichkeit, dass der 9. Kanon ursprünglich zum Triodion gehörte, ist auszuschließen: Die Triodia haben alle eine Akrostichis, die fast identisch mit der Akrostichis der Vorbilder ist (nur der Heirmos jeder Ode fehlt); dem 9. Kanon von Theoktistos fehlt eine Akrostichis. Außerdem gäbe es wenig Grund, einen Kanon aus

[257] TR 620. Zur Entlehnung von Wörtern aus dem Vorbild als Stilmittel s. Kapitel 6.3.1, S. 140–141.

der organischen Gruppe der Τριῴδια herauszunehmen und ihn den anderen zehn Kanones des Theoktistos anzuschließen.

Die Idee einer „Karwoche" für einen Heiligen war den Byzantinern nicht fremd. In Thessaloniki wurde in der Woche vor dem Fest des hl. Demetrios (26. Oktober) eine „Karwoche" gefeiert[258]. Symeon von Thessaloniki (15. Jh.) verfasste Prosomoia der Kanones der Karwoche, die während dieser „Karwoche" gesungen wurden. Zu manchen dieser Kanones verfasste Symeon entsprechende Stichera, Doxastika, Kathismata, Kontakia und Oikoi[259]. Auch die Feierlichkeiten, die Symeon Neos Theologos für Symeon Studites Eulabes abhielt, dauerten acht Tage[260]. Höchstwahrscheinlich war das eine ganze Woche plus Gedenktag. Allerdings ist nicht bekannt, ob es sich um eine „Karwoche" handelte.

Ähnliches könnte bei Athanasios der Fall sein. Es ist aber nicht bekannt, ob diese Kanones des Triodions tatsächlich gesungen wurden oder ein privates dichterisches Zeichen von Verehrung blieben. In der Überschrift steht: Τριῴδιον (...) ψαλλόμενον εἰς τὸν ἐν ἁγίοις πατέρα ἡμῶν Ἀθανάσιον (...). Das Wort ψαλλόμενον könnte darauf hindeuten, dass das Triodion gesungen wurde. Allerdings könnte das nur ein Topos sein, denn es fehlen weitere Hinweise in margine über den Vortrag der Triodia, z.B. wann und im Rahmen welches Gottesdienstes sie gesungen wurden, wie das in den Akoluthiai der Fall ist. Das Fehlen des Kanons zum Gründonnerstag spricht auch gegen die Verwendung dieser Kanones; wenn der oben erwähnte 9. Kanon des Theoktistos verwendet würde, wäre er aus praktischen Gründen eher mit den anderen Triodion-Kanones überliefert.

---

[258] LAOURDAS, Ἀκριβὴς διάταξις. In drei Enkomia auf den hl. Demetrios aus dem 14. Jh. steht, dass die Vor- und Nachfeste sich über einen Monat erstreckten, von einer „Karwoche" ist jedoch keine Rede. Siehe das Enkomion des Nikephoros Gregoras (ed. V. LAOURDAS, Ἐγκώμια εἰς τὸν Ἅγιον Δημήτριον. *Makedonika* 4 (1960) 83–96, hier 87.171–88.234), des Konstantinos Harmenopulos (ed. D. S. GKINIS, Λόγος ἀνέκδοτος Κωνσταντίνου Ἁρμενοπούλου εἰς τὴν προεόρτιον ἑορτὴν τοῦ Ἁγίου Δημητρίου. *ΕΕΒΣ* 21 (1951) 145–162) und des Isidoros Glabas (ed. V. LAOURDAS, Ἰσιδώρου ἀρχιεπισκόπου Θεσσαλονίκης ὁμιλίαι εἰς τὰς ἑορτὰς τοῦ ἁγίου Δημητρίου [*Ελληνικά, Παράρτημα* 5]. Thessaloniki 1954). Siehe auch I. PARASKEUOPOULOU, Αγιολογικά κείμενα, in: E. KALTSOGIANNI et al., Η Θεσσαλονίκη στη βυζαντινή λογοτεχνία. Ρητορικά και αγιολογικά κείμενα (*Βυζαντινά κείμενα και μελέται* 32). Thessaloniki 2002, 87–213, hier 162–163, 173–174 und 194–197.

[259] FOUNTOULIS, Λειτουργικὸν ἔργον 93–98 und FOUNTOULIS, Symeon 88–97, 119–120, 129–131 und 139–140.

[260] HAUSHERR, Symeon 110.18–24, S. 152–154.

Die Prosomoia der Kanones der Karwoche sind keineswegs mit den Enkomia verbunden (ff. 10^v–23^r), die nach den Enkomia des Karsamstags gebaut wurden. Denn die Enkomia haben eine feste Stelle im Hesperinos, wobei die Prosomoia der Kanones der Karwoche getrennt überliefert wurden. Die Enkomia wurden am Festtag gesungen, unabhängig davon, ob es eine „Karwoche" des Athanasios gegeben hat oder nicht.

Schlussbetrachtung

Im Codex Chalk. S. Trin. 64 sind die Texte der zwei Akoluthiai und der Τριῴδια überliefert, es gibt aber kaum andere Hinweise auf den Ablauf der Feste. Es bleibt unklar, ob und bei welcher Gelegenheit die elf Kanones und das Τριῴδιον gesungen wurden, ob es noch Feierlichkeiten vor und nach der Akoluthia gab und ob die eventuellen Feierlichkeiten sich über mehrere Tage erstreckten. Andere Quellen liefern noch einige Einzelheiten (s. Kapitel 2.7): Dass die Mönche an Prozessionen mit der Ikone von Athanasios teilnahmen, dass das prachtvolle Fest im Männerkloster stattfand und dass es im Frauenkloster bescheidener gefeiert wurde. Welche der überlieferten Texte im Frauenkloster gelesen wurden, geht aus den Quellen nicht hervor.

4. DIE KANONES IN DER LITURGISCHEN PRAXIS

4.1 Der Vortrag der elf Kanones auf Athanasios

Die elf Kanones des Theoktistos Studites auf Athanasios sind einzig im Codex Chalk. S. Trin. 64 als Gruppe überliefert[261], getrennt von den Akoluthiai und den Prosatexten zum 24. Oktober bzw. zum 23. August. Sie sind nach Echoi geordnet. Für den Vierten Echos gibt es drei und für den Ersten Plagalen Echos zwei Kanones; für die anderen Echoi gibt es je einen Kanon. Es gibt keinen Hinweis auf den Gebrauch der elf Kanones, weder in den Marginalnotizen noch in den Überschriften.

Die Kanones wurden nach der Reliquientranslation verfasst, denn sie erwähnen oft den Sarg (λάρναξ, θήκη), in dem die Reliquien lagen. Es stellt sich die Frage, ob sie – oder einige von ihnen – vor den Akoluthiai abgefasst wurden, als eine erste, provisorische Form von liturgischer Verehrung. Das ist unwahrscheinlich, denn die Kanones allein bildeten keinen Gottesdienst; man bräuchte noch andere Troparia wie Stichera, Apolytikion usw. sowie Lesungen. Auch der Inhalt bietet Hinweise, dass sie *nach* den zwei Akoluthiai verfasst wurden; denn die Akoluthiai enthalten viel mehr Informationen über das Leben des Athanasios bzw. die Ereignisse seiner Reliquientranslation, wobei die Wunder nur gelegentlich erwähnt werden. In den elf Kanones sind die Wunder ein wichtiger Teil.

Die Erwähnungen des Sargs des Athanasios in den Kanones sind meistens allgemein: Σορῷ τῇ τῶν λειψάνων σου [...] ἴασιν βραβεύοις νῦν τοῖς προσιοῦσιν ἑκάστοτε (7.5.3). Manchmal jedoch spricht Theoktistos davon, als ob der Gottesdienst bei dem Leichnam stattfinden würde, gelegentlich unter Erwähnung der Mönche bzw. Jünger des Athanasios: Θείας εὐφροσύνης ἀληθῶς πληρούμενοι σαφῶς γεραίρομεν τὴν θήκην τῶν λειψάνων σου (1.4.3), Πάντας τοὺς μετὰ πόθου τελοῦντας τὴν μνήμην σου, πάτερ, ἡμᾶς καὶ τὴν θήκην τῶν λειψάνων σου πιστῶς ἀσπαζομένους (1.9.3), Πρεσβεύων θερμῶς μὴ παύσῃ, ἱερώτατε, σωθῆναι ἡμᾶς τοὺς πίστει προστρέχοντας καὶ σορὸν τὴν θείαν σου περικυκλοῦντας (2. kont.), Οἱ μαθηταί σου κύκλῳ νῦν

---

[261] Siehe Einführung zur Ausgabe, S. 154–155.

παρεστῶτες τῆς λάρνακος (3. ex), Οἱ τῶν μαθητῶν σου δῆμοι τῷ θείῳ πυρπολούμενοι ζήλῳ τὴν μνήμην σου τελοῦσι πιστῶς (5.8.2), Ἡμεῖς οἱ σορόν σου τὴν θείαν περικυκλοῦντες καὶ δεόμενοι (10.9.3). Das Troparion 8.9.2 könnte als Hinweis interpretiert werden, dass die Kanones in der Kirche des Christos Soter gesungen wurden, in der die Reliquien lagen: Νέος τίς παράδεισος ὁ νεώς σου [...] δεδώρηται πρὸς Θεοῦ πᾶσι τοῖς πιστοῖς, ξύλον ζωοπάροχον ἔχων τὸ σὸν σῶμα τὸ σεπτόν, ὃ ἀσπαζόμενοι θυμηδίας ἀπολαύομεν. Das Troparion 8.8.1 ist eine Anspielung auf den Auferstehungskanon des Ioannes Damaskenos[262] und deswegen eher nicht zu berücksichtigen: Νέα κιβωτὸς ἡ σὴ σορὸς ἐδείχθη σωρὸν ἔνδον φέρουσα θαυμάτων, ὅσιε· ἧς πρὸ σκιρτῶντες τὸν δόντα σοι τὴν χάριν ἀνυμνολογοῦμεν. Es könnte aber auch ein Topos sein, dass die Gläubigen im Kreis rund um den Sarg stehen. Denn die Reliquie hatte eine zentrale Rolle beim Kult des Athanasios, und die Gläubigen hätten sie verehren können, auch wenn sie nur im Geiste präsent gewesen wären[263].

Der 6. Kanon wurde vielleicht in einer nicht näher bestimmten Marien-Kirche gesungen: Εὕρω σε βοήθειαν [...] βρύουσαν ἰάματα πάντοτε τοῖς ἐν ἀνάγκαις νοσημάτων χαλεπῶν ἐκτηκομένοις, δέσποινα, καὶ τῷ σῷ ναῷ προσπελάζουσιν (6.4.4). Die Erwähnung einer Marien-Kirche in einem Kanon auf Athanasios deutet darauf hin, dass der Kanon bzw. sein Auftraggeber[264] zumindest eine gewisse Beziehung zu einer Marien-Kirche hatte. In der Klosteranlage in Xerolophos gab es eine Marien-Kirche, die dem Frauenkloster gehörte, und vielleicht noch eine zweite[265]. Möglicherweise wurde der Kanon dort gesungen.

In manchen Kanones ist die Rede vom Gedenktag (μνήμη) des Athanasios: Καὶ νῦν πάντες σε γεραίρουσιν ἀνευφημοῦντες τὴν *μνήμην* τὴν σήν (1.3.3), Σκιρτήσατε πνεύματι πάντες φιλέορτοι [...] ἐν τῇ *μνήμῃ* τοῦ παμμάκαρος (1.9.1), Τοὺς μετὰ πόθου τελοῦντας τὴν *μνήμην* σου (1.9.3), Οἱ τῶν μαθητῶν σου δῆμοι [...] τὴν *μνήμην* σου τελοῦσι πιστῶς (5.8.2), Πιστῶς τιμῶμεν σε ἐπιτελοῦντες τὴν *μνήμην* σου (6.3.1), Νῦν ὡς φωταυγὴς *ἡμέρα* ἐξέλαμψε τοῦ ἱεράρχου Χριστοῦ (6.9.1), Ἄξιον ἐστὶ σκιρτᾶν ἐν τῇ *μνήμῃ* σου (6.9.2), Τοὺς πόθῳ ὑμνοῦντας σου *μνήμην* τὴν πάντιμον (7.1.1), Ἡλίου φωτοειδοῦς ἡ παναγία σου *μνήμη* καθαρωτέρα ὤφθη τοῖς καθαραῖς φρεσὶ πι-

---

262 PeR 8/ CPC 219, cf. 1 Par 13.8, 15.25–29.

263 Vgl. die Geschichte des Weinbauers des Ioannes Skythogenes: Dieser sei im Geist zum Sarg von Athanasios gegangen und wurde geheilt. TALBOT, Miracles 98.35–100.20.

264 Siehe Kapitel 1.2.2 sowie Kommentar des Troparion 6.9.3.

265 PAPAZOTOS, Isa Kapısı Mescidi, Anm. 27.

στῶς ταύτην ἑορτάζουσιν (9.9.3). Gemeint ist eher der 24. Oktober. Der 23. August ist unwahrscheinlich, denn nirgendwo in den Kanones steht etwas über die Reliquientranslation und den Fund des intakten Leichnams des Athanasios, obwohl sehr oft die Rede von den Wundern rund um den Sarg ist.

Die Kanones können nur im Rahmen eines Orthros oder einer Paraklesis gesungen werden. Es gab schon einen langen Orthros für den Gedenktag des Athanasios; vielleicht wurden manche der elf Kanones parallel zu den schon vorhandenen Kanones in diesem Orthros gesungen. Es war nicht ungewöhnlich, zwei oder mehrere Kanones im selben Gottesdienst zu singen. In den zwei Akoluthiai waren bereits jeweils zwei Kanones vorhanden: Am 24. Oktober wurde ein Kanon des Athanasios an die Gottesmutter und ein Kanon des Ignatios auf Athanasios gesungen, am 23. August der Kanon des Menaions auf die Gottesmutter und einer von Ignatios auf Athanasios[266]. Eine andere Möglichkeit ist, dass einige Kanones im Rahmen von einfacher gestalteten Gottesdiensten nicht in der Kirche Τοῦ σωτῆρος, in der die Reliquien lagen, gesungen wurden, sondern in anderen Kirchen. Der 6. Kanon wurde möglicherweise in einer Marien-Kirche gesungen (s. oben, S. 92). In diesem Kanon ist mehrmals vom Gedenktag des Athanasios die Rede. Wenn die Erwähnung des Gedenktages mehr als ein Topos ist, dann würde das vielleicht heißen, dass ein Gottesdienst am Gedenktag des Athanasios in einer Marien-Kirche gefeiert wurde.

Wahrscheinlicher ist es jedoch, dass die elf Kanones bzw. die meisten von ihnen im Rahmen einer Paraklesis[267] gesungen wurden. Die Parakleseis

---

266 Zwei Kanones an einen Heiligen kommen auch vor, z.B. am Gedenktag des hl. Georg (23. April), MR IV 370.

267 Über die Entstehung der Paraklesis in Byzanz gibt es keine Untersuchung. Im 14. Jh. gehörte sie auf jeden Fall zum liturgischen Leben: Athanasios selbst fordert die Priester Konstantinopels auf, in der Paraklesis, die jeden Donnerstag in der Apostel-Kirche stattfand, früh zu erscheinen und erklärt: Ἡ ἐκτελουμένη παράκλησις κατὰ Πέμπτην πρὸς τὸν τῶν ὅλων Θεὸν καὶ τὴν Θεομήτορα χάριν ἑκάστου ὑμῶν καὶ τῶν τέκνων καὶ γυναικῶν καὶ ὅλου τοῦ ὀρθοδόξου πληρώματος καὶ εἰρήνης τοῦ σύμπαντος κόσμου καὶ εὐφορίας παντοίας καρπῶν καὶ γνησίας ἐπιστροφῆς πρὸς Θεόν, καὶ τὸ ὅλον εἰπεῖν, σωτηρίας κοινῆς ἐνεργεῖται (PATEDAKIS, Athanasios, Brief 14). Ein Jahrhundert jünger (a. 1401) ist das Testament der Stifterin Athanasia Gauraina, die detailliert geregelt hatte, wie das Einkommen von Votivgaben, Liturgien, *Parakleseis*, Kerzen und Öl zu verteilen wären (Καὶ περὶ μὲν τοῦ ἀπὸ ἀναθημάτων εἰσοδήματος οὕτω διελάμβανε ἡ πρώτη διαθήκη τῆς πρώτης Γαυραίνης, περὶ δὲ τοῦ διὰ λειτουργιῶν καὶ παρακλήσεων, κηροῦ τε καὶ ἐλαίου εἰσοδήματος διελάμβανεν, ἵνα μερίζεται ἐξ ἴσου εἴς τε τὸν ψάλλοντα τὸν ναὸν ἱερέα καὶ

hatten keine feste Stellung im liturgischen Kalender und boten mehr Freiraum für die Einführung neuer Texte. Zumindest für den 6. und den 8. Kanon könnte man annehmen, dass ein wohlhabender Auftraggeber einen Bittkanon oder nach der Erfüllung der Bitte einen Dankeskanon verfassen ließ und für seinen Vortrag in einer Paraklesis – bzw. in einer Reihe von Parakleseis – sorgte[268].

4.2 Zur Chronologie der Kanones

Die elf Kanones sind im Codex nicht nach chronologischer Reihenfolge geordnet. Über die absolute oder relative Chronologie ihrer Abfassung ist nichts bekannt. Sie müssen kurz nach dem Tod des Athanasios geschrieben worden sein. Denn es gibt sprachliche und inhaltliche Ähnlichkeiten mit den Prosawerken des Theoktistos[269]. Darüber hinaus beziehen sich die Kanones auf das Leben und die Persönlichkeit des Athanasios und beschränken sich nicht bzw. nicht immer auf Klischees, die für jeden Heiligen passen würden.

Der 6. Kanon erwähnt die Jünger, die als Heilige und nicht als Mitfeiernde dargestellt werden, was nur in diesem Kanon der Fall ist. Das ist aber nicht unbedingt ein Hinweis darauf, dass der Kanon später verfasst wurde. Wahrscheinlich sind hier nicht die Mönche in Xerolophos gemeint, sondern die früheren Jünger (z.B. in Ganos), die vor der Abfassung der Vita verstorben und schon legendär waren[270].

Vom Inhalt her ist keine wesentliche Verschiebung der Interessen von Kanon zu Kanon zu spüren. Die Kanones weisen keine großen stilistischen Unterschiede untereinander auf. Manche Wörter kommen häufiger in einem Kanon bzw. zwei oder drei Mal in einem Kanon und sonst in keinem vor[271]. Das ist vielleicht so zu deuten, dass die elf Kanones nicht in einem Zug geschrieben wurden.

τοὺς ῥηθέντας δύο κληρονόμους ἐκείνης τὸ ἥμισυ). MM II 658, S. 513–515, hier 513.31–514.1; s. auch den Kommentar in Kraus, Kleriker 381ff.

268 Siehe auch Kapitel 1.2.2.

269 Über die sprachlichen Ähnlichkeiten s. Kapitel 6.3.2 und 6.3.6. Über das Bild des Athanasios in den Kanones im Vergleich zu den Prosawerken s. Kapitel 5.3 und 5.4.

270 Papadopoulos-Kerameus, Vita 13.13–14.25.

271 Siehe Kapitel 6.3.3.

4.3 Begleitende Troparia

Zwischen den Oden sind gelegentlich Troparia überliefert, die nicht zum Kanon gehören. Diese sind je ein Kathisma im 1., 3. und 8. Kanon, je ein Kontakion im 1., 2., 3., 4., 5., 7., 9., 10. und 11. Kanon und je ein Exaposteilarion im 1., 2., 3., 4., 5., 7., und 8. Kanon. Manche von diesen Texten sind der Akoluthia zum 24. Oktober entnommen: das Kontakion des 9. und 11. Kanons und das Exaposteilarion des 5. Kanons[272]. Manche sind in mehr als einem Kanon zu finden: das Kontakion im 7. und 10. Kanon und das Kontakion im 9. und 11. Kanon. Die Fehler im Kontakion des 7. und des 10. Kanons – wenn es Fehler sind – zeigen, dass sie von einer gemeinsamen Vorlage abgeschrieben wurden[273]. Das Wort Ὑφηγητὴς im Kontakion kommt auch im Enkomion vor: Τῶν ἀπορρήτων ὑφηγητά (XII 3). Der einzige Kanon, der keinen begleitenden Text hat, ist der 6. Kanon; dieser wurde ausnahmsweise von einem anderen Schreiber geschrieben. Diese Tatsachen weisen vielleicht darauf hin, dass diese Texte – oder manche von ihnen – vom Schreiber in die Kanones eingefügt wurden. Die Troparia sind zu kurz für einen stilistischen Vergleich mit den Troparia des Theoktistos.

4.4 Gruppe von acht Kanones?

Die elf Kanones sind im Codex Chalk. S. Trin. 64 als Gruppe überliefert. Alle acht Echoi sind vertreten. Es erhebt sich die Frage, ob die Kanones erst in diesem Codex zusammengestellt wurden oder ob sie – bzw. mindestens acht von ihnen – von Anfang an als eine Gruppe konzipiert wurden.

In der byzantinischen Hymnographie gibt es Gruppen von acht Kanones in den acht Echoi. Ioannes Mauropus aus dem 11. Jh. verfasste Gruppen (Follieri nennt sie „serie") von acht Kanones auf verschiedene Heilige[274]. Auch Ioseph Hymnographos[275] ist ein bekannter Verfasser von solchen

---

[272] Chalk. S. Trin. 64, f. 28^v und 35^v.

[273] Siehe Einführung zur Ausgabe, S. 159.

[274] FOLLIERI, Mauropus 22–23. Die Kanones auf den hl. Nikolaus, den Apostel Petrus und den Apostel Paulus sind auch bei PAPAILIOPOULOU verzeichnet (Nr. 316–319, 321, 323, 327, 329; 705–711 und 712–719).

[275] Siehe die Kataloge (nach der Reihenfolge des Kirchenkalenders) von PAPAILIOPOULOU und TOMADAKIS, Ἰωσήφ, S. 105–217. Ioseph hat auch Kanones für alle Tage der Parakletike in den acht Echoi verfasst. Es ist noch zu klären, ob es vielleicht eine Verbindung zwischen den Kanones der Parakletike und den Gruppen von acht Kanones gibt. Dachte z.B. Ioseph, dass der Echos der Woche bei dem Fest eines Heiligen berücksich-

Gruppen: auf den Evangelisten Johannes (26. September)[276], auf den Apostel Thomas (6. Oktober)[277], auf den hl. Demetrios (26. Oktober)[278], auf Johannes Chrysostomus (13. November)[279], auf den hl. Stefan (27. Dezember)[280] und auf den hl. Basileios (1. Jänner)[281]. Von Demetrios Chomatianos sind zwei Kanones auf den hl. Klemens von Ochrid erhalten, die zu einer Gruppe von acht Kanones gehörten[282]. Die Bezeichnung πρῶτος, δεύτερος, … ἕβδομος, ὄγδοος (bzw. ἔσχατος) in der Akrostichis jedes Kanons weist darauf hin, dass die Hymnographen diese Hymnen von Anfang an als Gruppen konzipierten, auch wenn die Gruppe nicht vollständig erhalten ist.

Andererseits werden oft Kanones verschiedener Autoren je nach Handschrift in Gruppen von acht Echoi überliefert. Der Hymnendichter Theognostos schrieb Kanones in verschiedenen Echoi auf Moses, die wahrscheinlich ebenfalls nicht als Gruppe konzipiert waren; diese Kanones werden in verschiedenen sinaitischen Handschriften mit unterschiedlicher Vollständigkeit überliefert. Es sind Kanones im Ersten, Dritten, Ersten Plagalen, Dritten Plagalen (Barys) und Vierten Plagalen Echos[283]. Damit alle acht Echoi vollständig repräsentiert werden, überliefern manche Codices an den entsprechenden Stellen einen anonymen Kanon im Zweiten Echos und einen anonymen bzw. dem Anastasios Quaestor zugeschriebenen im Zweiten Plagalen Echos[284]. Auch im späten Codex Athon. Lauras K 39 (1326; 19. Jh.) gibt es zehn Kanones auf Johannes den Täufer (7. Jänner), nach Echoi geordnet[285]. Manche von ihnen werden in den Theotokia einem Georgios zugeschrieben.

Es gibt keinen Hinweis darauf, dass acht der elf Kanones des Theoktistos einer Gruppe angehören könnten. Der 3. und der 6. Kanon haben eine Akrostichis, aber keine weist darauf hin, dass der Kanon einen Platz in

---

tigt werden musste? Oder wurden diese Heiligen in manchen Kirchen im Wochenzyklus gefeiert?

276 PAPAILIOPOULOU Anhang 2–6, S. 278–279; TOMADAKIS, Ἰωσήφ 27, 28 und 30, S. 112.

277 PAPAILIOPOULOU 87–94, S. 54–56 und TOMADAKIS, Ἰωσήφ 37–44, S. 114–115.

278 PAPAILIOPOULOU 141, 143, 144, 147, 150 und 154, S. 68–72, und TOMADAKIS, Ἰωσήφ 66–67, S. 120.

279 TOMADAKIS, Ἰωσήφ 94–96, S. 126.

280 PAPAILIOPOULOU 382–389, S. 135–137.

281 TOMADAKIS, Ἰωσήφ 151, S. 138.

282 PAPAILIOPOULOU Προσθῆκαι 15–16, S. 282–283.

283 PAPAILIOPOULOU 13, 15, 17, 19 und 22, S. 35–36.

284 PAPAILIOPOULOU 14 und 18, S. 35–36.

285 PAPAILIOPOULOU 422–423 und 425–432, S. 146–148.

einer Reihe hatte. Das ist ein starkes argumentum ex silentio, dass es keine organische Gruppe von acht Kanones gab. Das schließt freilich nicht aus, dass Theoktistos – zumindest ab einem gewissen Zeitpunkt – versucht hat, in allen acht Echoi zu schreiben.

5. DAS BILD DES ATHANASIOS IN DEN KANONES

5.1 Allgemeines

Die frühe Palaiologenzeit wurde von großen politischen bzw. kirchenpolitischen Krisen geprägt: der Usurpation des Michael Palaiologos, der Unionsfrage, dem arsenitischen Schisma, dem palamitischen Streit. Das führte zu einer Blüte der Hagiographie: Personen, die in diesen Krisen eine wesentliche Rolle spielten, wurden von ihren Jüngern bzw. von den Anhängern ihrer „Partei" als Heilige verehrt; zu nennen sind hier etwa der beliebte Kaiser Ioannes III. Batatzes, der gestürzte Ioannes IV. Laskaris, der umstrittene Patriarch Arsenios, der Unionsgegner Meletios Homologetes oder später der Erzbischof von Thessaloniki Gregorios Palamas[286]. Sie wurden nicht wegen ihrer unkonventionellen Lebensweise am Rande der säkularisierten Kirche verehrt; ihre Askese steht nicht im Vordergrund. Viel wichtiger ist ihre Rolle in der politischen Szene. Sie wurden zu Symbolfiguren. Der Kult des Ioannes III. Batatzes und des Ioannes IV. Laskaris war ein Ausdruck antipalaiologischen Sentiments. Die Namen „Arseniten" oder „Palamiten", auch wenn von den Gegnern spöttisch verwendet, sprechen sehr deutlich für die Bedeutung, die eine Figur in der jeweiligen Partei einnahm.

Der Patriarch Athanasios war Antiunionist und wurde unter dem Kaiser Michael VIII. Palaiologos und dem Patriarchen Ioannes Bekkos verfolgt. Doch sein Patriarchat fiel in die Zeit des Antiunionisten Andronikos II. Er war gegen die Arseniten, was ihm zusätzliche Schwierigkeiten bereitete. Letzteres wird allerdings in keinem Werk des Theoktistos erwähnt[287]; das arsenitische Schisma war schon vor dem Tod des Athanasios praktisch überwunden[288], und es wäre unvernünftig gewesen, alte Streitfragen aufzugreifen. Athanasios war zu Lebzeiten mehr wegen seiner schwierigen

---

286 MACRIDES, Saints.

287 Vgl. TALBOT, Fact and Fiction 93–94.

288 Eine Bedingung, die die Arseniten im Jahr 1310 für die Versöhnung stellten, war, dass Athanasios vom Patriarchatsthron fern bleibt (LAURENT, Crises 291.74–81).

Persönlichkeit und weniger wegen seiner kirchenpolitischen Haltung umstritten. Denn Athanasios wurde wegen seiner strengen sozialen und moralischen Vorstellungen unbeliebt, aber er stand nicht im Mittelpunkt eines kirchenpolitischen Streites. Sein Kult wurde durch die Mönche seiner Klöster verbreitet. Die Klöster zogen zwar viele Pilger an, man kann jedoch nicht von einer Bewegung sprechen. Er gehört zu den frühpalaiologischen Heiligen in einer (kirchen-) politisch wichtigen Stellung, sein Kult hat aber keineswegs die Dimensionen und die Bedeutung des Kultes eines Arsenios oder eines Gregorios Palamas.

Athanasios gehörte zu den Patriarchen, die aus dem Mönchtum stammten. Als Mönch hat er seine letzten Jahre verbracht. Aber auch als Patriarch hat er seine mönchische Mentalität beibehalten, wie es Pachymeres schildert und wie sich in seinen Briefen zeigt (wenn er z.B. den Kaiser bittet, das Brechen der Fastenzeit zu verbieten[289]). Das mönchische Element spielt bei der Verehrung des Patriarchen Athanasios eine große Rolle.

5.2 Ἅγιος oder Ὅσιος?

Ἅγιος ist ein Oberbegriff für Männer und Frauen, von denen geglaubt wird, dass sie die Gnade bei Gott gefunden haben, und die eine besondere Stellung in der Kirche einnehmen. Ὅσιος wird speziell für Asketen und Mönche verwendet[290]. Die Mitglieder der Hierarchie wurden zur Zeit des Athanasios üblicherweise nicht Ὅσιος, sondern Ἅγιος genannt, auch wenn sie vom Mönchtum stammten. Die Unterscheidung ist nicht sehr konsequent, vor allem in den literarischen Quellen (z.B. Hagiographie, Hymnographie). Wo Ἅγιος und Ὅσιος als Titel verwendet werden, z.B. in den Überschriften von hagiographischen und hymnographischen Werken, in den Marginalnotizen der liturgischen Bücher usw., herrscht eine größere Konsequenz, die aber nicht lückenlos ist.

In den Kanones wird Athanasios sowohl als ἅγιος als auch als ὅσιος bezeichnet. In den Überschriften der Hymnen wird Athanasios ausschließlich als ἅγιος bezeichnet. In diesen Fällen heißt das Attribut Πατριάρχης bzw. Ἀρχιεπίσκοπος Κωνσταντινουπόλεως. Zweimal wird er als Νέος bezeichnet, was einen Vergleich mit seinem großen alexandrinischen Namensge-

289 TALBOT, Correspondence, Briefe 42 und 43.

290 Es gibt keine umfassende Arbeit über die Verwendung der Begriffe Ἅγιος und Ὅσιος in Byzanz. Siehe DELEHAYE, Sanctus, 1–73 (Le vocabulaire de la sainteté).

nossen andeutet. Sein Bild in den Hymnen ist durch zwei Stichwörter geprägt: Patriarch und Mönch.

5.3 Patriarch

Die Wörter, mit denen Theoktistos Athanasios explizit als Patriarchen darstellt, sind typisch für Hymnen, die Bischöfen und Patriarchen gewidmet sind: πατριάρχης, ἱεράρχης, ποιμήν, ποιμενάρχης, ἀρχιερεύς, ἀρχιεράρχης, ἀρχιποίμην, ἀρχιθύτης; dazu gehören Wörter wie θρόνος, θῶκος, καθέδρα. Auf das Priestertum wird mit folgenden Wörtern hingedeutet: ἱερεύς, θύτης, ἱερομύστης, μύστης.

Vergleich mit Christus. Das Vorbild für Priester in jeder Stufe der Hierarchie war Christus selbst als Hohepriester. Im Hebräer-Brief werden die alttestamentlichen Vorstellungen des Hohepriesters auf Jesus übertragen (Hebr 5–7). Theoktistos zitiert Hebr 7, 26, indem er sie auf Athanasios überträgt: Τοῦτον προλαβὼν ὁ Παῦλος πρεπόντως ἀποσεμνύνει, ἐν οἷς ἐξεικονίζει γράφων· «Τοιοῦτος ἡμῖν ἔπρεπε – λέγων – ἀρχιερεύς, ὅσιος, ἄκακος, ἀμίαντος, κεχωρισμένος ἀπὸ τῶν ἁμαρτωλῶν»[291]. Anspielungen auf diese Bibelstelle gibt es in den Kanones: 2.115 (ποιμὴν πεφυκώς, ὃν Παῦλος ὑπογράφει), 4.95 (ποιμένα σοφόν, οἷον ὁ Παῦλος γράφει) und 7.8.2 (ὡς ποιμενάρχην ὀφθέντα, ὃν ὁ Παῦλος ὑπογράφει καλῶς). Auch in der Rede auf die Reliquientranslation (62.8–16) wird Hebr 7, 26–27 zitiert. Diese Stelle gehört zur Apostellesung der Gedenktage von Hierarchen allgemein und auch des Athanasios[292].

Implizit wird Athanasios in den zahlreichen Textstellen mit Christus verglichen, in denen er als Hirte dargestellt wird. In 4.66–70 wird die selbstlose Liebe bis zum Tod besprochen, die Christus vorlebte; Athanasios ging auf seinen Spuren (4.70: Κατ' ἴχνος οὗπερ ἐβάδισας ἐνθέως). Auch wegen seiner karitativen Tätigkeit wird Athanasios mit Christus verglichen: Συμπάθειαν ἀσύγκριτον ἐκτήσω πρὸς πάντας τοὺς πένητας καὶ τούτοις ἐπήρκεσας πλουσίως […] κἀντεῦθεν ὤφθης, ὦ πάτερ, χριστομίμητος (7.6.3).

---

[291] FUSCO, Enkomion XVI 14–16. In dieser Form ist der Text in den meisten konstantinopolitanischen Handschriften überliefert (die Konjunktion γάρ nach τοιοῦτος wird bei Theoktistos ausgelassen). In der Ausgabe von NESTLE–ALAND gibt es ein zusätzliches καί vor ἔπρεπεν.

[292] Siehe ER, S. ιγ′–ιδ′ und ν′; der Verweis auf die Lesungen des Gedenktages des Athanasios befinden sich in Chalk. S. Trin. 64, f. 37r.

Fürsorge für die Herde. Die Fürsorge für sein Volk ist ein wichtiger Bestandteil im Lob des Athanasios als Patriarchen. Er kümmert sich um das leibliche Wohlbefinden seiner Herde mit seiner Philanthropie und um die geistliche Erbauung durch seine Lehre. Die Barmherzigkeit ist eine christliche Tugend und daher ein geläufiges Lob in der byzantinischen Literatur. Athanasios war aus guten Gründen für seine karitative Tätigkeit bekannt, und das Thema der Barmherzigkeit kommt in den Hymnen oft vor, wie z.B. in 5.6.2: Δαψιλῶς τὴν χεῖρα ὑπανοίγων σὺ τοῖς πένησι.

In 1.6.2 wird Athanasios wegen seiner Gastfreundschaft bzw. karitativen Tätigkeit mit dem alttestamentlichen Patriarchen Abraham verglichen: Ἄλλος Ἀβραὰμ ἐδείχθης, μακάριε, ὡς ξενοδοχῶν τοὺς πάντας ὅλῃ ψυχῇ καὶ τοῖς πένησι χορηγῶν τὰ πρὸς χρείαν [...] καὶ τριάδος γέγονας οἰκητήριον. Aus demselben Grund wird Athanasios auch im Enkomion[293] mit Abraham verglichen: Ἀβραὰμ ἐπὶ φιλοξενίᾳ καὶ φιλοθείᾳ θαυμάζεται [...] σοῦ δὲ τίς ἐπὶ φιλοπτωχίᾳ καὶ φιλοθείᾳ θαυμασιώτερος; Die Gastfreundschaft Abrahams ist ein geläufiges Thema in der byzantinischen Kirche; die drei Engel, die Abraham empfing (Gen 18), werden als die Heilige Dreifaltigkeit gesehen. Als Gastfreundschaft wird das Aufnehmen jedes Hilfesuchenden im Allgemeinen gesehen; es hat nicht unbedingt damit zu tun, dass die Armen zum großen Teil Flüchtlinge in Konstantinopel waren.

In den Hymnen kommt die Erbauung von Mönchen und Laien viel öfter vor als die Fürsorge für das leibliche Wohlbefinden. Als Hirte führt Athanasios seine Herde zum Heil: Ἐπὶ νομὰς ζωηρὰς τὴν ποίμνην ἄγων (7.7.2). Sein Kampf gegen die Ungerechtigkeit wird eher als Bemühen um die Seele der Mächtigen als um das leibliche Wohlbefinden der Armen gesehen. Das wird sehr deutlich in 2.66–70 geschildert: Ἀθρῶν ὁ μέγας τὴν ἄδικον μανίαν, φιλαργυρίαν κατέχουσαν ἀνθρώπους ἵστησι τὸν ἔλεγχον ἀντεπεξάγων, λόγων πολυρρήμων δε [sic] δίναις καθαίρει αἴσχους παλαιοῦ τὸ ποίμνιον αἰσίως. Ähnlich heißt es in 3.7.2: Ὅλην ἀνδρικῶς ἐξέτεμες τῶν ἀδικούντων, ἅγιε, τῇ μαχαίρᾳ τῇ τῶν λόγων σου κακόνοιαν καὶ ἐδίδαξας τούτους εὐσεβῶς ἀναμέλπειν· εὐλογητὸς ὁ Θεός etc. Athanasios selber sieht die Ungerechtigkeit als eine Sünde, für die die Feinde des Reichs eine Strafe waren[294], was nicht heißen soll, dass die Fürsorge für die Leidenden weniger zentral war.

---

[293] Fusco, Enkomion XIV 20–22.

[294] Siehe z.B. Talbot, Correspondence, Briefe 6 und 15, und Boojamra, Church Reform 64.

Prophetische Rolle. Weiters wird Athanasios wegen seiner prophetischen Gabe gelobt. BOOJAMRA hat als erster auf das prophetische Element bei Athanasios aufmerksam gemacht[295]. Als Prophet ist jene Person zu verstehen, die eine besondere Verbindung zu Gott hat und sein Wort den Menschen vermittelt. In einer auf Gott hin orientierten Gesellschaft, wie es die der Byzantiner war, hat der Prophet eine besondere Rolle. Im heutigen alltäglichen Sprachgebrauch bezieht sich die Prophezeiung auf Zukünftiges; im biblischen Kontext ist sie jede Ermahnung Gottes an sein Volk. Athanasios soll beide Aspekte erfüllt haben. Er soll öfters den Kaiser vor zukünftigen Ereignissen, unter anderem einem Erdbeben, gewarnt haben, hatte also die Gabe des Vorhersehens[296]. Außerdem rief er ständig seine Herde zur Umkehr auf. In diesem Rahmen ist sein Kampf gegen die Ungerechtigkeit zu verstehen. Athanasios sah sich selbst in einer prophetischen Rolle. Theoktistos übernimmt in seinen Hymnen und Prosatexten diese Vorstellung. Durch den Vergleich mit biblischen Personen wird das prophetische Element deutlicher betont.

Die Gabe des Vorhersagens wird dreimal erwähnt: Νέος Σαμουὴλ ἐφάνης, θεόληπτε, προλέγων σαφῶς τὰ γενησόμενα (1.6.3); Θέσπιν προηγόρευσεν ὁ ἱεράρχης ἔνθους Ἀθανάσιος θεομηνίαν, ἥτις κλόνῳ γῆς φρικτῷ συνετελέσθη καὶ τοὺς κρατοῦντας ἐξέπληξε βοῶντας· ὁ βλέμματι γῆν σείων, εὐλογητός εἶ (4.111–115); Βλέπων τὰ ἐσόμενα σαφῶς καὶ προλέγων ἄριστα τοῖς κρατοῦσι τὰ μέλλοντα (6.5.3). In den zwei letzten Stellen wird die Anerkennung durch die Kaiser erwähnt – ein wichtiges Thema in Hymnen, die für einen Patriarchen und für ein Konstantinopler Publikum verfasst wurden. In 1.6.3 wird der Kaiser nicht genannt, sondern es wird nur durch den Vergleich des Athanasios mit Samuel auf ihn hingedeutet (s. unten).

Durch den Vergleich mit *Moses* wird Athanasios als führende Persönlichkeit geschildert, die durch ihre Nähe zu Gott zum Vermittler von dessen Gesetz an das Volk wird. Das betrifft folgende Textstellen: Θεοφάντορ, μεμυημένος ἄρρητα μυστήρια σὺ τοῖς λαοῖς ἐλάλεις θεῖα διδάγματα ὡς πλάκας

---

[295] BOOJAMRA, Church Reform 64–65.

[296] Zum Vorhersehen des Erdbebens s. PAPADOPOULOS-KERAMEUS, Vita 32.17–33.4 und FAILLER, Pachymeres X 34 (Bd. 4, 393–397). Letzterer schreibt mit distanzierter Ironie, dass es zwei kleine und ungefährliche Erdbeben waren: Σεισμὸς μαλακός, ἐπὶ τοσοῦτον δῆλος ὥστε καὶ γνωσθῆναι μόλις τῷ γρηγοροῦντι. Ἦν οὖν τοῦτο τῷ βασιλεῖ εἰς δόξαν ἀληθείας τῶν λεχθέντων προοίμιον· [...] τῇ ἑπτακαιδεκάτῃ πρωίας σεισμὸς προσήραξε κραταιότερον, οὐ μὴν δὲ ὥστε καί τι τῶν ἐς κίνδυνον ἐκ τούτου γενέσθαι (397.9–14). Siehe auch PAPADOPOULOS-KERAMEUS, Vita 41.10–16. und 31.23.

κατέχων ὁμοῦ παλαιᾶς τε καὶ τῆς νέας ἱερῶς γραφῆς θεοπνεύστου τὰ θεόπνευστα λόγια (3.5.2); Μωσέα [...] ὡς νομοθέτην Θεὸς δεικνύει σε δεύτερον (3.6.1) und Ἐκ τοῦ πελάγους τῶν δεινῶν [...] τὴν ποίμνην ἀνελκύσας ὥσπερ ὁ Μωσῆς (10.3.3). Auch in den Prosatexten wird Athanasios mit Moses verglichen: Τὸ τοῦ Γάνου ὄρος καταλαμβάνει ὡς ἄλλος Μωσῆς τὸ Σίναιον[297]; Καὶ Μωσῆς μὲν ἔτι μικρὸς ὢν τοῖς πολλοῖς καὶ οὔπω λόγου τινὸς ἀξιούμενος ἐκ τῆς βάτου καλεῖται [...] ἀκούει δὴ καὶ οὗτος θείας φωνῆς παρὰ τῷ Γαλησίῳ διατρίβων ὄρει[298] und Μωσῆς ἐπὶ πραότητι λαοῦ νομοθεσίᾳ κηρύττεται καὶ Θεὸς Φαραὼ καὶ τοῦ Ἰσραὴλ δημαγωγὸς ἀναφέρεται[299].

Athanasios wird wegen seines Eifers und seiner Redefreiheit gegenüber den Mächtigen mit dem Propheten *Elias* verglichen: Ζῆλον ἔχων [...] τὸν Ἠλιού [...] διελέγχεις πάντας ἀδικεῖν κακῶς αἱρουμένους (3.6.3). Den Vergleich mit Elias gibt es auch in der Vita: Ἀλλ᾽ ἐπιβὰς τοῦ θρόνου τὸ δεύτερον ἄλλος τις ἐφάνη [...] Ἠλίας ἐκ τοῦ Καρμήλου[300] und Ἐπαινετὸς Ἠλίας [...] τῷ ζήλῳ καὶ τῇ πρὸς τοὺς τυράννους παῤῥησίᾳ [...] τούτου δὲ (sc. Ἀθανασίου) τὸν ὑπὲρ τοῦ δικαίου ζῆλον τίς τῶν πάντων ἠγνόησε καὶ τὴν πρὸς βασιλεῖς παῤῥησίαν. Die erste Textstelle der Vita ist ein Versuch, die Rückkehr auf den Patriarchatsthron zu verschönern: Athanasios sei nach einer Zeit der Askese und der mystischen Erlebnisse wieder in die Welt gekommen. Dieses Thema kommt in den Hymnen nicht vor. Die zweite Textstelle ist mit den Kanones vergleichbar. Es geht um die Redefreiheit (παρρησία) gegenüber den Kaisern (sc. Andronikos II. und Michael IX.), während es im Kanon um die scharfe Kritik (διελέγχων) an den „Ungerechten" geht. Unter den Letzteren sind private Personen und korrupte Beamte zu verstehen, für deren Untaten der Kaiser nicht verantwortlich sei. Die Kritik an den Ungerechten ist auch Thema in 6.4.3: Νόμους ἀνομούντων ἐξέκλινας ὡς ἀνομοῦντας διελέγχων ἀληθῶς, νομοθετούντων πρόκριτε καὶ ἱεραρχῶν ἀκροθήνιον. Das νομοθετούντων πρόκριτε (erster der Gesetzgeber) kann eine Anspielung auf Moses sein.

In 1.6.3 wird Athanasios mit *Samuel* verglichen: Νέος Σαμουὴλ ἐφάνης [...] προλέγων σαφῶς τὰ γενησόμενα [...] ἐντεῦθεν ὡς προφήτην σε γεραίροντες. Samuel war der Prophet, der den Aufstieg Sauls auf den Thron vorhersagte und ihn dann ständig beriet und ermahnte, nach dem Wort Gottes

297 Papadopoulos-Kerameus, Vita 13.16.

298 Fusco, Enkomion III 1–11.

299 Fusco, Enkomion XIV 29–30.

300 Papadopoulos-Kerameus, Vita 33.11 und 49.26.

zu regieren. In 1 Rg 7, 3 ermahnt Samuel die Israeliten: Εἰ ἐν ὅλῃ καρδίᾳ ὑμῶν ὑμεῖς ἐπιστρέφετε πρὸς Κύριον, περιέλετε θεοὺς ἀλλοτρίους ἐκ μέσου ὑμῶν καὶ τὰ ἄλση καὶ ἑτοιμάσατε τὰς καρδίας ἡμῶν πρὸς Κύριον καὶ δουλεύσατε αὐτῷ μόνῳ, καὶ ἐξελεῖται ὑμᾶς ἐκ χειρὸς ἀλλοφύλων. Für diejenigen, die die Geschichte Samuels kannten, war es nicht schwer, Athanasios mit Samuel und Andronikos II. mit Saul zu identifizieren. Im Enkomion wird Athanasios mit Samuel verglichen, ohne jegliche Erwähnung der prophetischen Rolle: Δῶρον ὅλον σαυτὸν ἀπὸ βρέφους Θεῷ προσήγαγες, ὡς ἡ πάλαι Ἄννα τὸν Σαμουήλ[301].

Schließlich wird Athanasios zweimal mit dem neutestamentlichen Propheten, *Johannes dem Täufer*, verglichen: 2.13–14 (ἄγγελος ἄλλος ὡς παῖς ὁ Ζαχαρίου τρανῶς κηρύττων βοῶν «μετανοεῖτε») und 4.126–130 (τοῖς ὄχλοις ἀνεφώνει· μετανοεῖτε σὺν καθήκοντι τρόμῳ). Johannes hat in der byzantinischen Tradition meistens den Beinamen „Vorläufer"; seine prophetische Rolle in einer kritischen geschichtlichen Situation wird dadurch betont. Das *tertium comparationis* zwischen Johannes und Athanasios ist die Ermahnung μετανοεῖτε. Was Theoktistos nicht explizit sagt, ist, dass Johannes auch die Mächtigen (Herodes) offen kritisierte und dafür zum Tod verurteilt wurde. Außerdem war Johannes Asket und hatte Jünger. Diese Elemente dürften für die Kenner des Neuen Testaments, die die Hymnen hörten, mitklingen. Auch in der Vita (33.10) wird Athanasios mit Johannes verglichen: So wie Johannes aus der Wüste sei Athanasios nach einer Zeit der Ἡσυχία wieder in die Welt gekommen und habe den Patriarchatsthron bestiegen – aus demselben Anlass wird er an dieser Stelle auch mit Elias verglichen.

Wie die Propheten, so gehöre auch Athanasios zum Heilsplan Gottes. Gott habe ihn zur Rettung seines Volkes geschickt: Πεμφθεὶς ἐκ Θεοῦ πρὸς βροτῶν σωτηρίαν [...] ἔφανας ὄντως ὡς ὄρθρος τοῖς ἐν σκότει πάντας ἐκκαλούμενος πρὸς σωτηρίαν (2.46–49). Der Aufstieg des Athanasios auf den Patriarchatsthron wird als vorbestimmt dargestellt: Σκεῦος ἐκλελεγμένον τούτου σαφῶς καὶ προωρισμένον (1.1.2); Ὅνπερ γὰρ προώρισε πρὸ τοῦ πλασθῆναι (4.27); Ποιμένα σε προώρισεν (9.4.1); Χάριτι τοῦ προωρίσαντος ταῦτα (11.6.2). Die oben genannten Stellen beziehen sich auf Rm 8, 29–30 und Eph 1, 5 und 1, 11. Das Motiv der Vorbestimmung gibt es auch in der Vita: Τὸν προωρισμένον καὶ πρὸ γεννήσεως (3.14–15); Ὁ προωρισμένος καὶ πρὸ γεννήσεως (10.7); Τὴν εἰς τὸν θρόνον ἐκ δευτέρου ἀνάβασιν, ψήφῳ θείᾳ

---

301 FUSCO, Enkomion XIV 9–10.

προορισθείσης (11.22). Die Vorbestimmung des Athanasios ist ein Kennzeichen seiner Heiligkeit.

Vergleich mit den Aposteln. Zum Lob des Athanasios als Patriarchen gehört der explizite oder implizite Vergleich mit den Aposteln, die die ersten Bischöfe waren und auf die das Priestertum bzw. Bischofsamt zurückzuführen ist.

In 5.5.2 wird Athanasios explizit mit den *Aposteln* verglichen: Σὺ μιμητὴς ἀποστόλων ἀνεφάνης, παμμάκαρ, τῶν πειρασμῶν τὰς θλίψεις ὑποφέρων στερρῶς καὶ ἐν τῷ καιρῷ τῷ τῶν κινδύνων ἀπερίτρεπτος ἔμεινας. Dieses Troparion bezieht sich wahrscheinlich auf 1 Cor 4, 9ff und 2 Cor 11, 23ff. In diesen Stellen beschreibt Paulus die Schwierigkeiten und die Verfolgungen, die die Apostel ertragen mussten.

In 9.5.1 steht Ποσὶν ὡραίοις περιερχόμενος εὐαγγελιζόμενος πᾶσιν εἰρήνην. Der Satz ist dem Kanon zum Gründonnerstag des Kosmas von Maiuma (TR 653) entnommen[302]. Es ist ein Zitat aus Rm 10, 15, was wiederum aus Jesaja und Nahum übernommen wurde. Im Kanon des Kosmas sind speziell die zwölf Apostel gemeint, bei Paulus bezieht sich die Phrase allgemein auf diejenigen, die das Evangelium verbreiten. Im Enkomion gibt es eine Anspielung auf dieselbe Stelle[303].

Mit *Petrus* wird Athanasios explizit in der Vita[304] und implizit in den Kanones wegen des von Jesus an ihn ergangenen Pastoralauftrages ποίμαινε τὰ πρόβατά μου (Jh 21, 16) verglichen: Ποιμάνας τὸ ποίμνιον τούτου (7.1.2), Ποιμὴν ὄντως γέγονας τῶν προβάτων [...] τοῦ Χριστοῦ (8.6.2) und Ποίμνιον ποιμάνας τούτου (9.4.1). Ähnliche Formulierungen sind häufig in Hymnen auf Bischöfe[305].

Mehrmals wird Athanasios mit *Paulus* verglichen. Dreimal (1.1.2, 2.142 und 8.5.1) wird er Σκεῦος genannt, was in der Apostelgeschichte (Act 9, 15) von Paulus gesagt wird. Athanasios sei, wie Paulus, ein Werkzeug (σκεῦος) im Heilsplan Gottes – die Metapher wird oft in der Hymnographie verwendet. In 8.7.1 sagt Theoktistos über Athanasios: Πᾶσιν ἐγένου πάντα. In 1 Cor 9, 22 sagt Paulus das selbe über sich selbst. In 9.4.2 steht: Ἐβόας τῇ ποίμνῃ σου· «ἰδοὺ καιρὸς εὐπρόσδεκτος». Paulus selbst ermahnt die Korinther mit denselben Worten in 2 Cor 6, 2. In 2.128–130 ist die Rede von

---

302 Siehe Kapitel 6.1 und 6.3.1.

303 Fusco, Enkomion XVII 27–28.

304 Papadopoulos-Kerameus, Vita 10.26–11.17.

305 Vgl. z.B. den Kanon zum Gedenktag des hl. Nikolaus (6. Dezember): Ποιμάνας ὁσίως τὸ ποίμνιον τοῦ Χριστοῦ (AHG IV, S. 100.84–85).

den mystischen Erlebnissen des Athanasios: Κατεῖδες ἀρρήτων μυστηρίων τὰ θεία κάλλη καὶ τὴν ἄνω χορείαν καὶ πρὶν σώματος χωρισθῆναι πηλίνου. Paulus beschreibt mit ähnlichen Worten seine eigene Erfahrung in 2 Cor 12, 3–4. In 7.1.2 schreibt Theoktistos: Ἐκ κοιλίας μητρὸς καθιερώθης Θεῷ. Die Berufung ἐκ κοιλίας μητρὸς ist ein biblisches Motiv, das Paulus in Gal 1, 15 für sich selbst verwendet. Paulus entnimmt dieses Motiv zwei alttestamentlichen Propheten, Jesaja (Is 49, 1) und Jeremia (Jr 1, 5), die es jeweils von sich selbst verwenden.

Rechtgläubigkeit. Zum Lob des Athanasios als Patriarchen gehört seine Orthodoxie, ohne zum zentralen Thema zu werden. Athanasios war gegen die Union, aber zur Zeit seines Patriarchats war sie keine vordringliche Frage mehr. Die Erwähnungen seiner Orthodoxie sind sporadisch und sehr allgemein. Der einzige Kanon, in dem das Wort Ὀρθόδοξος vorkommt, und zwar dreimal, ist der dritte. In 3.4.2 erklärt Theoktistos, was er unter Orthodoxie meint: Πᾶσι τὴν Τριάδα [...] ὀρθοτομεῖν ἐδίδασκες μονάδα ἄτμητον, ἰσότιμον. Es geht um eine Formulierung, die im 14. Jh. nicht umstritten war. Gelegentlich wird sein Kampf gegen die Union angedeutet: Ἐν τῷ καιρῷ τῷ τῶν κινδύνων ἀπερίτρεπτος ἔμεινας (5.5.2). In der 4. Ode des 8. Kanons nimmt der Kampf um die Orthodoxie eine prominentere Stelle ein. Im ersten Troparion dieser Ode wird die Rolle des Athanasios unter den Antiunionisten gelobt: Ὡς πῦρ τῆς ἀκανθώδους αἱρέσεως ἀποτεφρώσας τὰς ὁρμὰς δρόσος ἐγένου, θεσπέσιε, τοῖς τῷ πυρὶ τῶν βασάνων ὑπὲρ τῆς εὐσεβείας παλαίουσι (8.4.1). Im nächsten Troparion wird der Widerstand des Athanasios gegen die kaiserliche Politik als Martyrium bzw. Bekenntnis geschildert: Στερρῶς ἀντικατέστης, μακάριε, ταῖς τοῦ κρατοῦντος προσβολαῖς· ὅθεν καὶ μάρτυς γενόμενος τῇ προαιρέσει βραβείοις τοῖς τῆς ὁμολογίας κεκόσμησαι (8.4.2)[306]. Es ist das einzige Mal in den Kanones, in dem ein Kaiser (wohl der 1282 verstorbene Unionist Michael VIII. Palaiologos) negativ geschildert wird. Im dritten Troparion derselben Ode erklärt Theoktistos nochmals, was er mit Orthodoxie meint: Ἀρχὴν τῶν ὅλων μίαν ἐκήρυξας ἐν ὑποστάσεσι τρισὶ θεωρουμένην, θεσπέσιε, μὴ κινουμένην οὐδόλως ἑκάστης τῶν ἰδίων πρὸς ἄλληλα (8.4.3). Es geht wieder um eine Frage, die im 14. Jh. nicht mehr zur Diskussion stand. In einigen Stellen wird Athanasios ohne weitere Erklärungen auf die Stufe der Märtyrer gestellt: Σὺν ἱεράρχαις καὶ μάρτυσι χορεύων (1.5.1); Ὅμιλος πατριαρχῶν καὶ ἀποστόλων, ἱερέων, μαρτύρων ὁ δῆμος, ἀσκητῶν ὁ σύλλογος (1.8.2).

---

306 Siehe Kapitel 2.2 und 2.3, S. 57–59.

Wundertätigkeit. Die Wundertätigkeit des Athanasios wird als eine fortgesetzte Fürsorge für seine Herde gesehen, wie im 1. Kanon, Kathisma: Ταχὺς εἰς ἀντίληψιν καὶ μετὰ τέλος φανεὶς πηγάζεις τὰ θαύματα καὶ θεραπεύεις σαφῶς, *ποιμὴν ἱερώτατε*, πάθη παντοῖα. Als Hirte betet er auch nach seinem Tod für das Heil seines Volkes, aber auch für das Kaiserreich: Ἄναρχε παμβασιλεῦ, [...] ταῖς εὐχαῖς τοῦ ὁσίου *ποιμένος* τὴν ζωὴν εἰρήνευσον πάντων, Λόγε, Χριστιανῶν χορηγῶν κατὰ βαρβάρων εὐσεβεῖ βασιλεῖ τὴν νίκην καὶ τὴν ἰσχύν (1.8.3). Dass die Heiligen für die Lebenden beten, ist im Glauben der byzantinischen Kirche verankert. Bei Athanasios wird das im Rahmen seiner pastoralen Aufgabe gesehen: Μὴ ἐπιλάθῃ τοῦ σοῦ ποιμνίου (7.7.3).

5.4 Mönch

Folgende Wörter bezeichnen die Mönche in den Kanones: μονάζων, μοναστής, ἀσκητής.

Askese. Athanasios war wegen seiner Askese berühmt[307]. Theoktistos Studites war selber Mönch, und zwar Jünger des Athanasios. Er erlebte Athanasios weniger als Patriarch und mehr als spirituellen Führer von Mönchen. Das mönchische Element spielt daher in den Hymnen eine große Rolle.

Als Mönch wird Athanasios wegen seiner Askese und speziell mönchischer Tugenden gelobt: Enthaltsamkeit, Fasten, Flucht aus der Welt. Das Wort Ἄσκησις kommt häufig vor. Phrasen wie Ἐν ἀσκήσει καρτερῶς τὸν βίον ἤνυσας (1.1.1), Νέκρωσιν ἐν γῇ ζωηφόρον ἐκτήσω (2.26), Λυθεὶς τῆς σαρκὸς καὶ ὡς ἄσαρκος βιώσας ἐπὶ γῆς (3.5.3), Λουτρῷ δακρύων σμηχόμενος, παμμάκαρ, λόγοις θεϊκοῖς καθάρας τε τὴν φύσιν (4.46–47), Ὑπέταξας, ἅγιε, δι' ἐγκρατείας τῷ πνεύματι σαρκὸς τὰ σκιρτήματα (6.1.3) sind keine Einzelfälle.

Die biblischen Zitate und die Vergleiche mit biblischen Persönlichkeiten, durch die Athanasios als der vollkommene Asket geschildert wird, sind seltener als jene, die ihn als Patriarchen präsentieren. In 2.103–104 wird Athanasios mit dem alttestamentlichen Joseph verglichen: Νέους φέρει δε [sic] καρποὺς τῆς σωφροσύνης ἄλλος Ἰωσὴφ πεφυκὼς ὁ γεννάδας[308]. Die Besonnenheit ist eine z.T. mönchische Tugend. In 3.1.3 schreibt Theokti-

---

[307] Siehe S. 80.

[308] Angedeutet ist das Ereignis mit der Frau von Potifar (Ge 39, 1–23). Γενναῖος und Σώφρων sind Standardattribute des alttestamentlichen Joseph.

stos über Athanasios: Ἵνα τὰ ἐπὶ γῆς νεκρώσῃς μέλη σου τὴν πατρίδα σου λιπὼν ἐπὶ ξένης βιοτεύειν σὺ προείλου πανσόφως ἐν ὄρεσι διατρίβων. Angespielt wird auf zwei Paulus-Stellen[309]: Νεκρώσατε οὖν τὰ μέλη ἡμῶν τὰ ἐπὶ τῆς γῆς (Col 3, 5) und Ἐν ἐρημίαις πλανώμενοι καὶ ὄρεσιν καὶ σπηλαίοις καὶ ταῖς ὀπαῖς τῆς γῆς (Hebr 11, 38)[310]. Auf die erste Stelle wird auch in der Rede auf die Reliquientranslation angespielt[311]: Τὰ ἐπὶ γῆς νενέκρωκε μέλη.

Mystische Erlebnisse. Auf die mystischen Erlebnisse des Athanasios bezieht sich 3.3.2: Ἀναβάσεσι τῆς πρακτικῆς θεωρίας. Das ist ein Zitat aus den Psalmen (Ps 83 [84], 6). In der Rede auf die Reliquientranslation gibt es eine Anspielung auf dieselbe Stelle: Ἀναβάσεις ἐν τῇ καρδίᾳ καθ' ἑκάστην τιθέμενος[312].

Jünger. Ein wichtiger Punkt im mönchischen Bild des Athanasios sind seine Jünger. Athanasios wird als Abt gelobt, der durch seine Lehre die Mönche, die er gewonnen hatte, erbaute. Das ist mit Lob für die Jünger verbunden. In der Vita berichtet Theoktistos von zu seiner Zeit schon verstorbenen Jüngern, die auf Ganos gelebt hatten und für ihre Heiligkeit berühmt waren[313]. Im 6. Kanon werden die Jünger gelobt, die mit Athanasios schon im Himmelreich waren. Das ist nicht überraschend, denn die Klöster des Athanasios, und vor allem das Männerkloster, waren das Zentrum seines Kultes[314]. Theoktistos war selber sein Jünger. Die Personen, die zum Kult des Athanasios am meisten beitrugen, sahen in ihm den Gründer ihrer Gemeinde.

Wundertätigkeit. Mit seinem Kloster ist die Wundertätigkeit des Athanasios verbunden. Die Wunder werden in sehr engen Zusammenhang mit den Reliquien im Kloster gebracht, wie die Wunderberichte in der Rede auf die Reliquientranslation zeigen. Alle Wunder, über die Theoktistos berichtet, haben mit den Reliquien bzw. dem Sarkophag zu tun, die in den Kanones als eine „Quelle von Gnadengaben“ (πηγὴ χαρισμάτων, Kanon 4.87) präsentiert werden. Die Menschen strömen zu den Reliquien, um geheilt zu werden.

---

309 Als Paulus-Briefe werden hier alle Paulus zugeschriebene Briefe bezeichnet. Die Frage der Echtheit ist für die byzantinische Zeit irrelevant.

310 Das ist die Version, der unter anderen auch die konstantinopolitanische Überlieferung folgt. NESTLE–ALAND übernehmen die Form *ἐπὶ* ἐρημίαις.

311 TALBOT, Miracles 64.2–3.

312 TALBOT, Miracles 64.4–6.

313 PAPADOPOULOS-KERAMEUS, Vita 13.23–14.25 und 18.7–20.11.

314 Siehe Kapitel 2.7, S. 72–75.

In den Hymnen vermischen sich die zwei Seiten des Athanasios (Patriarch – Mönch) so sehr, dass eine Unterscheidung künstlich wirkt. In vielen Troparia wird er sowohl als Patriarch als auch als Mönch dargestellt, manchmal explizit: Τοὺς τῆς ἀσκήσεως πόνους ἱερωσύνῃ, μάκαρ, ἐκόσμησας (9.4.3); Ὤφθη σου ὁ βίος κανὼν καὶ τύπος τοῖς πᾶσιν [...] τοῖς ἐν τῷ βίῳ, καὶ μονασταῖς καὶ μιγάσι (d.h. für Mönche und Verheiratete, 9.6.2). Dass Athanasios mit allen Kategorien von Heiligen vergleichbar sei, ist in den Hymnen geläufig: Σὺν ἱεράρχαις καὶ μάρτυσι χορεύων (1.5.1); Ὅμιλος πατριαρχῶν καὶ ἀποστόλων, ἱερέων, μαρτύρων ὁ δῆμος, ἀσκητῶν ὁ σύλλογος (1.8.2). Im Enkomion begründet Theoktistos diesen Vergleich: Διὰ τοῦτο καὶ προσεδέξαντό σε ἐν ταῖς αἰωνίοις σκηναῖς ταῖς ἀφθάρτοις καὶ ἀκηράτοις οἱ δίκαιοι τὸν ἀρρεπῆ τῆς δικαιοσύνης κανόνα, οἱ προφῆται τὸν τῷ διορατικῷ κεκοσμημένον χαρίσματι, οἱ μάρτυρές τε καὶ ὁμολογηταὶ τὸν ὁμολογητὴν μὲν ἔργῳ, μάρτυρα δὲ τῇ συνειδήσει καὶ προαιρέσει, οἱ ἀπόστολοι τὸν κήρυκα καὶ διδάσκαλον τῆς ἀληθείας, οἱ ὅσιοι καὶ ἀσκηταὶ τὸν ἀπαράμιλλον ἐν ἀσκήσει καὶ ὁσιότητι – τοῦτο γὰρ καὶ μᾶλλον αὐτῷ ἰδιαίτατον – οἱ πατριάρχαι τε καὶ διδάσκαλοι τὸν πατριάρχην καὶ διδάσκαλον[315]. Das ist ein Topos in der byzantinischen hagiographischen Literatur im Sinne einer stereotypen Interpretation des Lebens eines Heiligen. In der Vita wird das Leben des Athanasios so dargestellt, dass der Vergleich mit allen diesen Gruppen von Heiligen gerechtfertigt wirkt.

Als Patriarch hatte Athanasios eine prophetische Rolle in der Kirche; die Propheten waren aber oft strenge Asketen (Elias, Johannes). Wenn die Rede von der Ποίμνη oder ähnlichem ist, ist nicht immer eindeutig, ob das Volk oder die mönchische Gemeinde gemeint ist. Athanasios wurde von Gott zu den Menschen geschickt, um sie zu belehren; seine Lehre betrifft in den Hymnen überwiegend mönchische Tugenden. Die Rechtgläubigkeit hat eher mit der Kirchenpolitik und daher mit dem Patriarchat zu tun; doch waren die Mönche die kompromisslosesten Verteidiger der Orthodoxie. Athanasios selber hat als Mönch und nicht während seines Patriarchats gegen die Union gekämpft. In den verschiedenen Troparia kann der Nachdruck auf das eine oder das andere fallen. Es gibt keinen Kanon, in dem das eine deutlich öfter als das andere vorkommt. Manchmal sind innerhalb einer Ode gewisse Gemeinsamkeiten bzw. ein Schwerpunkt zu erkennen. Z.B. in der 6. Ode des 1. Kanons wird Athanasios in einem Troparion mit Abraham, in einem anderen mit Samuel verglichen. In der 4. Ode des 5.

---

315 FUSCO, Enkomion XVII 16–23.

Kanons wird die Erbauung der Herde zum Hauptthema gemacht. In der 4. Ode des 8. Kanons wird in drei Troparia der Kampf des Athanasios für die Orthodoxie angedeutet.

5.5 Schlussbetrachtung

In den Hymnen wird Athanasios als Patriarch wie auch als Mönch dargestellt. Das prophetische Element wird betont, indem Athanasios mit Propheten verglichen wird, indem sein Aufstieg zum Patriarchat als Teil des Heilsplans Gottes präsentiert wird und indem seine Lehre und sein Aufruf zur Bekehrung unterstrichen werden. Das entspricht dem Selbstverständnis des Athanasios, denn er sah sich in der Rolle eines Propheten. Er wird als Hirt auf den Spuren Jesu und der Apostel dargestellt. Sein „Titel“ in den Überschriften lautet Patriarch. Es war die höchste Stufe der kirchlichen Hierarchie, bei Mönchen und Laien gleicherweise anerkannt. Doch werden dem Patriarchen überwiegend mönchische Tugenden zugeschrieben, und diese wolle der Patriarch – laut den Kanones – seiner Herde vermitteln. Die Fürsorge für die Armen spielt in den Kanones eine geringere Rolle im Vergleich zu Enthaltsamkeit, Fasten, Kampf gegen die Leidenschaften usw. Diesen Eindruck gewinnt man aus den Briefen des Athanasios nicht; denn dort spielt auch die Gerechtigkeit und die Barmherzigkeit eine zentrale Rolle. Die zwei Aspekte (Patriarch – Mönch) vermischen sich in den Kanones so sehr, dass eine Unterscheidung nur aus methodologischen Gründen hier angewandt wurde, um die zwei Komponente seiner spirituellen Persönlichkeit zu differenzieren. Die Trennung zwischen weltlichem und mönchischem Klerus existierte weder im Denken des Athanasios noch des Theoktistos.

6. DIE FORM DER KANONES

6.1 Die Kanones und ihre Vorbilder

Der Kanon[316] ist eine Form von liturgischem Gesang, die ab dem Ende des 7. Jh. eine zentrale Funktion in der kirchlichen Praxis hat und den größten Teil der hymnographischen Produktion ausmacht. Ein Kanon besteht aus neun Oden, die sich zumindest in den früheren Kanones auf die neun biblischen Oden beziehen. Meistens fehlt die zweite Ode[317], die Bezeichnung erste, dritte … neunte Ode bleiben jedoch erhalten. Die Oden bestehen aus Troparia (Strophen). Das erste Troparion jeder Ode heißt Heirmos und dient als metrisches und musikalisches Vorbild für die anderen Troparia derselben Ode. Das heißt, die Troparia einer Ode haben im Idealfall dieselbe Zahl von Silben, ihre Hauptakzente und Kolonenden sind an derselben Stelle, und sie werden nach derselben Melodie gesungen.

Schon sehr früh haben die Hymnographen ihre Kanones nach dem metrischen Schema und der Melodie älterer Kanones (Automelon) konstruiert. Diese Nachbildungen, Prosomoia genannt, waren ab dem 9./10. Jh. die Regel. Die unzähligen byzantinischen und nachbyzantinischen Kanones wurden praktisch nach wenigen dutzenden Automela gesungen. Die Kanones des Theoktistos auf Athanasios sind Prosomoia folgender Automela:

---

[316] Zum liturgischen Kanon s. TOMADAKIS, Ὑμνογραφία, 59–67; BECK, Kirche, 265–266.

[317] Das Fehlen der zweiten Ode ist immer noch nicht befriedigend geklärt. Die geläufige byzantinische Erklärung war, dass sie wegen des Furcht erregenden Inhaltes ausgefallen sei (s. z.B. die Ἑρμηνεία des Ioannes Zonaras in CHRIST, Beiträge, S. 7–8). Der Kanon, der laut Überlieferung am Anfang der Gattung steht, nämlich der Bußkanon des Andreas von Kreta (TR 463), besitzt eine zweite Ode; die wenig späteren Kanones des Ioannes Damaskenos und Kosmas von Maiuma hingegen nicht. Aus der Akrostichis ist zu schließen, dass die ursprünglich vorhandene zweite Ode mancher Kanones später ausgefallen ist (PAPADOPOULOS-KERAMEUS, Δεύτεραι ᾠδαί; AJJOUB, Horologium, S. 90–91 bzw. Nr. 95–103); anderen Kanones wiederum, die ursprünglich keine zweite Ode hatten, wurde eine hinzugefügt (AJJOUB, Horologium, S. 81–82, Nr. 45–65; S. 91, Nr. 104–107).

1. Kanon: Χριστὸς γεννᾶται, Weihnachtskanon von Kosmas von Maiuma. Edition: CPC 165 und MR II 662.
2. Kanon: Στείβει θαλάσσης, Epiphaniekanon von Ioannes Damaskenos. Edition: CPC 209 und MR III 146.
3. Kanon: Χέρσον ἀβυσσότοκον, Kanon zur Tempeleinführung Christi (2. Februar), von Kosmas von Maiuma. Edition: CPC 173 und MR III 482.
4. Kanon: Θείῳ καλυφθεὶς ὁ βραδύγλωσσος γνόφῳ, dem Ioannes Damaskenos zugeschriebener Pfingstkanon[318]. Edition: CPC 213 und PeR 396.
5. Kanon: Χοροὶ Ἰσραὴλ ἀνίκμοις ποσίν, Kanon zur Verklärung Christi (6. August) von Kosmas von Maiuma. Edition: CPC 176 und MR VI 337.
6. Kanon: Ἀνοίξω τὸ στόμα μου, Kanon zur Entschlafung Marias (15. August) von Ioannes Damaskenos. Edition: CPC 229 und MR VI 413.
7. Kanon: Τῷ σωτῆρι Θεῷ, Kanon zu Christi Himmelfahrt von Ioannes Damaskenos. Edition: CPC 226 und PeR 313.
8. Kanon: Ἵππον καὶ ἀναβάτην, Kanon zur Auferstehung von Ioannes Damaskenos. Edition: PR 369.
9. Kanon: Τμηθείσῃ τμᾶται, Kanon zum Gründonnerstag von Kosmas von Maiuma. Edition: CPC 190 und TR 652.
10. Kanon: Νεύσει σου πρὸς γεώδη. Anonym. Zu diesem Kanon s. unten in diesem Kapitel S. 114–115.
11. Kanon: Σταυρὸν χαράξας Μωσῆς, Kanon zur Erhöhung des hl. Kreuzes (14. September) von Kosmas von Maiuma. Edition: CPC 161 und MR I 159.

Diese Automela sind sehr geläufige Melodien, die oft als Muster von Prosomoia gedient haben – mit Ausnahme der „jambischen" Kanones, deren Prosomoia geringe Verbreitung hatten. Die Prosomoia befinden sich in den liturgischen Büchern, die den Mönchen und Geistlichen wohl bekannt waren, nämlich in der Parakletike, im Triodion, im Pentekostarion und in den Menaia. Die Melodien waren daher nicht nur wegen des Automelon, sondern auch wegen der Prosomoia bekannt. Das führte dazu, dass Theoktistos seine Prosomoia nicht immer direkt nach dem Automelon verfasste, sondern nach anderen Prosomoia; es gibt nämlich in manchen seiner Kanones Abweichungen vom Automelon, die in den anderen Prosomoia vorkommen.

---

318 Zur Autorschaft des Pfingstkanons s. RONCHEY, Crise et continuité; RONCHEY, Exegesis; RONCHEY, Writings exchanged. Siehe auch AFENTOULIDOU, Metrik 45, Amn. 2.

Im Folgenden werden Fälle besprochen, in denen Theoktistos nicht dem Automelon, sondern anderen Prosomoia folgt.

3. Kanon, 1. Ode

Das Vorbild des dritten Kanons des Theoktistos, der Kanon zur Tempeleinführung Christi, fängt mit den Worten Χέρσον ἀβυσσότοκον πέδον ἥλιος ἐπεπόλευσε ποτέ an. Doch sehr früh wurde eine andere Version mit dem Akzent auf der sechsten Silbe eingeführt: Χέρσον ἀβυσσοτόκον usw. Dieser Version folgen die meisten Prosomoia[319]. Ἀβυσσότοκος heißt „vom Abgrund geboren", ἀβυσσοτόκος „den Abgrund gebärend". Vom Sinne her ist die proparoxytone Form die richtige: Es geht um die Überquerung des Roten Meeres und heißt „vom Abgrund geborenes Festland". In den weiteren Troparia des Kanons des Kosmas fällt der Akzent auf die 5. Silbe:

Ῥανάτωσαν ὕδωρ νεφέλαι· ἥλιος ἐν νεφέλῃ γὰρ κούφῃ
Ἰσχύσατε χεῖρες Συμεὼν τῷ γήρᾳ ἀνειμέναι
Συνέσει ταθέντες οὐρανοὶ εὐφράνθητε, ἀγάλλου δὲ ἡ γῆ.

Theoktistos verwendet die Form Χέρσον ἀβυσσοτόκον als Vorbild für seinen Kanon, wie aus der Marginalnotiz im Codex Chalk. S. Trin. 64, f. 208ʳ und aus der Akzentuierung zu schließen ist:

Θείας ἀθανασίας, πάτερ ὅσιε,* φερωνύμως ἀψευδῶς
Εἴληφας ἀπὸ βρέφους, πάτερ ὅσιε,* τὸν ζυγὸν τὸν ἐλαφρὸν
Ἵνα τὰ ἐπὶ γῆς νεκρώσῃς μέλη σου,* τὴν πατρίδα σου λιπὼν
Ὅλον ἀνανεῶν ἐμὲ τὸν ἄνθρωπον* ἀποτίκτεται ἐκ σοῦ.

---

319 Ioseph Hymnographos (9. Jh.) folgt in seinem Prosomoion Κύματα θαλάσσης τῇ ῥάβδῳ (PR 249) dem ersten Schema (ἀβυσσότοκον). Ebenfalls dem ersten Schema folgt der Kanon auf die Gottesmutter eines Mönches Arsenios (EUSTRATIADES, Theotokarion 99, S. 317). Dem zweiten Schema (ἀβυσσοτόκον) folgt Ioannes Mauropus (11. Jh.) in drei Kanones auf die Gottesmutter (EUSTRATIADES, Theotokarion 77, S. 245; 78, S. 249; 79, S. 253), einem auf den hl. Nikolaus (PAPAILIOPOULOU 318, S. 116–117) und einem auf den hl. Paulus (PAPAILIOPOULOU 714, S. 232). Ein dem Ioannes Thekaras (EUSTRATIADES, Theotokarion 92, S. 295) sowie ein dem Andreas von Kreta (7.–8. Jh.) zugeschriebener Kanon (EUSTRATIADES, Theotokarion 97, S. 311), beide auf die Gottesmutter, folgen auch dem zweiten Schema; ebenfalls der Kanon eines Theognostos auf Moses (PAPAILIOPOULOU 15, S. 35). Die späteren liturgischen Handschriften sowie Bartholomaios Kutlumusianos (1772–1851), der die liturgischen Bücher revidierte und drucken ließ, verwenden die Form ἀβυσσοτόκον.

3. Kanon, 9. Ode
In der neunten Ode desselben Kanons steht als Automelon: Ἐν *νόμῳ* σκιᾷ. So steht das Troparion auch in den gedruckten liturgischen Büchern. Sinnvoller ist jedoch Ἐν *νόμου* σκιᾷ καὶ γράμματι τύπον κατίδωμεν, wie es auch bei CPC (176.164) steht. Metrisch sind beide Formen gleich.

7. Kanon, 4. Ode
Das Automelon hat im ersten Kolon elf oder in manchen Troparia zwölf Silben (hochgestellt wird die Zahl der Silben):

Εἰσακήκοα, κύριε, τὴν ἀκοήν^{12} usw.

Bei Theoktistos hat das erste Kolon neun Silben (außer im 3. Troparion):

Εἰσακήκοας τὴν ἀκοὴν^{9} usw.

Theoktistos folgte einer modifizierten Form des Automelon. Im Codex Chalk. S. Trin. 64, f. 225^{r} lautet die Marginalnotiz, die auf das Automelon hinweist: Εἰσακήκοα τὴν ἀ⟨κοήν⟩. Diese Form wird in den liturgischen Büchern an mehreren Stellen als Heirmos überliefert, und ihr folgen auch viele Prosomoia dieses Kanons[320]. Die originale Form (mit Κύριε) haben auch die gedruckten liturgischen Bücher, wenn sie den ganzen Kanon überliefern (PeR 316, Christi Himmelfahrt); wo hingegen nur der Heirmos bzw. dessen Anfang steht, d.h. vor einem Prosomoion oder als Katabasia[321], fehlt des öfteren Κύριε: PeR 269 (Katabasia), MR II 196 (Heirmos), MR VI 80 (Heirmos), PR 372 (Heirmos), PR 430 (Heirmos), PR 441 (Heirmos).

10. Kanon
Als Vorbilder für Prosomoia dienen in der Regel Kanones, die an wichtigen Festen gesungen werden, mit Namen bekannter Hymnendichter verbunden sind und deren Troparia alle bekannt sind. Es gibt aber auch anonym überlieferte Heirmoi, die keinem Fest zuzuordnen sind. In diesen Fällen ist sonst vom ursprünglichen Kanon keine Spur zu finden; ob es *überhaupt* einen ursprünglichen Kanon mit Troparia außer den Heirmoi gab, lässt sich beim heutigen Stand der Hymnenforschung nicht sagen. Die Heirmoi waren oft sehr verbreitet. Ein Beispiel dafür ist der Kanon Νεύσει σου πρὸς

---

320 Vgl. FOLLIERI, Initia I 376.
321 Zur Erklärung hymnographischer Begriffe s. Anhang.

γεώδη im Dritten Plagal, der als Vorbild für den 10. Kanon des Theoktistos diente.

Vom anonym überlieferten Kanon Νεύσει σου πρὸς γεώδη sind nur die am Anfang unzähliger Prosomoia vorgestellten Heirmoi bekannt. Von den Heirmoi sind wiederum nur die vier ersten einheitlich überliefert (1.–5. Ode). Inhaltlich basieren die Heirmoi auf den biblischen Oden, ohne jeglichen Bezug auf ein bestimmtes Fest. Die Tafel auf S. 116 zeigt die Heirmoi der letzten vier Oden in verschiedenen Prosomoia aus der Parakletike und bei Theoktistos.

10. Kanon, 8. Ode

In den Troparia dieser Ode werden im 7. Kolon mit dem Wort κυρίου drei Silben hinzugefügt, außer im 4. Troparion:

πάντα τὰ ἔργα κυρίου τὸν κύριον ὑμνεῖτε (Theoktistos)

πάντα τὰ ἔργα τὸν κύριον ὑμνεῖτε (Automelon).

Die von Theoktistos verwendete Form gibt es im Prosomoion des Kanons Νεύσει σου πρὸς γεώδη, das in PR 536 ediert wird. Sprachlich ist die 8. Ode des Theoktistos (Ἄβυσσον οὐρανόθεν) von der 1. Ode des Kanons in PR 542 (Ἄβυσσον ἡ τεκοῦσα) beeinflusst. Anscheinend sah sich Theoktistos keiner bestimmten Version des Kanons verpflichtet und fasste seinen 10. Kanon auf der Basis verschiedener Kanones ab, die er aus der Praxis in Erinnerung hatte.

Tafel: Die Heirmoi der 5.–9. Oden des Kanons Νεύσει σου πρὸς γεώδη in verschiedenen Prosomoia

	PR 541	PR 542	PR 536	PR 564	PR 574	PR 584	PR 605	Thkt
5. Ode: Νὺξ ἀφεγγὴς	+	+						+
5. Ode: Κύριε ὁ Θεός μου				+	+	+	+	
5. Ode: Οἱ ὀρθρίζοντες			+					
6. Ode: Ναυτιῶν τῷ σάλῳ	+	+	+		+	+	+	+
6. Ode: Ἐβόησα, Κύριε								
6. Ode: Ὁ Ἰωνᾶς ἐκ κοιλίας				+				
7. Ode: Κάμινον παῖδες	+	+		+	+	+		+
7. Ode: Οἱ ἐν καμίνῳ[322]			+				+	
8. Ode: Ἄφλεκτος πυρὶ	+	+	+		+	+		+
8. Ode: Τὸν ὄντως ὄντα								
8. Ode: Τὸν μόνον ἄναρχον				+			+	
9. Ode: Μὴ τῆς φθορᾶς διαπείρᾳ	+	+		+		+		
9. Ode: Μήτηρ Θεοῦ καὶ παρθένος			+		+		+	+

322 Der Heirmos der 7. Ode Οἱ ἐν καμίνῳ τοῦ πυρός wurde dem durch Kosmas von Maiuma verfassten Pfingstkanon Πόντῳ ἐκάλυψεν (CPC 201–204) entnommen.

6.2 Metrik

6.2.1 Kola

Wie die meisten Prosomoia wurden auch die Kanones des Theoktistos ohne Notation überliefert. Die einzigen Hinweise auf die musikalische Praxis, die wir in den Hymnen auf Athanasios haben, sind die Angabe der Automela am Anfang der Ode und die Punkte, die das Ende eines musikalischen Kolons bezeichnen. Letztere sind als Hilfe zum schnellen Erfassen des Textes und zur Anpassung an eine bestimmte Melodie gedacht. Die Melodie der Automela wurde in den musikliturgischen Büchern überliefert; im Fall der Kanones ist es das Heirmologion. In diesem Buch stand das erste Troparion jeder Ode des Automelon, der Heirmos. Im Idealfall hat der Text aller Troparia dasselbe metrische Schema, wie in den Automela. In der Praxis wurde jedoch das metrische Schema nicht immer streng eingehalten. Es lag an dem jeweiligen Sänger, die Melodie des Heirmos an den Text der anderen Troparia der Ode und der Prosomoia anzupassen[323]. Die Sänger kannten die melodischen Formeln des Heirmologion und konnten den Text der Prosomoia leicht entsprechend singen.

Die handschriftliche Überlieferung der Melodie der Heirmoi weist Variationen auf, die unter anderem die Kolatrennung betreffen. Denn der Text bietet oft mehrere regelmäßige Wortenden, das heißt Wortende an derselben Stelle in allen Troparia einer Ode; ein musikalisches Kolonende gibt es aber nicht nach all diesen Wortenden. SCHMIDT bemerkte: „Unterschiedliche Kolonunterteilung bei gleichen bzw. zumindest vergleichbaren Melodien erweist sich auch in der individuellen Überlieferung der einzelnen Kodizes, und zwar liegen die Unterschiede vielfach in einer detaillierteren Gliederung der einen gegenüber den anderen.“[324] Hier sei angemerkt, dass der Sinn bei der Kolatrennung, besonders bei den Prosomoia, nicht immer eine Rolle spielt.

Die Inkonsequenzen bei der Kolatrennung können teilweise an dem jeweiligen Schreiber liegen. Denn die Punkte, die die Kolatrennung bezeichneten, wurden nicht mit derselben Sorgfalt abgeschrieben, wie der Text – obwohl die Schreiber bezüglich der Interpunktion konsequenter waren, als

---

323 Siehe WELLESZ, Byzantine Music 349–352.

324 SCHMIDT 128.

oft angenommen. In den Kanones des Theoktistos ist die Wahrscheinlichkeit einer aktiveren Einmischung der Schreiber eher gering, auch wegen der frühen Entstehung der Handschrift. Doch gibt es Hinweise, dass die Schreiber Punkte aus Nachlässigkeit ausgelassen haben. Z.B. wurde der 6. Kanon von einem anderen Schreiber geschrieben als der Rest der Kanones. In diesem Kanon fehlen oft die Punkte an Stellen, an denen es in den übrigen Troparia der Ode ein Kolonende gibt; das passiert deutlich öfter, als in den anderen Kanones[325].

6.2.2 Kolonende und Sinnpause

Es ist bekannt, dass die byzantinische Interpunktion der modernen nicht entspricht. Die Praxis in den Textausgaben war, die Interpunktion der Handschriften nicht zu berücksichtigen. Neue Untersuchungen zeigen jedoch, dass die byzantinische Interpunktion nicht willkürlich war; sie spielte eine bedeutende Rolle zum Verständnis des Textes, und die handschriftliche Überlieferung war in der Wiedergabe der Interpunktion überraschend konsequent[326]. In der Untersuchung der Sinnpausen in den Kanones sollte man daher nicht von der modernen Interpunktion ausgehen.

Die Punkte, die das Kolonende bezeichnen, haben keineswegs die Rolle einer Interpunktion; sie trennen Kola und nicht Sinneinheiten. Es wird zwar in den Kanones versucht, dass ein Kolon einer Sinneinheit entspricht. Bei den großen Kanonesdichtern (Ioannes Damaskenos, Kosmas von Maiuma, Ioseph Hymnographos) ist es mehr oder weniger der Fall. Den späteren Hymnographen, die versuchen, ihren Text an gegebene Kola und melodische Phrasen anzupassen, gelingt es nicht immer. So gibt es bei Theoktistos gelegentlich Punkte, die das Verständnis nicht fördern, wie Βοῶντας τῷ

---

325 Über die Änderungen der überlieferten Hymnentexte durch Schreiber und Sänger beschwert sich der Schreiber Mathusalas in einer Notiz im Codex Serdic. Dujčev gr. 43, f. 209^{r}, 16. Jh. (Parakletike): Ἰστέον ὅτι πάντα τὰ τροπάρια τῶν ποιητῶν [...] ἔσφαλται διά τε τὴν ἀμέλειαν καὶ ῥαθυμίαν τῶν μεταγραφέων· πολλοὶ γάρ εἰσι καὶ ἀμαθεῖς· οὐ μὴν δὲ ἀλλὰ καὶ τῶν ψαλτῶν μεταποιούντων αὐτὰ ὡς βούλονται πρὸς τὸ ἐκείνων θέλημα διὰ τὴν ἀμάθειαν καὶ κενοδοξίαν αὐτῶν· καὶ οὐκ ὀλίγα εὕροις ἂν τοῖς εἱρμοῖς ἀνακόλουθα καὶ δὴ τοῦ ὅλου μέλους ἐκπίπτοντα καὶ παρακρέκοντα [παρεκρέοντα?]· τῷ αὐτῷ τρόπῳ καὶ αἱ *στιγμαὶ σεσάλευνται* καὶ αὗται ἀπατοῦσιν. ὅθεν καὶ εἴ τις θέλοι γράψαι, οὐχ εὑρίσκοι βιβλίον τὸ ὠφελοῦν etc. Siehe D. GETOV, A Catalogue of Greek Liturgical Manuscripts in the „Ivan Dujčev Centre for Slavo-Byzantine Studies" (*OCA* 279). Rom 2007, 150–152.

326 REINSCH, Stixis; GAFFURI, Interpunzione; MALTESE, Ortografia; MAZZUCCHI, Punteggiatura; NORET, Ponctuation.

σῷ* υἱῷ (1.8.4), Ἡ σὴ ψυχὴ κατοικίαν* ἀνάκτορον ἔλαχε τῆς ὑπερθέου* θείας δόξης (3.3.1), Τὸ πλήρωμα τίμιον* τῆς ἐκκλησίας* κειμήλιον (7.6.2; τίμιον bezeichnet κειμήλιον) oder Καὶ ἐβάδισας τούτων* τοῖς προστάγμασιν ἅγιε (7.4.1).

Der Sinn entscheidet manchmal mit, ob ein regelmäßiges Wortende zum Kolonende wird, z.B.: Ὡς τῆς ἐκκλησίας ποιμενάρχης* καὶ δογμάτων ὀρθοδόξων πρόμαχος μέγας* (3.8.1). Nach dem metrischen Schema der anderen Kanones sollte das Kolonende nach δογμάτων sein, aber vom Sinn her passt es besser nach ποιμενάρχης. Das Kolonende nach ποιμενάρχης ist nicht willkürlich, denn auch die anderen Troparia dieser Ode haben ein Wortende an der entsprechenden Stelle, das aber nicht als Kolonende bezeichnet wird (über regelmäßige Wortenden, die nicht als Kolonenden bezeichnet werden s. unten in diesem Kapitel S. 126–127). Ein ähnlicher Fall ist Καὶ ἐβόησαν* δόξα τῇ ἀρρήτῳ συλλήψει σου (7.4.4). Nach dem metrischen Schema der anderen Troparia dieser Ode wäre das Kolonende nach δόξα, hier ist es aber wegen des Sinnes vor δόξα; an dieser Stelle haben auch die anderen Troparia ein Wortende. Auch in Τὴν πανταιτίαν* καὶ παρεκτικὴν ζωῆς (9.1.1) fehlt ein Punkt nach παρεκτικήν. Grund dafür ist wahrscheinlich der Sinn, vielleicht aber auch die Tatsache, dass die zwei ersten Kola ein Zitat aus dem Automelon sind und deswegen Theoktistos oder der Schreiber diese Einheit nicht unterbrechen wollte. An dieser Stelle haben die anderen Troparia dieser Ode kein Wortende.

An anderen Stellen fällt der Punkt aus, obwohl es vom Sinne her keinen Grund gibt. Z.B. in Ἱέμενος ἅγιε ἁγίων τῆς λαμπρότητος (6.5.1) gibt es keinen Punkt nach ἅγιε, obwohl die anderen Troparia an dieser Stelle einen haben und er auch das Verständnis erleichtern würde. Hier ist die Annahme sehr verlockend, dass der Punkt ausgelassen wurde, weil ἅγιε ἁγίων eine Anspielung auf ἅγια ἁγίων (Leviticus 6, 10 passim) ist. Ob das bewusst gemacht wurde, um die Anspielung zu unterstreichen, oder ob ein Schreiber von der alttestamentlichen Stelle irregeführt wurde und den Text missverstand, lässt sich nicht beurteilen.

6.2.3 Besprechung spezieller Fälle

In diesem Kapitel werden beispielshalber einige Fälle der Metrik der Kanones des Theoktistos auf Athanasios besprochen. Die zwei „jambischen“ Kanones werden getrennt untersucht. Die hochgestellten Zahlen zeigen die Zahl der Silben und nicht das Kolonende. Die Zählung der Kola folgt meiner Ausgabe der Kanones des Theoktistos. Für die Automela verwende ich die Zählung der entsprechenden Kola des Theoktistos.

1. Kola mit zwei Variationen im Automelon, die Theoktistos beide übernimmt
Die Regel der Isosyllabie wird in den Kanones nicht immer befolgt. Oft gibt es Variationen, die die Kola-Trennung und die Zahl der Silben betreffen. In den Prosomoia dieser Kanones können beide Variationen befolgt werden. Das ist ein Zeichen dafür, dass die Hymnendichter ihre Prosomoia nicht – oder nicht immer – nur nach dem Heirmos verfasst haben, sondern alle Troparia des Automelon zur Kenntnis genommen haben.

5. Kanon, 1. Ode
Im 1. Kolon gibt es zwei Variationen, einmal mit neun Silben und dreimal mit zehn Silben:
Χοροὶ ἱερῶν^{5} ποιμένων ὁμοῦ^{10} (1. Troparion)
Ἐν πέτρᾳ στερρᾷ^{5} τῆς πίστεως^{9} (2. Troparion)
Ὁ νοῦς σου Θεοῦ^{5} προνοίᾳ, σοφέ^{10} (3. Troparion)
Χοροὶ ἱερῶν^{5} παρθένων, ἁγνή^{10} (4. Troparion)

Beide Variationen gibt es im Automelon:
Χοροὶ Ἰσραὴλ^{5} ἀνίκμοις ποσὶ^{10} (1. Troparion)
Ῥήματα ζωῆς^{5} τοῖς φίλοις Χριστὸς^{10} (2. Troparion)
Ἰσχὺν τῶν ἐθνῶν^{5} κατέδεσθε^{9} (3. Troparion)
Σήμερον Χριστὸς^{5} ἐν ὄρει Θαβὼρ^{10} (4. Troparion)
Es ist ein Fall der Abwechslung des Kolons ´ – – mit ´ – – ´, der auch von den Kontakia bekannt ist.

5. Kanon, 6. Ode
Theoktistos hat im 2. Kolon einmal acht Silben und dreimal neun Silben:

Τοῦ πνεύματος, φραξάμενος[8] (1. Troparion)
Ὑπανοίγων σὺ τοῖς πένησι[9] (2. Troparion)
Παριστάμενος, θεόληπτε[9] (3. Troparion)
Παναγία μητροπάρθενε[9] (4. Troparion).

Im Automelon gibt es dreimal acht Silben, einmal neun:

Ἐβόησα πρὸς κύριον[8] (1. Troparion)
Ἡλίου φῶς τρανότερον[8] (2. Troparion)
Θαβὼρ μετεμορφώθης, Χριστέ[9] (3. Troparion)
Οἱ ἔνδοξοι ἀπόστολοι[8] (4. Troparion).

Theoktistos folgt am häufigsten der weniger häufigen Variation. Der Unterschied zwischen Theoktistos und dem Automelon liegt im Akzentschema am Ende des Kolons: im Automelon geht es um eine Abwechslung zwischen ´ _ _ und ´ _ _ ´, wobei Theoktistos das proparoxytone Kolonende beibehält, auch wenn er eine Silbe hinzufügt.

6. Kanon, 1. Ode
Das letzte Kolon (5a) hat sechs oder sieben Silben:

Ἀποδιώκων μακράν[7] (1. Troparion)
Τοῦ παντοκράτορος[6] (2. Troparion)
Τῶν προσιόντων σοι[6] (3. Troparion)
Καὶ κατακρίσεως[6] (4. Troparion).

Hier geht es um die Abwechslung zwischen ´ _ _ und ´_ _ ´. Im Automelon gibt es beide Variationen.

6. Kanon, 7. Ode
Das 4. Kolon des 4. Troparions hat eine Silbe weniger als die entsprechenden Kola der drei ersten Troparia:

Τὸν παλαιὸν πτερνιστὴν[7] (1. Troparion)
Πυρὸς φλογίζοντος[6] (4. Troparion)

Im Automelon hat das 2. Troparion sieben Silben, alle anderen sechs Silben. Es geht sowohl bei Theoktistos als auch im Automelon um eine Abwechslung der Schemata ´ _ _ und ´ _ _ ´.

9. Kanon, 5. Ode
Das 2. Kolon hat im 2. Troparion elf Silben, sonst aber zehn Silben. Im Automelon gibt es beide Variationen. Das elfsilbige Troparion von Theoktistos entspricht seinem metrischen Vorbild auch sprachlich:

Ταπεινώσεως ὡς ἀγχίνους τύπον (Theoktistos, 2. Troparion)
Ταπεινώσεως ὁ δεσπότης τύπον (Automelon, 3. Troparion)

10. Kanon, 8. Ode
Das 4. Kolon hat zehn Silben außer im 4. Troparion, in dem es elf Silben hat:

Καὶ νῦν ἡμῖν ταύτης τὰ νάματα[10] (1. Troparion)
Τὰς ἱκεσίας τὰς ἡμῶν, ἀγαθή[11] (4. Troparion)

Im Automelon hat der Heirmos elf Silben, die folgenden Troparia aber zehn. In dieser Ode folgt Theoktistos nur im 4. Troparion dem Heirmos. Das Akzentschema am Ende des Kolons ist ´ ‒ ‒ bzw. ´ ‒ ‒ ´.

Zu diesen Beispielen ist folgendes zu bemerken: Die beiden Variationen sind nicht immer in derselben Proportion bei Theoktistos und im Automelon vertreten. Theoktistos folgt manchmal in den meisten Troparia seiner Ode der selteneren Variation des Automelon. Manchmal sind die Troparia von ihren jeweiligen metrischen Vorbildern sprachlich beeinflusst. Die Reihenfolge der Variationen im Automelon und bei Theoktistos ist unterschiedlich.

2. Kola mit zwei Variationen im Automelon, von denen Theoktistos nur der einen folgt
Nicht in allen Oden werden beide Variationen des Automelon befolgt. In den folgenden Beispielen folgt Theoktistos nur einer Variation, die meistens die des ersten Troparions, des Heirmos, ist. Vielleicht nimmt Theoktistos in bestimmten, wohl bekannten Kanones alle Troparia zur Kenntnis, in anderen aber, die mehr durch die Prosomoia bekannt sind, nur den Heirmos. Die Beispiele reichen nicht für eine Schlussfolgerung.

5. Kanon, 1. Ode
Im 4. Kolon hat Theoktistos immer vierzehn Silben:

Ἱερῶς τὸν θεῖον Ἀθανάσιον, ὡς θέμις[14] (1. Troparion) usw.

Im Automelon gibt es zwei Variationen, einmal im Heirmos mit vierzehn Silben und sonst mit sechszehn Silben:

Δυσμενεῖς ὁρῶντες ἐν αὐτῷ ὑποβρυχίους[14] (1. Troparion)

Ἐπιγνώσεσθε, φωτὶ ὡς ἐξαστράψω ἀπροσίτῳ[16] (2. Troparion) usw.

Theoktistos folgt in allen Troparia der Variation des Heirmos.

7. Kanon, 4. Ode

Das 2. Kolon hat folgendes Akzentschema:

Εὐαγγελίων τῶν σεπτῶν

Das Automelon hat zwei Akzentschemata:

Τῆς δυναστείας τοῦ σταυροῦ im 1. Troparion und

Βασιλεύς, τὸν παράκλητον im 2., 3., und 4. Troparion.

Theoktistos folgt der Variation des Heirmos.

3. Gelegentliche Abweichungen vom Automelon in der Zahl von Silben und Kola-Trennung.

7. Kanon, 5. Ode

Es gibt in allen Troparia ein Wortende nach der 11. Silbe, das nicht als Kolonende bezeichnet wird. Im 2., 3., und 4. Troparion gibt es ein weiteres Wortende nach der 15. Silbe, das durch Punkte (Sternchen) als Kolonende bezeichnet wird; im 1. Troparion aber gibt es kein Kolonende an dieser Stelle:

Ὀρθρίσας πρὸς τὸν κύριον ἔφθασας[11] φῶς*[12] θεῖον[14], Ἀθανάσιε (1. Troparion)

Σαλεύει ἁμαρτίας τῷ κλύδωνι[11] ὁ ἐχθρός με*[15] (2. Troparion)

Σορῷ τῇ τῶν λειψάνων σου, ἅγιε,[11] πίστει θερμῇ*[15] (3. Troparion)

Τὴν ἄρρητόν σου σύλληψιν, δέσποινα[11] θεοτόκε*[15] (4. Troparion).

Im Automelon gibt es Wortenden immer sowohl nach der 11., als auch nach der 15. Silbe:

Ὀρθρίζοντες βοῶμέν σοι, κύριε·[11] σῶσον ἡμᾶς[15]

Das Wortende nach der 15. Silbe dürfte in den Troparia des Theoktistos, auch wenn es vorhanden ist, metrisch nicht bedeutend sein, denn der Akzent ist nicht reguliert: Im 2. und 4. Troparion fällt er auf die 14. Silbe, im 3. Troparion auf die 15. Silbe.

Hier sei angemerkt, dass es im 1., 3. und 4. Troparion des Theoktistos (aber nur im 1. des Automelon) ein Wortende auch nach der 8. Silbe gibt; das dadurch entstandene Halbkolon könnte der erste Halbvers eines politischen

Verses sein. Im 4. Troparion ist das ganze Kolon ein politischer Vers, diese Tatsache darf aber nicht überinterpretiert werden[327].

8. Kanon, 7. Ode
Das letzte Kolon hat bei Theoktistos im ersten Troparion neun Silben, während alle anderen – und das Automelon – acht Silben haben. Das Kolon bleibt paroxyton:

Πᾶσιν ἐγένου πάντα νόμῳ[9] (1. Troparion).
Πρόρριζον ἐκσπῶν τὴν λύμην[8] (2. Troparion).

9. Kanon, 4. Ode
Das 5. Kolon hat elf Silben, wie im Automelon, außer im 3. Troparion, in dem eine Silbe fehlt:

Τῷ μονογενεῖ υἱῷ θεοπρεπῶς[11] (1. Troparion)
Τὸν γὰρ πενήτων ὅμιλον, σοφέ[10] (3. Troparion).
Das Akzentschema am Ende des Kolons bleibt dasselbe: ´ _ _ _ ´

9. Kanon, 4. Ode
Im 4. Troparion hat das 6. Kolon zwei Silben mehr (13 statt 11):

Καὶ τῷ πνεύματι τοῦτο προσήγαγες[11] (1. Troparion)
Ἀληθῶς ὑπὲρ λόγον, κόρη, γεγέννηκας[13] (4. Troparion)

Das Kolon hat genau dasselbe Akzentschema wie die anderen, wenn man das Wort *κόρη* weglässt. Das könnte ähnlich wie im neugriechischen Volkslied sein, wo bei gleicher Melodie eine Anrufung hinzugefügt wird.

4. Abweichungen vom Automelon, die zur Regel werden
Die oben genannten Beispiele sind als gelegentliche „Verstöße“ zu verstehen. Es gibt aber Abweichungen vom Automelon, denen Theoktistos in mehr als einem Troparion folgt. Diese sind in anderen Prosomoia nicht zu finden. In diesem Fall führt Theoktistos eine eigene Variation ein und folgt ihr.

327 Es gibt Hymnen, die bewusst in politischen Versen verfasst wurden (STATHIS 61–75); viel öfter gibt es in den Hymnen einzelne Kola, die Halbverse von politischen Versen sein könnten. Speziell für die frühere Hymnendichtung s. KODER, Kontakion; LAUXTERMANN, Spring of Rhythm, insbesondere 55–61.

5. Kanon, 5. Ode

Theoktistos hat im 3. Kolon dreizehn Silben, außer im 4. Troparion:

Ὑπερφυῶς, παμμάκαρ, κατοπτεύων τρανῶς[13] (1. Troparion)
Τῶν πειρασμῶν τὰς θλίψεις ὑποφέρων στερρῶς[13] (2. Troparion)
Καταβαλὼν γενναίως ἐν ἀσκήσει, σοφέ[13] (3. Troparion)
Ὡς τοῦ φωτὸς μητέρα ὑμνοῦμεν πιστῶς[12] (4. Troparion).

Das Automelon hat immer zwölf Silben:

Ὡς ἐν φωτὶ τὰ ἔργα ὑμνῇ σε, Χριστέ (1. Troparion) usw.

Theoktistos fügt eine Silbe ein, doch das Akzentschema am Anfang und am Ende des langen Kolons bleibt dasselbe.

7. Kanon, 1. Ode

Theoktistos hat im 4. Kolon zweimal Wortende nach der 8. Silbe und zweimal nach der 9.:

Τοῦ λυτρωθῆναι κινδύνων[8] καὶ περιστάσεων
Καὶ ἐν καθέδρᾳ πρεσβυτέρων[9] τοῦτον ᾔνεσας
Καὶ παρρησίαν πρὸς αὐτὸν[8] ὡς ἔχων πρέσβευε
Καὶ δυναμένη πάντα σῷζε[9] τοὺς δούλους σου

Das Automelon hat immer ein Wortende nach der 8. Silbe:

Καὶ Φαραὼ πανστρατιᾷ[8] καταποντίσαντι usw.

7. Kanon, 9. Ode

In dieser Ode folgt nur das erste Troparion dem Schema des Automelon. Die drei anderen Troparia des Theoktistos haben ein eigenes Schema, und zwar wiederholen sie das 3. Kolon des Automelon. Die Sternchen kennzeichnen das Kolonende. Unterstrichen ist das Kolon (bzw. Halbkolon), das sich bei Theoktistos wiederholt:

Σὲ τὸν ἱερῶς τὸν βίον ἀνύσαντα νῦν* συνελθόντες ὑμνήσωμεν* ὡς μέγαν θεράποντα τοῦ Χριστοῦ* καὶ ἀγγέλων ὁμοδίαιτον (Theoktistos, 1. Troparion).

Σὲ τὸν ἱλαρῶς τὰ πάντα τοῖς πένησι πρὶν* διανείμαντα, ἅγιε,* καὶ νῦν ὡς θερίζοντα* πλουσίως τὰ δράγματα* τῶν καμάτων σου, πάτερ, μακαρίζομεν (Theoktistos, 2. Troparion).

Σὲ τὴν ὑπὲρ νοῦν καὶ λόγον μητέρα Θεοῦ* τὴν ἐν χρόνῳ τὸν ἄχρονον* ἀφράστως κυήσασαν* οἱ πιστοὶ ὁμοφρόνως μακαρίζομεν (Automelon, 1. Troparion).

Hier sei auch angemerkt, dass die Kola-Einteilung im 1. Troparion des Theoktistos anders ist als im Automelon.

11. Kanon, 6. Ode
Im 4. Kolon hat Theoktistos zwei Variationen, eine mit sieben Silben und eine mit sechs:

Τῷ πόθῳ δὲ τοῦ Χριστοῦ[7] (1. Troparion)
Σεπτῶς ἐκάθισας[6] (2. Troparion)
Τὸ πᾶσι πρόξενον[6] (3. Troparion).

Es geht wieder um die Abwechslung zwischen ´ – – und ´ – – ´. Im Automelon hat das Kolon immer sieben Silben, was Theoktistos nur in seinem Heirmos befolgt.

5. Regelmäßige Wortenden, die nicht oder nicht immer als Kolonenden bezeichnet werden

3. Kanon, 1. Ode
Im Automelon haben die drei ersten Troparia ein Wortende sowohl nach der 9. als auch nach der 12. Silbe. Bei Theoktistos gibt es ebenfalls in den drei ersten Troparia Wortende sowohl nach der 9. als auch nach der 12. Silbe, das durch einen Punkt (hier Sternchen) markierte Kolonende ist aber immer nur nach der 12. Silbe:

Θείας ἀθανασίας, πάτερ[9] ὅσιε[12]* (1. Troparion)
Εἴληφας ἀπὸ βρέφους, πάτερ[9] ὅσιε[12]* (2. Troparion)
Ἵνα τὰ ἐπὶ γῆς νεκρώσῃς[9] μέλη σου[12]* (3. Troparion)
Ὅλον ἀνανεῶν ἐμὲ[8] τὸν ἄνθρωπον[12]* (4. Troparion).

7. Kanon, 4. Ode
Das 4. Kolon hat ein regelmäßiges Wortende nach der 5. Silbe, wie im Automelon. Nur im 4. Troparion wird es durch einen Punkt (hier Sternchen) als Kolonende bezeichnet.

Καὶ ἐβάδισας[5] τούτων*[7] τοῖς προστάγμασιν (1. Troparion)
Καὶ ἐβόησαν·*[5] δόξα[7] (4. Troparion)

Dass es im 4. Troparion ein Kolonende nach der 5. Silbe gibt, ist vom Sinn bedingt. Das Kolonende nach der 7. Silbe im 1. Troparion entspricht jedoch nicht dem Sinn.

8. Kanon, 5. Ode
Im 2. Kolon gibt es ein regelmäßiges Wortende nach der 5. Silbe, wie auch im Automelon, es wird aber nicht als Kolonende gekennzeichnet.

Σκεῦος ὑπῆρξας[5] θείων χαρίτων (1. Troparion)
Τῷ ὑπὲρ λόγον[5] τυθέντι Λόγῳ (2. Troparion)

8. Kanon, 6. Ode
Im Kolon 1a gibt es sowohl bei Theoktistos als auch bei seinem Vorbild ein Wortende nach der 4. Silbe. Nur im 2. Troparion wird dieses Wortende als Kolonende gekennzeichnet:

Τῇ μεθέξει[4] τοῦ θείου φωτὸς (1. Troparion)
Τῶν προβάτων,*[4] μάκαρ, τοῦ Χριστοῦ (2. Troparion)

Die regelmäßigen Wortenden im Automelon werden meistens auch von Theoktistos befolgt, auch wenn sie nicht als Kolonenden gekennzeichnet werden. Ob es einen Punkt gibt, hat manchmal auch mit dem Sinn zu tun, obwohl es sich keineswegs um eine Interpunktion handelt.

6. Fehlende Kola

5. Kanon, 4. Ode
Im 4. Troparion (Theotokion) fehlt genau die Hälfte des 3. Kolons.

<u>Ὑποδεικνύων</u> <u>ταῖς διδαχαῖς σου</u>* <u>ἵνα ἐκ πλάνης</u> πάσης ἐπιστρέψωσι (1. Troparion)
<u>Ἀρχιερέων</u> <u>καὶ μοναζόντων</u>* <u>στίφη προσάγεις</u> πάντοτε κραυγάζοντας (2. Troparion)
<u>Ὡς ποιμενάρχης</u>,*<u> καὶ ἐντολῶν δὲ</u>* <u>φύλαξ κυρίου</u> μέλπων, ἱερώτατε (3. Troparion)
<u>Σὲ δυσωποῦμεν</u>,* <u>ἵνα λυτρώσῃ</u> πάντας τῆς κολάσεως (4. Troparion)

Durch Wort- oder Kolonenden entstehen drei metrisch identische Halbkola (unterstrichen), von denen im 4. Troparion eines fehlt.

6. Kanon, 9. Ode
Im 5. Troparion fehlt das Kolon 5a (die hochgestellten Zahlen zeigen die Nummerierung der Kola):

[5]Ὡς ἱεράρχης μέγιστος* [5a]καὶ συμπαθέστατος*[5b]ἵνα πόθῳ* (4. Troparion)
[5]Κόσμου παντὸς τὸν αἴροντα τὴν κατάραν* (5. Troparion)

Das Kolon, das im 5. Troparion fehlt, hat sechs Silben und endet proparoxyton; das ihm vorangehende Kolon hat acht Silben und endet ebenfalls proparoxyton. Die zwei Kola sind also ziemlich ähnlich.

9. Kanon, 1. Ode
Im 4. Troparion fehlt eines der zwei letzten, metrisch identischen Kola:

Προσέλθετε τῷ Χριστῷ καὶ φωτίσθητε* τοῖς τούτου προστάγμασι* καλῶς ἀγαλλόμενοι (2. Troparion)
Διό σε θεοπρεπῶς ἀναμέλπομεν* παρθένε θεόνυμφε (4. Troparion).

11. Kanon, 1. Ode
Das 3. und 4. Kolon sind metrisch identisch. Im 3. Troparion fehlt das eine.

Τὰ τῶν παθῶν σκιρτήματα* ἐνέκρωσας, μακάριε* καὶ πόθῳ τῷ τοῦ Χριστοῦ (1. Troparion)
Ὁ φωτοδότης κύριος* φωτίζοντα τοὺς πιστούς (3. Troparion).

In den oben genannten Fällen geht es um eine „metrische Haplologie". Von der Melodie her würde das Überspringen eines Kolons nicht auffallen; denn die Kola fangen mit derselben Note an und haben ähnliche melodische Formeln. In drei der vier Fälle fehlt das Kolon im Theotokion.

Schlussbetrachtung
Das metrische Schema des Heirmos wird nicht immer in allen Troparia der Oden genau beibehalten. Oft gibt es schon im Automelon kleine Variationen. Theoktistos folgt manchmal nur der einen; diese ist meistens die Variation des Heirmos, aber nicht immer. Oft folgt er beiden Variationen. Gelegentlich setzt er eine eigene Variation in einem oder mehreren Troparia durch.

Wenn man die Metrik der Kanones betrachtet, muss man berücksichtigen, dass es sich um gesungene Texte handelt. Das erlaubt mehr Freiheit in der Metrik, wie Verstösse gegen die Regel der Isosyllabie und der Homotonie. Dabei lassen sich gewisse Tendenzen erkennen.

Es ist nicht selten, dass ein Kolon eine Silbe mehr oder weniger als sein Vorbild hat. Fast alle Fälle, in denen ein Kolon eine Silbe mehr hat, sei es bei Theoktistos oder im Automelon, lassen sich in zwei Muster zusammenfassen:

a) es geht um die Abwechslung zwischen ʹ‒‒ und ʹ‒‒ʹ. Dieses Phänomen ist schon vom Kontakion bekannt[328].

b) das Akzentschema am Anfang und am Ende des Kolons bleibt unverändert, trotz der dazugesetzten Silbe. Das ist der Fall vor allem bei längeren

---

[328] Siehe GROSDIDIER DE MATONS, Romanos le Mélode 133–135 und MAAS – TRYPANIS 513.

Kola. Dieser Verstoß gegen die Isosyllabie lässt sich dadurch erklären, dass bei der Darbietung der Anfang und vor allem das Ende der musikalischen Phrase im Ohr bleiben.

Manchmal bleibt die Zahl der Silben dieselbe, die Kola-Einteilung ist aber anders – meistens mehr oder weniger detailliert. In vielen Fällen wird ein Wortende nicht als Kolonende bezeichnet, obwohl es an der entsprechenden Stelle in anderen Troparia ein Kolonende gibt. Das ist vor allem dann der Fall, wenn das Ende der musikalischen Phrase an dieser Stelle weniger stark ist.

Wenn zwei Kola dasselbe metrische Schema haben, dann wird gelegentlich eines ausgelassen. Einmal ist es umgekehrt: in der 9. Ode des 7. Kanons wiederholt Theoktistos ein Kolon seines Vorbildes.

6.2.4 Akzente

Im Allgemeinen wird Homotonie erstrebt, das heißt, die Troparia einer Ode sollen dasselbe Akzentschema haben und die Hauptakzente in den Troparia einer Ode sollen an derselben Stelle sein. Doch gelingt es nicht immer. Bei Theoktistos gibt es mehr Abweichungen vom Akzentschema des Heirmos als bei seinen Vorbildern. Die Homotonie hat mehr mit der Anpassung an dieselbe Melodie zu tun, als mit der Treue zu einem bestimmten Akzentschema. Die Musik erlaubt eben mehr Unregelmäßigkeiten in den Akzenten als in der Silbenzahl. Am Ende des Kolons wird der Akzent strenger reguliert, denn das Ende der Melodie macht einen prägnanteren Eindruck im Verständnis der Hörer. Bei größeren Kola werden die Akzente weniger streng reguliert.

Ein Beispiel gibt es in der 3. Ode des 6. Kanons. Das 4. Kolon lautet folgendermaßen:

Καὶ θεραπείαν ἄφθονον (2. Troparion)

Κτίσεως, παντευλόγητε (4. Troparion)

Das Kolon ist in beiden Troparia proparoxyton. Es gibt einen weiteren Akzent auf der 4. bzw. 1. Silbe. Der starke und einzige regelmäßige Akzent dieses kurzen Kolons ist auf der drittletzten Silbe. Der zweite Akzent ist eher ein Nebenakzent. Es wäre auch möglich, dass die Kola einen zweiten Nebenakzent an der entsprechenden Stelle hätten, so dass die Kola in allen Troparia nach dem Schema καὶ θεραπείαν ἄφθονον gesungen würden: κτίσεως, πάντευλόγητε.

Wortakzente, Enklitika

Als Enklitika betrachtet werden nicht nur die von der klassischen Literatur bekannten, sondern auch andere Wörter. Zu den letzteren zählen solche, die in der byzantinischen Dichtung oft als Enklitika verwendet werden: δέ, γάρ, νῦν, die zweite Person Singular des Verbes εἰμί (z.B. εὐλογητὸς εἶ) oder die zweisilbigen Formen der Personalpronomina ἥμῶν, ἥμῖν. Sowohl diese Wörter als auch die klassischen Enklitika folgen nicht immer den Regeln der Enklisis; ob sie einen Akzent haben oder nicht, wird oft vom Akzentschema des Kanons geregelt. Die in der Handschrift überlieferten Formen sind mit Vorsicht zu berücksichtigen; denn meistens gilt auch bei der Enklisis die „historische Orthographie“, die die byzantinische Praxis nicht widerspiegelt. Die Berücksichtigung der Troparia derselben Ode ist sehr wichtig, auch wenn das Akzentschema nicht immer befolgt wird. Im Folgenden werden einzelne Fälle besprochen, in denen der überlieferte Akzent von besonderem Interesse ist[329].

1. Kanon, 3. Ode, 1. Troparion

Im 4. Kolon wird σοὶ nicht inkliniert: σαφῶς σοὶ νῦν προεξένησε. Da die vorige Silbe (σαφῶς) auch betont wird, muss eine kurze Pause zwischen σαφῶς und σοὶ angenommen werden. In zwei anderen Troparia der Ode gibt es tatsächlich ein gekennzeichnetes Kolonende an dieser Stelle (Troparion 2 und 4). Welche der beiden Silben die stärkste Betonung trug, lag wohl an dem jeweiligen Sänger. In den anderen Troparia der Ode wird einmal die erste Silbe betont (im 2. Troparion), einmal die zweite (im 3. Troparion) und einmal beide (4. Troparion).

4. Kanon, Vers 20

Ὅθεν ὑμνεῖν σε τίς ἀξίως οὐ σθένει.

Τίς wird nicht inkliniert, weil es nach dem Binnenschluss steht. Der Akkut auf dem unbestimmten Pronomen entspricht dem Usus der byzantinischen Handschriften[330].

---

329 Zur Akzentuierung in den byzantinischen Handschriften und in der Editionspraxis byzantinischer Texte s. MALTESE, Ortografia. Vgl. auch die Einführung in D. R. REINSCH und A. KAMBYLIS (ed.), Annae Comnenae Alexias. Prolegomena et Textus (*CFHB* XL/1). Berlin – New York 2001, 34*–55* sowie die Einführung in F. KOLOVOU (ed.), Michaelis Choniatae Epistulae (*CFHB* XLI). Berlin – New York 2001, 32*–41*.

330 NORET, Indéfinis.

4. Kanon, Vers 45
Das σοὶ behält den Akzent im Vers ᾄδουσι «δόξα» σὺν σοὶ τῷ Θεῷ ἡμῶν. Im Prinzip ist das nicht falsch, wenn der Autor einen besonderen Nachdruck geben wollte; der Akzent auf σοὶ dient auch dem metrischen Schema, wie der Vergleich mit den anderen Troparia zeigt.

8. Kanon, 9. Ode
Das 2. Troparion hat Νέος τίς παράδεισος statt Νέος τις. Die 3. Silbe wird also gegen die Regeln der Enklisis orthotoniert, um das Akzentschema beizubehalten. Zum Akut s. den Kommentar zum 4. Kanon, Vers 20.

6.2.5 Die „jambischen" Kanones

Theoktistos hat auch zwei Kanones nach dem metrischen Schema der jambischen Kanones verfasst. Die jambischen Kanones und deren Prosomoia sind ein Sonderfall in der liturgischen Dichtung.

Als „jambische Kanones" werden hauptsächlich die drei dem Ioannes Damaskenos zugeschriebenen Kanones zu Weihnachten, zur Epiphanie und zu Pfingsten, gelegentlich auch ihre Prosomoia bezeichnet[331]. Die dem Ioannes Damaskenos zugeschriebenen Kanones sind in (prosodischen) jambischen Trimetern verfasst und folgen mehr oder weniger den Akzentregeln des byzantinischen Zwölfsilbers[332]. Jedes Troparion besteht aus fünf jambischen Trimetern bzw. byzantinischen Zwölfsilbern. Was die akzentuierende Metrik und die Kola dieser Kanones betrifft, gilt Folgendes:[333]

Ein Vers entspricht einem Kolon. Ein regelmäßiges Wortende gibt es nach der fünften (öfter) oder nach der siebten Silbe; das ist die Zäsur bzw. der Binnenschluss des byzantinischen Zwölfsilbers. Wie bei den sonstigen Kanones besteht die Tendenz, dass dieses Wortende bzw. dieser Binnen-

[331] Für kritische Ausgaben s. NAUCK, Canones und CPC 205–217. Die Autorschaft der drei dem Damaskenos zugeschriebenen Kanones hat schon in der byzantinischen Zeit Diskussionen ausgelöst. Der Pfingstkanon ist dem sonst unbekannten Ioannes Arklas zuzuschreiben, der wahrscheinlich in der Zeit des zweiten Ikonoklasmus (erste Hälfte des 9. Jahrhunderts) lebte. Siehe Anm. 318.

[332] Den Begriff „byzantinischer Zwölfsilber" statt des klassischen „jambischer Trimeter" hat P. MAAS eigeführt: MAAS, Zwölfsilber. In diesem grundlegenden Artikel bespricht er die akzentuierende Metrik der byzantinischen Form des jambischen Trimeters, die neben der unterschiedlich korrekten Prosodie stark präsent war.

[333] Die folgenden Bemerkungen sind eine Zusammenfassung meines Artikels: AFENTOULIDOU, Metrik.

schluss in allen Troparia einer Ode an derselben Stelle auftritt, ohne so strikt eingehalten zu werden, wie bei den Kolonenden. Alle Verse haben zwölf Silben. Die Verse sind meistens paroxyton. Die proparoxytonen Verse kommen nicht selten vor (je nach Kanon). Die oxytonen Verse, die in den byzantinischen Zwölfsilbern überhaupt sehr selten sind, sind in den jambischen Kanones geläufiger. Die Akzente, vor allem am Ende des Verses und des Halbverses, sind meistens an derselben Stelle wie im Heirmos. Das wird aber nicht immer befolgt; besonders wenn die Akzente an einer Stelle wider die Regeln des Zwölfsilbers sind, ist ihre Position in der Ode nicht stark. Resumierend: Die Akzentregeln des byzantinischen Zwölfsilbers werden befolgt; es gibt relativ viele Ausnahmen, aber die Tendenz ist, sie zu glätten.

Die drei jambischen Kanones wurden gelegentlich zu Vorbildern von Prosomoia. Diese sind entweder ebenfalls prosodisch oder prosodielos. Viele prosodische Prosomoia haben eher didaktischen Zwecken gedient und werden nur in Codices mit didaktischem bzw. grammatischem Inhalt überliefert. Zu den Prosomoia, die ausschließlich dem Akzentschema der jambischen Kanones folgen und völlig prosodielos sind, gehören der zweite und der vierte Kanon des Theoktistos auf Athanasios. Sie sind Prosomoia des Epiphanie- bzw. Pfingstkanons.

Überschriften der „jambischen" Kanones des Theoktistos

In der Überschrift zum zweiten Kanon über Athanasios steht: Κανὼν ἰαμβόκροτος ἢ χορίαμβος etc. Die Überschrift des vierten Kanons lautet: Ἕτερος κανὼν [...] καὶ οὗτος ἰαμβόκροτος ἢ χορίαμβος, διαφόροις μέτροις ἐνασμενίζων. Schon die Formulierung zeigt, dass der Verfasser hinsichtlich der Terminologie nicht sicher war. Ἰαμβόκροτος ist im LBG mehrmals belegt mit der Übersetzung „zu Jamben gefügt". M. LAUXTERMANN schreibt anlässlich der Verwendung des Begriffs durch Michael Psellos: „Ἰαμβόκροτος is a very rare term, which equally applies to the rhythm of poetry and of prose. The rhetorician Nikephoros uses it to denote an iambic verse of Gregory of Nazianzos; Planudes, on the other hand, characterizes certain clausulae in Prose texts as having an 'iambocrotic rhythm'"[334]. Das

334 LAUXTERMANN, Iambs 25. Psellos beklagt, dass zu seiner Zeit μόνον νῦν ζηλωτὸν τὸ ἄττον τοῦ μέτρου καὶ ἰαμβόκροτον (A. R. DYCK [Ed.], Michael Psellus. The Essays on Euripides and George of Pisidia and on Heliodorus and Achilles Tatius (*BV* 16). Wien 1986, 40.20–21; s. auch den textkritischen Kommentar von LAUXTERMANN, a.o., Anm. 59). Nikephoros Basilakes schreibt zu einem jambischen Trimeter Gregors von Nazianz,

Wort „κρότος“ wird häufig in den byzantinischen Traktaten über die Rhetorik verwendet, um den Rhythmus zu bezeichnen[335]. Er wird auch in Bezug auf die weltliche (nicht kirchliche!) Musik verwendet[336]. In den Überschriften der Kanones ist mit Ἰαμβόκροτος eher gemeint: „Wie die Jamben (bzw. byzantinische Zwölfsilber) klingend“. Es geht nicht um die Prosodie, deswegen werden die Kanones nicht als Jamben bezeichnet; es geht um die akzentuierende Metrik, und das Verb κροτῶ deutet auf den Klang hin. Der Begriff Χορίαμβος bezeichnet eigentlich das metrische Schema – ∪ ∪ – . Hier wird aber das Wort sicher nicht in seiner ursprünglichen Bedeutung verwendet. Der Verfasser der Überschrift hat meiner Meinung nach nur einen schön klingenden klassischen Begriff verwendet, der das Wort „ἴαμβος“ enthält.

Was die Worte „διαφόροις μέτροις ἐνασμενίζων“ bedeuten, ist unklar. Vielleicht geht es um die akzentuierende Metrik; der Verfasser wollte sagen, dass die Verse schon eine Metrik hatten (im Gegensatz zu den anderen Kanones, die die Byzantiner als Prosa bezeichneten), die er aber nicht genau zu definieren wusste. Möglicherweise wollte er mit διαφόροις μέτροις sagen, dass die Verse nicht nach sich wiederholenden Füßen gebaut sind. Weniger wahrscheinlich scheint, dass der Verfasser versuchte, in diesen Kanones Spuren von prosodischen Füßen zu finden.

Die Überschriften zu den „jambischen“ Kanones sind ein für diese Zeit seltener Versuch, über die akzentuierende Metrik des Zwölfsilbers zu sprechen. Die Byzantiner betrachteten die akzentuierende Metrik des Zwölfsilbers eher als eine Nebenerscheinung des jambischen Trimeters. Der byzantinische Zwölfsilber, der den Prosodieregeln und dem byzantinischen Rhythmusgefühl folgte, wurde in den metrischen Traktaten „καθαρὸς ἴαμβος“ genannt; es waren die jambischen Trimeter ohne Auflösungen[337]. Es gab aber keinen geläufigen Begriff, der den völlig prosodielosen Zwölfsilber bezeichnen sollte. Daher kommt die terminologische Ungenauigkeit des Verfassers der Überschriften.

---

dass Letzterer ἰαμβοκρότοις λόγοις ταῦτα εἴρηκεν (Ed. C. WALZ, Rhetores Graeci I. Tübingen 1832–1836 [Nachdruck Osnabrück 1968], 443.8). Maximos Planudes schreibt: Ὁ ῥυθμός ἐστιν ὁ ποιὸς ἦχος τοῦ λόγου, ἰαμβόκροτος τυχὸν ἢ ἀνακρεόντειος ἢ ἐλεγεῖος ἢ ἑτεροῖός τις (Σχόλια εἰς ἰδεῶν τόμ. α΄, ed. C. WALZ, a.o. V, 450.3–4).

[335] LAUXTERMANN, Iambs 24.

[336] Für den Hinweis danke ich Dr. Gerda Wolfram.

[337] LAUXTERMANN, Iambs 16–19.

Die Metrik der „jambischen" Kanones

Die „jambischen" Kanones des Theoktistos haben viele Kola ihren Vorbildern entnommen. Die meisten entnommenen Kola sind erste Halbverse. Seltener sind es zweite Halbverse oder der ganze Vers. Da die Automela meistens drei Troparia pro Ode haben, gibt es für das vierte Troparion bei Theoktistos, das Theotokion, kein entsprechendes Vorbild. Dieses wird dann entweder nach dem Heirmos gebaut (2. Kanon: Oden 3, 5, 6, 7, 8, 9; 4. Kanon: Oden 3, 5, 6, 9), oder es ist sprachlich und metrisch völlig frei (2. Kanon: Ode 4; 4. Kanon: Ode 1).

Die (pseudo)-damaskenischen Kanones haben zweimal Wortende an einer anderen Stelle als nach der 5. oder der 7. Silbe: Einmal ist das Wortende nach der 10. Silbe, einmal nach der 8. Silbe, und zwar in zwei aufeinander folgenden Versen (Pfingstkanon, V. 119–120):

Ἀκτιστοσυμπλαστουργοσύνθρονον σέθεν
Ἴης ἐνανθρωπήσεως πιστοῖς σέβας

Theoktistos hat im entsprechenden Vers das Wortende nach der 8. Silbe (4. Kanon, 140), sonst haben alle Verse Wortenden nach der 5. oder 7. Silbe:

Στερρὰν ἐνανθρωπήσεως πιστοῖς δόξαν.

In den zwei Automela gibt es drei oxytone Verse (bzw. zwei, denn der eine ist der Vers 76, dessen oxytones Ende kein Kolonende ist, s. unten unter der Kolatrennung). Die oxytonen Verse sind nur eine Variation im Automelon, denn es gibt auch die paroxytone Variation an der entsprechenden Stelle. Theoktistos selbst hat keinen oxytonen Vers, sondern folgt der paroxytonen Variation.

Proparoxytone Verse

Der Anteil an proparoxytonen Versen ist kleiner, als bei den Automela. Oft werden die proparoxytonen Verse des Automelon durch paroxytone ersetzt.

4. Kanon, 1. Ode

In der 1. Ode des Pfingstkanons sind die zwei letzten Verse aller Troparia proparoxyton. Bei Theoktistos sind viel weniger Verse proparoxyton: Die vorletzten Verse sind immer paroxyton, die letzten nur zweimal proparoxyton:

Ὁρᾷ τὸν ὄντα καὶ Θεοῦ Θεὸν Λόγον,*
ὃν καὶ γεραίρει ἐνθέοις τοῖς ᾄσμασιν (1. Troparion)

Ταύτας τηρήσας, Ἀθανάσιε μάκαρ,*
πᾶσαν ἐδέξω τὴν χάριν τοῦ πνεύματος (2. Troparion)

Νομὰς εἰς θείας οὐρανῶν τὰς ἐπαύλεις*
οἰκεῖν παρέσχε τοῖς τούτῳ πειθαρχοῦσι (3. Troparion)

Ἐν ἁγιασμοῦ καθαρότητι ξένῃ·*
ὅθεν ὑμνεῖν σε τίς ἀξίως οὐ σθένει (4. Troparion).

Hier werden die meisten proparoxytonen Verse durch paroxytone ersetzt. Am ehesten bleiben die proparoxytonen Verse am Ende des Troparions. Es ist auch für die Automela bezeichnend, dass die meisten proparoxytonen Verse am Ende des Troparions vorkommen[338].

2. Kanon, 7. Ode
Theoktistos vermeidet nicht völlig die proparoxytonen Verse. Ein Beispiel ist die 7. Ode des Epiphaniekanons. Der 5. Vers hat zwei Variationen: einmal proparoxyton im Heirmos und dreimal paroxyton:

Ὅλην πλύνει δὲ τῇ δρόσῳ τοῦ πνεύματος (1. Troparion)
Πρὸς τὴν ὄλισθον ἐκκαλούμενον τρίβον (2. Troparion)
Πρὸς τὴν ἄρρευστον καὶ ἀμείνονα τρίβον (3. Troparion)
Δι' εὐπάθειαν καὶ βροτῶν σωτηρίαν (4. Troparion).

Theoktistos folgt beiden Variationen:

Ὅλην ἔχει δὲ τὴν χάριν τοῦ πνεύματος (1. Troparion)
Τοὺς προστρέχοντας αὐτοῦ τῇ θείᾳ θήκῃ (2. Troparion)
Ποιμὴν πεφυκώς, ὃν Παῦλος ὑπογράφει (3. Troparion)
Νῦν ἐκπλύνομεν τῇ θείᾳ πρεσβείᾳ σου (4. Troparion).

Das erste Troparion und das Theotokion des Theoktistos folgen dem Heirmos. Die proparoxytonen Verse sind auch sprachlich vom Heirmos beeinflusst.

4. Kanon, 5. Ode
An einer Stelle hat Theoktistos einen proparoxytonen Vers, obwohl das Automelon einen paroxytonen hat, nämlich in der 5. Ode des 4. Kanons. Im Pfingstkanon hat diese Ode keinen proparoxytonen Vers; bei Theoktistos aber ist der letzte Vers des ersten Troparions proparoxyton:

Ῥεραντισμένα τῇ δρόσῳ τοῦ πνεύματος.

Viele Verse am Ende des Troparions im Pfingstkanon enden mit dem Wort τοῦ πνεύματος. In diesem Fall kommt der ganze letzte Halbvers aus der 7. Ode des Epiphaniekanons (nicht des Pfingstkanons!):

Ὅλην πλύνει δὲ τῇ δρόσῳ τοῦ πνεύματος.

---

338 Siehe AFENTOULIDOU, Metrik 47.

Binnenschluss

Verse mit dem Wortende nach der 7. Silbe (B7) sind bei Theoktistos seltener als bei seinen Vorbildern.

4. Kanon, 6. Ode

In der 6. Ode des Pfingstkanons haben die zwei ersten Verse B7:

Λυτήριον κάθαρσιν^7 ἀμπλακημάτων
πυρίπνοον δέξασθε^7 πνεύματος δρόσον (1. Troparion).

Im Prosomoion des Theoktistos hingegen hat der 2. Vers im 1. Troparion B5:

Λυτήριον κάθαρσιν^7 ὡς ποιμενάρχης
λαβὼν ἐκ Θεοῦ^5 δεσμοὺς ἀμπλακημάτων (1. Troparion).

Ähnliche Fälle gibt es viele.

2. Kanon, 5. Ode

Das Umgekehrte kommt selten vor, dass nämlich B5 durch B7 ersetzt wird. In der 5. Ode des Epiphaniekanons ist das Schema der drei letzten Verse folgendes:

Νέαν προσωρμίσθημεν^7 ἀπλανῆ τρίβον
ἄγουσαν ἀπρόσιτον^7 εἰς θυμηδίαν
μόνοις προσιτήν^5, οἷς Θεὸς κατηλλάγη.

Theoktistos hat im dritten Troparion der entsprechenden Ode:

Λόγον κατοπτεύσας δὲ^7 τὸν ὑπὲρ λόγον*
ἄντλημα κεκέρακε^7 πιστοῖς ἐνθέως,*
θαύματα πηγάζει δὲ^7 καὶ μετὰ πότμον.

Der letzte Vers hat B7 trotz des Vorbildes; er wiederholt das Schema des vorangehenden Verses.

Akzent vor dem Binnenschluss

Das am konsequentesten eingehaltene Gesetz im byzantinischen Zwölfsilber, das die Akzentuierung vor dem Binnenschluss betrifft, hat HILBERG festgestellt. Nach diesem darf die 7. Silbe nicht betont werden, wenn der Halbvers mit ihr endet[339]. Im Epiphanie- und im Pfingstkanon gibt es vier Verstöße gegen das Gesetz Hilbergs. In den Kanones von Theoktistos gibt es einmal einen Verstoß im 2. Kanon, Vers 97 (6. Ode). Dieser Vers sowie

---

339 Siehe HILBERG, Accentgesetz.

seine Vorbilder sind ein Sonderfall (s. unten). Sonst folgt Theoktistos an den entsprechenden Stellen einem eigenen metrischen Schema.

Weniger häufig als in den Automela ist auch das paroxytone Halbversende bei B7 (sechsmal bei Theoktistos, zehnmal in den Automela).

Nach den Feststellungen von Paul MAAS ist das Halbversende nach der 5. Silbe am häufigsten oxyton oder paroxyton und seltener proparoxyton. Bei Theoktistos gibt es die Tendenz, die proparoxytonen Halbversenden nach der 5. Silbe einzuschränken.

Kolatrennung

Ein Vers entspricht einem Kolon. Es gibt einen Fall, in dem das Kolonende nicht am Versende ist, sondern nach der 2. Silbe des nächsten Verses, nämlich in der 6. Ode des Epiphaniekanons:

Ἱμερτὸν ἐξέφηνεν σὺν πανολβίῳ
ἤχῳ πατήρ, ὃν γαστρὸς ἐξηρεύξατο (1. Troparion)
Ἐκ ποντίου λέοντος ὁ τριέσπερος
ξένως προφήτης ἐγκάτοις φλοιδούμενος (2. Troparion)
Ἀνειμένων πόλοιο παμφαῶν πτυχῶν
μύστης ὁρᾷ πρὸς πατρὸς ἐξικνούμενον (3. Troparion)

Der 2. Vers hat in allen Troparia dieser Ode ein Wortende nach der 2. Silbe. Das vorige Versende ist in den drei Troparia unterschiedlich: Im ersten Troparion ist es paroxyton, im zweiten proparoxyton (und sogar proparoxytones Versende in Kombination mit B7, was in der byzantinischen Dichtung kaum vorkommt) und im dritten Troparion oxyton (der einzige oxytone Vers in diesem Kanon). Der feste Binnenschluss nach der 2. Silbe des nächsten Verses ist als Ersatz für das unregelmäßige Versende zu verstehen. Das bestätigt die Musik: Die musikalische Phrase endet mit der zweiten Silbe des zweiten Verses[340]. Darüber hinaus sind die musikalischen Akzente außer dem letzten Akzent (d.h. auf der ersten Silbe des zweiten Verses) schwach. Deshalb ist es in der Praxis nicht besonders wichtig, dass

---

340 Das Ende der musikalischen Phrase wird mit einem Punkt bezeichnet. Die starke Kadenz vor diesem Punkt zeigt eindeutig, dass es hier ein musikalisches Kolonende gibt. Eine Transkription der Musik der jambischen Kanones gibt H. J. W TILLYARD, Twenty Canons from the Trinity Hirmologium (*MMB Transcripta* 4). Boston–Paris–London–Kopenhagen 1952, 13–17, 24–28 und 57–62. Die Handschrift entstammt dem 14. Jh. Vgl. auch die Faksimile-Ausgabe des Hirmologium Sabbaiticum, ed. J. RAASTED, Pars Prima: Toni Authentici (*MMB* 8). Kopenhagen 1968.

die Versenden unterschiedlich sind. Die Troparia der 6. Ode bei Theoktistos (2. Kanon) sind folgende:

Ἱμερτὸν ἐξέφηνεν ἐξ ἐπιπνοίας
πνεῦμα* προϊὸν πατρὸς ἐξ ἀγεννήτου* (1. Troparion)
Ἐκ ποντίου δράκοντος ὁ τρισόλβιος*
ξένως* ἀνθρώπους ὁ μέγας ῥυσάμενος* (2. Troparion)
Ἀνειμένων πόλοιο παμφαῶν πυλῶν θύτης* (14 Silben!)
ἐκεῖ πρὸς Θεὸν ἀναφέρεται ξένως* (3. Troparion)
Ἱερῶς ἐγέννησας νῦν ὑπὸ χρόνον
Λόγον,* Πατὴρ ὃν γαστρὸς ἐξηρεύξατο* (4. Troparion)

Der Punkt ist sonst in den „jambischen" Kanones am Versende; hier ist er wie im Automelon nach der 2. Silbe des 2. Verses. So würde sich ein paroxytoner Vierzehnsilber ergeben. Im ersten, zweiten und vierten Troparion besteht das nächste Kolon aus zehn Silben (wie bei dem Automelon); im dritten Troparion aber folgt dem vierzehnsilbigen Kolon ein normaler Zwölfsilber. Die Hinzufügung von zwei Silben wäre ein Verstoß gegen die Isosyllabie; aber dieser Verstoß erklärt sich als ein Versuch, aus dem zweiten Kolon einen Zwölfsilber zu machen. Musikalisch dürfte es kein Problem sein; das zwölfsilbige Kolon könnte z.B. die Melodie des nächsten Kolons übernehmen.

Enjambement

Das Versende ist meistens eine Sinnpause. In dieser Hinsicht ist das Versende ein stärkerer Einschnitt, als das Kolonende der nicht versifizierten Kanones. Auch der Schreiber im Codex Chalk. S. Trin. 64 behandelte ein Versende anders als ein Kolonende: Die Seiten in der Handschrift enden bei den „jambischen" Kanones mit dem Ende des Verses; bei den anderen Kanones derselben Handschrift kann eine Seite in der Mitte eines Kolons enden. Ein Vers bildet eine Einheit innerhalb des Troparions, ein Kolon nicht. Es gibt jedoch einige Fälle von Enjambement bzw. Fälle, in denen die Kolatrennung das Verständnis erschwert:

Ἤπειρον ταύτην δεικνύων ἐναρέτοις*
πράξεσιν ὄντως* ὁ μέγας ἱεράρχης (2. Kanon, 2–3)
Ἄφεσιν πᾶσι πρεσβείαις σου, παρθένε,*
νέμοντα καὶ λύτρωσιν ἀμπλακημάτων (2. Kanon, 98–99)
Λυτήριον κάθαρσιν ὡς ποιμενάρχης*
λαβὼν ἐκ Θεοῦ δεσμοὺς ἀμπλακημάτων*
λῦσον καὶ δεῖξον ἡμᾶς ἐνθέῳ πόθῳ (4. Kanon, 61–63)

Κρατεῖν ᾠκονόμησε σὲ καὶ ποιμαίνειν*
τὴν ἐκκλησίαν, ὑπὲρ ἧς φιλανθρώπως (4. Kanon, 67–68)
Ἵν᾽ ἀφαρπάσῃς θηρὸς ἐκ βροτοκτόνου*
στέρνων σὸν λαὸν εἰς μάνδρας εἰσελεύσας (4. Kanon, 83–84)
Ῥήσεις ἐπαΐοντες τῆς θεοπνεύστου*
διδασκαλίας τοῦ θείου ποιμενάρχου (4. Kanon, 108–109).

Schlussbetrachtung
In den „jambischen" Kanones des Theoktistos gibt es kaum einen Verstoß gegen die Isosyllabie (der einzige Verstoß soll als ein Versuch verstanden werden, die „gestörte" Isosyllabie wiederherzustellen). Die Kanones sind den Regeln des Zwölfsilbers treu, die die Zahl der Silben strikt bestimmen. Die Abweichungen von den Automela betreffen nicht die Zahl der Silben, sondern das Wortende innerhalb des Verses und die Akzente; solche Unterschiede sind in den Kanones nicht selten. Theoktistos hat die Tendenz, jenen Variationen seiner Vorbilder zu folgen, die konventionellere byzantinische Zwölfsilber sind. Seine Verse sind im Vergleich zu den Automela häufiger paroxytone Zwölfsilber mit einem Binnenschluss nach der 5. Silbe.

6.2.6 Akrostichis

Im 3. und im 6. Kanon verwendet Theoktistos eine Akrostichis, die von den Anfangsbuchstaben jedes Troparion gebildet ist. Im dritten Hymnus lautet die Akrostichis Θεῖον Ἀθανάσιον ὑμνῶ προφρόνως. Ἀμήν. Das ist ein byzantinischer Zwölfsilber (ohne Ἀμήν). Theoktistos hat auf die Prosodie kaum geachtet – der prosodisch richtige zweite Halbvers ist eine in den Akrostichiden sehr geläufige Formel. Im 6. Kanon lautet die Akrostichis: Ταῦτα λιγαίνει σε δμωΐς σὴ γλῶττ᾽ Ἀθανάσιε. Die zwei ersten Wörter sind dem im sprachlichen Niveau viel höheren Weihnachtskanon des Ioannes Damaskenos entnommen:

Εὐεπίης μελέεσσιν ἐφύμνια *ταῦτα λιγαίνει*
υἷα Θεοῦ μερόπων εἵνεκα τικτόμενον
ἐν χθονὶ καὶ λύοντα πολύστονα πήματα κόσμου·
ἀλλ᾽ ἄνα, ῥητῆρας ῥύεο τῶνδε πόνων.

Das sind elegische Distichen, und das erlaubt die Vermutung, dass Theoktistos die Absicht gehabt haben könnte, einen Hexameter zu schreiben, was ihm nicht ganz gelungen ist: – ⏑⏑ – – –| – – – – ⏑⏑ ⏓ ⏑⏑.

6.3 Sprache

6.3.1 Vorbilder der Kanones

Theoktistos übernimmt viele Wörter und Phrasen aus dem jeweiligen Automelon. Diese entlehnten Teile haben dieselbe Stelle im metrischen Schema des Prosomoion wie in den Automela. In den „jambischen“ Kanones sind deutlich mehr Phrasen ihren Vorbildern entnommen als in den anderen neun Kanones.

Außer den direkten Entlehnungen gibt es zahlreiche sprachliche und stilistische Anspielungen auf das Automelon. Z.B. basiert die Phrase Σὺ ἐξ ἑσπέρας πρὸς τὴν Βύζαντος πόλιν (2.12) auf Νῦν ἐξ ἐρήμου πρὸς ῥοὰς Ἰορδάνου des Automelon. Die Präpositionen ἐξ und πρὸς wurden im Kanon von Theoktistos an derselben Stelle übernommen. Außerdem haben die drei ersten Silben bei Theoktistos dieselben Vokale wie im Automelon: /i/ /e/ /e/. Ein anderes Beispiel ist die Phrase aus dem Weihnachtskanon des Kosmas von Maiuma Χριστὸς γεννᾶται, δοξάσατε, Χριστὸς ἐξ οὐρανῶν, ἀπαντήσατε, Χριστὸς ἐπὶ γῆς, ὑψώθητε. In der entsprechenden Ode des Theoktistos heißt es: Παρθένε, μόνη πανάμωμε, παρθένε, τῶν ἀγγέλων τὸ καύχημα, παρθένε, πιστῶν τὸ στήριγμα (1.1.4). Theoktistos hat aus seinem Vorbild allein das Stilmittel der dreifachen Anaphora übernommen. Ähnlich in 4.41: Theoktistos schreibt Θύτης ἐν θύταις in Anlehnung an Ἄναξ ἀνάκτων des Vorbildes. In 9.4.1 steht Προκατιδὼν ὁ προγνώστης τῆς πολιτείας σου τὸ ὑπέρλαμπρον; das Automelon hat Προκατιδὼν ὁ προφήτης τοῦ μυστηρίου σου τὸ ἀπόρρητον. Theoktistos übernimmt Wörter, aber auch das ganze syntaktische Schema seines Vorbildes. Das Wort προγνώστης ist mit derselben Präposition gebildet und hat dieselbe Endung wie προφήτης. Es darf dabei nicht vergessen werden, dass es um sangbare Texte geht; ähnlicher Wortklang gehörte zur selben Melodie.

Nach einem Troparion des Automelon können mehrere Troparia des Prosomoion gebaut werden. Z.B. im Kanon Χέρσον ἀβυσσότοκον hat nur das erste Troparion der ersten Ode die Phrase καὶ θεαρέστως μέλποντι; im Prosomoion des Theoktistos (3. Kanon) gibt es sie in allen Troparia. Die Theotokia übernehmen manchmal Kola aus dem Heirmos; das ist auch dadurch zu erklären, dass die Automela kein Theotokion haben.

Die Verwendung von unveränderten oder modifizierten Kola des Automelon ist eine verbreitete Technik der byzantinischen Hymnographen. Es ist eine Form von Plagiat, der eine gewisse Kreativität nicht fehlt. Denn man erkennt wohl bekannte Phrasen in einem neuen Kontext. Durch diese

Weise können Parallelen, aber auch Gegensätze unterstrichen werden. Letzteres ist z.B. der Fall in 11.3.2: das Automelon hat ἀπειθοῦντι λαῷ καὶ σκληροκαρδίῳ – gemeint sind die Juden in der Wüste unter der Führung des Moses, Theoktistos hingegen schreibt εὐπειθοῦντι λαῷ καὶ ἀκολουθοῦντι – gemeint ist das Volk von Konstantinopel unter der Führung des Athanasios. Theoktistos hat eine Vorliebe für diese Assoziationstechnik, die zu seinem persönlichen Stil als Hymnenschreiber gehört. Dieses Charakteristikum kann man teilweise in seinen Prosawerken wieder erkennen, in denen er längere Textstellen aus verschiedenen Schriftstellern entlehnt. Allerdings sind die Entlehnungen in den Hymnen, bei denen alte und neue Phrasen in einer organischen Ganzheit aus Text und Musik integriert werden, künstlerisch anspruchsvoller.

6.3.2 Vergleich mit den Prosawerken des Theoktistos

Die Prosatexte des Theoktistos, nämlich die Vita, das Enkomion und die Rede auf die Reliquientranslation, sind von der Rhetorik stark beeinflusst und setzen eine gewisse klassische Bildung voraus. Doch sind innerhalb der Prosawerke stilistische Unterschiede zu finden. Die Rede auf die Reliquientranslation ist in zwei Teilen gebaut, die in zwei verschiedenen Stilen und Sprachniveaus verfasst wurden: Der erste Teil, die Lobrede, ist stark rhetorisch, der zweite, die Erzählung von Wundern, ist auf einem niedrigeren Sprachniveau[341]. Die Kanones des Theoktistos sind alle viel einfacher als die Prosawerke. Das betrifft die Syntax und den Wortschatz. Theoktistos modifiziert seinen Stil entsprechend den Konventionen der Gattungen und den Ansprüchen und Erwartungen seines Publikums. Wenn er sagt, dass seine Werke οὐ πρὸς τέρψιν καὶ ἀκοῆς ἡδονήν, ἀλλὰ πρὸς τὴν τῶν ἐντυγχανόντων ὠφέλειαν φιλαλήθως εὖ μάλα δὴ καὶ ἁπλοϊκῶς[342] zusammengestellt sind, ist das wohl eine Koketterie, aber vielleicht zeigt es auch, dass Theoktistos gelegentlich bewusst in einem einfacheren Stil schrieb.

Es gibt gewisse sprachliche Ähnlichkeiten zwischen den Kanones und den Prosawerken, die denselben Autor verraten. Und obwohl das stilistische Niveau niedriger ist, lässt sich die von den Prosawerken bekannte Tendenz des Theoktistos, klassische Bildung vorzuweisen, besonders in den „jambischen" Kanones erkennen. Im Folgenden werden Bezüge zwi-

---

341 Talbot, Miracles, Introduction 33–34.
342 Papadopoulos-Kerameus, Vita 1.6–8.

schen den Prosatexten und den Hymnen besprochen. Dazu gehören auch Zitate aus derselben Quelle.

Vita

3.14–15: Τὸν προωρισμένον καὶ πρὸ γεννήσεως; 10.7: Ὁ προωρισμένος καὶ πρὸ γενέσεως; 11.22: Τὴν εἰς τὸν θρόνον ἐκ δευτέρου ἀνάβασιν, ψήφῳ θείᾳ προορισθείσης. Vgl. Kanon 1.1.2: Σκεῦος ἐκλελεγμένον τούτου σαφῶς καὶ προωρισμένον; 4.27: Ὅνπερ γὰρ προώρισε πρὸ τοῦ πλασθῆναι; 9.4.1: Ποιμένα σε προώρισεν; 11.6.2: Χάριτι τοῦ προωρίσαντος ταῦτα. Es handelt sich um eine Anspielung auf Rm 8, 29–30: Οὓς προέγνω, καὶ προώρισεν συμμόρφους τῆς εἰκόνος τοῦ υἱοῦ αὐτοῦ [...] οὓς δὲ προώρισεν, τούτους καὶ ἐκάλεσεν· καὶ οὓς ἐκάλεσεν, τούτους καὶ ἐδικαίωσεν· οὓς δὲ ἐδικαίωσεν, τούτους καὶ ἐδόξασεν.

6.2 und 17.19: Πόνοι τοῖς τῆς ἀσκήσεως. Vgl. Kanon 9.4.3: Τοὺς τῆς ἀσκήσεως πόνους.

10.11 und 12.22: Ὁ στεῤῥός [...] Ἀθανάσιος. Vgl. Kanon 1.6.1: Στερρὲ Ἀθανάσιε.

41.10–11: Πολλάκις περὶ τῶν ἐσομένων τοῖς κρατοῦσιν ἐθέσπισε und 14.17–18: Τοῖς κρατοῦσι τὰ μέλλοντα προκατήγγειλε (an dieser Stelle ist nicht Athanasios, sondern sein Jünger Theodoretos gemeint). Vgl. Kanon 6.5.3: Καὶ προλέγων ἄριστα τοῖς κρατοῦσι τὰ μέλλοντα.

31.14: Πρὸς ὕψος ἔφθασε θεωρίας διὰ τῆς πρακτικῆς ἀναβάσεως. Vgl. Kanon 3.3.2: Ἀναβάσεσι τῆς πρακτικῆς θεωρίας. Beide Stellen zitieren Ps 83 (84), 6.

49.26: Ἐπαινετὸς Ἠλίας τῷ ζήλῳ. Vgl. Kanon 3.6.3: Ζῆλον ἔχων [...] τὸν Ἠλιού.

Rede auf die Reliquientranslation

62.20–21: Τὸ τοῦ νοῦ κατὰ τῆς ψυχῆς ἡγεμονικόν. Vgl. Kanon 8.3.1: Ἡγεμόνα λογισμὸν πήξας ἐν σῇ καρδίᾳ. Es handelt sich um geläufiges byzantinisches Gedankengut.

64.2–3: Τὰ ἐπὶ γῆς νενέκρωκε μέλη. Vgl. Kanon 3.1.3: Ἵνα τὰ ἐπὶ γῆς νεκρώσῃς μέλη σου. Beide Stellen zitieren Col 3, 5.

64.4–6: Ἀναβάσεις ἐν τῇ καρδίᾳ καθ' ἑκάστην τιθέμενος καὶ τὴν πρᾶξιν ἐπίβασιν τῆς θεωρίας ποιούμενος. Vgl. Kanon 3.3.2: Ἀναβάσεσι τῆς πρακτικῆς θεωρίας. Beide Stellen, am treuesten in der Vita, zitieren Ps 83 (84), 6.

76.1–3: Κατ' ἀπορροὴν ἢ μετουσίαν τοῦ πρώτου καὶ ἀΰλου φωτὸς φῶς ἡμῖν καθωράθη δεύτερον (Basierend auf Gregor von Nazianz, In sanctum baptisma, PG 36.364 B). Vgl. Kanon 5.6.3: Τῷ φωτὶ τῷ πρώτῳ παριστάμενος; 8.6.1: Φῶς ὅλος γενόμενος τῇ μεθέξει τοῦ θείου φωτός.

Enkomion:

IV 12–17: Τίς δὲ νοῦν ἐπέστησεν ἡγεμόνα γλώσσῃ [...] οὐ γὰρ ἦν [...] ὡσὰν οἱ μὴ πῆξιν ἔχοντες πίστεως. Vgl. Kanon 8.3.1: Ἡγεμόνα λογισμὸν πήξας ἐν σῇ καρδίᾳ.

XII 6–7: Τῶν ἐντολῶν Χριστοῦ ἀκριβέστατος φύλαξ. Vgl. Kanon 3.1.2: Τῶν ἐντολῶν τε φύλαξ τῶν τούτου ἀνεδείχθης; 5.4.3: Καὶ ἐντολῶν δὲ φύλαξ κυρίου.

XIV 1–2: Τίνος [...] οὐ κατ᾽ ἴχνος ἐβάδισας; Vgl. Kanon 4.70: Κατ᾽ ἴχνος οὗπερ ἐβάδισας ἐνθέως.

XIV 14: Τὰ ῥέοντα τῶν μενόντων ἀν⟨τ⟩αλλαξάμενος. Vgl. Kanon 8.1.2: Ἀφεὶς τὰ ῥέοντα.

XV 28–29: Ὁ τῶν ἀποστόλων ὁμότροπος καὶ ὁμόσκηνος. Vgl. Kanon 3.6.2: Ἀποστόλων Θεὸς δεικνύει ὁμόσκηνον.

XVI 2–3: Πρὸς νομὰς σωτηρίους εἰσήλασεν und XIX 6–8: Ποίμαινε καὶ νῦν ἡμᾶς [...] ἐπὶ νομὰς ζωηφόρους [...], εἰσάγαγε πρὸς μάνδραν τῆς θεϊκῆς ἀγαθότητος. Vgl. Kanon 3. kath.: Καὶ πρὸς νομὰς ζωηφόρους ὡδήγησας; Kanon 4.14–15: Ποίμνην δὲ θεαρέστως καθοδηγήσας νομὰς εἰς θείας; Kanon 4.84: Σὸν λαὸν εἰς μάνδρας εἰσελεύσας; Kanon 7.3.1: Πρὸς μάνδραν οὐράνιον σοῦ τὸ ποίμνιον εἰσήλασας; Kanon 7.7.2: Ἐπὶ νομὰς ζωηρὰς τὴν ποίμνην ἄγων.

XIX 2: Συντήρει καὶ νῦν ἐξ ἀντύγων οὐρανίων. Vgl. Kanon 2.151–152: Βλέψον πρὸς ἡμᾶς ὑψόθεν ἐξ ἀντύγων τῶν οὐρανίων. Zitat aus Gregor von Nazianz, Epigrammata 1.3, in: Anthologiae Graecae liber VIII (t. II), ed. H. Beckby. München [2]1965, 448–569.

6.3.3 Wortschatz

Der Wortschatz ist reich, wenngleich Theoktistos kaum vom Wortrepertoire der byzantinischen Hymnographie abweicht – mit Ausnahme der „jambischen" Kanones. Viele Wörter und Phrasen, die er verwendet, sind typisch für die Hymnographie: ἀγγέλων ἐφάμιλλος (1.5.1), θαυμάτων ῥεῖθρα (1.ex.; 4.48; 5.9.3), ἀνυμνολογῶ (3.1.4; 8.8.1), ἀκτῖνες θαυμάτων (3.8.2; 10.9.2), ὁλόφωτος νεφέλη (3.9.4), αἴγλη καθαρθεὶς τοῦ πνεύματος (5.3.1), ῥώμη θεϊκῇ (5.3.2), κόσμος μοναστῶν (5.3.3), θεοκυήτωρ (5.3.4; 5.9.4), τρίβοι ζωῆς (5.4.1; 5.8.1; 7.3.3, Zitat aus Proverbia 16, 17), διάσωσμα (5.4.4; 5.7.4), οὐρανοὺς περιπολεύων (5.9.2), φαεινός λαμπτήρ

(7.4.3), ἐκκλησίας στερέωμα (7.4.3), φωτοφόρος νεφέλη (7.8.4), παρατάξεις δαιμόνων (8.3.1), μύρον τοῦ πνεύματος (8.6.1), ῥεύματα ἱδρώτων (9.3.2), κλυδώνιον (11.4.3) bzw. κλύδων (7.5.2; 9.6.3; 9.6.4), καταστολὴ ἀφθαρσίας (11.5.1). In den Kanones gibt es kein Hapax. Gelegentlich verwendet Theoktistos Wörter aus den jeweiligen Automela in einem anderen metrischen Kontext – nicht zu verwechseln mit der schon besprochenen Verwendung von Wörtern des Automelon an derselben metrischen Position: Ἡγεμόνα λογισμὸν πήξας ἐν σῇ καρδίᾳ (8.3.1), vgl. Ὁ πήξας ἐπ' οὐδενὸς τὴν γῆν (PR 370); Ἄβυσσον ἐν γῇ πλημμυροῦσαν εὐσπλαγχνίας (10.8.1), vgl. Ἄβυσσον ἡ τεκοῦσα τῆς εὐσπλαχνίας (PR 542 – 1. Ode!).

Auf höherer sprachlicher Ebene stehen die „jambischen" Kanones. Ihre Automela, die drei dem Ioannes Damaskenos zugeschriebenen jambischen Kanones, sind mit ihrem ausgesuchten Wortschatz und den epischen grammatischen Formen eine Ausnahme in der byzantinischen Hymnographie. Theoktistos sieht sich diesem Stil verpflichtet, wenngleich seine „jambischen" Kanones auf einem niedrigeren Sprachniveau stehen. Außer den Wörtern, die den Automela entnommen sind, gibt es in diesen Kanones seltene oder archaische Wörter, die Theoktistos selbst aussuchte: κῦδος (2.9), τὴν Βύζαντος πόλιν (2.12), ἀρχιερῆα (2.24), ἀλθαῖνον (4.148), ἀλιτροῖς (2.65), ἀντεπεξάγων (2.68), ἐκφεύγω (2.22, 2.90, 4.100 und 4.129) ἐπιτάρροθον (2.78), γεννάδας (2.104), καχέσπερον (2.119), ἐξ ἀντύγων (2.151), ἀραρότως (4.8), δέρκομεν (4.139)/ δέρκοντες (4.53), νητρεκῶς (4.53; 4.133), οἶμον (4.74), ἱερομύστα (4.92), ἐπαΐοντες (4.108), αὔχημα (4.141), δέμας (4.143). In den „jambischen" Kanones verwendet Theoktistos Wörter aus allen drei (pseudo)-damaskenischen jambischen Kanones und nicht nur aus dem jeweiligen Automelon: ἀμπλάκημα (2.99, 2.154, 4.38 und 4.62), aus dem pseudodamaskenischen Pfingstkanon entlehnt, und σύντονος/συντόνως (4.24; 4.33; 4.154) aus dem Weihnachts- und dem Epiphaniekanon.

Außer den jambischen Kanones gibt es kaum stilistische Unterschiede zwischen den Kanones. Manche Wörter kommen häufiger in einem Kanon bzw. zwei bis drei Mal in einem Kanon und sonst in keinem vor, z.B. ἀγαλλιῶμαι in der 3. Ode des 2. Kanons (2.23; 2.38), ἀθυμία/ἀθυμῶ im 10. Kanon (10.1.4; 10.5.1.), αἰσίως in der 5. Ode des 2. Kanons (2.62; 2.70; 2.80), βραβεῖον im 8. Kanon (8.3.1; 8.4.2), διάσωσμα im 5. Kanon (5.4.4; 5.7.4), θεσπέσιος im 8. Kanon (8.4.1; 8.4.3; 8.5.2; 8.7.2). Manche dieser Wörter sind dem Automelon entnommen, befinden sich aber auch an anderen Stellen als im Automelon, z.B. ἄβυσσος im 10. Kanon (10.1.1; 10.8.1), ἑνῶ im 9. (9.3.1; 9.3.2), ξένως im 2. (2.57; 2.87; 2.92). Manche Wörter wiederholen sich an derselben Stelle in derselben Ode, ohne dass sie aus einem Vorbild übernommen sind. In manchen dieser Fälle wiederholt das Theotokion Wörter aus einem anderen Troparion der Ode: μὴ διαλίπῃς im 1. (1.4.1 und 1.4.4 – Theotokion), τοῖς ἐν ἀνάγκαις [...] καὶ τῇ σῇ σορῷ/ τῷ σῷ ναῷ προσπελάζουσιν im 6. (6.4.2 und 6.4.4 – Theotokion), ὦ Ἀθανάσιε im 6. (6.7.1, 6.7.2. und 6.7.3), θεσπέσιε im 8. (8.4.1 und 8.4.3).

Theoktistos hat eine besondere Vorliebe für Adverbien als Füllwörter, um die erwünschte Zahl von Silben zu erreichen. In seinen Kanones verwendet er mehr als dreißig Mal das Wort σαφῶς, meistens ohne dass es der Sinn verlangt, wie z.B. in 1.9.2: Ἐγκωμίων στέμμασι πάντες τὴν κορυφὴν τοῦ ποιμένος τοῦ θείου κοσμοῦντες σαφῶς. Auch andere Adverbien wie ὄντως, καλῶς, ἀληθῶς, πιστῶς, τρανῶς kommen sehr oft vor: Τὸν ἐκ πατρὸς πρὸ αἰώνων γεννηθέντα υἱὸν [...] δοξάσας καλῶς ἱερῶς ἐβόας (7.8.1). In den Prosawerken des Theoktistos, in denen die Zahl der Silben keine Rolle spielt, gibt es viel weniger solche Adverbien.

Manchmal gibt es Wortwiederholungen im selben Troparion, eher aus Nachlässigkeit und nicht als Stilmittel (unterstrichen sind die wiederholten Wörter):

Σκηνὴν εὑρὼν παναγίαν σε ὁ Λόγος ἐπὶ σὲ κατεσκήνωσε, <u>θεοχαρίτωτε</u>, ἀποξηραίνων τὰ ῥεύματα τῆς πολυθέου πλάνης, <u>θεοχαρίτωτε</u> (6.6.5.) oder Πόνοις τὴν ἄπονον κληρώσασθαι ζωὴν <u>καλῶς</u> ἐσπούδασας· [...] ὅθεν τοὺς ἡμῶν πόνους κουφίζεις καὶ <u>καλῶς</u> προΐστασαι [...] (11.7.2).

6.3.4 Syntax

Die Syntax ist einfach, wenn auch gelegentlich unnatürlich, was in der Hymnographie nicht selten ist.

In 7.1.4 steht: Χριστωνύμου λαοῦ χαρὰ ὑπάρχεις, πανυπέραγνε, καὶ δυναμένη πάντα σῷζε τοὺς δούλους σου. Der Indikativ ὑπάρχεις wird durch καὶ mit dem Imperativ σῷζε verknüpft. Einen ähnlichen Fall gibt es in 11.7.1: Πάθη ἡμῶν σαφῶς ἰᾶσαι ψυχικά τε τραύματα καὶ ψάλλειν προτρεπόμενος; der Indikativ ἰᾶσαι wird durch καὶ mit dem Partizip προτρεπόμενος verknüpft. Eine Verschiebung der Präposition εἰς gibt es in 4.75: Ἄγουσαν [...] σκηνὰς εἰς τέρμα μήποτε δεχομένας. Gemeint ist: Ἄγουσαν εἰς σκηνὰς μήποτε δεχομένας τέρμα (d.h. ins Himmelreich).

In den folgenden Fällen tritt ein Anakoluth auf:

11.1.3: Ὑπέδειξε τοῖς λαοῖς ὁδηγόν *σε* [...] κύριος φωτίζοντα τοὺς πιστοὺς [...] τὸν φόβον *ὑπογράφων* τῆς γεέννης [...] *βοῶν* «Χριστῷ ᾄσωμεν etc.». Vom Sinn her beziehen sich ὑπογράφων und βοῶν auf σε und nicht auf κύριος.

4.86–87: Ἱμερτὸν ἡμῖν προστρέχειν σῷ λειψάνῳ* ὡς πηγὴν ἀένναον τῶν χαρισμάτων. Der Akkusativ πηγὴν ἀένναον soll sich auf den Dativ λειψάνῳ beziehen. Der Dativ ἀεννάῳ würde vom Akzent her nicht passen.

7. und 10. Kanon, Kontakion: Ὡς τῶν ἀΰλων οὐσιῶν θεωρὸν ἄριστον* καὶ πρακτικῶν ὑφηγητὴν παναληθέστατον* ἀνακράζει σοι/σου ἡ ποίμνη σου, θεορρῆμον. Dieses Kontakion gibt es in zwei Kanones. In der Handschrift steht an beiden Stellen ἀνακράζει σου, aber es könnte der Fehler einer gemeinsamen Quelle unter Einfluss des Genitivs in ἡ ποίμνη σου sein. Wenn der Genitiv kein Fehler ist, dann ist er noch ein Zeugnis der Ersetzung des Dativs durch den Genitiv oder den Akkusativ[343]. Auf jeden Fall sind die Akkusative θεωρὸν und ὑφηγητὴν ein Anakoluth, allerdings würden die Dative ἀρίστῳ und παναληθεστάτῳ (oder Genitive) das Akzentschema stören. Es ist nicht sicher, ob dieses Kontakion wirklich von Theoktistos stammt[344].

In den zwei letzten Beispielen weiß der Autor, dass die Verben προστρέχω und ἀνακράζω einen Dativ brauchen, und verwendet ihn bei den Pronomina, die unmittelbar nach den Verben stehen. Bei den Attributen, die in anderen Kola vorkommen, ist der Bezug zu den Wörtern im Dativ nicht so offensichtlich und das Anakoluth nicht so auffällig. Das Anakoluth ist bezeichnend für die allmähliche Eliminierung des Dativs im Griechischen.

Völlig ignoriert wird der Dativ in 3.9.1: Βοηθῶν οὐκ ἐπαύσω τὴν τῶν πενήτων πληθύν.

6.3.5 „Fehler“

Gelegentlich kommt es zu Abweichungen von den klassischen Regeln, die entweder den byzantinischen Gebrauch oder zumindest den Verlust des altgriechischen Sprachgefühls widerspiegeln. Das ist der Fall in folgenden Stellen:

3.8.4: Νῦν μακαριοῦμεν und 2.80–81: Νῦν οἱ γηγενεῖς, μῆτερ εὐλογημένη, μακαριοῦμεν αἰσίως, ὡς προέφης. Μακαριοῦμεν ist Futur und wird

---

343 Siehe Einführung zur Ausgabe, S. 159. Über diese syntaktische Entwicklung im Griechischen s. HORROCKS, 216: "In the case of indirect objects, the final choice between genitive and accusative belongs to a later period".

344 Siehe Kapitel 4.3, S. 95.

falsch als Präsens verwendet. Theoktistos ist von der biblischen Stelle Ἀπὸ τοῦ νῦν μακαριοῦσί με πᾶσαι αἱ γενεαὶ (Lc 1, 48) beeinflusst. Denselben „Fehler" gibt es auch sonst in der byzantinischen Literatur (z.B. EUSTRATIADES, Theotokarion 9, S. 33.22: Ὅθεν ἐν ἐγκωμίοις πάντες, ἁγνή, σὲ μακαριοῦμεν γενεαὶ πάσης τῆς γῆς κατὰ τὸ ῥῆμά σου; EUSTRATIADES, Theotokarion 86, S. 279.169: Ὑμνοῦμεν καὶ μακαριοῦμεν; auch Theodoros Studites verwendet μακαριῶ einmal als Präsens, nicht in Zusammenhang mit Maria[345]).

4.53 und 4.139: Δέρκω. Die klassische Form ist das Deponens δέρκομαι, aber die aktive Form ist mehrmals belegt.

5.6.2: Δαψιλῶς τὴν χεῖρα ὑπανοίγων und 11.6.2: Ὑφῆψας τὸ πῦρ πλειόνως. Ὑπανοίγω heißt „von unten hinauf öffnen" oder metaphorisch „heimlich bzw. ein wenig öffnen". Die erste Interpretation ist sinnlos, die zweite ist ebenfalls auszuschließen, denn sie passt weder mit δαψιλῶς noch mit Leben und Werken des Athanasios zusammen. Ein ähnlicher Fall ist ὑφάπτω, das „von unten entzünden" oder „heimlich entzünden" heißt. Die Präposition ὑπο- bei zusammengesetzten Wörtern verliert in diesen Textstellen ihre Bedeutung, wie auch sonst in der byzantinischen Literatur.

11.7.1 und 11.7.2: Die 2. Person Singular des Deponens ἰῶμαι ist hier ἰᾶσαι; im klassischen Griechischen wäre es ἰᾷ.

6.3.6 Zitate und Quellen

Theoktistos macht oft Anspielungen auf biblische Stellen. Meistens sind es keine wörtlichen Zitate. Das ist in der Hymnographie häufig, da die biblischen Textstellen nur zufällig in das metrische Schema des Kanons passen. Oft wird eine Stelle hauptsächlich aufgrund von äußeren Indizien als biblische Reminiszenz erkennbar. In 4.13–14 z.B. steht ποίμνην δὲ θεαρέστως καθοδηγήσας νομὰς εἰς θείας. Das Bild des guten Hirten und die Verwendung der Wörter ποίμνη und νομὴ verweisen auf Jh 10, 9–16: Δι' ἐμοῦ ἐάν τις εἰσέλθη [...] νομὴν εὑρήσει [...] ἐγὼ εἰμὶ ὁ ποιμὴν ὁ καλός [...]. Das ist die Lesung für den Gedenktag des Athanasios (24. Oktober) sowie für die Übertragung seiner Reliquien (23. August). Die Formulierung ist allgemein, doch im Kontext der Athanasios-Verehrung erweist sie sich als Anspielung auf eine bestimmte Bibel-Stelle.

[345] Θεοδώρου Στουδίτου Μεγάλη Κατήχησις, ed. A. PAPADOPOULOS-KERAMEUS. St. Petersburg 1904, Katechese 26, S. 180.2.

Häufig wird Athanasios mit biblischen Persönlichkeiten explizit verglichen. Diese Fälle wurden schon im fünften Kapitel besprochen.

Außer der Bibel dürfte Theoktistos auch mit dem Werk der mystischen Theologen Pseudo-Dionysios Areopagites und Maximos Homologetes einigermaßen vertraut sein. Die Phrase Ἀρχιερέων σὺ φωτοφόρος διάκοσμος (5.3.3) erinnert an das Vokabular des Pseudo-Areopagites bezüglich der Mystik des Priestertums, z.B. in der folgenden Textstelle: Ἐξήρτηται τὰ ἅγια τῶν ἁγίων, πλησιάζει δὲ μᾶλλον αὐτοῖς ὁ τῶν ἱεροτελεστῶν διάκοσμος, εἶτα τῶν ἱερέων ἡ διακόσμησις[346]. Die folgende Formulierung erinnert sehr stark an Maximos Homologetes: Ὅθεν κατὰ βάθους εἰσελθὼν τῶν ἐν τοῖς οὖσι λόγων περὶ προνοίας τὲ καὶ κρίσεως γνώσεως ἐπλήσθης τοῦ πνεύματος (Kanon 8.3.3); vgl. z.B.: Ζητεῖ καὶ τὴν αἰτίαν τῆς γενέσεως αὐτῶν καὶ τὰ τούτοις ἀκόλουθα καὶ τίς ἡ περὶ αὐτοὺς *πρόνοια καὶ κρίσις* und δεδωκότες αὐτῷ δόξαν καὶ τιμήν, δόξαν μὲν ὡς πάντων ὑπεράνω κατὰ τὴν νοερὰν γνῶσιν *τῶν ἐν τοῖς οὖσι λόγων*, τιμὴν δὲ ὡς πάντων γενομένῳ παθῶν καθαρῷ [...][347]

Es ist anzunehmen, dass der studitische Mönch Theoktistos mit dem Werk des Theodoros Studites und möglicherweise dem Symeons Neos Theologos vertraut war. Die sonst ungewöhnliche Phrase ἀΐδιοι λήξεις (Kanon 8.7.3) kommt bei Theodoros Studites[348] und Symeon Neos Theologos vor[349] – allerdings im Singular. Theoktistos verwendet weitere Phrasen, die bei Theodoros Studites relativ häufig vorkommen: Εἰς ἀΰλους [...] μονάς[350], cf. Kanon 1.5.1; ὄλβιον φῶς[351]. cf. Kanon 3.8.1. Es sind wohl keine bewussten Anspielungen auf konkrete Textstellen, sondern Anwendungen von Phrasen, die zum Vokabular des Theodoros Studites bzw. kirchlicher Autoren im Allgemeinen gehören.

---

346 Pseudo-Dionysius Areopagita, Epistulae, ed. A.M. RITTER, in: Corpus Dionysiacum II. Berlin – New York 1991, S. 151–210. Hier Brief 8.1 (1088 D).

347 Maximi Confessoris Quaestiones ad Thalassium, ed. C. LAGA et C. STEEL, Bde. I (Qu. 1–55) II (Qu. 56–65) (*CCSG* 7.22). Turnhout – Leuven 1980.1990. Hier Qu. 53, Z. 26 und 87.

348 Theodoros Studites, Μεγάλη Κατήχησις, ed. A. PAPADOPOULOS-KERAMEUS. S. Petersburg 1904, hier 81, 6 tit., S. 566.

349 Symeon Neos Theologos, Βίβλος τῶν ἠθικῶν, ed. J. DARROUZES, Syméon le Nouveau Théologien, Traités théologiques et éthiques. Bde I.II *(SC* 122.129*)*. Paris 1966.1967, hier 1.3.134.

350 Theodoros Studites Parva Catechesis, ed. E. AUVRAY. Paris 1891, hier 13.6.

351 FATOUROS, Studites, Brief 532.260 und 538.12; Parva Catechesis, a.o. 36.61.

Einzelne Phrasen könnten auf bekannte kirchliche und weltliche Autoren zurückgeführt werden. Die Phrase κῦδος καὶ φάος (2.9) stammt aus Gregor von Nazianz, Carmina Dogmatica[352]. Von Plutarch[353] kommt die Phrase ἐπὶ ξένης βιοτεύειν (3.1.3). Τοὺς βιωτικοὺς κυδοιμοὺς (4.129) könnte von Gregorios Antiochos[354] übernommen sein. In diesen Fällen erhebt sich die Frage, ob Theoktistos nicht eher Sammlungen von Excerpta kannte.

6.3.7 Überschriften

Vor jedem Kanon steht eine Überschrift. Die Überschriften haben meistens die Form (Ἕτερος) κανὼν εἰς τὸν ἅγιον Ἀθανάσιον πατριάρχην Κωνσταντινουπόλεως, mit gelegentlichen Erklärungen, die die Akrostichis oder das Metrum betreffen. In der 1. Überschrift sind die Attribute für Athanasios erweitert: Εἰς τὸν ἐν ἁγίοις πατέρα ἡμῶν καὶ μέγαν Ἀθανάσιον τὸν νέον usw. Die Bezeichnung τὸν νέον gibt es auch in der 4. Überschrift[355]. Ἀρχιεπίσκοπος statt Πατριάρχης wird Athanasios in der 2. Überschrift genannt (s. Kapitel 5). In ihrer heutigen Form wurden diese Überschriften für den Sammelband Chalk. S. Trin. 64 verfasst, wie die Formulierung Ἕτερος κανὼν zeigt. Dass gerade die 1. Überschrift eine erweiterte Form der Attribute aufweist, kann ebenfalls ein Hinweis darauf sein. Doch gibt es vielleicht Elemente, die auf Theoktistos zurückzuführen sind. Die Frage ist von Bedeutung im Fall des 2. und des 4. Kanons, die in den Überschriften als ἰαμβόκροτος und χορίαμβος bezeichnet werden[356]. Die zwei Wörter scheinen zu gewagt, um das Werk eines Schreibers zu sein. Sie stammen eher von einem Gelehrten, der mit der Bezeichnung „jambisch“ für die prosodielosen Verse nicht zufrieden war und der gerne ausgesuchte, wenn auch nicht immer treffende klassische Wörter verwendete. Und das könnte wohl Theoktistos sein. Dass die Überschrift des 2. Kanons nicht mit Ἕτερος beginnt, ist vielleicht auch ein Hinweis darauf, dass sie vor der Entstehung des

352 Gregor von Nazianz, Carmina Dogmatica, in: PG 37, 397–522, hier 419.7.

353 Plutarchus, De facie in orbe lunae, ed. C. HUBERT – M. POHLENZ – H. DREXLER, in: Plutarchi Moralia, Bd. 5.3, 31–89. Leipzig 1960, hier 941.D.7

354 Gregorios Antiochos, Grabrede auf seinen Vater IV (?), in: 25 ανέκδοτοι βυζαντινοί επιτάφιοι/ 25 unedierte byzantinische Grabreden, ed. A. SIDERAS. Thessaloniki 1990, 167–184, hier 4.183.2.

355 Über die Bezeichnung Νέος in der byzantinischen Hagiographie am Beispiel von Symeon Neos Theologos s. KODER, Enthusiasten, 117–119.

356 Siehe Kapitel 6.2.5, S. 132–133.

Sammelbandes verfasst wurde. Die Frage ist, ob die Überschriften in beiden „jambischen“ Kanones von Theoktistos stammen. Der erste Satz in der Überschrift des 4. Kanons, *Ἕτερος* κανὼν εἰς τὸν ἅγιον Ἀθανάσιον τὸν νέον πατριάρχην Κωνσταντινουπόλεως, stammt in dieser Form sicher nicht von Theoktistos. Die Formulierung des Satzes *καὶ οὗτος* ἰαμβόκροτος in der Überschrift des 4. Kanons zeigt vielleicht, dass ein Schreiber eine vorhandene Überschrift etwas ungeschickt neu formulierte. Das Wort ἐνασμενίζων gibt es auch in der Rede auf die Reliquientranslation (44.16), und es könnte aus der originalen Überschrift des Theoktistos stammen.

II. Edition der Kanones

EINFÜHRUNG ZUR AUSGABE

Der Codex Chalk. S. Trin. 64 (57)

ca. 1313–1330[1], orientalisches Papier (außer ff. 73–74, 14. Jh., 3. Viertel, westliches Papier), 240/245 × 155/160 mm, meist 22–24 Z.

INHALT:

Hagiographische und hymnographische Werke auf Athanasios I. von Konstantinopel.

1^{r}–3^{v}: verloren[2].

4^{r}–37^{r}: Akoluthia auf Athanasios. Inc. mut.: ⟨γα⟩λήνης οὖσα πηγή (Beginn mitten im Sticheron Σκέπη τοὺς προστρέχοντας τῇ σῇ). Unediert. Auf 29^{v}–32^{r} Synaxarverse (inc.: Θανών, Ἀθανάσιε, φωστὴρ ποιμένων) und Synaxarnotiz (inc.: Οὗτος ἦν ἐξ Ἀδριανουπόλεως. Τοῦ Θεοκτίστου in marg.) Beide ed. PAPADOPOULOS-KERAMEUS, Vita IV–VI.

37^{v}: Besitzervermerk des Patriarchen Metrophanes III. († 1580): + Ἡ βίβλος αὕτη πέφυκεν τῆς παντουργοῦ Τριάδος | τῆς ἐν τῇ νήσῳ Χάλκῃ τε μονῆς τε τοῦ Ἐσόπτρου | καὶ εἴτις βουληθῇ ποτὲ ταύτην ἀποστερῆσαι | κεχωρισμένος ἔσεται Τριάδος τῆς Ἁγίας | ἐν τῷ αἰῶνι τούτῳ γε καὶ τῷ ἐλευσομένῳ. Οἱ πατέρες μέμνησθε τοῦ Μητροφάνους.[3]

---

[1] Die Schrift ähnelt den in DE GREGORIO – PRATO, Scrittura arcaizzante, zitierten Codices und ist ins 1. Viertel des 14. Jh. zu datieren. Terminus post quem für die überlieferten Texte ist das Jahr 1313, gleichzeitig Terminus post quem für die Reliquientranslation des Athanasios.

[2] Die erste erhaltene Seite wurde vom IRHT zweimal photographiert und gezählt, daher die falsche Annahme bei TALBOT, Miracles, dass zwei Folien verloren gegangen sind.

[3] Siehe Abbildungen, Tafel 1. Ähnliche Notizen sind in zahlreichen Codices in oder aus der Sammlung des ehemaligen Klosters zur hl. Dreifaltigkeit (*Esoptru*) zu finden, die Metrophanes für die Klosterbibliothek gekauft hatte. Siehe É. LEGRAND, Notice biographique sur Jean et Théodose Zygomalas, in: Publ. de l'école des langues vivantes III, 6. Recueil de textes et de traductions publié par les professeurs II. Paris 1889, 67–264, insb. 201–217. Im dort publizierten Verzeichnis der Klosterbibliothek in Chalke fehlt der Codex Chalk. S. Trin. 64. Siehe auch Msgr. C. de CLERCQ, Le patriarche de Cons-

38^{r}–106^{r}: Βίος καὶ πολιτεία τοῦ ἐν ἁγίοις πατρὸς ἡμῶν Ἀθανασίου ἀρχιεπισκόπου Κωνσταντινουπόλεως. Inc.: Ἐμοὶ δὲ λίαν ἐτιμήθησαν. Ed. PAPADOPOULOS-KERAMEUS, Vita, S. 1–51.

106^{v}: Leer. Von einer späteren Hand der Anfang des Sticheron zum Gedenktag des hl. Stefanos (27. Dezember, MR II 694): Τῇ τοῦ πνεύματος χάριτι λαμπρυνθεὶς τὴν διάνοιαν, τῇ μορφῇ ὡς ἄγγελος ὤφθης, Στέφανε.

107^{r}–133^{r}: Ἐγκώμιον εἰς τὸν ἐν ἁγίοις πατέρα ἡμῶν Ἀθανάσιον πατριάρχην Κωνσταντινουπόλεως τὸν νέον. Τοῦ Θεοκτίστου in marg. Inc.: Ἐμοὶ μὲν ὁ λόγος ἀποδειλιᾷ. Ed. R. FUSCO, Enkomion, S. 112–127.

133^{v}: Leer, Zeichnungen und Notiz von späterer Hand: ͵αυλθʹ μινοὶ Ἰουνίῳ (1439).

134^{r}–151^{v}: Akoluthia auf die Reliquientranslation. Über der Zierleiste: Μηνὶ Αὐγούστῳ κγʹ. Πόνημα Ἰγνατίου ἱερομονάχου. Ἀκολουθία εἰς τὴν ἀνακομιδὴν τῶν λειψάνων τοῦ ἐν ἁγίοις πατρὸς ἡμῶν Ἀθανασίου ἀρχιεπισκόπου Κωνσταντινουπόλεως τοῦ νέου. Unediert. Auf 146^{v}–147^{v} Synaxarverse (inc.: Ἄλλη κιβωτὸς ἥδε καὶ πάλιν νέα) und Synaxarnotiz auf die Reliquientranslation (inc.: Τούτου τὸν ἀγγελικὸν βίον). Unediert. Die Synaxarverse sind auf S. 44 dieser Publikation transkribiert.

152^{r}–155^{r}: Τριῴδιον προσόμοιον τοῖς τῆς μεγάλης ἑβδομάδος ψαλλόμενον εἰς τὸν ἐν ἁγίοις πατέρα ἡμῶν Ἀθανάσιον πατριάρχην Κωνσταντινουπόλεως. Inc.: Τὴν τῶν θλίψεων διαπεράσας θάλασσαν. Unediert.

155^{v}–156^{r}: Ἀντίφωνα ψαλλόμενα εἰς ἱεράρχας καὶ ὁσίους καὶ εἰς τὴν ἀνακομιδὴν τοῦ λειψάνου τοῦ ἁγίου Ἀθανασίου. Unediert.

156^{v}: Primitive Zeichnungen von späterer Hand.

157^{r}–199^{r}: Λόγος εἰς τὴν ἀνακομιδὴν τοῦ λειψάνου τοῦ ἐν ἁγίοις πατρὸς ἡμῶν Ἀθανασίου πατριάρχου Κωνσταντινουπόλεως. Θεοκτίστου μοναχοῦ τοῦ Στουδίτου in marg. Inc.: Εἰ καὶ μὴ κατ' ἀξίαν ἔσταλταί μοι ὁ λόγος. Ed. A.-M. TALBOT, Miracles, S. 44–122.

199^{v}: Leer.

200^{r}–241^{v}: Elf Kanones auf Athanasios. Ed. E. AFENTOULIDOU-LEITGEB, infra.

200^{r}–204^{r}: Κανὼν εἰς τὸν ἐν ἁγίοις πατέρα ἡμῶν καὶ μέγαν Ἀθανάσιον τὸν νέον πατριάρχην Κωνσταντινουπόλεως. Ἦχος αʹ. Θεοκτίστου in marg.

---

tantinople, Métrophane III († 1580), et ses sympathies unionistes, in: Mélanges offerts à Jean DAUVILLIER. Toulouse 1979, 193–206, insb. 201–202.

204^r–208^r: Κανὼν ἰαμβόκροτος ἢ χορίαμβος εἰς τὸν ἅγιον Ἀθανάσιον ἀρχιεπίσκοπον Κωνσταντινουπόλεως. Ἦχος β΄. Monogramm Θεοκτίστου in marg.

208^r–211^v: Ἕτερος κανὼν εἰς τὸν ἅγιον Ἀθανάσιον πατριάρχην Κωνσταντινουπόλεως φέρων ἀκροστιχίδα τήνδε· θεῖον Ἀθανάσιον ὑμνῶ προφρόνως, ἐν δὲ τῇ θ΄ ᾠδῇ Ἀμήν. Ἦχος γ΄. Θεοκτίστου in marg.

212^r–216^r: Ἕτερος κανὼν εἰς τὸν ἅγιον Ἀθανάσιον τὸν νέον πατριάρχην Κωνσταντινουπόλεως· καὶ οὗτος ἰαμβόκροτος ἢ χορίαμβος, διαφόροις μέτροις ἐνασμενίζων. Ἦχος δ΄. Θεοκτίστου in marg.

216^r–219^v: Ἕτερος κανὼν εἰς τὸν ἅγιον Ἀθανάσιον πατριάρχην Κωνσταντινουπόλεως. Ἦχος δ΄. Θεοκτίστου in marg.

220^r–224^r: Κανὼν εἰς τὸν ἅγιον Ἀθανάσιον πατριάρχην Κωνσταντινουπόλεως φέρων ἀκροστιχίδα τήνδε: ταῦτα λιγαίνει σε δμωΐς σὴ γλῶττ' Ἀθανάσιε. Ἦχος δ΄. Θεοκτίστου in marg.

224^v–227^v: Ἕτερος κανὼν εἰς τὸν ἅγιον Ἀθανάσιον πατριάρχην Κωνσταντινουπόλεως. Ἦχος πλ. α΄. Θεοκτίστου in marg.

227^v–231^v: Ἕτερος κανὼν εἰς τὸν ἅγιον Ἀθανάσιον πατριάρχην Κωνσταντινουπόλεως. Ἦχος πλ. α΄. Θεοκτίστου in marg.

231^v–235^r: Ἕτερος κανὼν εἰς τὸν ἅγιον Ἀθανάσιον πατριάρχην Κωνσταντινουπόλεως. Ἦχος πλ. β΄. Θεοκτίστου in marg.

235^v–239^r: Ἕτερος κανὼν εἰς τὸν ἅγιον Ἀθανάσιον, πατριάρχην Κωνσταντινουπόλεως. Ἦχος βαρύς. Θεοκτίστου in marg.

239^r–241^v: Ἕτερος κανὼν εἰς τὸν ἅγιον Ἀθανάσιον πατριάρχην Κωνσταντινουπόλεως.Ἦχος πλ. δ΄. Θεοκτίστου in marg. Des. mut.: δεσπότην σὺ μιμούμενος [..] δι' ἡμᾶς.

Lagen: Im heutigen Zustand der Handschrift ist von den originalen Lagen wenig erkennbar. Die ff. 10–12 wurden verstellt: die richtige Reihenfolge ist 11^{r-v}, 10^{r-v}, 12^{v-r}. Vor und nach diesen Blättern fehlt jeweils ein Blatt mit Textverlust. Die hinzugefügten ff. 73–74 bilden ein Bifolio.

Kopisten: Es sind vier zeitgenössische Haupthände zu erkennen: a) Kopist A (ff. 4^r–133^r und 220^r–224^r): Archaisierende Minuskel, die in Konstantinopel im 1. Viertel des 14. Jh. im Gebrauch war[4]. b) Kopist B (ff. 134^r–156^r). c) Kopist C (ff. 157^r–199^r) d) Kopist D (ff. 200^r–241^v außer 220^r–224^r). Die Schrift des Kopisten D ist ähnlich der des Kopisten A.

4 De Gregorio – Prato, Scrittura arcaizzante.

Alle Schreiber haben zusammen gearbeitet, wie die folgende Analyse beweist: a) Auf ff. 137^{v} und 138^{r} (Schreiber B) gibt es am Rand ein Troparion von der Hand des Schreibers A. Die Tinte ist anders als die der Folien 4^{r}–133^{r}. b) Der 6. Kanon auf ff. 220^{r}–224^{r}, also in jenem Teil der Handschrift, der hauptsächlich vom Kopisten D geschrieben wurde, stammt von der Hand des Schreibers A. Der Kanon beginnt auf einem neuen Blatt, obwohl es genug Platz am vorigen Blatt (219^{v}) gegeben hätte. Aber der nächste Kanon (7.) wurde wieder vom Kopisten D geschrieben, und zwar auf demselben Blatt (224^{v}), auf dem der 6. Kanon aufhört.

Von derselben Hand, die den jeweiligen Text geschrieben hat, stammen Verzierungen in roter Tinte, Überschriften und Randnotizen mit dem Autornamen, Informationen über die Aufführung liturgischer Texte usw.

Weitere Hände: Die ff. 73 und 74 wurden später in den Text der Vita hinzugefügt. Der Text wurde ad hoc für diese Handschrift verfasst und ist unediert; eine Transkription und einen Kommentar gebe ich in Kapitel 2.5, S. 68–70. Der Text dürfte, nach paläographischen und kodikologischen Hinweisen zu schließen, im 3. Viertel des 14. Jh. oder kurz danach geschrieben worden sein.

Folierung: Auf manchen Folien gibt es rechts oben eine Seitenzählung mit arabischen Ziffern von späterer Hand. Sie wurde gemacht, bevor die ersten Seiten verloren gingen und nachdem die ff. 73 und 74 hinzugefügt worden waren. Zwischen f. 37 und f. 40 wurde ein Blatt mehr gezählt. Eine zweite Hand zählt ein Blatt weniger. Ich folge der ersten Seitenzählung (ein Blatt mehr)[5].

Auf f. 107^{r}, mit dem das Enkomion beginnt, steht κθ΄ (29); auf f. 157^{r}, mit dem die Rede auf die Reliquientranslation anfängt, steht φύλλ(α) μβ΄ (42). Zweiundvierzig ist die Zahl der Blätter, auf denen die Rede auf die Reliquientranslation geschrieben ist. Das Enkomion ist auf siebenundzwanzig Blättern geschrieben und nicht auf neunundzwanzig. Da der Text vollständig ist, handelt es sich wahrscheinlich um einen Fehler bei der Zählung oder um einen Verlust von zwei unbeschriebenen Blättern.

Wasserzeichen: auf f. 74 Armbrust, ähnlich Piccard IX 1972 und 1973 (beide Bologna 1356) oder Mošin-Traljic 244 (1360/75).

[5] Dies ist auch die Nummerierung der Aufnahmen des IRHT.

Erhaltungszustand: Der Codex ist neu gebunden und teilweise restauriert. Auf die Ränder sind Papierstreifen geklebt, um weitere Verluste zu verhindern; dadurch ist die Lesbarkeit am Mikrofilm beeinträchtigt. Die ersten und letzten Seiten sind von Würmern stark beschädigt.

Provenienz: Konstantinopel (Kloster des Athanasios?). Der Codex wurde vom Patriarchen Metrophanes III. (1565–1572 und 1579–1580) in die Bibliothek des Klosters *Hagias Triados* (*Esoptru*) auf der Insel Chalke (Heybeli Ada) gebracht (Notiz auf f. 37^{v})[6]. Im Jahr 1936 wurde er in die Patriarchatsbibliothek gebracht, in der er unter der Signaturnummer 57 aufbewahrt wird.

Bibliographie: DELEHAYE 6–7; TSAKOPOULOS 46–48; TALBOT, Miracles 39–42; FUSCO, Enkomion 109.

Der Text der Kanones

Vor jedem Kanon gibt es eine kurze Überschrift in roter Tinte sowie die Angabe des Echos, in dem der Kanon gesungen wird. Am Rand steht, wie üblich in den byzantinischen liturgischen Handschriften, der Name des Autors (Θεοκτίστου oder Θεοκτίστου Στουδίτου). Im 2. Kanon ist es ein Monogramm. Vor jeder Ode steht in roter Tinte Ὠιδὴ α′ u.s.w., dann der Anfang des Heirmos. Diese Angabe sowie die Kolatrennung sind die einzigen Hinweise auf die musikalische Darbietung der Kanones. Am Rand neben dem letzten Troparion jeder Ode steht ein θ (θεοτοκίον).

Die letzten Wörter der Troparia werden oft ausgelassen, wenn es sich um bekannte Ephymnia handelt (z.B. ᾄσωμεν τῷ Θεῷ ἡμῶν, ὅτι δεδόξασται in der ersten Ode oder τὸν κύριον ὑμνεῖτε τὰ ἔργα καὶ ὑπερυψοῦτε εἰς πάντας τοὺς αἰῶνας in der achten). Diese Praxis ist in der Kanonesüberlieferung sehr geläufig. In der vorliegenden Ausgabe setze ich die Ergänzungen in ⟨spitze Klammer⟩.

Die einzelnen Kanones schließen direkt aneinander an – mit Ausnahme des 6. Kanons. Die anderen Texte des Codex beginnen immer auf einem neuen Blatt. Das zeigt, dass die elf Kanones als eine geschlossene Einheit betrachtet wurden.

---

[6] Zum Patriarchen Metrophanes s. de CLERCQ, wie Anm. 3.

Interpunktion bzw. Kolatrennung bei den Kanones

Das Ende jedes Kolons wird durch einen Punkt aus derselben braunen Tinte bezeichnet. Die Punkte haben nicht die Funktion einer Interpunktion[7]. In den „jambischen" Kanones enden die Seiten fast immer mit einem Kolonende bzw. Versende. Bei den anderen Kanones endet die Seite oft mitten im Kolon. Das ist eine indirekte Aussage über die Metrik der Kanones im Verständnis des Schreibers: Ein Versende war stärker als ein Kolonende in der nicht versifizierten Hymnographie. Oft endet die Seite bei den jambischen Kanones mit dem Ende des Troparions. Bei den anderen Kanones besteht auch die Tendenz, die Seite mit dem Ende des Troparions enden zu lassen; das gelingt aber nicht immer.

Zur vorliegenden Ausgabe

Die Überlieferung der elf Kanones des Theoktistos Studites auf Athanasios bereitet wenige Probleme. Die gelegentlichen Rechtschreibfehler korrigierte ich stillschweigend, wenn sie nicht grammatisch relevant sind. Auch die Akzentuierung korrigierte ich, wenn die Aussprache dieselbe bleibt – d.h., bei falschem Spiritus oder bei Verwechslung von Akut und Zirkumflex. Doppeltes *rho* wird in der Ausgabe wie in der Handschrift ohne Spiritus geschrieben. Das Wort ἀκροθήνιον, das auch in sonstigen byzantinischen Handschriften mit dieser Schreibweise belegt ist (s. LAMPE), wird nicht zu ἀκροθίνιον korrigiert.

Bei den Enklitika habe ich die Intonation der Handschrift beibehalten und im Apparat auch vermerkt, wenn sie von der klassischen abweicht. Das hat eine gewisse Inkonsequenz im kritischen Text, die die Inkonsequenz in der Handschrift widerspiegelt, zur Folge; denn die Verstöße gegen die klassischen Intonationsregeln sind eher gelegentliche unabsichtliche Konzessionen des Schreibers an die gesprochene Praxis. In folgenden Stellen werden δέ und γάρ inkliniert: 2.28 ἐπισκοτεῖς δε; 2.69 πολυρρήμων δε; 2.103 φέρει δε; 8.1.3 καρποῖς δε; 9.4.2 ὁ μονογενής γαρ; 9.5.2 γυμνοῖς ποσί δε. Die 2. Person Singular des Verbs εἰμὶ verliert zwar nicht den Zirkumflex, das vorige Wort wird aber akzentuiert statt graviert: 4.115 εὐλογητός εἶ; 9.7.4 εὐλογητός εἶ. Wörter, die auf der Paenultima einen Zirkumflex haben, werden als Paroxytone behandelt: 5.6.3 τοῖς ὑμνοῦσι σε; 6.6.4 τοὺς ἀνυμνοῦντας σε; 6.7.4 τοὺς ὑμνοῦντας σου; 10.9.1 ἀνυμνοῦντας σε. Aus

---

[7] Siehe Kapitel 6.2.2, S. 118–119.

metrischen Gründen werden manchmal Enklitika orthotoniert: 8.3.3 προνοίας τὲ; 8.9.2 Νέος τίς παράδεισος. In einem einzigen Fall korrigiere ich den Akzent: in 4.26 zeigt sich der Schreiber zu konservativ und inkliniert ἐστιν in der Phrase Ἄληπτός ἐστιν, was dem Akzentschema widerspricht. Eustathios von Thessaloniki in seinem Kommentar zum Vorbild des Kanons, dem Pfingstkanon des (Pseudo) Johannes Damaskenos, schreibt: Τὸ δὲ ἐστὶν διὰ τὴν ἀκολουθίαν τοῦ εἱρμοῦ ὀξύνεται, ἵνα τὸ ἄληπτος ἐστὶ, [sic] συνᾴδοι τῷ ἔρρηξε γαστρὸς κατὰ τὴν ὀξυτόνησιν[8]. Was das unbestimmte Pronomen betrifft, wird die überlieferte orthotonierte Form τίς beibehalten mit dem Vermerk im kritischen Apparat *indefinitum intelligendum*[9]. Das ist der Fall in 4.20 (ὑμνεῖν σε τίς ἀξίως οὐ σθένει) und 8.9.2 (Νέος τίς παράδεισος).

Das indirekte Zeugnis des Vorbildes habe ich im Kontakion des 7. und des 10. Kanons mitberücksichtigt. Dies ist ein Prosomoion des bekannten Kontakions Τῇ ὑπερμάχῳ στρατηγῷ (TRYPANIS, Cantica 29–30). Im Codex steht: Ὡς τῶν ἀΰλων οὐσιῶν θεωρὸν ἄριστον καὶ πρακτικῶν ὑφηγητὴν παναληθέστατον ἀνακράζει σου ἡ ποίμνη σου, θεορρῆμον. Im klassischen Griechischen würde ἀνακράζω ein indirektes Objekt im Dativ brauchen. Im byzantinischen Griechischen wurde der Dativ immer häufiger durch den Akkusativ oder den Genitiv ersetzt[10]. Es wäre eine Lösung, den überlieferten Genitiv zu behalten. Es wäre auch nicht unbegründet, σου zu σε zu korrigieren; denn die Akkusative θεωρὸν und ὑφηγητὴν beziehen sich auf dieses Pronomen. Ich habe jedoch ἀνακράζει σου zu ἀνακράζει σοι korrigiert. Ich halte den Dativ im Vorbild für einen Hinweis, dass Theoktistos für das Prosomoion den Dativ wollte. Der Genitiv dürfte ein Schreiberfehler unter Einfluss des Genitivs in ἡ ποίμνη σου sein. Die Akkusative θεωρὸν ἄριστον und ὑφηγητὴν παναληθέστατον habe ich wegen der Metrik nicht korrigiert, sondern für ein weiteres Anakoluth gehalten[11].

Was die Verstöße gegen die Isosyllabie betrifft, habe ich kaum eingegriffen. Denn die Verstöße haben meistens einen regelmäßigen Charakter

---

[8] MAI, Commentarius 81, S. 245. Der thessalonische Humanist fügt gelassen hinzu: ὁ δὲ ὀκνῶν ἀκούειν τοῦτο παρακουέτω θλίβων ἡμᾶς οὐδέν.

[9] Siehe NORET, Indéfinis; ebenfalls P. VAN DEUN (ed.), Eustratii Presbyteri Constantinopolitani, De statu animarum post mortem (CPG 7522) (*CCSG* 60). Turnhout – Leuven 2006, 12.249; 14.302 passim.

[10] Siehe HORROCKS 216.

[11] Siehe Kapitel 6.3.4, S. 145–146.

oder zumindest eine plausible Erklärung[12] und sind daher auf Theoktistos zurückzuführen.

Kursiv geschrieben sind Phrasen oder einzelne Wörter, die den Vorbildern entnommen wurden. Diese sind Wörter oder Phrasen, die sich an derselben Stelle sowohl in den Prosomoia als auch bei ihren Vorbildern finden. Sie können auch leicht variieren, z.B. in der grammatikalischen Form[13].

Der Text wird durchgehend geschrieben, mit Ausnahme der „jambischen" Kanones. Das hat zwei Gründe: erstens, um Kolon von Vers zu unterscheiden; zweitens, weil die Kolatrennung der Troparia innerhalb einer Ode nicht immer konsequent ist.

Die Interpunktion ist ausschließlich mein Zusatz und dient dem Verständnis. In 9.4.4 habe ich nach dem Vokativ σεμνή keinen Beistrich gesetzt, weil das nächste Wort σε inkliniert wird – in den byzantinischen Handschriften wird der Vokativ nicht durch Beistrich getrennt und bei Enklisis entsprechend behandelt. Für die Wiedergabe der überlieferten Kolatrennung habe ich mich für die Sternchen* anstelle der Punkte der Handschrift entschieden. In dieser Hinsicht schließt sich die vorliegende Ausgabe der Tradition vieler Ausgaben liturgischer Texte an – die kürzlich erschienene Ausgabe des Horologions von Sinai durch AJJOUB sei hier erwähnt[14]. Dieses System hat den Vorteil, dass die Kolatrennung der Handschrift treu wiedergegeben wird und gleichzeitig von der modernen Interpunktion klar unterscheidbar ist.

Am Anfang jedes Kolons wird die Nummerierung hochgestellt. Sie erleichtert einerseits die Verweise im Apparat und andererseits die metrische Untersuchung. Oft ist die Kolatrennung in den Troparia einer Ode nicht einheitlich, sondern in manchen Troparia kann ein Kolon detaillierter gegliedert werden, so dass anstelle eines Kolons zwei oder drei entstehen. In diesem Fall nummeriere ich die entstandenen Kola 1, 1a, 1b, usw., damit alle Troparien doch einheitlich durchnummeriert bleiben, z.B.:

^{4}καὶ καταύγασον τὸν νοῦν μου, θεοφόρε,* ^{5}παθῶν τὴν σκοτόμαιναν [...]
^{4}καὶ χαρίσματα* ^{4a}ἐδέξω ἰαμάτων* ^{5}καὶ παύεις νοσήματα [...]

Das hat ausschließlich praktische Gründe und soll nicht unbedingt heißen, dass das erste Kolonende weniger stark ist.

---

12 Siehe Kapitel 6.2.3, S. 120–128.

13 Zu den Entlehnungen der Prosomoia aus ihren Vorbildern s. Kapitel 6.3.1, S. 138–139.

14 AJJOUB, Horologium.

Der Codex Chalc. S. Trin. 64 wird mit dem von TALBOT eingeführten Siglum C bezeichnet.

Sigla

C	cod. Chalkensis S. Trinitatis 64
⟨⟩	Textus suppressus, ab editore completus
Textus	Textus ex automelis sumptus
*	Finis coli
[...]	Litterae quae non leguntur

Vetus Testamentum

Gen	Genesis
Ex	Exodus
Lev	Leviticus
Jud	Judices
1–4 Reg	1–4 Regum
1 Par	1–2 Paralipomenon
1–3 Macc	1–3 Maccabaeorum
Ps	Psalmi
Pr	Proverbia
Ca	Canticum Canticorum
Nah	Nahum
Is	Isaias
Ez	Ezechiel
Dan	Daniel

Novum Testamentum

Mt	Evangelium Matthaei
Mc	Evangelium Marci
Lc	Evangelium Lucae
Jh	Evangelium Johannis
Ac	Acta Apostolorum
Rm	Epistula ad Romanos
1, 2 Co	Epistulae ad Corinthios 1, 2
Ga	Epistula ad Galatas
Col	Epistula ad Colossenses
Eph	Epistula ad Ephesios
1, 2 Tm	Epistulae ad Timotheum 1, 2
Heb	Epistula ad Hebraeos
1, 2 Pt	Epistulae Petri 1, 2
Ap	Apocalypsis Johannis

Libri liturgici

HR	Ὡρολόγιον τὸ μέγα. Rom 1876.
MR I–VI	Μηναῖα τοῦ ὅλου ἐνιαυτοῦ I–VI. Rom 1888–1901.
PR	Παρακλητικὴ ἤτοι Ὀκτώηχος ἡ μεγάλη. Rom 1885.
PeR	Πεντηκοστάριον χαρμόσυνον. Rom 1883.
TR	Τριῴδιον κατανυκτικόν. Rom 1879.

Varia

Acath.	Acathistus (Hymnus), in: CPC 140–147.
Ar. CHier	Pseudo-Dionysius Areopagita, De coelesti hierarchia, ed. G. HEIL, in: Corpus Dionysiacum II. Berlin–New York 1991, 5–59.
Ar. Ep.	Pseudo-Dionysius Areopagita, Epistulae, ed. A.M. RITTER, in: Corpus Dionysiacum II. Berlin–New York 1991, 151–210.
Bas. RBr	Basilius Magnus, Ὅροι κατ' ἐπιτομήν, in: PG 31, 1051–1306.
CAp	Constitutiones Apostolorum, ed. M. METZGER, Bde. I.II.III (*SC* 320.329.336). Paris 1985.1986.1987.
Eph. Syr. Th.	Ephraem Syrus, Προσευχές στήν Θεοτόκο, ed. K.G. FRANTZOLAS, in: Ὁσίου Ἐφραίμ τοῦ Σύρου ἔργα 6. Thessaloniki 1995, 354–413.
Eust. Com. Pent.	Eustathii Thessalonicensis Commentarius in Hymnum Pentacostalem S. Iohannis Damasceni, in: MAI, Commentarius.
Gr. Ant. Ep.	Gregorius Antiochus, Grabrede auf seinen Vater IV (?), in: 25 ανέκδοτοι βυζαντινοί επιτάφιοι/ 25 unedierte byzantinische Grabreden, ed. A. SIDERAS. Thessaloniki 1990, 167–184.
Gr. Naz. Anth.	Gregorius Nazianzenus, Epigrammata, in: Anthologiae Graecae liber VIII (t. II), ed. H. BECKBY. München ²1965, 448–569.
Gr. Naz. CD	Gregorius Nazianzenus, Carmina Dogmatica, in: PG 37, 397–522.
Gr. Naz. Jul I:	Gregorius Nazianzenus, Oratio IV – Contra Julianum I, ed. J. BERNARDI, Grégoire de Nazianze. Discours 4–5. Contre Julien (*SC* 309). Paris 1983, 84–293.
Gr. Naz. Pasch.	Gregorius Nazianzenus, Oratio I – In sanctum Pascha et in tarditatem, in: PG 35, 393–402.
Gr. Nys. Ephr.	Gregorius Nyssenus, In sanctum Ephraem, in: PG 46, 819–850.
J. Dam. Can. Pasch.	Joannes Damascenus, Canon Paschalis, in: CPC 218–221.
Max. C. Qu.	Maximi Confessoris Quaestiones ad Thalassium, ed. C. LAGA et C. STEEL, Bde. I (Qu. 1–55). II (Qu. 56–65) (*CCSG* 7.22). Turnout 1980.1990.
Pl. Lun.	Plutarchus, De facie in orbe lunae, ed. C. HUBERT – M. POHLENZ – H. DREXLER, in: Plutarchi Moralia, Bd. 5.3, 31–89. Leipzig 1960.
Sy. NTh Eth.	Symeon Novus Theologus, Βίβλος τῶν ἠθικῶν, ed. J. DARROUZES, Syméon le Nouveau Théologien, Traités théologiques et éthiques. Bde I.II *(SC* 122.129*)*. Paris 1966.1967.
Th. Stud. PC	Theodorus Studita, Parva Catechesis, ed. E. AUVRAY. Paris 1891.
Th. Stud. MC	Theodorus Studita Magna Catechesis, ed. I. COZZA-LUZI. Rom 1888.
Th. Stud. MK	Theodorus Studita, Μεγάλη Κατήχησις, ed. A. PAPADOPOULOS-KERAMEUS. S. Petersburg 1904.

CANON I

Ὠιδὴ α´

1. [1] *Χριστὸν* ποθῶν, Ἀθανάσιε,* [2] *Χριστὸν* ὑπερφυῶς ἀσπαζόμενος,* 200r
[3] *Χριστὸν ἐπὶ γῆς*, μακάριε,* [4] ὅλῃ ψυχῇ καὶ γνώμῃ* [5] ὡς ἀληθῶς*
[6] ἐξακολουθήσας* [7] ἐν ἀσκήσει καρτερῶς* [8] τὸν βίον ἤνυσας.

2. [1] Θεοῦ θεράπον θεόληπτε,* [2] *Θεοῦ* ὡς ἀληθῶς φίλε γνήσιε,* [3] Θεοῦ τοῦ ἀοράτου πανέντιμον* [4] σκεῦος ἐκλελεγμένον* [5] τούτου σαφῶς* [6] καὶ προωρισμένον* [7] ἀνεδείχθης ἱερόν,* [8] ὦ Ἀθανάσιε.

3. [1] Ἐκ βρέφους ὤφθης, ἀοίδιμε,* [2] ὡς ἄσαρκος ἐν γῇ πορευόμενος,* [3] χηρῶν ἀντιλήπτωρ μέγιστος* [4] καὶ καταπονουμένων* [5] ἐκδικητής,* [6] πάντων θλιβομένων* [7] ἐν κινδύνοις βοηθὸς* [8] σύ, Ἀθανάσιε.

4. [1] Παρθένε, μόνη πανάμωμε,* [2] παρθένε, τῶν ἀγγέλων τὸ καύχη-
μα,* [3] παρθένε, || πιστῶν τὸ στήριγμα,* [4] σῷζε τοὺς σὲ ὑμνοῦντας* 200v
[5] ὡς ἀληθῶς* [6] πάντων ὑπερτέραν* [7] καὶ κυρίως ὑπὲρ νοῦν* [8] θεογεν-
νήτριαν.

Ὠιδὴ γ´

1. [1] Λάμπει νῦν ἡ χάρις* [2] ἐπὶ σοὶ παραδόξως, μακάριε·* [3] ἡ καθαρὰ γὰρ πολιτεία* [3a] τῶν θαυμάτων τὰ πλήθη* [4] σαφῶς σοὶ νῦν προεξένησε* [5] καὶ καταυγάζεις ζοφώδεις ψυχὰς* [6] αἴγλῃ θείου πνεύματος.

2. [1] Σὺ καὶ μετὰ τέλος* [2] ἐνεργεῖς παραδόξως τοῖς θαύμασι* [3] καὶ θεραπεύεις τοὺς νοσοῦντας* [3a] καὶ προστρέχοντας πίστει ἐν σοὶ* [4] ἐμ-

---

ᾠδὴ α´ tr. 2.4 Act 9, 15 | tr. 2.6 προωρισμένον] Rm 8, 29–30; Eph 1, 5 et 11 tr. 3.4–5 καταπονουμένων … ἐκδικητής] Act 7, 24 passim

---

tit. Κανὼν εἰς τὸν ἐν ἁγίοις πατέρα ἡμῶν καὶ μέγαν Ἀθανάσιον τὸν νέον πατριάρχην Κωνσταντινουπόλεως. Θεοκτίστου in marg. **ᾠδὴ α´** Ἦχος α´ πρὸς Χριστὸς γεννᾶται in marg. | tr. 4] θ(εοτοκίον) in marg. **ᾠδὴ γ´** Τῷ πρὸ τῶν αἰώνων in marg. | tr. 1.4 σαφῶς σοὶ] sic C

φανῶς, μακάριε,* [5] καὶ πρὸς λιμένας τῆς ἄνω ζωῆς* [6] ὁδηγεῖς, θεόληπτε.

3. [1] Γέγονεν ὁ βίος* [2] προφανῶς σοῦ τοῖς πᾶσι κανὼν ἀρετῆς* [3] καὶ τοῖς ἐν κόσμῳ, θεοφόρε, ὑποτύπωσις ξένη·* [4] καὶ νῦν πάντες σε γεραίρουσιν* [5] ἀνευφημοῦντες τὴν μνήμην τὴν σήν,* [6] μάκαρ Ἀθανάσιε.

4. [1] *Τὸν πρὸ τῶν αἰώνων** [2] *ἐκ Πατρὸς γεννηθέντα* γεννᾷς ὑπὲρ νοῦν*
201r [3] καὶ ὑπὲρ || λόγον ἐν ἀγκάλαις* [3a] τὸν προάναρχον Λόγον,* [4] ἁγνή,*
[4a] φέρεις σωματούμενον* [5] ὑπὲρ αἰτίαν καὶ πάντων βροτῶν* [6] νοῦν τε
καὶ διάνοιαν.

Κάθισμα

[1] Ταχὺς εἰς ἀντίληψιν* [2] καὶ μετὰ τέλος φανεὶς* [3] πηγάζεις τὰ θαύματα* [4] καὶ θεραπεύεις σαφῶς,* [5] ποιμὴν ἱερώτατε,* [6] πάθη παντοῖα, μάκαρ,* [7] τῶν ψυχῶν καὶ σωμάτων* [8] πάντων τῶν προστρεχόντων* [9] τῇ σορῷ σου τῇ θείᾳ* [10] πρεσβείαις σου εὐπροσδέκτοις ταῖς πρὸς τὸν κύριον.

Ὠιδὴ δʹ

1. [1] Θρόνῳ παριστάμενος Θεοῦ,* [2] παμμάκαρ Ἀθανάσιε,* [3] μὴ διαλίπῃς ὑπὲρ πάντων ἡμῶν* [4] τῶν σῶν πιστῶν ἱκετῶν* [5] τοῦ πρεσβεύειν πάντοτε,* [6] ἵνα τοῦ πυρὸς τοῦ αἰωνίου* [7] ῥυσθῶμεν καὶ ἐξ ἐχθρῶν* [8] γλώσσης πονηρᾶς καὶ κακώσεως.

2. [1] Νοσήματα παύεις χαλεπὰ* [2] τῶν πίστει προστρεχόντων σοι* [3] καὶ συμφορῶν λυτροῦσαι καὶ θλίψεων·* [4] διὸ τὴν λύπην ἡμῶν* [5] εἰς χαρὰν μετάβαλε,* [6] πάτερ Ἀθανάσιε, καὶ σῶσον* [7] κινδύνων καὶ πειρασμῶν* [8] καὶ αἰωνιζούσης κολάσεως.

3. [1] Θείας εὐφροσύνης ἀληθῶς* [2] πληρούμενοι σαφῶς* [3] γεραίρομεν τὴν θήκην τῶν λειψάνων σου* [4] καὶ πόθῳ, πάτερ, τῷ σῷ* [5] ἐκτενῶς

ᾠδὴ γʹ tr. 3.2 κανὼν ἀρετῆς] cf. Gr. Naz. Pasch. 400.32–33 passim **ᾠδὴ δʹ** tr. 2.4–5 τὴν … μετάβαλε] Jh 16, 20

---

tr. 4] θ(εοτοκίον) in marg. **Κάθισμα** ἦχος δʹ Ταχὺ προ⟨καταλαβέτωσαν⟩ in marg. **ᾠδὴ δʹ** Ῥάβδος ἐκ τῆς ῥίζης in marg.

δεόμεθα,* [6] ἵνα λυτρωθῶμεν || νοσημάτων* [7] σωμάτων τε καὶ ψυχῶν* 201v
[8] βλάβης τε παντοίας καὶ θλίψεως.

4. [1] Μόνη τῶν ἀγγέλων χαρμονή,* [2] παρθένε παναμώμητε,* [3] μὴ διαλίπῃς προσάγειν Χριστῷ* [4] τῷ σῷ υἱῷ καὶ Θεῷ* [5] ἱκεσίας, πάνσεμνε,* [6] ἵνα τοῦ πυρὸς καὶ τῆς γεέννης* [7] ῥυσθῶμεν οἱ εὐσεβῶς* [8] σὲ καὶ τὸν υἱόν σου δοξάζοντες.

Ὠιδὴ ε´

1. [1] Ἐκ γῆς πρὸς ἀΰλους μετέστης μονάς,* [2] ὅπου λάμπει τὸ κάλλος τὸ ἄρρητον,* [3] ἀγγέλων, Ἀθανάσιε,* [4] ἐφάμιλλος δειχθείς·* [5] διὸ σὺν ἱεράρχαις* [6] καὶ μάρτυσι χορεύων* [7] ἐκτενῶς τῷ δεσπότῃ* [8] ὑπὲρ ἡμῶν ἀεὶ ἱκέτευε.

2. [1] Ἐφάνης πατὴρ ὀρφανῶν καὶ χηρῶν* [2] βοηθὸς σὺ ταχύς, Ἀθανάσιε,* [3] πενθούντων παραμύθιον* [4] καὶ νόσων ἐλατήρ,* [5] πάντων τῶν πλανωμένων* [6] ὁδηγὸς ἀπλανής τε,* [7] καὶ ἡμᾶς ἐκ κινδύνων* [8] ταῖς σαῖς πρεσβείαις ἐκλυτρούμενος.

3. [1] Θαυμάτων τὰ πλήθη ὁρῶντες τῶν σῶν* [2] τὸν *μεγάλῃ* σε δόξῃ δοξάσαντα* [3] δοξάζομεν, θεόπνευστε,* [4] Θεὸν τὸν ἀγαθόν·* [5] αὐτὸν οὖν ἐκδυσώπει* [6] ὡς ἔχων παρρησίαν* [7] λυτρωθῆναι κινδύνων* [8] καὶ νοσημάτων καὶ κολάσεως.

4. [1] Παρθένε, ἡ μόνη τεκοῦσα Χριστὸν* [2] ὑπὲρ φύσιν καὶ λόγον καὶ ἔννοιαν,* [3] ἐπάκουσον, δεόμεθα,* [4] ἡμῶν τῶν ταπεινῶν,* [5] ἵνα τῶν
αἰωνίων* || [6] κολάσεων καὶ σκότους* [7] καὶ πυρὸς τοῦ ἀσβέστου* [8] ἐκ- 202r
λυτρωθῶμεν ταῖς πρεσβείαις σου.

Ὠιδὴ ϛ´

1. [1] Θαύματα φρικτὰ* [2] ἐργάζῃ, μακάριε,* [3] τοῖς πίστει θερμῶς προσερχομένοις τῇ σῇ* [4] θείᾳ λάρνακι* [5] καὶ λυτροῦσαι κινδύνων καὶ θλί-

---

ᾠδὴ ε´ tr. 1.1 ἀΰλους ... μονάς] cf. Th. Stud. PC 13.6; locus comm. | tr. 1.3–4 ἀγγέλων ... ἐφάμιλλος] locus comm.

---

tr. 4] θ(εοτοκίον) in marg. **ᾠδὴ ε´** Θεὸς ὢν εἰρήνης, πατήρ in marg. | tr. 4] θ(εοτοκίον) in marg. **ᾠδὴ ϛ´** Σπάχνων (sic) Ἰωνᾶν in marg.

ψεων,* [6] νοσημάτων χαλεπῶν καὶ ἀνιάτων παθῶν·* [7] ὄντως* [8] βοηθὸς πανάριστος* [9] χρηματίζεις, στερρὲ Ἀθανάσιε.

2. [1] Ἄλλος Ἀβραὰμ* [2] ἐδείχθης, μακάριε,* [3] ὡς ξενοδοχῶν τοὺς πάντας ὅλῃ ψυχῇ* [4] καὶ τοῖς πένησι* [5] χορηγῶν τὰ πρὸς χρείαν ἑκάστοτε·* [6] ἐντεῦθεν ἀνεφάνης συμπαθέστατος* [7] ὅλος* [8] καὶ τριάδος γέγονας* [9] οἰκητήριον θεῖον, θεόπνευστε.

3. [1] Νέος Σαμουὴλ* [2] ἐφάνης, θεόληπτε,* [3] προλέγων σαφῶς τὰ γενησόμενα σὺ* [4] θείοις νεύμασι* [5] τοῦ τὰ πάντα πανσόφως συνέχοντος·* [6] ἐντεῦθεν ὡς προφήτην σε γεραίροντες* [7] πάντες* [8] δυσωποῦμεν· πρόστηθι* [9] ἐξαιρούμενος πάντας κολάσεως.

4. [1] Χαῖρε, κραταιὰ* [2] ἀντίληψις, δέσποινα,* [3] τῶν πίστει θερμῶς ἐκκαλουμένων σε* [4] ὡς παρέχουσα* [5] τὰς ἰάσεις, παρθένε, τοῖς χρῄζουσι σὺ* [6] καὶ πταισμάτων δωρουμένη πᾶσιν ἄφεσιν,* [7] μόνη* [8] τῶν πισ-
202v τῶν βοήθεια* [9] καὶ ἐλπὶς ἀληθῶς ἀκαταίσχυντος. ||

Κοντάκιον

[1] Ἐν ὕψει ἀρετῶν ἀναβᾶς, ἱεράρχα,* [2] τοῦ θρόνου τῆς Χριστοῦ ἐκκλησίας ἐπέβης* [3] καὶ τρίβον ἀσάλευτον* [4] καὶ οὐράνιον ὥδευσας·* [5] ὅθεν μέμνησο* [6] τῶν σὲ τιμώντων ἐκ πόθου* [7] παριστάμενος* [8] τῷ ποιητῇ τῶν ἁπάντων* [9] Θεῷ, Ἀθανάσιε.

Ὠιδὴ ζ΄

1. [1] Ἁπάντων θλιβομένων* [2] καὶ νοσούντων ἰατρὸς πανάριστος* [3] σύ, Ἀθανάσιε, φανείς,* [4] τῆς ψυχῆς μου τὴν ἀσθένειαν* [5] ἰασάμενος παράσχου μοι ὑγείαν βοᾶν·* [6] «*ὁ τῶν πατέρων Θεὸς εὐ⟨λογητὸς εἶ*».⟩

2. [1] Σοφίᾳ οὐρανίῳ* [2] πλησιάσας μυστικῶς, μακάριε* [3] σὺ Ἀθανάσιε, κρουνοὺς* [4] ἀμβροσίας πόθῳ εἵλκυσας* [5] συνετίζων ἀσυνέτους καὶ προτρέπων βοᾶν* [6] «*ὁ τῶν πατέρων ⟨Θεὸς εὐλογητὸς εἶ*».⟩

ᾠδὴ ς΄ tr. 2.1–9] cf. Gen 18, 1–8 | tr. 3.1–9] cf. 1 Rg 1, 1–25, 1

---

tr. 4] θ(εοτοκίον) in marg. **Κοντάκιον** Ἦχος α΄ Χορὸς ἀγγελικῶς in marg. **ᾠδὴ ζ΄** Οἱ παῖδες εὐσεβείας in marg.

3. [1] Ζωῆς τῆς ἀκηράτου* [2] κληρονόμος γεγονώς, ἀοίδιμε,* [3] καταφρονήσας τῶν φθαρτῶν* [4] καὶ προσκαίρων, παμμακάριστε,* [5] καὶ τὰ μέλλοντα προβλέπων πόθῳ ἔψαλλες· ⟨[6] *«ὁ τῶν πατέρων Θεὸς εὐλογητὸς εἶ»*.⟩

4. [1] Ἀμόλυντε παρθένε,* [2] τὴν ψυχήν μου μολυνθεῖσαν πάθεσιν* [3] ἀποκαθάρασα, ἁγνή,* [4] φωταγώγησον, συνέτισον* [5] τοῦ βοᾶν ἐν εὐφροσύνῃ ψυχῆς πάντοτε·* [6] *«ὁ τῶν πατέρων ⟨Θεὸς εὐλογητὸς εἶ»*.⟩

Ὠιδὴ η΄

1. [1] Ἔχει σε τῶν ἀσωμάτων ἡ χορεία* [2] σὺν ἐκείνοις ὑμνοῦντα τὸν
κτίστην,* [3] ἱεράρχα μέγιστε,* [4] μέσον λάμποντα τηλαυγῶς*|| [5] ὡς ἀ- 203r
στέρα, θεοφόρε Ἀθανάσιε·* [6] μεθ' ὧν καὶ βοᾷς συνευφραινόμενος·*
[7] *«εὐλογείτω ἡ κτίσις πᾶσα τὸν ⟨κύριον* [8] καὶ ὑπερυψούτω* [9] εἰς πάντας τοὺς αἰῶνας»*.⟩

2. [1] Ὅμιλος πατριαρχῶν καὶ ἀποστόλων,* [2] ἱερέων, μαρτύρων ὁ δῆμος,* [3] ἀσκητῶν ὁ σύλλογος,* [4] πάντες ἄνθρωποι προφανῶς* [5] μακαρίζουσι τὴν θείαν πολιτείαν σου·* [6] διὸ καὶ ἡμεῖς σὺν τούτοις ψάλλομεν·* [7] *«εὐλογείτω ἡ κτίσις ⟨πᾶσα τὸν κύριον* [8] καὶ ὑπερυψούτω* [9] εἰς πάντας τοὺς αἰῶνας»*.⟩

3. [1] Ἄναρχε παμβασιλεῦ, ὁ παντοκράτωρ,* [2] ταῖς εὐχαῖς τοῦ ὁσίου ποιμένος* [3] τὴν ζωὴν εἰρήνευσον* [4] πάντων, Λόγε, Χριστιανῶν* [5] χορηγῶν κατὰ βαρβάρων εὐσεβεῖ βασιλεῖ* [6] τὴν νίκην καὶ τὴν ἰσχύν, δεόμεθα,* [7] ἵνα πάντες ἀεὶ ὑμνῶμεν τὸ κράτος σου* [8] *καὶ ὑπερυψῶμεν** ⟨[9] *εἰς πάντας τοὺς αἰῶνας.*⟩

4. [1] Ἵνα σε, θεογεννῆτορ, κατὰ χρέος* [2] μεγαλύνωμεν, σῷζε κινδύνων* [3] τοὺς ἐν πίστει πάντοτε* [4] τῇ σῇ σκέπῃ ὡς ἀληθῶς* [5] καταφεύγοντας, παρθένε, καὶ βοῶντας τῷ σῷ* [6] υἱῷ καὶ συμφώνως ἀνακράζοντας·* [7] «εὐλογείτω ἡ κτίσις ⟨πᾶσα τὸν κύριον* [8] καὶ ὑπερυψούτω* [9] εἰς πάντας τοὺς αἰῶνας».⟩

---

tr. 3.5 ἔψαλλες] ἔψαλλας C | tr. 4.5 εὐφροσύνῃ] εὐφροσύνης C **ᾠδὴ η΄** Θαύματος ὑπερ⟨φυοῦς⟩ in marg. | tr. 3.8 ὑπερυψῶμεν] ὑπερυψοῦμεν C | tr. 4] θ(εοτοκίον) in marg.

203v ᾨδὴ θ΄ ||

1. [1] Σκιρτήσατε* [2] πνεύματι πάντες φιλέορτοι* [3] καὶ φαιδρῶς εὐφράνθητε* [4] πάντες οἱ γηγενεῖς καὶ πρεσβύται,* [5] παρθένων χορεῖαι,* [6] ἀσκητῶν,* [7] ἐν τῇ μνήμῃ τοῦ παμμάκαρος σεπτῶς* [8] ἐν αὐτῇ καὶ τὸν σωτῆρα μεγαλύνοντες.

2. [1] Εὐφράνθητε* [2] ὕμνοις ἐνθέοις τὰ πέρατα* [3] ἐγκωμίων στέμμασι* [4] πάντες τὴν κορυφὴν τοῦ ποιμένος* [5] τοῦ θείου κοσμοῦντες* [6] σαφῶς* [7] τὸν σωτῆρα μεγαλύνοντες Χριστόν,* [8] ὃς ἀντεδόξασεν αὐτὸν ποικίλοις θαύμασιν.

3. [1] Τὴν ἄναρχον* [2] τριάδα, μάκαρ, ἱκέτευε* [3] τοῦ πυρὸς λυτρώσασθαι* [4] πάντας τοὺς μετὰ πόθου τελοῦντας* [5] τὴν μνήμην σου, πάτερ,* [6] ἡμᾶς* [7] καὶ τὴν θήκην τῶν λειψάνων σου πιστῶς* [8] ἀσπαζομένους τὴν πανθαύμαστον.

4. [1] *Μυστήριον** [2] *ξένον*, ἁγνή, *καὶ παράδοξον** [3] ἐπὶ σοὶ τετέλεσται·*
[4] *θρόνος χερουβικὸς* γὰρ ἐγένου* [5] ἀγκάλαις κρατοῦσα* [6] Χριστόν,*
204r [7] τὸν ἀχώρητον τῇ κτίσει ὡς Θεόν,* [8] *ὃν ἀνυμνοῦντες μεγαλύνομεν*.||

Ἐξαποστειλάριον

[1] Κατελάμπρυνε σαφῶς* [2] ὁ φωτοδότης Κύριος* [3] ἱεραρχῶν σε καλλονὴν* [4] καὶ τῶν ὁσίων καύχημα* [5] θέμενος, ὡς ηὐδόκησε·* [6] καὶ γὰρ θαυμάτων ῥεῖθρα* [7] πηγάζεις ἑκάστοτε.

ᾠδὴ θ΄ Μυστήριον ξένον in marg. | tr. 4] θ(εοτοκίον) in marg. | **Ἐξαποστειλάριον** Πρὸς τὸ Ἐπεσκέψατο ἡμᾶς in marg.

CANON II

Ὠιδὴ α΄

*Στείβει θαλάσσης** τῶν παθῶν τὴν κακίαν*
ἤπειρον ταύτην* *δεικνύων* ἐναρέτοις*
πράξεσιν ὄντως* ὁ μέγας ἱεράρχης,*
ἅπασαν *ἄρδην** βυθίζων τῶν δαιμόνων*
ῥώμην ἀδρανῆ* ὡς σοφὸς ποιμενάρχης.

Δεῦτε προθύμως,* μοναζόντων τὰ πλήθη,*
δεῦτε τὸν μέγαν* εὐφημήσωμεν ὕμνοις·*
οὗτος γάρ, οὗτος* Ἀθανάσιος ὤφθη*
κῦδος καὶ φάος* σοφῶν ἀρχιερέων*
*ῥώμῃ κραταιᾷ** φυλαχθεὶς τοῦ σωτῆρος.

*Ὄρθρος ἐφάνης** ἐν ζόφῳ τῷ τοῦ βίου*|| 204v
σὺ *ἐξ* ἑσπέρας *πρὸς* τὴν Βύζαντος πόλιν,*
ἄγγελος ἄλλος ὡς παῖς ὁ Ζαχαρίου*
τρανῶς κηρύττων βοῶν «μετανοεῖτε»*
ῥύπου τε παντὸς ἐκκαθαίρων, ὡς θέμις.

Χαῖρε, παρθένε, τὸ μοναζόντων κλέος,*
χαῖρε, τὸ κῦδος* λαοῦ τοῦ χριστωνύμου·*
ὦ χαῖρε, δόξα* σοφῶν ἀρχιερέων,*
χαῖρε χαρμονὴ τοῦ βροτησίου γένους,*
ἣν ἐδόξασεν ὁ μέγας ἱεράρχης.

ᾠδὴ α΄ 9 κῦδος καὶ φάος] Gr. Naz. CD 419.7 | 13–14] Mt 3, 1–2

---

tit.: Κανὼν ἰαμβόκροτος ἢ χορίαμβος εἰς τὸν ἅγιον Ἀθανάσιον ἀρχιεπίσκοπον Κωνσταντινουπόλεως; monogramma Θεοκτίστου in marg. **ᾠδὴ α΄** ἦχος β΄ πρὸς Στείβει θαλάσσης in marg. | 7 εὐφημήσωμεν] εὐφημήσομεν C | tr. 4] θ(εοτοκίον) in marg.

Ὠιδὴ γ´

Ὅσοι μοναστῶν* κατελέγητε στίφει*
βορῶν δαιμόνων* ἐκφυγόντες τὰς *μύλας,**
*ἀγαλλιᾶσθε** καὶ σὺν πόθῳ κροτεῖτε*
ὕμνοις στέφοντες σοφὸν ἀρχιερῆα·*
οὗτος γὰρ ἡμῶν πρὸς Θεὸν πρέσβυς πέλει.

Νέκρωσιν ἐν γῇ ζωηφόρον ἐκτήσω*
θηρὸς κακούργου καταισχύνων τὸ κράτος,*
ἐπισκοτεῖς δε τὴν ἁμαρτίαν ὄντως*
φανεὶς ὡς ὄρθρος ἐξ ἡλίου φωσφόρος*
καὶ *θλῶν* τὴν ἐχθροῦ *δυσμενεστάτην κάραν.*

Ἕλκει πρὸς αὑτὸν τὴν θεόπεμπτον χάριν*
κακίας πάσης ἐκλυτρουμένην τοῦτον*
ὁ ἱεράρχης ἐκκαλούμενος πάντας,*
ἔργον φέριστον ἐκτελῶν προσηκόντως*|| 205r
καὶ καθοδηγῶν πρὸς ζωὴν τὴν ἀγήρω.

Ὅσοι παλαιᾶς ἀπηλλάγημεν πλάνης*
τῇ σῇ γεννήσει, παρθένε θεοτόκε,*
ἀγαλλιῶμεν καὶ προσάγομεν ὕμνους*
θείοις ᾄσμασι γεραίροντες σὸν τόκον,*
λύσιν ἐξαιτούμενοι πλημμελημάτων.

Ὠιδὴ δ´

Πυρσῷ καθαρθεὶς τῆς ὑλώδους κακίας*
τρανῶς ὁ μέγας Ἀθανάσιος πᾶσι*
ῥήγνυσι γῆρυν θεόθεν *κροτουμένην,**
ἄσκησιν διδάσκουσαν τοῖς εὐσεβέσιν,*
ᾗ τοῦ πονηροῦ *συντρίψουσι τὰ κράτη.*

ᾠδὴ γ´ 26 νέκρωσιν ἐν γῇ] 2 Cor 4, 10

ᾠδὴ γ´ Ὅσοι παλαιῶν in marg. | 22 βορῶν] βορρῶν C | 28 ἐπισκοτεῖς δε] sic C | tr. 4] θ(εοτοκίον) in marg. **ᾠδὴ δ´** Πυρσῷ καθαρθείς in marg. | 43 κροτουμένην] κροτομένην C

Πεμφθεὶς ἐκ Θεοῦ πρὸς βροτῶν σωτηρίαν*
κακῶν *δῃῶσαι* τὴν πολύμορφον πλάνην*
ἔφανας ὄντως ὡς ὄρθρος τοῖς ἐν σκότει*
πάντας ἐκκαλούμενος πρὸς σωτηρίαν,*
μάκαρ, φαεινὴν ἐκ σκότους καὶ κακίας.

Αὐτὸν ἐκζητῶν τὸν Θεοῦ Θεὸν *Λόγον**
ὁ ἱεράρχης ἐκδιδάσκει τοὺς πάντας·*
«τοῦτον ζητεῖτε πάντες οἱ σωτηρίαν*
θέλοντες καὶ στέργοντες ψυχῆς ἐξ ὅλης*
ἔχθιστον Σατὰν ἀπωθούμενοι, λύμην».

Φρικτῶν Χερουβὶμ καὶ Σεραφὶμ, παρθένε,*
πάντων ὡς οὖσα τιμιωτέρα ξένως*|| 205v
σῷζε τοὺς πόθῳ φωνοῦντας σοι τὸ «χαῖρε»,*
τῇ ὑπὲρ λόγον τὸν Λόγον διὰ λόγου*
καὶ συλλαβούσῃ καὶ τεκούσῃ πανάγνως.

Ὠιδὴ ε΄

Ἐχθροῦ κακίας τῆς κατεζοφωμένης*
ψυχὴν ὁ μέγας *ἐκκαθάρας* αἰσίως*
πᾶσι καθυπέδειξεν *ἀπλανῆ τρίβον**
ἄγουσαν ἀθάνατον εἰς βασιλείαν,*
οἶκτον ἀλιτροῖς, *ὅς Θεὸν* εὐμενίζει.

Ἀθρῶν ὁ μέγας τὴν ἄδικον μανίαν,*
φιλαργυρίαν κατέχουσαν ἀνθρώπους*
ἵστησι τὸν ἔλεγχον ἀντεπεξάγων,*
λόγων *πολυρρήμων* δε *δίναις* καθαίρει*
αἴσχους παλαιοῦ τὸ ποίμνιον αἰσίως.

Μετ' εὐσεβείας προσέδραμεν ὁ θύτης*
νομαῖς ἐνθέοις δογμάτων θεσπεσίων,*
Λόγον κατοπτεύσας δε τὸν ὑπὲρ λόγον*

ᾠδὴ δ΄ 48] Mt 4, 16

---

tr. 4] θ(εοτοκίον) in marg. **ᾠδὴ ε΄** Ἐχθροῦ ζοφώδη in marg. | 65 Θεὸν] Θεὸς C | 69 δε] sic C | 73 δε] sic C

ἄντλημα κεκέρακε πιστοῖς *ἐνθέως*,*
θαύματα πηγάζει δε καὶ μετὰ πότμον.

Ἐχθροῦ κακίας σῇ γεννήσει τῇ ξένῃ*
ἰός, παρθένε, πάμπαν ἐξηφανίσθη·*
ἐπιτάρροθον εὑρόντες γάρ σε πάντες*
νῦν οἱ γηγενεῖς, μῆτερ εὐλογημένη,*
μα||καριοῦμεν αἰσίως, ὡς προέφης. 206r

Ὠιδὴ ς΄

Ἱμερτὸν ἐξέφηνεν ἐξ ἐπιπνοίας
πνεῦμα* προϊὸν πατρὸς ἐξ ἀγεννήτου,*
ναί, φάσκων οὕτως ὁ μέγας ἱεράρχης,*
«φῶς ἐκ τοῦ φωτός, ὡς ἐξ ἡλίου σέλας*
σύμμορφον υἱῷ καὶ συνάναρχον πέλον».

Ἐκ ποντίου δράκοντος ὁ τρισόλβιος*
*ξένως** ἀνθρώπους ὁ μέγας ῥυσάμενος,*
«ναί», πᾶσι φάσκει, «καθαρῶς τῷ δεσπότῃ*
βίον ἐπιδείξατε καθηγνισμένον,*
ἵνα τοῦ πυρὸς ἐκφύγητε καὶ σκότους».

Ἀνειμένων πόλοιο παμφαῶν πυλῶν θύτης*
ἐκεῖ *πρὸς* Θεὸν ἀναφέρεται ξένως·*
μένει δ᾽ ἐκεῖσε συγχορεύων ἀγγέλοις*
καὶ τῷ δεσπότῃ πρεσβεύει παρρησίᾳ*
νῦν ὑπὲρ ἡμῶν τῶν αὐτὸν ἀνυμνούντων.

Ἱερῶς ἐγέννησας νῦν ὑπὸ χρόνον
Λόγον,* *πατὴρ ὃν γαστρὸς ἐξηρεύξατο*,*
ἄφεσιν πᾶσι πρεσβείαις σου, παρθένε,*
νέμοντα καὶ λύτρωσιν ἀμπλακημάτων·*
ὄντως ὑπὲρ νοῦν ὁ παράδοξος τόκος.

ᾠδὴ ε΄ 80] cf. Lc 1, 48

---

tr. 4] θ(εοτοκίον) in marg. **ᾠδὴ ς΄** Ἱμερτὸν ἐξέφηνεν in marg. | tr. 4] θ(εοτοκίον) in marg.

Κοντάκιον|| 206v

[1] Πρεσβεύων θερμῶς* [2] μὴ παύσῃ, ἱερώτατε,* [3] σωθῆναι ἡμᾶς* [4] τοὺς πίστει προστρέχοντας* [5] καὶ σορὸν τὴν θείαν σου περικυκλοῦντας, πάτερ, καὶ κράζοντας·* [6] «ἐπίβλεψον, σῶσον τοὺς ὑμνοῦντας σε».

Ὠιδὴ ζ′

Ἔφλεξε ῥείθροις τῶν δακρύων ὁ μέγας*
τὴν *τῆς καμίνου* τῶν παθῶν ἀηδίαν,*
νέους φέρει δε καρποὺς τῆς σωφροσύνης*
ἄλλος Ἰωσὴφ πεφυκὼς ὁ γεννάδας,*
ὅλην ἔχει *δὲ* τὴν χάριν *τοῦ πνεύματος*.

Σὲ ζωγραφήσας, τὴν ἁγίαν Τριάδα,*
ἐν τῇ καρδίᾳ σοφῶς ὁ ἱεράρχης*
νοὸς καθάρσει καὶ πράξεσιν ἐνθέοις*
πλουτίζει πάντας θαυμάτων λαμπηδόσι*
τοὺς προστρέχοντας αὐτοῦ τῇ θείᾳ θήκῃ.

Ἀπορραγέντος τοῦ νοός σου, τρισμάκαρ,*
παθῶν ἰλύος καὶ τύρβης τῆς ματαίας*
πᾶσιν ἐφάνης ὁδηγὸς τῶν κρειττόνων*
ἄγων ἅπαντας πρὸς *τρίβους* ζωηφόρους,*
ποιμὴν πεφυκώς, ὃν Παῦλος ὑπογράφει.

Ἔφλεξας μόνη τῶν δαιμόνων τὰ στίφη*
ἐν τῇ γεννήσει τῇ φρικτῇ σου, παρθένε·*|| 207r
νέαν κτίσιν γὰρ σὲ γηγενεῖς εὑρόντες*
τὴν καχέσπερον *ἀχλὺν τῆς ἁμαρτίας**
νῦν *ἐκπλύνομεν* τῇ θείᾳ πρεσβείᾳ σου.

ᾠδὴ ζ′ 104] cf. Gen 39, 7–13 | 114–115] cf. Hebr 2, 17; Hebr 4, 14; 7, 26 | 118 νέαν κτίσιν] cf. Gal 6, 15

Κοντάκιον τὴν θείαν] τη θεία, θείαν ex correctura habet C **ᾠδὴ ζ′** Ἔφλεξε ῥείθρῳ in marg. | 103 δε] sic C | tr. 4] θ(εοτοκίον) in margine | 118 σὲ] sic C

Ὠιδὴ η΄

Ἐλευθέρους σὺ δεικνύεις κακώσεως,*
υἱοὺς δὲ φωτὸς τοὺς πρὶν ἐν ἁμαρτίαις*
μόνος ἀνάγεις πρὸς ὕψος ἀπαθείας,*
«νῦν εὐλογεῖτε», διδάσκων, «τὸν κύριον,*
οἱ πρὶν πάθεσι χαλεποῖς ἰσχημένοι».

Τριττῆς ἀρχικῆς καὶ μιᾶς θεότητος*
αἰγλῆντα τρανῶς δεδεγμένος, θεόπτα,*
σαφῶς κατεῖδες ἀρρήτων μυστηρίων*
τὰ θεῖα κάλλη καὶ τὴν ἄνω χορείαν*
καὶ πρὶν σώματος χωρισθῆναι πηλίνου.

Λευχειμονοῦντες πάντες δεῦτε σὺν πόθῳ*
τὸν ἱεράρχην τιμήσωμεν ἀξίως·*
οὗτος γάρ, οὗτος ἐφάνη τοῖς ἐν κόσμῳ*
νάμασι ξένοις ἐνθέων διδαγμάτων*
τὰ πρὶν πταίσματα παντελῶς ἐκκαθαίρων.

Ἀπηλλάγη νῦν ἡ *κτίσις*, πανύμνητε,*
δουλείας πικρᾶς τῷ τόκῳ σου ῥυσθεῖσα*
καὶ σὲ φωτισμὸν *οἱ πρὶν ἐσκοτισμένοι**
νῦν εὑρηκότες ὑμνοῦμεν σε, δέσποινα,*|| 207v
καὶ φῶς ἄληκτον παρὰ σοῦ ἐξαιτοῦμεν.

Ὠιδὴ θ΄

Ὦ τῶν ὑπὲρ νοῦν ἀγώνων σου, τρισμάκαρ,*
μύστα πάντιμε, σκεῦος καθηγνισμένον,*
δι᾽ οὗ τυχόντες πολλοὶ τῆς *σωτηρίας**
ἐπάξιον κροτοῦμεν ὕμνον σοι πόθῳ,*
δόξαν ἄληκτον προσφέροντες κυρίῳ.

ᾠδὴ η΄ 128–130] cf. 2 Co 12, 3–4 | 131 λευχειμονοῦντες] cf. Apoc 3, 4–5 **ᾠδὴ θ΄** 142 σκεῦος καθηγνισμένον] Act 9, 15; 2 Tm 2, 21

ᾠδὴ η΄ Ἐλευθέρα μέν in marg. | tr. 4] θ(εοτοκίον) in marg. **ᾠδὴ θ΄** Ὦ τῶν ὑπὲρ νοῦν in marg.

Χρίοις τελειῶν πληθὺν ἀρχιερέων*
πάντας, ἔνδοξε, *πνεύματος κοινωνίᾳ**
πανσόφοις λόγοις ὑποδεικνύων τούτοις*
ὁδὸν τὴν ἀπάγουσαν πρὸς σωτηρίαν*
καὶ πρὸς ἄϋλον καὶ ἀείζωον *τρίβον*.

Βλέψον πρὸς ἡμᾶς ὑψόθεν ἐξ ἀντύγων*
τῶν οὐρανίων καὶ πρόσδεξαι τὸν ὕμνον,*
ὅν σοι μελῳδῶ σὺν πόθῳ, θεοφόρε,*
καὶ παράσχου μοι λύσιν ἀμπλακημάτων·*
σὺ γάρ μου λοιπὸν ἐλπὶς ἀρραγεστάτη.

Ὢ τοῦ θαυμαστοῦ καὶ ξένου μυστηρίου,*
κόρη δέσποινα, *μῆτερ* δεδοξασμένη,*
ἐξ ἧς ἐφάνη *παντελὴς σωτηρία*·*
ἐπάξιον κροτῆσαι μὴ εὐποροῦντες*
ὕμνον ᾄδομεν, «χαῖρε» σοι ἐκβοῶντες.|| 208r

Ἐξαποστειλάριον

1 Ἐν *οὐρανοῖς* χορεύων* 2 μετὰ ἀγγέλων ἀληθῶς,* 3 μετὰ ἁγίων πάντων* 4 συναγαλλόμενος, σοφέ,* 5 ὦ Ἀθανάσιε μάκαρ,* 6 τοὺς ἀνυμνοῦντας σε σκέπε.

151–152 ἐξ ἀντύγων οὐρανίων] Gr. Naz. Anth. 1.3

---

tr. 4] θ(εοτοκίον) in marg. | **Ἐξαποστειλάριον** Πρὸς τὸ ὁ οὐρανὸν τοῖς ἄστροις in marg.

CANON III

Ὠιδὴ α΄

1. [1] Θείας ἀθανασίας, πάτερ ὅσιε,* [2] φερωνύμως ἀψευδῶς* [3] προεκλήθης ὡς ὑπάρχων* [4] κληρονόμος τῆς ἄνω* [5] ζωῆς καὶ βασιλείας* [6] *καὶ θεαρέστως ἔμελπες·* [7] *«ᾄσωμεν τῷ κυρίῳ·* [8] *ἐνδόξως γὰρ δεδόξασται».*

2. [1] Εἴληφας ἀπὸ βρέφους, πάτερ ὅσιε,* [2] τὸν ζυγὸν τὸν ἐλαφρὸν* [3] τοῦ κυρίου ἐπ᾽ αὐχένος* [4] τῶν ἐντολῶν τε φύλαξ* [5] τῶν τούτου ἀνεδείχθης* [6] *καὶ θεαρέστως ἔμελπες·* [7] *«ᾄσωμεν τῷ κυρίῳ·* [8] *ἐνδόξως γὰρ δε⟨δόξασται».⟩*

3. [1] Ἵνα τὰ ἐπὶ γῆς νεκρώσῃς μέλη σου,* [2] τὴν πατρίδα σου λιπὼν*
208ᵛ [3] ἐπὶ ξένης βιοτεύειν* [4] σὺ προείλου πανσόφως* [5] ἐν ὄρεσι δια||τρίβων*
[6] *καὶ θεαρέστως ἔμελπες·* [7] *«ᾄσωμεν τῷ ⟨κυρίῳ·* [8] *ἐνδόξως γὰρ δεδόξασται».⟩*

4. [1] Ὅλον ἀνανεῶν ἐμὲ τὸν ἄνθρωπον* [2] ἀποτίκτεται ἐκ σοῦ,* [3] θεοτόκε, ὁ δεσπότης* [4] καὶ καινίζει τὴν κτίσιν* [5] ἡμῖν τοῖς ἀνυμνολογοῦσι* [6] *καὶ θεαρέστως μέλπουσιν·* [7] *«ᾄσωμεν τῷ κυρίῳ·* ⟨[8] *ἐνδόξως γὰρ δεδόξασται».⟩*

Ὠιδὴ γ΄

1. [1] Νῦν τὸ ἄϋλον* [2] ἡ σὴ ψυχὴ κατοικίαν* [3] ἀνάκτορον ἔλαχε τῆς ὑπερθέου* [4] θείας δόξης, ἱερὲ Ἀθανάσιε.

ᾠδὴ α΄ tr. 2.1–3] Mt 11, 29–30 | tr. 3.1] Col 3, 5 | tr. 3.3 ἐπὶ ξένης βιοτεύειν] Pl. Lun. 79.7 | tr. 3.5 ἐν ὄρεσι διατρίβων] Hebr 11, 38

---

tit. Ἕτερος κανὼν εἰς τὸν ἅγιον Ἀθανάσιον πατριάρχην Κωνσταντινουπόλεως φέρων ἀκροστιχίδα τήνδε· θεῖον Ἀθανάσιον ὑμνῶ προφρόνως, ἐν δὲ τῇ θ΄ ᾠδῇ Ἀμήν. Θεοκτίστου in marg. **ᾠδὴ α΄** ἦχος γ΄, Χέρσον ἀβυσσοτόκον in marg. **ᾠδὴ γ΄** Τὸ στερέωμα in marg.

2. [1] Ἀναβάσεσι* [2] τῆς πρακτικῆς θεωρίας* [3] ἐπλούτησας, ἅγιε, τὴν βασιλείαν* [4] τῆς Τριάδος, ἱερὲ Ἀθανάσιε.

3. [1] Θείοις ἔργοις σου* [2] καταβαλὼν πᾶσαν πλάνην* [3] αἱρέσεων, ἅγιε, κακοδοξίας,* [4] πρὸς τὸ φῶς τὸ νοητὸν ἐξεδήμησας.

4. [1] Ἀδιάφθορε,* [2] τῶν ἐπὶ σοὶ πεποιθότων* [3] καταύγασον, δέσποινα, τὰς διανοίας* [4] καὶ ὁδήγησον πρὸς τρίβον οὐράνιον.

Κάθισμα

[1] Θείοις λόγοις σου, πατέρων κλέος,* [2] θείαις πράξεσιν, ἱερομύστα,*
[3] τὴν ἐκκλησίαν ἱερῶς κατεκόσμησας* [4] καὶ πρὸς νομὰς ζωηφόρους || 209r
ὡδήγησας* [5] τοὺς ἑπομένους ταῖς σαῖς εἰσηγήσεσι,* [6] πάτερ ὅσιε· Χριστὸν τὸν Θεὸν ἱκέτευε* [7] δωρήσασθαι ἡμῖν τὸ μέγα ἔλεος.

Ὠιδὴ δ΄

1. [1] Νοήματα* [2] πάνσοφα καρδίας ὄντως τῆς σῆς,* [3] τῶν διδαχῶν σου τῶν σεπτῶν* [4] καὶ πολιτείας βίου τὸ ἔνθεον σαφῶς* [5] τοὺς ὀρθοδόξους πάντας εὐφραίνει πλουσίως,* [6] πάτερ ἱερώτατε,* [7] καὶ ἀνυμνοῦσι τὸν πάντων Θεὸν καὶ κύριον.

2. [1] Ἀνέπτυξας* [2] πάσης τῆς γραφῆς τὸ βάθος, σοφέ,* [3] καὶ θησαυρὸν τὸν ἐν αὐτῇ* [3a] ἀναμοχλεύσας* [4] πᾶσι τὴν Τριάδα καλῶς* [5] ὀρθοτομεῖν ἐδίδασκες μονάδα* [6] ἄτμητον, ἰσότιμον,* [7] φωταγωγοῦσαν τὰ πάντα, μάκαρ, θεότητι.

3. [1] Σεσάρκωται* [2] ὁ προὼν ἐκ τῆς παρθένου Θεός,* [3] τῆς κιβωτοῦ δε προελθὼν τοῦ ἁγιάσματος* [4] νῦν ἁγιάζει σαφῶς* [5] τοὺς προσκυνοῦντας σήμερον* [6] πάντας Θεόν τε καὶ κτίστην καὶ κύριον* [7] σὺν τῷ Πατρί τε καὶ Πνεύματι ὁμοούσιον.||

ᾠδὴ γ΄ tr. 2.1–2 ἀναβάσεσι ... θεωρίας] Ps 83 (84), 6; cf. Gr. Naz. Jul. I, 113.6–11 **Κάθισμα** 4 πρὸς νομὰς ζωηφόρους ὡδήγησας] Th. Stud. MC 22.62.36 et 86.42.28; cf. Jh 10, 1–27 **ᾠδὴ δ΄** tr. 1.1–2 νοήματα ... καρδίας] Bar 2, 8 | tr. 3.3] cf. Ex 25,9 passim; Ps 131 (132), 8

Κάθισμα ἦχος γ΄ Θείας πίστεως in marg. **ᾠδὴ δ΄** Ἐκάλυψεν οὐρανούς in marg. | tr. 4] θ(εοτοκίον) in marg. | tr. 3.2 προὼν] πρὸ ὢν C | tr. 3.3 δε] sic C

Ὠιδὴ ε´

209v 1. [1] Ἰάματα νοσοῦσιν* [2] ἀναπηγάζει πᾶσιν ἡ σορός σου σαφῶς,* [3] ἐναντίαν πᾶσαν ἐλαύνεις κάκωσιν* [4] τῶν πόθῳ τιμώντων τὰ σά,* [4a] τοὺς ἀγῶνας καὶ τοῦ βίου τὸ λαμπρόν,* [5] *φωτὸς ἀνεσπέρου* γεγονὼς οἰκητήριον.

2. [1] Ὀλβίως, θεοφάντορ,* [2] μεμυημένος ἄρρητα μυστήρια σὺ* [3] τοῖς λαοῖς ἐλάλεις θεῖα διδάγματα* [4] ὡς πλάκας κατέχων ὁμοῦ* [4a] παλαιᾶς τε καὶ τῆς νέας ἱερῶς* [5] γραφῆς θεοπνεύστου τὰ θεόπνευστα λόγια.

3. [1] Νοητὸν μαργαρίτην* [2] ὡς ἀληθῶς ἐκτήσω ἐν καρδίᾳ τῇ σῇ,* [3] δι᾽ ὃν πάντα, μάκαρ, τὰ ὄντα δέδωκας,* [4] θεόφρον, λυθεὶς τῆς σαρκὸς καὶ ὡς ἄσαρκος βιώσας ἐπὶ γῆς,* [5] *φωτὸς ἀνεσπέρου* γεγονὼς οἰκητήριον.

4. [1] Ὑπέρτιμε παρθένε,* [2] καὶ μετὰ τόκον ἔγνωμεν μητέρα ἁγνήν·* [3] θεοτόκον ὅθεν σε ὀνομάζομεν* [4] κυρίαν ὡς οὖσαν πάντων* [4a] ἀσωμάτων Χερουβὶμ καὶ Σεραφὶμ* [5] καὶ τιμιωτέραν ἀσυγκρίτως, πανάχραντε.

Ὠιδὴ ϛ´

210r 1. [1] Μωσέα, πάτερ,* [2] ὡς νομοθέτην *Θεὸς* δεικνύ||ει σε δεύτερον* [3] ὁδηγοῦντα πάντας* [4] εἰς τὴν γῆν τῆς ἐπαγγελίας.

2. [1] Νέον σε Παῦλον* [2] ὡς ἀποστόλων* [2a] *Θεὸς* δεικνύει ὁμόσκηνον* [3] διδαχαῖς ἐνθέοις* [4] πρὸς Θεὸν ἡμᾶς ἀνυψοῦντα.

3. [1] Ὡς ζῆλον ἔχων* [2] ἐν τῇ ψυχῇ σου* [2a] τὸν Ἠλιού, ἱερώτατε,* [3] διελέγχεις πάντας* [4] ἀδικεῖν κακῶς αἱρουμένους.

4. [1] Παρθένε κόρη,* [2] ἀνερμηνεύτως* [2a] *Θεὸν* τεκοῦσα κεκλήρωσαι* [3] θεοτόκος μόνη* [4] ὀνομάζεσθαι παραδόξως.

ᾠδὴ ε´ tr. 2.2 μεμυημένος ἄρρητα μυστήρια] 2 Co 12, 4 | tr. 2.4] cf. Ex 31, 18 passim | tr. 3.1–3] cf. Mt 13, 45–46 | tr. 3.5 φωτὸς ... οἰκητήριον] locus comm. | tr. 4.4a–5] HR 14 **ᾠδὴ ϛ´** tr. 1] Ex 3, 7–12 et Ex 20, passim | tr. 3] 3 Reg 19, 10–14

ᾠδὴ ε´ Ὡς εἶδεν Ἠσαΐας in marg. | tr. 2.2 ἄρρητα] ἄριστα C **ᾠδὴ ϛ´** Ἐβόησέ σοι* ἰδών in marg. | tr. 4] θ(εοτοκίον) in marg.

Κοντάκιον

[1] Τὸν ἐν πρεσβείαις θερμότατον ἱεράρχην* [2] καὶ τῶν νοσούντων ἑτοιμότατον ἰατῆρα,* [3] πάντες Ἀθανάσιον εὐφημήσωμεν·* [4] ὡς γὰρ Θεοῦ θεράπων* [5] καὶ ποιμὴν ἀληθέστατος* [6] πρεσβεύει ἀπαύστως* [7] ὑπὲρ πάντων ἡμῶν.

Ὠιδὴ ζʹ

1. [1] Ῥεύμασι πανσόφων λόγων σου* [2] ἀρδόμενος, μακάριε,* [3] ὁ λαὸς
τῶν ὀρθοδόξων ἀνεβλάστησεν* [4] ἀρετῶν εὐκαρ||πίαν* [5] καὶ συμφώνως 210v
κραυγάζει·* [6] «*εὐλογητὸς ὁ Θεός, ὁ* ⟨*τῶν πατέρων ἡμῶν*».⟩

2. [1] Ὅλην ἀνδρικῶς* [2] ἐξέτεμες τῶν ἀδικούντων, ἅγιε,* [3] τῇ μαχαίρᾳ τῇ τῶν λόγων σου κακόνοιαν* [4] καὶ ἐδίδαξας τούτους* [5] εὐσεβῶς ἀναμέλπειν·* [6] «*εὐλογητὸς ὁ Θεός, ὁ τῶν* ⟨*πατέρων ἡμῶν*».⟩

3. [1] Φέρων ἐν ἀσκήσει, ἅγιε,* [2] καρτερίαν ἀσύγκριτον* [3] σιωπῶν τε καὶ φθεγγόμενος ἐδίδασκες* [4] καὶ ὁρώμενος πλέον* [5] καὶ ἐπαίδευσας ψάλλειν·* [6] «*εὐλογητὸς ὁ Θεός, ὁ τῶν* ⟨*πατέρων ἡμῶν*».⟩

4. [1] Ῥώμην, θεοτόκε ἄχραντε,* [2] πάντας τοὺς ἀνυμνοῦντας σε* [3] περιζώσασα, παρθένε, διαφύλαττε* [4] τοὺς βοῶντας σοι πόθῳ·* [5] «ὑπερύμνητε χαῖρε,* [6] εὐλογημένη ἁγνὴ θεογεννήτρια».

Ὠιδὴ ηʹ

1. [1] Ὀλβίου φωτὸς κληρονόμος* [2] ὡς τῆς ἐκκλησίας ποιμενάρχης* [3] καὶ δογμάτων ὀρθοδόξων πρόμαχος μέγας* [4] γεγονώς, μακάριε, ἀνεβόας·* [5] «πάντα τὰ ἔργα ὑμνεῖτε ⟨*τὸν κύριον** [6] *καὶ ὑπερυψοῦτε** [7] *εἰς πάντας τοὺς αἰῶνας*».⟩

2. [1] Νέος σὺ φωστὴρ ἀνεφάνης* [2] ὡς τὴν ἐκκλησίαν καταλάμπων ἀϊδίως* [3] ταῖς ἀκτῖσι σου τῶν θαυμάτων πᾶσι* [4] τοῖς προστρέχουσι καὶ βοῶσι·* [5] «πάντα τὰ ἔργα ⟨*ὑμνεῖτε τὸν κύριον** [6] *καὶ ὑπερυψοῦτε** [7] *εἰς πάντας τοὺς αἰῶνας*».⟩||

ᾠδὴ ζʹ tr. 2.1–4] Hebr 4, 12 **ᾠδὴ ηʹ** tr. 1.1 ὀλβίου φωτὸς] locus comm.

Κοντάκιον ἦχος βʹ Τὴν ἐν πρεσβείαις in marg. **ᾠδὴ ζʹ** tr. 4] θ(εοτοκίον) in marg. | tr. 4.2 ἀνυμνοῦντας σε] sic C **ᾠδὴ ηʹ** Ἀστέκτῳ πυρί in marg.

211r 3. [1] Ὡς ὄντως φαιδρός σου ὁ βίος,* [2] ἀλλὰ καὶ τὰ θαύματα φαιδρότερα, θεόφρον,* [3] καθεκάστην ἅπερ ὁρῶμεν* [4] σοῦ ἐν τῷ λειψάνῳ καὶ ἐκβοῶμεν·* [5] «πάντα τὰ ἔργα ὑμνεῖτε ⟨*τὸν κύριον** [6] *καὶ ὑπερυψοῦτε** [7] *εἰς πάντας τοὺς αἰῶνας*».⟩

4. [1] Σὲ πάντες πιστοί, θεοτόκε,* [2] νῦν μακαριοῦμεν, ὡς προέφης, ἐπαξίως* [3] καθεκάστην σοι, καὶ ἐκβοῶμεν·* [4] «χαῖρε, πάντων δέσποινα καὶ κυρία,* [5] χαῖρε, μόνη παντευλόγητε* [6] καὶ δεδοξασμένη* [7] *εἰς πάντας τοὺς αἰῶνας*».

Ὠιδὴ θ´

1. [1] Ἀΰλῳ φωτὶ τοῦ πνεύματος* [2] ἀΰλως φωτισθεὶς τὴν ψυχὴν* [3] *πᾶν* εἶδος τῆς κακίας* [4] ἀπεκρούσω, μάκαρ, νουνεχῶς* [5] καὶ βοηθῶν οὐκ ἐπαύσω τὴν τῶν πενήτων πληθὺν* [6] καὶ διὰ τοῦτο σε πάντες* [7] ὁμοφρόνως μακαρίζομεν.

2. [1] Μονὰς οὐρανίους ἔφθασας,* [2] ἔνθα πατριαρχῶν οἱ χοροὶ* [3] καὶ πάντων τῶν ἁγίων ἡ πληθὺς γεραίρουσα σαφῶς* [4] Χριστὸν *πρωτότοκον Λόγον,** [5] *Πατρὸς ἀνάρχου Υἱόν,** [6] καὶ σὺν αὐτοῖς περιχαρῶς* [7] νῦν χορεύεις ἀγαλλόμενος.||

211v 3. [1] Ἡμᾶς τοὺς ὑμνοῦντας πόθῳ σε,* [2] μάκαρ, δεχόμενος εὐμενῶς* [3] προσάγαγε κυρίῳ* [3a] σεσωσμένους, ἅγιε, ταῖς σαῖς* [4] ἱερωτάταις πρεσβείαις* [5] καὶ στῆσον ἐκ δεξιῶν* [6] τοῦ ποιητοῦ τῶν ἁπάντων* [7] ἐν ἡμέρᾳ τῆς ἐτάσεως.

4. [1] Νεφέλη φωτὸς ὁλόφωτε,* [2] τοῦ Λόγου φλογοφόρε λαβίς,* [3] ἡ μόνη τὴν σοφίαν τοῦ Πατρὸς* [3a] τεκοῦσα ἀληθῶς,* [4] τοῦ σοφιστοῦ τῆς κακίας* [5] φυγεῖν ἀξίωσον νῦν* [6] ἐπιβουλάς με παντοίας,* [7] ἵνα πόθῳ *μεγαλύνω σε.*

---

tr. 4.2] cf. Lc 1, 48 **ᾠδὴ θ´** tr. 4.1 νεφέλη φωτός] cf. Ex 13, 21 passim | tr. 4.2 τοῦ Λόγου φλογοφόρε λαβίς] cf. Is 6, 6–7; Eph. Syr. Th. 366.7

ᾠδὴ θ´ Ἐν νόμῳ σκιᾷ. Ἀμὴν in marg. | tr. 4] θ(εοτοκίον) in marg.

Ἐξαποστειλάριον

1 Οἱ *μαθηταί* σου κύκλῳ νῦν* 2 παρεστῶτες τῆς λάρνακος* 3 τῆς θείας,
ὦ ἱεράρχα,* 4 ᾄδουσι καὶ πόθῳ σοι ἐκβοῶσι·* 5 «πάτερ ἡμῶν μνημό-
νευε* 6 τῶν μεμνημένων σου πίστει* 7 καὶ σῶσον πάντας εὐχαῖς σου».

Ἐξαποστειλάριον Πρὸς τὸ Τῶν μαθητῶν in marg.

CANON IV

212r Ὠιδὴ α΄

Θείῳ καλυφθεὶς Ἀθανάσιος *γνόφῳ**
ὑπηγόρευσε σωτηρίας τὴν τρίβον·*
ἰλὺν γὰρ ἐκτινάξας πάσης κακίας*
ὁρᾷ τὸν ὄντα καὶ Θεοῦ Θεὸν Λόγον,*
ὃν καὶ *γεραίρει ἐνθέοις τοῖς ᾄσμασιν.*

Ἔφη τοῖς λαοῖς ὁ μέγας ἱεράρχης:*
«*νοσφισμὸν* οὐδεὶς ὑποστήσεται, *φίλοι*,*
Θεοῦ φυλάξας ἐντολὰς ἀραρότως·*
ταύτας τηρήσας, Ἀθανάσιε μάκαρ,*
πᾶσαν ἐδέξω *τὴν χάριν* τοῦ πνεύματος».

Ὄρους βεβηκὼς τῶν ἀρετῶν ὁ μέγας*
πανυπέρφωτον *ἐκτελεῖ τὴν καρδίαν*,*
ποίμνην δὲ θεαρέστως καθοδηγήσας*
νομὰς εἰς θείας οὐρανῶν τὰς ἐπαύλεις*
οἰκεῖν παρέσχε τοῖς τούτῳ πειθαρχοῦσι.

Ἄρρητον βροτοῖς, παρθένε, σοῦ τὸ θαῦμα·*
φύσει γὰρ θνητῇ τὴν ἀθάνατον φύσιν*
πᾶσαν ὑπερβέβηκας τὴν τῶν ἀγγέλων*
ἐν ἁγιασμοῦ καθαρότητι ξένῃ·*
ὅθεν ὑμνεῖν σε τίς ἀξίως οὐ σθένει.||

ᾠδὴ α΄ 13–15] cf. Jh 10, 1–27

---

tit: Ἕτερος κανὼν εἰς τὸν ἅγιον Ἀθανάσιον τὸν νέον πατριάρχην Κωνσταντινουπόλεως· καὶ οὗτος ἰαμβόκροτος ἢ χορίαμβος διαφόροις μέτροις ἐνασμενίζων. Θεοκτίστου in marg.   **ᾠδὴ α΄** ἦχος δ΄ Θείῳ καλυφθεὶς ὁ βραδύγλ⟨ωσσος⟩ in marg. | tr. 4] θ(εοτοκίον) in marg. | 20 τίς] sic C, indefinitum intelligendum

Ὠιδὴ γ´

Ἔρρηξε ψυχῶν *ἠτεκνωμένων πέδας** 212v
δείξας Ἀθανάσιος *εὐτεκνουμένας*,*
ἀναχαιτίσας τὴν λύμην τῆς κακίας*
μόνῃ προσευχῇ συντόνῳ κεχρημένος*
πρὸς τὸν δυνάστην καὶ Θεὸν τῶν γνώσεων.

Ἄληπτος ἐστὶν ἡ πρόνοια τοῦ κτίστου·*
ὅνπερ *γὰρ* προώρισε πρὸ τοῦ πλασθῆναι,*
σοφῶς τεθεικὼς ἐν θώκοις ὑπερτάτοις*
ἐκ *τῆς βαθείας νυκτὸς ἐξαίρει* πάντας*
λαοὺς ἀπείρους τῷ λόγῳ τῆς χάριτος.

Ἧν ὡς ἀληθῶς ἐν τῷ ποιμένι *φάος**
τὸ πανσθενουργόφωτον τοῦτον ἰθύνον*
τρίβον οὐρανοὺς τὴν φέρουσαν συντόνως*
κἀκεῖσε πέλων θεϊκαῖς φρυκτωρίαις*
αὐγάζει πάντας θαυμάτων ταῖς λάμψεσιν.

Ἔρρηξε δεσμὰ τὰ τοῦ θανάτου, κόρη,*
ὁ σὸς υἱός, δέσποινα, σκυλεύσας τοῦτον·*
λῦσον μου καὶ σὺ δεσμοὺς ἀμπλακημάτων,*
ὑπεράγαθε μήτηρ ὑπεραγάθου,*
ἵν᾽ ἐξᾴδω σοι χαριστηρίους ὕμνους.

Ὠιδὴ δ´ || 213r

Θύτης ἐν θύταις ὄντως ἐξάρχων πάντων,*
μάκαρ, ἀληθῶς ἐφάνης ἐν ποιμέσι,*
καταλαμπρύνων πάντας ἐπιστημόνως*
νημερτῶς τοῖς λόγοις σου τοῖς θεοπνεύστοις*
ᾄδουσι «*δόξα*» σὺν σοὶ τῷ Θεῷ ἡμῶν.

ᾠδὴ γ´ 27 προώρισε] Rm 8, 29–30; Eph 1, 5 et 1, 11

ᾠδὴ γ´ Ἔρρηξε γαστρός in marg. | 26 Ἄληπτος ἐστὶν] Ἀληπτός ἐστιν C, metri causa correxi; cf. Eust. Com. Pent. 245 | 27 πλασθῆναι] πλαστήναι C | tr. 4] θ(εοτοκίον) in marg. **ᾠδὴ δ´** Ἄναξ ἀνάκτων in marg.

Λουτρῷ δακρύων σμηχόμενος, παμμάκαρ,*
λόγοις θεϊκοῖς καθάρας τε τὴν *φύσιν**
ὀμβροβλυτεῖς τὰ ῥεῖθρα νῦν τῶν θαυμάτων*
τοῖς πίστει προστρέχουσι τῷ σῷ λειψάνῳ,*
ἐπισφραγίζων τὴν δόξαν ἣν ἔφθασας.

Κάμπτει τοὺς πάντας ἡ χάρις τῶν θαυμάτων*
τοῖς σοῖς λειψάνοις, ἀρχιθύτα, πλουσίως·*
δέρκοντες ἅπερ νητρεκῶς δεδειγμένα*
δόξαν ἀναπέμπουσι τῷ πανταιτίῳ·*
ἔλαμψε γάρ σε* *ἡ χάρις τοῦ πνεύματος*.

Τελεῖσθε πάντες τῇ πανάγνῳ παρθένῳ,*
ὅσοι λατρευταὶ τῆς τριφεγγοῦς οὐσίας·*
ὑπερφυῶς γὰρ ἔτεκεν ὑπὲρ λόγον*
τὸν ἐκ τοῦ πατρὸς ἀχρόνως γεννηθέντα*||
213v νέμοντα πᾶσι *τὴν χάριν τοῦ πνεύματος*.

Ὠιδὴ ε´

Λυτήριον κάθαρσιν ὡς ποιμενάρχης*
λαβὼν ἐκ Θεοῦ δεσμοὺς ἀμπλακημάτων*
λῦσον καὶ δεῖξον ἡμᾶς ἐνθέῳ πόθῳ*
ὡς *τέκνα φωτόμορφα τῆς ἐκκλησίας**
ῥεραντισμένα τῇ δρόσῳ τοῦ πνεύματος.

Καθώσπερ ηὐδόκησεν ὁ παντοκράτωρ *
κρατεῖν ᾠκονόμησε σὲ καὶ ποιμαίνειν*
τὴν ἐκκλησίαν, ὑπὲρ ἧς φιλανθρώπως*
αὐτὸς κατεδέξατο παθεῖν, ὡς οἶδε·*
κατ᾽ ἴχνος οὗπερ ἐβάδισας ἐνθέως.

Ἰῆτο τοῖς λόγοις σου τοῖς θεοπνεύστοις*
λαὸς ὁ φιλόχριστος ἐξ ἁμαρτίας·*
χαὐτῷ γὰρ τὰ πρόσφορα σαφῶς ὡμίλεις*

ᾠδὴ ε´ 61–63] cf. Mt 16, 19; 18, 18; Jh 20, 22–23

---

tr. 4] θ(εοτοκίον) in marg. **ᾠδὴ ε´** Λυτήριον κάθαρσιν in marg. | 67 σὲ] sic C

οἶμον δεικνύων τὴν ἄγουσαν ἐκεῖθεν*
σκηνὰς εἰς τέρμα μήποτε δεχομένας.

Λυτήριον, δέσποινα, σὴν προστασίαν,*
λιμένα σωτήριον ἄκλυστον πάντῃ*
ἐφευρηκότες οἱ γηγενεῖς, παρθένε,*
νῦν ἐξαιτοῦμεν τῇ σκέπῃ σου τῇ θείᾳ*
περιφρουρεῖσθαι παντοίων ἐκ κινδύνων.

Ὠιδὴ ς΄ 214r

Ἱλασμὸν ἡμῖν κατάπεμψον ὑψόθεν*
ὡς ποιμὴν καὶ πρόστηθι τοῦ σοῦ ποιμνίου,*
ἵν᾽ ἀφαρπάσῃς θηρὸς ἐκ βροτοκτόνου*
στέρνων σὸν λαὸν εἰς μάνδρας εἰσελεύσας*
πάντας τῆς Ἐδὲμ *παγγενεὶ* σεσωσμένους.

Ἱμερτὸν ἡμῖν προστρέχειν σῷ λειψάνῳ*
ὡς πηγὴν ἀένναον τῶν χαρισμάτων*
θεοδωρήτως *πάντοθεν* πεφυκότι,*
ὕλης νοσερᾶς *καυστικὸν μολυσμάτων**
βλάβης *τε πάσης ῥυπτικὸν* παραδόξως.

Ὀρεκτὸν ἀξίωμα τῆς ἐκκλησίας*
πρὸς Θεοῦ δεξάμενος, ἱερομύστα,*
– *γνώρισμα* τοῦτο τῆς ἀρετῆς σου μέγα – *
πᾶσιν ἐμφανῶς ἐνέφηνεν ὁ κτίστης*
ποιμένα σοφόν, οἷον ὁ Παῦλος γράφει.

Ἱλασμὸν ἡμῖν, παρθένε θεοτόκε,*
εὐμενῶς κατάπεμψον ὡς εὐεργέτις,*
ἵνα ῥυσθέντες τῶν βρόχων τοῦ Βελίαρ*
καὶ φωτισθέντες τοῦ τοκετοῦ σου φέγγει*
τοῦ σκότους ἐκφύγωμεν τοῦ αἰωνίου.||

ᾠδὴ ς΄ 82 πρόστηθι ... ποιμνίου] Gen 25, 17 passim | 84–85] cf. Jh 10, 1–27 | 95] cf. Hebr 7, 26

---

tr. 4] θ(εοτοκίον) in marg. **ᾠδὴ ς΄** Ἱλασμὸς ἡμῖν Χριστέ in marg. | 85 παγγενεὶ] παγγενῆ C | σεσωσμένους] σεσωσμένας C

Κοντάκιον

214v [1] Τῷ ἀπὸ βρέφους τῷ Θεῷ ἀκολουθήσαντι καὶ ἐν ἀσκήσει ὁλικῶς εὐαρεστήσαντι* [2] ἑορτάζομεν ἡ ποίμνη σου, θεοφόρε* [3] Ἀθανάσιε, πατέρων ἐγκαλλώπισμα,* [4] ἱεράρχα δὲ καὶ φίλε τοῦ Θεοῦ ἡμῶν·* [5] ἀλλὰ πρέσβευε ὑπὲρ ἡμῶν,* [6] πάτερ θεόπνευστε.

Ὠιδὴ ζ΄

Σύμφωνον ἀνέπεμπες ὑμνολογίαν*
σέβειν τὰ προστάγματα τὰ τοῦ δεσπότου,*
*τὴν τοῦ παρακλήτου δὲ φωσφόρον χάριν**
εἰσδεδεγμένος ἐδίδασκες τοὺς πάντας*
ἀναβοᾶν «δόξα σοι, Τριὰς ἁγία».

Φωνὴν ἀρχιποίμενος ἀκηκοότες*
ἔφασκον «προφθάσωμεν» οἱ λαοὶ πόθῳ,*
ῥήσεις ἐπαΐοντες τῆς θεοπνεύστου*
διδασκαλίας τοῦ θείου ποιμενάρχου,*
τῷ σωτῆρι μέλποντες· «*εὐλογητὸς εἶ*».

Θέσπιν προηγόρευσεν ὁ ἱεράρχης*
ἔνθους Ἀθανάσιος θεομηνίαν,*
ἥτις κλόνῳ γῆς φρικτῷ συνετελέσθη*
καὶ τοὺς κρατοῦντας ἐξέπληξε βοῶντας*
«ὁ βλέμματι γῆν σείων, *εὐλογητός εἶ*». ||

215r *Τριττὴν μὲν* ἑώρακε ταξιαρχίαν*
ἐν ἀγγέλων τάγμασι διῃρημένην*
καὶ σὺν ταύταις νῦν συμψάλλων τῇ παρθένῳ*
ὁ ποιμενάρχης καὶ θεοτόκῳ μέλπει*
δόξαν ἀκατάπαυστον εἰς τοὺς αἰῶνας.

ᾠδὴ ζ΄ 115 ὁ ... σείων] Ps 103 (104), 32 | 116–117] cf. Ar. CH 26, 11–27,3

Κοντάκιον ἦχος πλ. δ΄· Τῇ ὑπερμάχῳ in marg. **ᾠδὴ ζ΄** Σύμφωνον ἐθρόησεν in marg. | 115 εὐλογητός εἶ] sic C | tr. 4] θ(εοτοκίον) in marg.

Ὠιδὴ η΄

Λύει τὰ δεσμὰ τῆς ἁμαρτίας *πάλιν**
ὄντως Ἀθανάσιος καὶ μετὰ τέλος*
καὶ θαυμάτων χάριτας ἡμῖν ἐκπέμπει,*
τοῖς προσιοῦσι τούτῳ μετ᾽ εὐλαβείας,*
βοῶσιν «εὐλογεῖτε τὸν πάντων *κτίστην*».

Μνήμην τῶν φρικτῶν θεωριῶν ὁ μέγας*
ἔχων ἐπὶ νοῦν τοῖς ὄχλοις ἀνεφώνει·*
«μετανοεῖτε σὺν καθήκοντι τρόμῳ*
τοὺς βιωτικοὺς κυδοιμοὺς ἐκφυγόντες,*
ὅπως φλόγα φύγητε τὴν αἰωνίαν».

Σωτηριωδῶς ἐδίδασκεν ὁ μέγας·*
«*φῶς αὐτολαμπὲς* εἰσδέξασθε πλησμίως*
οἱ τὰς ἐντολὰς νητρεκῶς συντηροῦντες*
τιμῆεν ὡς ἄημα πάντας ἀστράπτον*
ὡς θεραπευτὰς γνησίους τοῦ δεσπότου». ||

Ἧισε προφητῶν θεοφόρητον *στόμα** 215v
σὸν ὑπερφυῆ, παρθένε, θεῖον τόκον·*
Υἱὸν γὰρ *κόλπων πατρικῶν προηγμένον**
δέρκομεν *σέθεν* ἐκ κόλπων προελθόντα,*
στερρὰν *ἐνανθρωπήσεως πιστοῖς* δόξαν.

Ὠιδὴ θ΄

Χαίροις, αὔχημα ποιμεναρχῶν καὶ *κλέος*·*
ἅπαν γὰρ ἀπύλωτον τοῦ φθόνου *στόμα**
ἐμφράττεται βλέπον σου τὸ θεῖον δέμας,*
ἰλιγγιᾷ δὲ νοῦς ἅπας ἐχεφρόνων*
σαφῶς βλέπων σου τὰ θεῖα τεράστια.

ᾠδὴ η΄ 121] cf. Mt 16, 19; 18, 18; Jh 20, 22–23 | 128 μετανοεῖτε] Mt 3, 1–2 | 129 βιωτικοὺς κυδοιμούς] cf. Gr. Ant. Ep. 4.183.2

ᾠδὴ η΄ Λύει τὰ δεσμὰ καί in marg. | 130 φύγητε] φύγοιτε C | tr. 4] θ(εοτοκίον) in marg. **ᾠδὴ θ΄** Χαίροις ἄνασσα in marg.

Ὕδειν ἔοικε ποιμενάρχην τὸν μέγαν·*
μόνος γὰρ ἐν δίνῃσι καρδίας Πνεῦμα*
ἔσχεν *ἀλθαῖνον* τὸ ποίμνιον ἐν λόγοις,*
λόγοις ἀναψύχουσι τοὺς καυσουμένους*
δεινῷ καύσωνι τῆς δεινῆς ἁμαρτίας.

Ὅσους ἔφθασε πρὸς ζωὴν ὁδηγήσας*
θείαις εἰσηγήσεσιν ὁ ποιμενάρχης,*
ὀθνείαν ἀλλοίωσιν τηλαυγεστάτην*
ἀλλοιωθέντες βαδίζουσι συντόνως*
ὁδὸν φέρουσαν πρὸς φῶς τὸ ἀνέσπερον. ||

216r *Χαῖρε*, δέσποινα, Χερουβὶμ ὑπερτέρα·*
ἅπαν γὰρ ἐγκώμιον ἐν σοί, παρθένε,*
ῥητόρων ἀνίσχυρον ἐφάνη πάντως*
ἐγκωμιᾶσαι μὴ φθάνον ὥσπερ δέον*
σὲ τὴν ἀληθῶς μητέρα τοῦ δεσπότου.

Ἐξαποστειλάριον

1 Ἀρχιερέων κῦδος* 2 καὶ μοναζόντων ἀπλανὴς* 3 σὺ ὁδηγὸς ἀνεφάνης,* 4 ἀδικουμένων βοηθὸς* 5 καὶ πενομένοις ἀφθόνως* 6 παρέχων τὰ πρὸς τὴν χρείαν.

ᾠδὴ θ´ 153 ὀθνείαν ἀλλοίωσιν] Ps. 76, 11

---

tr. 4] θ(εοτοκίον) in marg. | **Ἐξαποστειλάριον** Πρὸς τὸ Ὁ οὐρανὸν τοῖς ἄστροις in marg.

CANON V

Ὠιδὴ α΄

1. [1] *Χοροὶ* ἱερῶν ποιμένων ὁμοῦ* [2] ἅμα μονασταῖς καὶ πιστῷ λαῷ νῦν ἀθροίσθητε* [3] ἐπαινέσαι, δοξάσαι* [4] ἱερῶς τὸν θεῖον Ἀθανάσιον, ὡς θέμις,* [5] *ἐν ἀγαλλιάσει* λέγοντες·* [6] «*ᾄσωμεν τῷ Θεῷ ἡμῶν, ὅτι* ⟨*δεδόξασται*».⟩

2. [1] Ἐν πέτρᾳ στερρᾷ τῆς πίστεως* [2] ἔχων ἡδρασμένον τὸν νοῦν σου,
μακάριε,* [3] ἐκλεκτὸς ὥσπερ λίθος* [4] τοῦ Χριστοῦ ἐκόσμησας σαφῶς
τὴν ἐκκλησίαν* [5] *ἐν ἀγα||λλιάσει* ψάλλουσαν·* [6] «*ᾄσωμεν τῷ* ⟨*Θεῷ* 216v
ἡμῶν, ὅτι δεδόξασται».⟩

3. [1] Ὁ νοῦς σου Θεοῦ προνοίᾳ, σοφέ,* [2] ὅλος καθαρθεὶς τῆς παθῶν δεινῆς ἀμαυρώσεως* [3] φωτοφόρος ἐφάνη* [4] καὶ λαοὺς ἐφώτισας ποιμάνας θεαρέστως* [5] *ἐν ἀγαλλιάσει* ψάλλοντας·* [6] «*ᾄσωμεν* ⟨*τῷ Θεῷ ἡμῶν, ὅτι δεδόξασται*».⟩

4. [1] *Χοροὶ* ἱερῶν παρθένων, ἁγνή,* [2] σήμερον ὁμοῦ μυστικὴν χορείαν στησάμενοι* [3] σὺν ἡμῖν ἐκβοῶσι·* [4] τὸ τοῦ κόσμου χαῖρε ἱλαστήριον, παρθένε·* [5] *ἐν ἀγαλλιάσει* κράζομεν·* [6] «*ᾄσωμεν τῷ Θεῷ ἡμῶν,* ⟨*ὅτι δεδόξασται*».⟩

Ὠιδὴ γ΄

1. [1] Αἴγλῃ καθαρθεὶς τοῦ πνεύματος* [2] καὶ τὴν θείαν τούτου *περιζωσάμενος δύναμιν** [3] ἀνεβόας· «*ἐστερεώθη** [4] *ἐν κυρίῳ ἡ καρδία μου*».

2. [1] Ῥώμῃ θεϊκῇ ῥωννύμενος* [2] σὺ τὴν τῶν δαιμόνων καταπεφρόνηκας *δύναμιν** [3] ἀναμέλπων· «*ἐστερεώθη** [4] *ἐν κυρίῳ ἡ καρδία μου*».

ᾠδὴ α΄ tr. 2.1 ἐν πέτρᾳ ... πίστεως] Ps. 39 (40), 2; CPC 189.1 (TR 641) passim
ᾠδὴ γ΄ tr. 1.2 περιζωσάμενος δύναμιν] Ps. 17, 33 et 40

---

tit. Ἕτερος κανὼν εἰς τὸν ἅγιον Ἀθανάσιον πατριάρχην Κωνσταντινουπόλεως. Θεοκτίστου in marg. **ᾠδὴ α΄** ἦχος δ΄ Χοροὶ Ἰσραὴλ ἀνίκμοις in marg. | tr. 4] θ(εοτοκίον) in marg. **ᾠδὴ γ΄** Τόξον δυνατῶν in marg.

3. [1] Κόσμος μοναστῶν γεγένησαι* [2] καὶ ἀρχιερέων σὺ φωτοφόρος διάκοσμος* [3] ἀναμέλπων· «*ἐστερεώθη** [4] *ἐν κυρίῳ ἡ καρδία μου*».||

217ʳ 4. [1] Ἅπας ἐγκωμίων ἥττηται* [2] νόμος ἐπὶ σοί, θεοκυῆτορ πανάμωμε·* [3] ὁ γὰρ λόγος ἐκ σοῦ, ὡς οἶδε,* [4] δι᾿ ἡμᾶς ἄνθρωπος γέγονεν.

Ὠιδὴ δʹ

1. [1] Καθωδήγεις, Ἀθανάσιε,* [2] τοὺς ἑπομένους σοι πρὸς τρίβους ζωῆς* [3] ὑποδεικνύων ταῖς διδαχαῖς σου,* [4] *ἵνα ἐκ πλάνης* πάσης ἐπιστρέψωσι* [5] *δόξαν* τῷ Θεῷ ἀναπέμποντες.

2. [1] Μυσταγωγήσας, παμμακάριστε,* [2] τὴν ἐκκλησίαν τοῦ *Χριστοῦ* ἱερῶς* [3] ἀρχιερέων καὶ μοναζόντων* [4] στίφη προσάγεις πάντοτε κραυγάζοντας·* [5] «*δόξα* ⟨*τῇ δυνάμει σου, κύριε*».⟩

3. [1] Νενοθευμένων ἠλευθέρωσας* [2] τὴν ἐκκλησίαν σὺ δογμάτων, σοφέ,* [3] ὡς ποιμενάρχης,* [3a] καὶ ἐντολῶν δε* [4] φύλαξ κυρίου μέλπων, ἱερώτατε·* [5] «δόξα τῇ δυνάμει σου, κύριε».

4. [1] Ὑπερύμνητε, πανένδοξε,* [2] παντὸς τοῦ κόσμου τὸ διάσωσμα,* [3] σὲ δυσωποῦμεν,* [4] *ἵνα* λυτρώσῃ πάντας τῆς κολάσεως,* [5] μόνη παντευλόγητε δέσποινα.

Ὠιδὴ εʹ

1. [1] *Ὁ τοῦ φωτὸς* τοῦ ἀΰλου* [2] τὴν ὑπέρλαμπρον δόξαν* [3] ὑπερφυῶς,
217ᵛ παμμάκαρ, κατοπτεύων τρανῶς* || [4] τὸν δημιουργὸν* [5] καθικετεύων μὴ ἐλλίπῃς ἑκάστοτε.

2. [1] Σὺ μιμητὴς ἀποστόλων* [2] ἀνεφάνης, παμμάκαρ,* [3] τῶν πειρασμῶν τὰς θλίψεις ὑποφέρων στερρῶς* [4] καὶ ἐν τῷ καιρῷ* [5] τῷ τῶν κινδύνων ἀπερίτρεπτος ἔμεινας.

---

tr. 3.2 ἀρχιερέων … διάκοσμος] cf. Ar. Ep. 8, 1 (1088 D) **ᾠδὴ δʹ** tr. 1.2 τρίβους ζωῆς] Prov 16, 17 **ᾠδὴ εʹ** tr. 2] cf. 1 Cor 4, 9ff; 2 Cor 11, 23ff

---

tr. 4] θ(εοτοκίον) in marg. **ᾠδὴ δʹ** Εἰσακήκοα τὴν ἔνδοξον in marg. | tr. 3.3 δε] sic C | tr. 4] θ(εοτοκίον) in marg. | tr. 4.3] colon deest, sed textus lacunosus non videtur, cf. Einleitung 6.2.3.6 p. 127–128 **ᾠδὴ εʹ** Ὁ τοῦ φωτὸς διατμήξας in marg.

3. [1] Τῆς ἀπαθείας τῷ πόθῳ* [2] τῶν παθῶν τὰς ἐφόδους* [3] καταβαλὼν γενναίως ἐν ἀσκήσει, σοφέ,* [4] τῷ δημιουργῷ* [5] ἀνακραυγάζεις· «πρὸς ζωὴν ἡμᾶς *ἴθυνον*».

4. [1] Τὴν ὑπεράγαθον κόρην,* [2] τὴν παρθένον καὶ νύμφην* [3] ὡς τοῦ φωτὸς μητέρα ὑμνοῦμεν πιστῶς* [4] κράζοντες αὐτῇ·* [5] *«ἐν τῷ φωτί σου τὰς ὁδοὺς ἡμῶν ἴθυνον»*.

Ὠιδὴ ς΄

1. [1] Παντευχίᾳ, μάκαρ,* [2] τοῦ πνεύματος, φραξάμενος* [3] προσβολαῖς ἐφάνης* [4] τῶν παθῶν ἀπαρασάλευτος.

2. [1] Δαψιλῶς τὴν χεῖρα* [2] ὑπανοίγων σὺ τοῖς πένησι* [3] τοῦ Θεοῦ τὴν χεῖρα* [4] σὲ φρουροῦσαν, μάκαρ, ἔσχηκας.

3. [1] Τῷ φωτὶ τῷ πρώτῳ* [2] παριστάμενος, θεόληπτε,* [3] φωτισμὸν θαυμάτων* [4] καταπέμπεις τοῖς ὑμνοῦσι σε.||

4. [1] Θεοτόκε κόρη,* [2] Παναγία μητροπάρθενε,* [3] τῶν παθῶν τὸ σκό- 218r
τος* [4] τῆς ψυχῆς μου ἐξαφάνισον.

Κοντάκιον

[1] Τὰ τέκνα τὰ σὰ* [2] περίσῳζε δεόμενος* [3] καὶ δίδου ποιεῖν* [4] ἐκ πάσης διαθέσεως* [5] τὴν σεπτὴν καὶ θείαν σου* [6] καὶ σεβάσμιον μνήμην τὴν σωτήριον,* [7] ὀρθοδοξίας ἄριστε ποιμήν,* [8] δογμάτων τῶν θείων ὁ διδάσκαλος.

Ὠιδὴ ζ΄

1. [1] *Περιχυθεὶς τῷ φωτὶ** [2] *τῆς ἀπροσίτου δόξης** [3] σαφῶς, παμμάκαρ Ἀθανάσιε,* [4] Χριστῷ ἀνεβόησας·* [5] *«ὁ τῶν πατέρων ἡμῶν Θεὸς ⟨εὐλογητὸς εἶ»*.⟩

ᾠδὴ ς΄ tr. 3.1 Τῷ φωτὶ τῷ πρώτῳ] locus comm.

---

tr. 4] θ(εοτοκίον) in marg. **ᾠδὴ ς΄** Ἐν τῷ θλίβεσθαί με in marg. | tr. 3.4 τοῖς ὑμνοῦσι σε] sic C | tr. 4] θ(εοτοκίον) in marg. **Κοντάκιον** ἦχος β΄ Τὰ ἄνω ζητῶν in marg. **ᾠδὴ ζ΄** Ἀβραμιαῖοι ποτὲ in marg.

2. [1] Πάρεσο μέσον ἡμῶν* [2] νῦν ἀοράτως, μάκαρ,* [3] καὶ δόξῃ θείᾳ καταφαίδρυνον* [4] ἡμᾶς ἀναμέλποντας·* [5] «*ὁ τῶν πατέρων ἡμῶν Θεός,* ⟨*εὐλογητὸς εἶ*».⟩

3. [1] Ὤφθης ποιμένων ποιμὴν* [2] καὶ μοναζόντων κλέος,* [3] ἀρχιερέων ἀκροθήνιον,* [4] μεθ' ὧν ἀνέμελπες·* [5] «*ὁ τῶν πατέρων* ⟨*ἡμῶν Θεός, εὐλογητὸς εἶ*».⟩

4. [1] Παρθενομῆτορ ἁγνή,* [2] τὸ τῶν δαιμόνων τραῦμα* [3] καὶ τῶν ἀγγέλων ἀγαλλίαμα,* [4] ἀνθρώπων διάσωσμα,* [5] τὴν ταπεινὴν ψυχήν μου ἐχθροῦ τῆς πλάνης ῥῦσαι.||

218v Ὠιδὴ η΄

1. [1] *Νεύματι τὸ πᾶν ὁ φέρων** [2] σοφὸν ποιμένα, μάκαρ, δεικνύει* [3] σαφῶς τὰ θεῖα πᾶσι λαοῖς* [4] πανσόφως ἐκδιδάσκοντα,* [5] καὶ τρίβον ζωῆς* [6] καθορῶντες εὐφραινόμενοι ἔψαλλον·* [7] «*εὐλογεῖτε πάντα τὰ ἔργα κυρίου τὸν κύριον*».

2. [1] Οἱ τῶν μαθητῶν σου δῆμοι* [2] *τῷ θείῳ πυρπολούμενοι ζήλῳ** [3] τὴν μνήμην σου τελοῦσι πιστῶς,* [4] παμμάκαρ ἱερώτατε,* [5] καὶ πόθῳ τῷ σῷ* [6] τετρωμένοι ἐν χαρᾷ ἀνακράζουσιν·* [7] «*εὐλογεῖτε πάντα τὰ ἔργα κυρίου τὸν κύριον*».

3. [1] Τὴν εὐλογημένην κόρην* [2] *τῷ θείῳ πυρπολούμενοι ζήλῳ** [3] ὑμνήσωμεν ὡς οὖσαν σαφῶς* [4] μητέρα τοῦ παντάνακτος* [5] καὶ «χαῖρε» αὐτῇ* [6] κατὰ χρέος ἐκβοήσωμεν κράζοντες:* [7] «*εὐλογεῖτε πάντα τὰ* ⟨*ἔργα κυρίου τὸν κύριον*».⟩||

ᾠδὴ ζ΄ tr. 4.2 δαιμόνων τραῦμα] Acath. 141, 42–43 **ᾠδὴ η΄** tr. 1.1 Νεύματι τὸ πᾶν ὁ φέρων] 2 Ma 8, 18 | tr. 1.5 τρίβον ζωῆς] Prov 16, 17 | tr. 2.5–6 πόθῳ τῷ σῷ τετρωμένοι] cf. Cant 2, 5 et 5, 8

ᾠδὴ η΄ Οἱ ἐν Βαβυλῶνι παῖδες in marg. | post tr. 2 lacunam habet C

Ὠιδὴ θʹ 219r

1. [1] *Ὁ* ζῆλος *σου* ἄπειρος *ἐδείχθη·** [2] *Θεὸν γὰρ* ποθήσας, ἱεράρχα,* [3] τὰ προστάγματα τούτου* [4] *ἐπὶ γῆς* μετὰ *ἀνθρώπων* ἔσπευσας, μάκαρ* [5] διαφυλάξαι* [5a] ὥσπερ ἄλλος οὐδεὶς πώποτε.

2. [1] Βεβαίας λαβὼν τὰς ἀντιδόσεις,* [2] ὧν πρὶν τὰς ἐμφάσεις ὑπεδέχου,* [3] καὶ ἀρρήτῳ τῇ δόξῃ* [4] οὐρανοὺς περιπολεύων σὺν τοῖς ἀγγέλοις* [5] μέμνησο πάντων* [5a] τῶν ἐκ πόθου εὐφημούντων σε.

3. [1] Πηγάζει θαυμάτων θεῖα ῥεῖθρα* [2] σορὸς τῶν λειψάνων σου, τρισμάκαρ,* [3] ἡ πανέντιμος αὕτη* [4] τοῖς πιστοῖς καὶ προσιοῦσι δίδωσι λύσιν* [5] τῶν νοσημάτων,* [5a] ἰατρεῖον ὥσπερ ἄμισθον.

4. [1] Φωτί με καταύγασον τῷ θείῳ,* [2] φωτὸς οἰκητήριον, παρθένε,* [3] τῶν παθῶν μου τὸ σκότος* [4] καὶ τῶν ἡδονῶν τὴν βαθυτάτην ὄντως νύκτα,* [5] θεοκυῆτορ Παναγία, ἀπελαύνουσα. ||

Ἐξαποστειλάριον 219v

[1] Πανήγυρις χαρμόσυνος* [2] καὶ ἱερὰ ἐφέστηκε* [3] πιστῶν τὰ στίφη καλοῦσα* [4] ᾀσματικὴν εἰς χορείαν·* [5] δράμετε, δεῦτε, ἥκετε* [6] καὶ πόθῳ συναθροίσθητε* [7] ὕμνοις, ψαλμοῖς τε ἅπαντες* [8] Ἀθανασίου τὴν μνήμην* [9] πνευματικῶς ἑορτάσαι.

ᾠδὴ θʹ tr. 4.4 τῶν ἡδονῶν τὴν βαθυτάτην ὄντως νύκτα] TR 664

ᾠδὴ θʹ Ὁ τόκος σου ἄφθορος ἐδεί⟨χθη⟩ in marg. | tr. 2.5a εὐφημούντων σε] sic C tr. 4] θ(εοτοκίον) in marg. | **Ἐξαποστειλάριον** Πρὸς Γυναῖκες ἀκουτίσ⟨θητε⟩ in marg.

CANON VI

Ὠιδὴ α΄||

220r 1. [1] Τὸν βίον μου ἴθυνον* [2] πρὸς ἀρετήν, Ἀθανάσιε,* [3] τῇ χάριτι, πάνσοφε,* [3a] τῇ ἐνοικούσῃ ἐν σοί·* [4] καὶ καταύγασον τὸν νοῦν μου, θεοφόρε,* [5] παθῶν τὴν σκοτόμαιναν* [5a] ἀποδιώκων μακράν.

2. [1] Ἀστὴρ ἐξανέτειλας,* [2] τῆς ἐκκλησίας τὸ πλήρωμα* [3] φωτίζων ἐν πνεύματι, ὦ Ἀθανάσιε,* [4] καὶ ὡδήγησας* [4a] λαοὺς πρὸς σωτηρίας* [5] λιμένας τῇ χάριτι *τοῦ παντοκράτορος*.

3. [1] Ὑπέταξας, ἅγιε,* [2] δι᾽ ἐγκρατείας τῷ πνεύματι* [3] σαρκὸς τὰ σκιρτήματα ὡς νουνεχὴς ἀληθῶς* [4] καὶ χαρίσματα* [4a] ἐδέξω ἰαμάτων* [5] καὶ παύεις νοσήματα τῶν προσιόντων σοι.

4. [1] Τοὺς πόθῳ σε, δέσποινα,* [2] παρθενομῆτορ θεόνυμφε* [3] ὑμνοῦντας
διάσωσον* [3a] πιστοὺς οἰκέτας σου* [4] καὶ δεόμεθα·* [4a] ἐκ πάσης ἡμᾶς
220v ῥῦσαι* || [5] παθῶν ἀμαυρώσεως καὶ κατακρίσεως.

Ὠιδὴ γ΄

1. [1] Ἀνύσας τὸν δρόμον σου νομίμως* [2] νομίμως ἐστέφθης πρὸς Θεοῦ* [3] καὶ τοῖς χοροῖς ἠρίθμησαι* [4] πατριαρχῶν ἐν πνεύματι,* [5] μεθ᾽ ὧν πιστῶς τιμῶμεν σε* [6] ἐπιτελοῦντες τὴν μνήμην σου.

2. [1] Λυτροῦσαι ποικίλων νοσημάτων* [2] τοὺς πίστει προστρέχοντας τῷ σῷ* [3] λειψάνῳ, πάτερ ὅσιε,* [4] καὶ θεραπείαν ἄφθονον* [5] παρέχεις· ὅθεν πάντες σε* [6] χρεωστικῶς μακαρίζομεν.

ᾠδὴ γ΄ tr. 1.1–2] 2 Tm 4, 7–8

---

tit: Κανὼν εἰς τὸν ἅγιον Ἀθανάσιον πατριάρχην Κωνσταντινουπόλεως: φέρων ἀκροστιχίδα τήνδε: ταῦτα λιγαίνει σε δμωῒς σὴ γλῶττ᾽ Ἀθανάσιε. Θεοκτίστου in marg. **ᾠδὴ α΄** ἦχος δ΄ Ἀνοίξω τὸ στόμα μου in marg. **ᾠδὴ γ΄** Τοὺς σοὺς ὑμνολόγους in marg.

3. [1] Ἰάματα θείαις ἐπομβρίαις* [2] πηγάζει τῆς χάριτος ἡ σὴ* [3] θεία σορὸς καὶ πάντιμος* [4] τοῖς προσιοῦσι πόθῳ σοι* [5] τὰ πάθη κατακλύζουσα* [6] τὰ τῆς ψυχῆς καὶ τοῦ σώματος.

4. [1] Γενοῦ μοι, παρθένε, προστασία* [2] ὡς οὖσα κυρία τοῦ παντὸς* [3] ἁγιωτέρα πάσης τε* [4] κτίσεως, παντευλόγητε·* [5] ἐκδυσωπεῖ σε, δέσποινα,* [6] ὁ ἱερὸς Ἀθανάσιος.

Ὠιδὴ δ´

1. [1] Ἄληκτον τὴν ἔφεσιν πρὸς τὸν Θεόν,* || [2] μάκαρ, κεκτημένος ἐνέ- 221r
κρωσας* [3] σαρκὸς τὰ πάθη* [4] καὶ νεκρὸς ὢν χορηγεῖς* [5] τοῖς προσιοῦσιν ἴασιν* [6] νόσων καὶ παθῶν, Ἀθανάσιε.

2. [1] Ἵλαθι, μακάριε, ὡς μιμητὴς* [2] τοῦ παμβασιλέως καὶ πρόστηθι* [3] τοῖς ἐν ἀνάγκαις* [4] καὶ νοσήμασι δεινοῖς* [5] συνεχομένοις, ἅγιε,* [6] καὶ τῇ σῇ σορῷ προσπελάζουσιν.

3. [1] Νόμοις τοῖς τοῦ πνεύματος ἀκολουθῶν* [2] νόμους ἀνομούντων ἐξέκλινας* [3] ὡς ἀνομοῦντας* [4] διελέγχων ἀληθῶς,* [5] νομοθετούντων πρόκριτε* [6] καὶ ἱεραρχῶν ἀκροθήνιον.

4. [1] Εὕρω σε βοήθειαν, θεία πηγή,* [2] βρύουσαν ἰάματα πάντοτε* [3] τοῖς ἐν ἀνάγκαις* [4] νοσημάτων χαλεπῶν* [5] ἐκτηκομένοις, δέσποινα,* [6] καὶ τῷ σῷ ναῷ προσπελάζουσιν.

Ὠιδὴ ε´

1. [1] Ἱέμενος, ἅγιε, ἁγίων τῆς λαμπρότητος* [2] ἐν ἁγιασμῷ τὴν πολιτείαν* [3] τὴν σὴν διῆλθες,* [3a] ὦ Ἀθανάσιε,* [4] κλέος ἀσκητῶν καὶ χαρ-
μονὴ* [5] τῶν ἀ||νευφημούντων σου* [6] τὰ σεπτὰ προτερήματα. 221v

2. [1] Σαφῶς ἐχρημάτισας* [1a] ὡς ἥλιος ὁλόφωτος* [2] δῆμον ἐπαγόμενος ἀστέρων,* [3] τῶν φοιτητῶν σου,* [3a] μεθ᾽ ὧν φαιδρύνεις ἀεὶ* [4] τὸν τῆς ἐκκλησίας οὐρανόν,* [5] μάκαρ Ἀθανάσιε,* [6] τῇ τοῦ πνεύματος χάριτι.

ᾠδὴ δ´ tr. 1.2–3] Col 3, 5 **ᾠδὴ ε´** tr. 1.1 ἅγιε ἁγίων] Lev 6, 10 passim

---

tr. 4] θ(εοτοκίον) in marg. **ᾠδὴ δ´** Τὴν ἀνεξιχνίαστον in marg. **ᾠδὴ ε´** Ἐξέστη τὰ σύμπαντα in marg.

3. [1] Ἐξέπληξας ἅπαντας* [1a] τῷ βίῳ σου, μακάριε·* [2] σάρκα γὰρ νεκρώσας ἐν ἀσκήσει* [3] ψυχῆς τὸ κάλλος ἐναπεκάθηρας* [4] βλέπων τὰ ἐσόμενα σαφῶς* [5] καὶ προλέγων ἄριστα* [6] τοῖς κρατοῦσι τὰ μέλλοντα.

4. [1] Διάλυσον, πάναγνε,* [1a] τὰ πάθη τῆς καρδίας μου,* [2] ἄναψον ἀρδείαις σου πλουσίαις* [3] τὸν ἐσβεσμένον τῆς συνειδήσεως* [4] λύχνον, ἡ τὸ φῶς τὸ ἐκ φωτὸς* [5] κόσμῳ φανερώσασα* [6] διὰ σοῦ σωματούμενον.

Ὠιδὴ ϛ´

1. [1] Μονὴ Θεοῦ ἐχρηματίσας,* [2] τριάδος τῆς σεπτῆς, Ἀθανάσιε,* [3] καὶ
ταῖς λαμπρότησι* [4] τῶν ὑπὲρ φύσιν ἀγώνων σου* [5] τὰς τῶν πιστῶν
222r καρ||δίας, μάκαρ, ἐφώτισας.

2. [1] Ὡς *θεῖος* μύστης τῆς χάριτος* [2] λαοὺς ἐμυσταγώγησας ἄριστα* [3] καὶ καθωδήγησας* [4] πρὸς τὴν ζωὴν τὴν αἰώνιον* [5] ταῖς διδαχαῖς ⟨σου⟩, μάκαρ, καὶ εἰσηγήσεσιν.

3. [1] Ἰσχύϊ, μάκαρ, τοῦ πνεύματος* [2] τὴν τρίβον διοδεύσας τὴν φέρουσαν* [3] διὰ στενώσεως* [4] πρὸς πλατυσμὸν τὸν αἰώνιον* [5] ἐν οὐρανοῖς χορεύεις, ὦ Ἀθανάσιε.

4. [1] Σιὼν τῆς ἄνω, μακάριε,* [2] πολίτης χρηματίζων ἱκέτευε* [3] τοὺς ἀνυμνοῦντας σε* [4] ῥυσθῆναι πάσης κακώσεως* [5] καὶ νοσημάτων πάντων καὶ περιστάσεων.

5. [1] Σκηνὴν εὑρὼν παναγίαν σε* [2] ὁ Λόγος ἐπὶ σὲ κατεσκήνωσε,* [3] θεοχαρίτωτε,* [4] ἀποξηραίνων τὰ ῥεύματα* [5] τῆς πολυθέου πλάνης,* [5a] θεοχαρίτωτε.

---

tr. 3.2 σάρκα γὰρ νεκρώσας] Col 3, 5 | tr. 4.3–4 ἐσβεσμένον ... λύχνον] Mt 25, 1–13 **ᾠδὴ ϛ´** tr. 1.1 Μονὴ Θεοῦ] Jh 14, 23 | tr. 3.2–4 τρίβον…πλατυσμὸν] Mt 7, 13–14; Lc 13, 24 | tr. 4.1 Σιὼν τῆς ἄνω] Gal 4, 26; Hebr 12, 22 | tr. 5.1 Σκηνὴν παναγίαν] Ex 25, 9 et passim

---

tr. 4] θ(εοτοκίον) in marg. **ᾠδὴ ϛ´** Τὴν θείαν ταύτην καὶ πάντιμον in marg. | tr. 4.3 τοὺς ἀνυμνοῦντας σε] sic C

Ὠιδὴ ζ΄

1. [1] Ἡ καρδία νευρουμένη σου τῇ χάριτι,* [1a] ὦ Ἀθανάσιε,* [2] ἀσκη-
τικαῖς ἀγωγαῖς* [3] τὸν ὄφιν ἐπτέρνισε,* [4] τὸν παλαιὸν || πτερνιστήν·* 222v
[5] ὅθεν, ἅγιε,* [6] ἀνεμποδίστως ὥδευσας* [7] τὴν ὁδὸν τοῦ σωτηρίου.

2. [1] Γαληνότατον λιμένα σε κεκτήμεθα,* [1a] ὦ Ἀθανάσιε,* [2] οἱ τῇ σορῷ νῦν τῇ σῇ* [3] προστρέχοντες, ἅγιε,* [4] καὶ νοσημάτων δεινῶν* [5] ἐκλυτρούμεθα* [6] ἀναβοῶντες πάντοτε·* [7] ὁ Θεὸς εὐ⟨λογητ⟩ός εἶ.

3. [1] Λαμπηδόσιν ἀστραπτόμενος τοῦ πνεύματος, ὦ Ἀθανάσιε,* [2] καταφαιδρύνεις ψυχὰς* [3] τῶν πόθῳ σοι, ἅγιε,* [4] προσερχομένων πιστῶς* [5] καὶ τὴν ἴασιν* [6] τὴν τῶν σωμάτων ἄφθονον* [7] χορηγεῖς τοῖς σὲ ὑμνοῦσιν.

4. [1] Ὡς αἰτίαν τῶν καλῶν σε ἱκετεύομεν* [1a] πάσης ἡμᾶς ἀπειλῆς* [2] ταῖς ἱκεσίαις ταῖς σαῖς,* [3] ἁγνή, ἀπολύτρωσαι* [4] πυρὸς φλογίζοντος* [5] τοὺς ὑμνοῦντας σου* [6] τὴν ὑπὲρ λόγον σύλληψιν* [7] καὶ τὴν ἄσπορον λοχείαν.

Ὠιδὴ η΄

1. [1] Τῶν λόγων σου θείαις λαμπηδόσι* [2] φωτίσας τῶν μοναζόντων τὰ
συστήματα* [3] δῆμον θεοσύλλεκτον* [4] σῶν μαθητῶν τῷ κτίστῃ σου* || 223r
[5] καὶ ποιητῇ προσήγαγες* [5a] ψάλλοντας πάντοτε* [6] *«τὸν κύριον ὑμνεῖτε τὰ ⟨ἔργα* [7] καὶ ὑπερυψοῦτε* εἰς πάντας τοὺς αἰῶνας».⟩*

2. [1] Τοῖς πόνοις γενναίως ἐνασκήσας* [2] ἐν σώματι γηραιῷ, μακαριώτατε* [3] ὄφιν τὸν ἀρχέκακον* [4] ἔνθεν ἐθανάτωσας* [5] καὶ τὴν ἀρχαίαν εἴληφας τοῦ παραδείσου τρυφὴν* [6] σὺν πᾶσι τοῖς κλεινοῖς φοιτηταῖς σου,* [7] οἷς καὶ συγχορεύων ἡμῶν μὴ ἐπιλάθῃ.

3. [1] Ἄγρυπνόν σε φύλακα, θεόφρον,* [2] καὶ λύχνον ἀειλαμπῆ σε καὶ προπύργιον* [3] ἔχοντές σε πάντοτε* [4] πᾶσαν ἐκκρουόμεθα* [5] τῶν δυσ-

---

ᾠδὴ ζ΄ tr. 1.3–4 τὸν ὄφιν ... πτερνιστὴν] Gen 3, 1–6; loc. comm. **ᾠδὴ η΄** tr. 2.3 ὄφιν τὸν ἀρχέκακον] Gen 3, 1–6; loc. comm.

ᾠδὴ ζ΄ Οὐκ ἐλάτρευσαν τὴν κτίσιν in marg. | tr. 2.7 εὐλογητός εἶ] sic C | tr. 4] θ(εοτοκίον) in marg. | tr. 4.5 ὑμνοῦντας σου] sic C **ᾠδὴ η΄** Παῖδας εὐαγεῖς in marg.

μενῶν ἐπίνοιαν* [5a] συμφώνως *ψάλλοντες·** [6] *«τὸν κύριον ὑμνεῖτε τὰ ἔργα** [7] *καὶ ὑπερ⟨υψοῦτε εἰς πάντας τοὺς αἰῶνας».⟩*

4. [1] Θεῖος μοναζόντων ποδηγέτης* [2] κανών τε τῆς ἐγκρατείας ἀκριβέστατος* [3] στάθμη τε πανάριστος* [4] πᾶσαν πρᾶξιν ἄδικον* [5] ἀπορραπίζων, ἅγιε,* [5a] τῆς ἐκκλησίας μακράν·* [6] διό σε γεγηθότες ὑμνοῦμεν* [7] καὶ δοξολογοῦμεν* [7a] Χριστὸν εἰς τοὺς αἰῶνας.

223v 5. [1] Ἄγγελοι ἀπαύστως ἀνυμνοῦσι* [2] τὸν τό||κον σου, θεοτόκε, τὸν
ἀπόρρητον,* [3] μόνη παντευλόγητε,* [4] ἄνθρωποι δοξάζουσιν,* [5] ἡ οἰκουμένη ἅπασα «χαῖρε» κραυγάζει σοι,* [6] «τὸν κύριον ὑμνεῖτε» βοῶσα,* [7] «καὶ ὑπερυψοῦτε εἰς πάν⟨τας τοὺς αἰῶνας».⟩

Ὠιδὴ θ΄

1. [1] Νῦν ὡς φωταυγὴς* [2] ἡμέρα ἐξέλαμψε τοῦ ἱεράρχου Χριστοῦ* [3] πάντων τὰ νοήματα* [4] φωταγωγοῦσα θείῳ ἐν πνεύματι* [5] τῶν εὐφημούντων πάντοτε τὰ προτερήματα* [5a] καὶ τοὺς πόνους* [6] τούτου καὶ τὴν ἄσκησιν* [7] καὶ τοῦ βίου τὸν ζῆλον τὸν ἔνθεον.

2. [1] Ἄξιον ἐστὶ* [2] σκιρτᾶν ἐν τῇ μνήμῃ σου, μακαριώτατε,* [3] καὶ πανηγυρίζοντας* [4] ὑμνεῖν τὸν πάντων Θεὸν καὶ κύριον,* [5] τὸν ἀθανάτῳ δόξῃ σε κατακοσμήσαντα,* [5a] καὶ κραυγάζειν·* [6] σῶσον, πολυέλεε,* [7] τοὺς ὑμνοῦντας τὸν σὸν νῦν θεράποντα.

3. [1] Στόματι σεπτῷ* [2] Θεόν, Ἀθανάσιε, ἐδοξολόγησας·* [3] ὅθεν τὸν
αἰτήσαντα* [4] τὸν ὕμνον τοῦτον νῦν συντεθῆναι σοι* [5] ῥῶσιν διπλῆν
224r πρυ||τάνευσον* [5a] καὶ αἰωνίου τυχεῖν* [5b] εὐφροσύνης,* [6] μάκαρ, κατα-
ξίωσον* [7] τοῦ δοξάζειν σὺν σοὶ τὸν φιλάνθρωπον.

4. [1] Ἴθι πρὸς ἡμᾶς* [2] λιπὼν τὰ οὐράνια, μακαριώτατε,* [3] τοὺς προσκαλουμένους σε* [4] καὶ νοσημάτων παντοίων λύτρωσαι* [5] ὡς ἱεράρχης μέγιστος* [5a] καὶ συμπαθέστατος,* [5b] ἵνα πόθῳ* [6] πάντες σε γεραίρωμεν* [7] τὸν τῶν ὅλων Θεὸν μεγαλύνοντες.

---

tr. 5] θ(εοτοκίον) in marg. | tr. 5.7 ὑπερυψοῦτε] ὑπερυψοῦσα C **ᾠδὴ θ΄** Ἅπας γηγενής in marg.

5. [1] Εὗρε διὰ σοῦ* [2] Ἀδὰμ τὴν ἀνόρθωσιν,* [2a] ὁ πρὶν κατάκριτος·* [3] σὺ γὰρ μόνη τέτοκας* [4] τὴν σωτηρίαν καὶ ἀπολύτρωσιν,* [5] κόσμου παντὸς τὸν αἴροντα τὴν κατάραν,* [6] κόρη παντευλόγητε,* [7] κραταιὸν τῶν πιστῶν καταφύγιον.

ᾠδὴ θ′ tr. 5.5 τὸν αἴροντα τὴν κατάραν] Gal 3, 10–13

---

tr. 5] θ(εοτοκίον) in marg. | tr. 5.5] colon deest, sed textus lacunosus non videtur, cf. Einleitung 6.2.3.6, p. 127–128

CANON VII

Ὠιδὴ α´

224v 1. [1] *Τῷ σωτῆρι Θεῷ** [2] παρεστηκὼς ἐν χαρᾷ* [3] δυσώπει, πάτερ Ἀθανάσιε,* [4] τοῦ λυτρωθῆναι κινδύνων καὶ περιστάσεων* [5] τοὺς πόθῳ ὑμνοῦντας σου μνήμην τὴν πάντιμον.

2. [1] Ἐκ κοιλίας μητρὸς* [2] καθιερώθης Θεῷ* [3] καὶ συνηυξήθης ἁγιότητι* [4] καὶ ἐν καθέδρᾳ πρεσβυτέρων τοῦτον ᾔνεσας* [5] ποιμάνας τὸ ποίμνιον τούτου, πανίερε.

3. [1] Ὠικειώθης *Θεῷ** [2] τὰς ἐντολὰς τὰς αὐτοῦ* [3] φυλάξας, πάτερ Ἀθανάσιε,* [4] καὶ παρρησίαν πρὸς αὐτὸν ὡς ἔχων πρέσβευε* [5] ῥυσθῆναι τὴν ποίμνην σου πάσης κακώσεως.

4. [1] Χερουβίμ, Σεραφὶμ* [2] καὶ χριστωνύμου λαοῦ* [3] χαρὰ ὑπάρχεις, πανυπέραγνε,* [4] καὶ δυναμένη πάντα σῷζε τοὺς δούλους σου* [5] κινδύνων καὶ θλίψεων, θεογεννήτρια.||

225r Ὠιδὴ γ´

1. [1] *Δυνάμει* θεϊκῇ κρατυνθεὶς* [2] στερρῶς καθεῖλες τὸν ἀρχέκακον·* [3] διὸ πρὸς μάνδραν οὐράνιον* [4] σοῦ τὸ ποίμνιον εἰσήλασας.

2. [1] Ὁδῷ τῶν ἐντολῶν τοῦ *Χριστοῦ** [2] προθύμως, πάτερ, σὺ πεπόρευσαι* [3] καὶ τὴν ὁδὸν καθυπέδειξας* [4] πρὸς ζωὴν πιστοὺς τὴν φέρουσαν.

ᾠδὴ α´ tr. 2.1 Ἐκ κοιλίας μητρὸς] Gal 1, 15; Is 49, 1; Jer 1, 5 | tr. 2.4 ἐν καθέδρᾳ πρεσβυτέρων] Ps 106 (107), 32 | tr. 2.5 ποιμάνας τὸ ποίμνιον τούτου] Jh 21, 15–17 **ᾠδὴ γ´** tr. 1.3–4] cf. Jh 10, 1–27 | tr. 2.1 Ὁδῷ τῶν ἐντολῶν] Ps 118 (119), 32–35; Bar 4, 13 passim | tr. 2.3–4 τὴν ὁδὸν ... φέρουσαν] Mt 7, 14

---

tit. Ἕτερος κανὼν εἰς τὸν ἅγιον Ἀθανάσιον πατριάρχην Κωνσταντινουπόλεως. Θεοκτίστου in marg. **ᾠδὴ α´** ἦχος πλ. α´: Τῷ σωτῆρι Θεῷ τῷ in marg. | ὑμνοῦντας σου] sic C | tr. 4] θ(εοτοκίον) in marg. **ᾠδὴ γ´** Δυνάμει τοῦ σταυροῦ in marg.

3. [1] Βαδίζειν με πρὸς τρίβους ζωῆς* [2] ταῖς σαῖς πρεσβείαις καθοδήγησον,* [3] ὅτι πρὸς σὲ τείνω, ἅγιε,* [4] τῆς καρδίας μου τὰ ὄμματα.

4. [1] Παρθένον ὡς πρὸ τόκου, ἁγνή,* [2] καὶ μετὰ τόκον σε γινώσκομεν,* [3] θεογεννήτρια, ὅθεν σε* [4] κατὰ χρέος μεγαλύνομεν.

Ὠιδὴ δ΄

1. [1] *Εἰσακήκοας τὴν ἀκοὴν** [2] εὐαγγελίων τῶν σεπτῶν,* [3] *ὡς παράδεισος* κληροῦται *δι᾽ αὐτῶν*,* [4] καὶ ἐβάδισας τούτων* [5] τοῖς προστάγμασιν, ἅγιε.

2. [1] Ἐξεζήτησας ἀπὸ ψυχῆς* [2] τὸν ὑπεράγαθον Θεὸν* [3] καὶ ἠγάπησας ἐξόχως τὸν Χριστὸν* [4] καὶ τὸ ἅγιον πνεῦμα,* [5] τὴν τριάδα τὴν ἄκτιστον.||

3. [1] Ὡς λαμπτῆρα φαεινὸν* [2] τῷ στερεώματι, σοφέ,* [3] ἐκκλησίας σε 225v
ὑπέθετο Θεὸς* [4] καὶ ἐφώτισας ταύτην* [5] τοῖς σοφοῖς σου διδάγμασιν.

4. [1] Προεώρακεν ὁ Δανιὴλ* [2] τὴν σὴν λοχείαν τὴν φρικτὴν* [3] καὶ ἐν πόκῳ Γεδεὼν ὁ θαυμαστὸς* [4] *καὶ ἐβόησαν·** [5] «*δόξα* τῇ ἀρρήτῳ συλλήψει σου».

Ὠιδὴ ε΄

1. [1] *Ὀρθρίσας* πρὸς τὸν κύριον ἔφθασας φῶς* [2] θεῖον, Ἀθανάσιε,* [3] καὶ μετ᾽ ἀγγέλων ἐσκήνωσας.

2. [1] Σαλεύει ἁμαρτίας τῷ κλύδωνι ὁ ἐχθρός με,* [2] ἀλλὰ σὺ κυβέρνησον* [3] ὡς ποιμενάρχης θεόληπτος.

3. [1] Σορῷ τῇ τῶν λειψάνων σου, ἅγιε, πίστει θερμῇ* [2] ἴασιν βραβεύοις νῦν* [3] τοῖς προσιοῦσιν ἑκάστοτε.

---

tr. 3.1 πρὸς τρίβους ζωῆς] Prov 16, 17; loc. comm. **ᾠδὴ δ΄** tr. 4.1–2] cf. Dan 2, 31–45 | tr. 4.3] cf. Jud 6, 37–40

---

tr. 4] θ(εοτοκίον) in marg. **ᾠδὴ δ΄** Εἰσακήκοα τὴν ἀ⟨κοὴν⟩ in marg. | tr. 4] θ(εοτοκίον) in marg. **ᾠδὴ ε΄** Ὀρθρίζοντες βοῶ⟨μεν⟩ in marg.

4. [1] Τὴν ἄρρητόν σου σύλληψιν, δέσποινα θεοτόκε,* [2] ᾄσμασι γεραίρομεν* [3] σὺν τοῖς ἀγγέλοις οἱ ἄνθρωποι.

Ὠιδὴ ς´

1. [1] *Ἐκύκλωσέ* σε χάρισιν* [2] ὁ κτίσας* [3] Θεὸς καὶ ἐδόξασε* [4] ποικίλοις
226r νῦν θαύμασι* || [5] τὸ θεῖον σου λείψανον* [6] πηγάζον πᾶσιν* [7] ἰάματα
τοῖς χρῄζουσιν.

2. [1] Ἐξήστραψεν ὁ βίος σου* [2] ὡς ἄστρον* [3] πολύφωτον ἄδυτον* [4] καὶ σύμπαν ἐφώτισε* [5] τὸ πλήρωμα, τίμιον* [6] τῆς ἐκκλησίας* [7] κειμήλιον, πανίερε.

3. [1] Συμπάθειαν ἀσύγκριτον* [2] ἐκτήσω* [3] πρὸς πάντας τοὺς πένητας* [4] καὶ τούτοις ἐπήρκεσας* [5] πλουσίως, ἀείμνηστε,* [6] κἀντεῦθεν ὤφθης,* [7] ὦ πάτερ, χριστομίμητος.

4. [1] *Ἐκύκλωσάν με*, πάναγνε,* [2] πταισμάτων* [3] τὰ πλήθη καὶ δέομαι·* [4] τῇ θείᾳ πρεσβείᾳ σου* [5] παθῶν με ἀπάλλαξον* [6] καὶ δός μοι λύσιν* [7] ἁμαρτιῶν πρεσβείαις σου.

Κοντάκιον

[1] Ὡς τῶν ἀΰλων οὐσιῶν θεωρὸν ἄριστον* [2] καὶ πρακτικῶν ὑφηγητὴν
παναληθέστατον* [3] *ἀνακράζει σοι ἡ* ποίμνη *σου*, θεορρῆμον·* [4] «μὴ
ἐλλίπῃς ἱκετεύειν ὑπὲρ τῶν δούλων σου* [5] λυτρωθῆναι πειρασμῶν καὶ
226v περι||στάσεων* [6] τῶν βοώντων *σοι·** [7] "*χαίροις*, πάτερ Ἀθανάσιε"».

Ὠιδὴ ζ´

1. [1] Ἐν τῇ ἀσκήσει στερρῶς* [2] ἀγωνισάμενος ἐβόας·* [3] «*εὐλογητὸς ὁ Θεός, ὁ τῶν πατέρων* ⟨*ἡμῶν*»*.*⟩

---

tr. 4] θ(εοτοκίον) in marg. **ᾠδὴ ς´** Ἐκύκλωσέ μ⟨ε⟩ in marg. | tr. 4] θ(εοτοκίον) in marg. **Κοντάκιον** ἦχος πλ. δ´ Τῇ ὑπερμάχῳ in marg. | kont. 1 θεωρὸν] θεωρῶν C kont. 3 σοι] σου C **ᾠδὴ ζ´** Ὁ ἐν καμίνῳ in marg.

2. [1] Ἐπί νομὰς ζωηρὰς* [2] τὴν ποίμνην ἄγων ἀνεβόας·* [3] «*εὐλογητὸς ὁ Θεός, ὁ τῶν ⟨πατέρων ἡμῶν».⟩*

3. [1] Μὴ ἐπιλάθῃ τοῦ σοῦ* [2] ποιμνίου, μάκαρ, ἐκβοῶντος·* [3] «*εὐλογητὸς ὁ Θεός, ὁ τῶν ⟨πατέρων ἡμῶν».⟩*

4. [1] Ὑπεραγία σεμνή,* [2] τοὺς μελῳδοῦντας σῷζε πάντας·* [3] «*εὐλογητὸς ὁ Θεός, ὁ τῶν ⟨πατέρων ἡμῶν».⟩*

Ὠιδὴ η΄

1. [1] *Τὸν ἐκ πατρὸς πρὸ αἰώνων** [2] *γεννηθέντα υἱὸν καὶ Θεὸν** [3] ἐν ἀγαθῇ πολιτείᾳ,* [4] Ἀθανάσιε, δοξάσας καλῶς* [5] ἱερῶς ἐβόας·* [6] «Χριστὸν *ὑπερυψοῦτε,** [7] *λαοί, εἰς τοὺς ⟨αἰῶνας».⟩*

2. [1] Τῶν ἱερέων τὸ κλέος,* [2] Ἀθανάσιον ὑμνοῦμεν πιστῶς* [3] ὡς ποιμενάρχην ὀφθέντα,* [4] ὃν ὁ Παῦλος ὑπογράφει καλῶς·* [5] *ἱερεῖς ὑμνεῖτε** [6] *λαὸς ὑ⟨περυψοῦτε,** [7] *εἰς πάντας τοὺς αἰῶνας.⟩*

3. [1] Τῶν μοναζόντων χορεῖαι* [2] καὶ ποιμένων ἱερῶν ὁ χορός,* [3] τὸν
ἀρχιποίμενα δεῦτε* [4] εὐφημήσωμεν || βοῶντες ὁμοῦ·* [5] «*ἱερεῖς ὑμνεῖ-* 227r
*τε,** [6] *λαὸς ὑπ⟨ερυψοῦτε** [7] *εἰς πάντας τοὺς αἰῶνας».⟩*

4. [1] Τὴν φωτοφόρον νεφέλην,* [2] τὴν ὑπέραγνον τοῦ Λόγου σκηνὴν* [3] καὶ Χερουβὶμ ὑπερτέραν* [4] ἀνυμνήσωμεν βοῶντες πιστῶς·* [5] «*ἱερεῖς ὑμ⟨νεῖτε⟩,** [6] *λαὸς ὑπ⟨ερψοῦτε** [7] *εἰς πάντας τοὺς αἰῶνας».⟩*

Ὠιδὴ θ΄

1. [1] *Σὲ* τὸν ἱερῶς τὸν βίον ἀνύσαντα νῦν* [2] συνελθόντες ὑμνήσωμεν* [3] ὡς μέγαν θεράποντα τοῦ Χριστοῦ* [4] καὶ ἀγγέλων ὁμοδίαιτον.

ᾠδὴ ζ΄ tr. 2.1–2] cf. Jh 10, 1–27 **ᾠδὴ η΄** tr. 2.4 ποιμενάρχην…ὑπογράφει] cf. Hebr 2, 17; Hebr 4, 14; Hebr 7, 26 | tr. 4.1 φωτοφόρον νεφέλην] cf. Ex 13, 21–22

---

tr. 4] θ(εοτοκίον) **ᾠδὴ η΄** Τὸν ἐκ πατρὸς πρὸ αἰώνων in marg. | tr. 4] θ(εοτοκίον) in marg. **ᾠδὴ θ΄** Σὲ τὴν ὑπὲρ νοῦν in marg.

2. [1] *Σὲ* τὸν ἱλαρῶς τὰ πάντα τοῖς πένησι πρὶν* [2] διανείμαντα, ἅγιε,* [3] καὶ νῦν ὡς θερίζοντα* [3a] πλουσίως τὰ δράγματα* [4] τῶν καμάτων σου, πάτερ, μακαρίζομεν.

3. [1] *Σὲ* τὸν ἀληθῆ ποιμένα, μακάριε, σὲ* [2] δυσωπῶ ὁ ταλαίπωρος* [3] ἐγώ, ὁ τοὺς ὕμνους σοι* [3a] ἐκ πόθου καὶ πίστεως* [4] ἐξυφαίνων· ἱκέτευε σωθῆναι με.

4. [1] *Σὲ* τὸν διὰ λόγου Λόγον υἱὸν τοῦ Θεοῦ* [2] ὑπὲρ λόγον, θεόνυμφε,* [3] τεκοῦσαν γεραίρομεν* [3a] καὶ λόγοις δεόμεθα·* [4] τῶν ἀλόγων παθῶν ἡμᾶς ἀπάλλαξον.||

227v Ἐξαποστειλάριον

[1] Ἀθανασίας ὁ οἶκος* [2] καὶ βασιλείας ὁ κῆρυξ* [3] τῆς ἀθανάτου, γενναῖε,* [4] σὺ ἐχρημάτισας, πάτερ,* [5] καὶ τῆς ἀσκήσεως φάος,* [6] τῆς ἐκκλησίας ὁ στῦλος.

---

tr. 4] θ(εοτοκίον) in marg. | **Ἐξαποστειλάριον** Πρὸς ὁ οὐρανὸν τοῖς ἄστροις in marg.

CANON VIII

Ὠιδὴ α΄

1. [1] Δεῦτε μοι συνελθόντες, ὦ φιλεόρτων πληθύς,* [2] τὸν τῆς ἀθανα- 227v
σίας* [3] ὡς ἀληθῶς φερώνυμον* [4] πιστῶς εὐφημήσωμεν* [5] ἐκβοῶντες·*
[6] «χαίροις, ἱεραρχῶν τὸ θεῖον ἀγλάϊσμα».

2. [1] Ἔρως ἐκ βρέφους, μάκαρ,* [1a] τὴν σὴν κατέσχε ψυχὴν* [2] τῆς ἐνθέου σοφίας·* [3] ὅθεν ἀφεὶς τὰ ῥέοντα* [4] Χριστῷ ἠκολούθησας* [5] διαπύρῳ* [6] πόθῳ καὶ τῆς ἐκεῖθεν δόξης τετύχηκας.

3. [1] Ξύλον πεφυτευμένον* [1a] ἐν ταῖς αὐλαῖς τοῦ Θεοῦ* [2] κατανύξεως ῥείθροις* [3] διηνεκῶς ἀρδόμενον* [4] ἀνθοῦν ἀρετῶν μὲν* [5] τὰς ἐνεργείας* [6] ὤφθης, καρποῖς δε βρῖθον, μάκαρ, τοῦ πνεύματος.||

4. [1] Σάλπιγγες θεηγόροι* [1a] μητέρα σε τοῦ Θεοῦ* [2] ἐπ᾽ ἐσχάτων 228r
αἰώνων* [3] γενησομένην, πάναγνε,* [4] προφῆται θεσπίζουσι* [5] μυηθέντες* [6] ἄνωθεν, θεοτόκε, τὰ σὰ μυστήρια.

Ὠιδὴ γ΄

1. [1] Ἀνδρείως ἀντεστρατεύσω,* [2] μάκαρ, ταῖς παρατάξεσιν* [3] τῶν δαιμόνων· ὅθεν καὶ κατεπάλαισας* [4] τούτους ἡγεμόνα λογισμὸν* [5] πήξας ἐν σῇ καρδίᾳ·* [6] διὸ βραβείοις, ἀξιάγαστε,* [7] τοῖς εἰρηνικοῖς ἐστεφάνωσαι.

2. [1] Ἀσκήσει νεανικῶς,* [2] τρισμάκαρ, χρησάμενος* [3] σαρκὸς κατεμάρανας τὰ σκιρτήματα·* [4] ταπείνωσιν δὲ καὶ προσοχὴν* [5] κτησάμενος τὸν νοῦν σου* [6] συναιρομένης σοι τῆς χάριτος,* [7] πάτερ, τῶν παθῶν ἠλευθέρωσας.

ᾠδὴ α΄ tr. 3.1–1a] Ps 1, 3 | tr. 3.6 καρποῖς ... πνεύματος] Ga 5, 22–23

---

tit. Ἕτερος κανὼν εἰς τὸν ἅγιον Ἀθανάσιον, πατριάρχην Κωνσταντινουπόλεως. Θεοκτίστου in marg. **ᾠδὴ α΄** ἦχος πλ. α΄ Ἵππον καὶ ἀναβάτην in marg. | tr. 3.6 καρποῖς δε] sic C | tr. 4] θ(εοτοκίον) in marg. **ᾠδὴ γ΄** Ὁ πήξας ἐπ᾽ οὐ⟨δενός⟩ in marg. | tr. 1.5 σῇ] σοὶ C

3. 1 Γυμνώσας φαντασιῶν* 2 ἀτόπων σὴν διάνοιαν* 3 θείων ἠξιώθης,
πάτερ, ἐλλάμψεων·* 4 ὅθεν κατὰ βάθους εἰσελθὼν* 5 τῶν ἐν τοῖς οὖσι
228v λόγων* 6 περὶ προνοίας τὲ καὶ κρίσεως* 7 γνώ||σεως ἐπλήσθης τοῦ
πνεύματος.

4. 1 Ῥυσθῆναι τῆς παθημάτων αἰχμαλωσίας με* 2 δυσωπῶ σε, μῆτερ Θεοῦ πανάμωμε,* 3 καὶ τῶν κακιῶν μου τὰς οὐλὰς* 4 πάσας ἐξαλειφθῆναι,* 5 τὴν ἁμαρτίαν ἡ τὸν αἴροντα* 6 κόσμου παραδόξως κυήσασα.

Κάθισμα

1 Ἐκ πηγῶν τῆς ἀβύσσου τοῦ Ἰησοῦ* 2 τῶν θαυμάτων τὰ ῥεῖθρα θεοπρεπῶς* 3 ἀντλήσας, μακάριε,* 4 μυστικαῖς θεωρίαις τῶν παθῶν τὰς ζοφώδεις νεφέλας ἐμείωσας* 5 καὶ νοσοῦσιν ἀνθρώποις παρέχεις ἰάματα·* 6 *ὅθεν* μοναζόντων συνηρίθμησας πλήθη καὶ *πάντας* ἐφώτισας* 7 διδαγμάτων τοῖς λόγοις σου,* 8 ἱεράρχα Ἀθανάσιε·* 9 *πρέσβευε Χριστῷ τῷ Θεῷ** 10 *τῶν πταισμάτων ⟨δωρῆσαι τὴν ἄφεσιν τοῖς ἑορτάζουσι πόθῳ τὴν ἁγίαν μνήμην σου.⟩*

Ὠιδὴ δ΄

1. 1 Ὡς πῦρ τῆς ἀκανθώδους αἱρέσεως* 2 ἀποτεφρώσας τὰς ὁρμὰς*
229r 3 δρόσος ἐγένου, θεσπέσιε,* 4 τοῖς τῷ πυρὶ || τῶν βασάνων* 5 ὑπὲρ τῆς
εὐσεβείας παλαίουσι.

2. 1 Στερρῶς ἀντικατέστης, μακάριε,* 2 ταῖς τοῦ κρατοῦντος προσβολαῖς·* 3 ὅθεν καὶ μάρτυς γενόμενος* 4 τῇ προαιρέσει βραβείοις* 5 τοῖς τῆς ὁμολογίας κεκόσμησαι.

ᾠδὴ γ΄ tr. 3.5 τῶν ἐν τοῖς οὖσι λόγων] cf. Max. C. Qu. 53.87; 55.296–297 passim tr. 3.6 περὶ προνοίας τὲ καὶ κρίσεως] cf. Max. C. Qu. 53.26–29; 54.238–239 passim | tr. 4.5–6 ἁμαρτίαν … κόσμου] Jh 1, 29 **ᾠδὴ δ΄** tr. 1.3–5] cf. Dan 3, 50

---

tr. 3.6 προνοίας τὲ] sic C | tr. 4] θ(εοτοκίον) in marg. **Κάθισμα** ἦχος πλ. δ΄: Τὴν σοφίαν τοῦ in marg. | kath. 5 παρέχεις] παρέχοις C **ᾠδὴ δ΄** Τὴν θείαν ἐννοήσας in marg.

3. [1] Ἀρχὴν τῶν ὅλων μίαν ἐκήρυξας* [2] ἐν ὑποστάσεσι τρισὶ* [3] θεωρουμένην, θεσπέσιε,* [4] μὴ κινουμένην οὐδόλως* [5] ἑκάστης τῶν ἰδίων πρὸς ἄλληλα.

4. [1] Μαρία, ἡ κυρία τῆς κτίσεως,* [2] ὡς βασιλέα τοῦ παντὸς* [3] τεκοῦσα, μόνη πανύμνητε,* [4] τῆς τῶν παθῶν τυραννίδος* [5] ἐλεύθερόν με δεῖξον πρεσβείαις σου.

Ὠιδὴ ε´

1. [1] Καθαρθείς, ὦ πάνσοφε,* [1a] πυρὶ τοῦ πνεύματος* [2] σκεῦος ὑπῆρξας θείων χαρίτων* [3] ἀρετῆς καὶ γνώσεως* [4] εἰς ἄκρον ἐλάσας,* [5] θεόφρον Ἀθανάσιε.

2. [1] Μυστικῶς, θεσπέσιε,* [1a] σεαυτὸν ἔθυσας* [2] τῷ ὑπὲρ λόγον τυθέντι
Λόγῳ,* || [3] δι᾽ ἡμᾶς τὸ καθ᾽ ἡμᾶς,* [4] ᾧ νῦν συνδοξάζῃ* [5] τρανῶς κατα- 229v
λαμπόμενος.

3. [1] Δοχεῖον γενόμενος* [1a] τοῦ θείου πνεύματος* [2] ὅλος ἐξέστης τῶν ὧδε, πάτερ·* [3] σαυτοῦ γὰρ γενόμενος* [4] Θεῷ σὺν ἐγένου,* [5] τὴν ὑπὲρ λόγον ἕνωσιν.

4. [1] Νέκρωσον τὰ πάθη μου, θεογεννήτρια,* [2] καὶ τὴν ψυχήν μου* [2a] τὴν νεκρωθεῖσαν* [3] ἁμαρτίας δήγματι* [4] ἀνάστησον, μῆτερ* [5] τῆς ὄντως ἀναστάσεως.

Ὠιδὴ ς´

1. [1] Φῶς ὅλος γενόμενος* [1a] τῇ μεθέξει τοῦ θείου φωτὸς* [2] ἱεράρχης, μάκαρ, ἀναδείκνυσαι* [3] τελειωθεὶς* [4] τῷ θείῳ μύρῳ τοῦ πνεύματος.

2. [1] Ποιμὴν ὄντως γέγονας* [1a] τῶν προβάτων,* [1b] μάκαρ, τοῦ Χριστοῦ* [2] τὴν ψυχήν σου πάντοτε προέμενος* [3] ὑπὲρ αὐτῶν* [4] μιμήσει τοῦ ἀρχιποίμενος.

ᾠδὴ ε´ tr. 1.2 σκεῦος] Act 9, 15 | tr. 2.1a–2 σεαυτὸν ἔθυσας etc.] Rm 12, 1 **ᾠδὴ ς´** tr. 2] cf. Jh 10, 11–13; Jh 21, 15–17

---

tr. 4] θ(εοτοκίον) in marg. **ᾠδὴ ε´** Ὁ ἀναβαλλόμενος in marg. | tr. 4] θ(εοτοκίον) in marg. **ᾠδὴ ς´** Μαινομένην κλύδω⟨νι⟩ in marg.

3. [1] Ποταμοὺς προχέεις διδαγμάτων ἄντικρυς Θεοῦ* [2] τῆς σῆς ἐκ καρ-
230r δίας, ἱερώτατε,* [3] τὰς τῶν πιστῶν* [4] ψυ||χὰς καταρδεύοντας.

4. [1] Νοεραὶ δυνάμεις σε* [1a] καὶ ἀνθρώπων πᾶσαι γενεαὶ* [2] ὡς Θεὸν γεννήσασαν* [3] δοξάζουσι διὰ παντός,* [4] εὐλογημένη πανάμωμε.

Ὠιδὴ ζ΄

1. [1] Πενομένοις γέγονας* [2] πλοῦτος, ὀρφανοῖς πατήρ,* [3] νοσούντων ἀνάρρωσις* [4] χηρῶν τε προΐστασο·* [5] πᾶσιν ἐγένου πάντα νόμῳ.

2. [1] Πυρίπνους, θεσπέσιε,* [2] ζήλῳ τῷ τοῦ πνεύματος* [3] γενόμενος ἔφλεξας* [4] φαύλων προαιρέσεων* [5] ὁρμὰς δυσκατασχέτους* [6] πρόρριζον ἐκσπῶν τὴν λύμην.

3. [1] Τετέλεκας ἄριστα* [2] τὸν σὸν δρόμον, ὅσιε,* [3] τὴν πίστιν ἐτήρησας·* [4] θεωθεὶς οὖν χάριτι* [5] μετέστης τῶν ἐνταῦθα* [6] πρὸς λήξεις τὰς ἀϊδίους.

4. [1] Πύλην ἀδιόδευτον* [2] ὁ προφήτης βλέπει σε,* [3] παρθένε πανάχραντε,* [4] ἣν μόνος διώδευσεν,* [5] ᾧ πάντες μελῳδοῦμεν· [6] «ὁ Θεός ⟨εὐλογητὸς εἶ»⟩.

Ὠιδὴ η΄

230v 1. [1] Νέα κιβωτὸς* [2] ἡ σὴ σορὸς ἐδείχθη* || [3] σωρὸν ἔνδον φέρουσα*
[4] θαυμάτων, ὅσιε·* [5] ἧς πρὸ σκιρτῶντες* [6] τὸν δόντα σοι τὴν χάριν* [7] ἀνυμνολογοῦμεν Χριστὸν εἰς τοὺς αἰῶνας.

---

tr. 3.1–2 Ποταμοὺς … ἐκ καρδίας] Jh 7, 38 | tr. 4.1a πᾶσαι γενεαὶ] Lc 1, 48 **ᾠδὴ ζ΄** tr. 1.5 πᾶσιν ἐγένου πάντα] 1 Cor 9, 22 | tr. 3] 2 Tm 4, 7–8 | tr. 3.6 λήξεις ... ἀϊδίους] loc. comm.; cf. Th. Stud. MK 81.6 tit.; Sy. NTh Eth. 1.3.134 | tr. 4.1–4] Ez 44, 1–3 **ᾠδὴ η΄** tr. 1.1–5 Νέα κιβωτός ... ἧς πρὸ σκιρτῶντες] J. Dam. Can. Pasch. 219.43–44; cf. 1 Par 13, 8 et 15, 25–29

---

tr. 3.1 προχέεις] πρὸ ἔχεις C; an προχέεις σὺ? **ᾠδὴ ζ΄** Ὁ ὑπερυψού⟨μενος⟩ in marg. tr. 4] θ(εοτοκίον) in marg. **ᾠδὴ η΄** Σοὶ τῷ παν⟨τουργῷ⟩ in marg.

2. [1] Φιάλαι σαφῶς* [2] τῶν ἀρωμάτων πλήρεις* [3] τοῦ πνεύματος, ὅσιε,* [4] αἱ σιαγόνες σου* [5] πάντας πληροῦσαι* [6] τοὺς πίστει προσιόντας* [7] θείας εὐωδίας,* [7a] θεόφρον ἱεράρχα.

3. [1] Γέγονε τὸ σὸν* [2] σῶμα, θεόφρον, ξένη* [3] πηγή τις προχέουσα* [4] θαυμάτων πέλαγος·* [5] ᾗ προσιόντες* [6] ἀρυόμεθα πίστει,* [7] μάκαρ, σωτηρίαν* [7a] ψυχῶν τε καὶ σωμάτων.

4. [1] Νεύρωσον, ἁγνή,* [2] τὸν τῆς ψυχῆς μου τόνον* [3] λυθέντα τοῖς πταίσμασι* [4] καὶ τοῖς παθήμασι,* [5] ὅπως ὑμνήσω,* [6] παρθένε, τὸν σὸν τόκον,* [7] τὸν δεδοξασμένον εἰς πάντας τοὺς ⟨αἰῶνας⟩.

Ὠιδὴ θʹ

1. [1] Θησαυρὸν ἀκένωτον,* [2] ἱεράρχα,* [2a] πᾶσι τοῖς πιστοῖς* [3] τὸ σῶμα
σου || τὸ σεπτὸν* [4] ἀπαφθαρτισθὲν* [5] Θεὸς ἐδωρήσατο* [6] πάντας 231r
πλουτίζον ἐν ἀρεταῖς·* [7] ὃν μεγαλύνοντες* [8] σέ, θεόφρον, μακαρίζομεν.

2. [1] Νέος τίς παράδεισος* [2] ὁ νεώς σου,* [2a] μάκαρ, ἱερὸς* [3] δεδώρηται πρὸς Θεοῦ* [4] πᾶσι τοῖς πιστοῖς* [5] ξύλον ζωοπάροχον* [6] ἔχων τὸ σὸν σῶμα τὸ σεπτόν,* [7] ὃ ἀσπαζόμενοι* [8] θυμηδίας ἀπολαύομεν.

3. [1] Τῷ ταύτην ἐκ πόθου σοι* [2] συντεθῆναι,* [2a] μάκαρ, τὴν ᾠδὴν* [3] αἰτησαμένῳ θερμῶς* [4] νῦν μὲν πρὸς Θεοῦ* [5] ῥῶσιν διπλῆν αἴτησαι,* [6] ψυχικήν τε καὶ σωματικήν,* [7] ἐν δὲ τῷ μέλλοντι* [8] θείας δόξης τὴν ἀπόλαυσιν.

4. [1] Σωτηρίας πρόξενος* [2] τοῖς ἀνθρώποις γέγονας, ἁγνή,* [3] σωτῆρα καὶ λυτρωτὴν* [4] καὶ δημιουργὸν* [5] τεκοῦσα, πανάμωμε,* [6] τὸν διὰ σοῦ* [6a] πᾶσιν ἱλασμὸν* [7] τοῖς μεγαλύνουσι* [8] σέ, παρθένε, παρεχόμενον.||

---

tr. 2 Φιάλαι ... αἱ σιαγόνες σου etc.] Cant 5, 13 **ᾠδὴ θʹ** tr. 2 παράδεισος ... ξύλον ζωοπάροχον ἔχων etc.] cf. Gen 2, 8–9

---

tr. 4] θ(εοτοκίον) in marg. **ᾠδὴ θʹ** Ἠσαΐα χόρευε in marg. | tr. 2.1 νέος τίς] sic C, indefinitum intelligendum | tr. 4] θ(εοτοκίον) in marg.

231v Ἐξαποστειλάριον

[1] Ὡς οὐρανὸς τοῖς ἄστροις* [2] κατεκοσμήθης ἀρεταῖς* [3] ὑπὲρ αὐγὰς ἡλίου* [4] λάμπων ἐφώτισας ἡμᾶς,* [5] πανιερώτατε πάτερ,* [6] ὅθεν σε ὕμνοις τιμῶμεν.

Ἐξαποστειλάριον Ὁ οὐρανὸν τοῖς in marg.

CANON IX

Ὠιδὴ α΄

1. [1] *Τὴν παναιτίαν** [2] *καὶ παρεκτικὴν ζωῆς,** [2a] τὴν ἄρρητον *σοφίαν* 231v
*τοῦ Θεοῦ,** [3] Ἀθανάσιε,* [3a] δεξάμενος σαφῶς* [3b] ἀρχῆς ἐκ προαν-
άρχου Πατρὸς* [4] λαὸν σὺ ποιμαντικῶς περιέσωσας* [5] *ἐνδόξως δοξά-
ζοντα Χριστὸν τὸν Θεὸν ἡμῶν.*

2. [1] *Ἐμυσταγώγεις** [2] πᾶσι τοῖς λαοῖς* [2a] *τὴν ψυχοτρόφον ἑτοιμάζων τράπεζαν** [3] διδαγμάτων σὺ* [3a] πανσόφων λογίων,* [3b] *Θεοῦ κιρνῶν κρατῆρα πιστοῖς·** [4] «*προσέλθετε* τῷ Χριστῷ καὶ φωτίσθητε* [5] τοῖς τούτου προστάγμασι* [5a] καλῶς ἀγαλλόμενοι».

3. [1] Ναμάτων θείων* [2] πνεύματος σαφῶς τοῦ || παναγίου γεγονὼς 232r
κατάρρυτος* [3] *τῆς ἀκτίστου καὶ ἐμφύτου σοφίας Θεοῦ ἐβόας·* «*γεύ-
σασθε** [4] καὶ πάντες φόβῳ σεπτῶς ἐκβοήσατε·* [5] *ἐνδόξως δεδόξασται** [5a] *Χριστός, ὁ Θεὸς ἡμῶν*».

4. [1] Εὐλογημένη* [2] γέγονας, ἁγνή,* [2a] τὸν τοῦ Θεοῦ υἱὸν κυήσασα σαρκί·* [3] ᾠκοδόμησε γὰρ οἶκον ἑαυτῷ* [3a] αἱμάτων ἐξ ἀχράντων τῶν σῶν·* [4] διό σε θεοπρεπῶς ἀναμέλπομεν* [5] παρθένε θεόνυμφε.

Ὠιδὴ γ΄

1. [1] Πόνοις ἐγκρατείας τὴν σάρκα, σοφέ,* [2] *τὴν κτιστὴν ὡς ἀπαθὴς* δαμάσας* [3] τῷ Θεῷ *ἥνωσαι** [4] καὶ τῆς δόξης ἐκείνου ἐντρυφῶν* [5] σαφῶς σὺν αὐτῷ συμβασιλεύεις* [6] πᾶσιν ἱλασμὸν αἰτούμενος* [7] τοῖς *πίστει* προσκαλουμένοις σε.

ᾠδὴ α΄ tr. 2.4 προσέλθετε τῷ Χριστῷ καὶ φωτίσθητε] Ps 33 (34), 6 | tr. 4.3 ᾠκοδόμησε γὰρ οἶκον ἑαυτῷ] Prov 9, 1

---

tit. Ἕτερος κανὼν εἰς τὸν ἅγιον Ἀθανάσιον πατριάρχην Κωνσταντινουπόλεως. Θεοκτίστου in marg. **ᾠδὴ α΄** ἦχος πλ. β΄ Τμηθείσῃ τμᾶται in marg. | tr. 4] θ(εοτοκίον) in marg. | tr. 4.5] colon deest, sed textus lacunosus non videtur, cf. Einleitung 6.2.3.6, p. 127–128 **ᾠδὴ γ΄** Κύριος ὢν πάντων in marg.

2. 1 Ῥεύμασιν ἱδρώτων ἀσκήσεως σῆς* 2 τὴν πυρὰν τῶν ἡδονῶν σὺ σβέσας* 3 σεαυτῷ, ἅγιε,* 4 τὴν ἀπάθειαν ἥνωσας καλῶς·* 5 διὸ καὶ σὺν ἀγγέλοις χορεύων* 6 μέμνησο ἡμῶν τῶν παίδων σου* 7 τῶν _πίστει_ προσερχομένων σοι.

3. 1 «_Ἄφρων_, ὃς οὐ μένει τοῖς νόμοις Χριστοῦ»,* 2 _τοῖς οἰκείοις μα-_
232v _θηταῖς_ ἐβόας,* 3 ὁ συμπαθέστατος,* || 4 «οὐ μὴ ὄψεται δόξαν κυρίου,*
5 _ἀσύνετος ὢν_ οὐ μὴ συνήσει·* 6 τούτοις δὲ ὑμεῖς _μείνατε_* 7 _καὶ πίστει
στερεωθήσεσθε_».

4. 1 _Κύριον_, παρθένε, τὸν πάντων _Θεόν_,* 2 ἐν γαστρὶ τὴν _ἀπαθῆ_ ὡς βρέφος* 3 _ἑαυτῆς_ ἔφερες* 4 _καὶ τῷ_ κόσμῳ ἐπήγασας ζωὴν* 5 _αὐτὸν_ τὸν ζωοδότην τεκοῦσα·* 6 ὅθεν γενεαὶ νῦν ἅπασαι* 7 ἐν _πίστει_ σὲ μακαρίζουσιν.

Ὠιδὴ δʹ

1. 1 _Προκατιδὼν_ ὁ προγνώστης* 2 τῆς πολιτείας σου τὸ ὑπέρλαμπρον* 3 ποιμένα σε προώρισεν ὄντως κραταιόν·* 4 καὶ ποίμνιον ποιμάνας τούτου πανσόφως* 5 _τῷ μονογενεῖ_ υἱῷ θεοπρεπῶς* 6 καὶ τῷ πνεύματι τοῦτο προσήγαγες.

2. 1 _Ἐπὶ τὸ πάθος_ σὺ βλέπων* 2 τὸ τοῦ Χριστοῦ ἐβόας τῇ ποίμνῃ σου·* 3 «ἰδοὺ καιρὸς εὐπρόσδεκτος· δράμωμεν λοιπὸν* 4 ἀγάπην πρὸς τὸν κτίστην σχόντες γνησίαν·* 5 _ὁ μονογενής_ γαρ Λόγος δι᾽ ἡμᾶς* 6 ἑαυτὸν πρὸς σφαγὴν νῦν ἐξέδωκεν».

233r 3. 1 Τοὺς τῆς ἀσκήσεως πόνους* 2 ἱερωσύνῃ, || μάκαρ, ἐκόσμησας*
3 καὶ ταύτῃ περιέθηκας* 3a λίθον διαυγῆ* 4 _ἀγάπησιν_ ἐλέει συγκε-
κραμένην·* 5 τὸν γὰρ πενήτων ὅμιλον, σοφέ,* 6 ὡς πατὴρ ἠγκαλίσω,
θεσπέσιε.

ᾠδὴ γʹ tr. 3.5 ἀσύνετος ὢν οὐ μὴ συνήσει] Ps 91 (92), 7 **ᾠδὴ δʹ** tr. 1.3 προώρισεν] Rm 8, 29–30; Eph 1, 5 et 1, 11 | tr. 1.3–4] cf. Jh 21, 15–17 | tr. 2.3 ἰδοὺ καιρὸς εὐπρόσδεκτος] 2 Cor 6, 2

---

tr. 4] θ(εοτοκίον) in marg. **ᾠδὴ δʹ** προκατιδὼν ὁ προφήτης in marg. | tr. 2.5 ὁ μονογενής γαρ] sic C

4. [1] *Προκατιδὼν* ὁ δεσπότης* [2] τῆς παρθενίας σου τὸ ἀπόρρητον,* [3] σεμνή σε ἐξελέξατο πάντων τῶν βροτῶν* [4] ὑπέρτιμον ὀφθεῖσαν κόσμῳ μόνην ἀφράστως·* [5] *τὸν μονογενῆ* καὶ γὰρ υἱὸν αὐτοῦ* [6] ἀληθῶς ὑπὲρ λόγον, κόρη, γεγέννηκας.

Ὠιδὴ ε΄

1. [1] *Τῷ συνδέσμῳ τῆς ἀγάπης** [2] *συνδεόμενος* τοῦ δεσπότου σου* [3] καθωδήγεις θεαρέστως* [4] πρὸς ζωὴν πανσόφως τὸ ποίμνιον* [5] *ποσὶν ὡραίοις* περιερχόμενος* [6] *εὐαγγελιζόμενος πᾶσιν εἰρήνην.*

2. [1] *Μαθηταῖς ὑποδεικνύων** [2] *ταπεινώσεως* ὡς ἀγχίνους *τύπον** [3] ἠμφιέννυσο ῥακίοις* [4] πιναροῖς παρ' ὅλον τὸν βίον σου,* [5] γυμνοῖς ποσί δε* [5a] σὺ τὰς πορείας σου* [6] καθωραϊζόμενος πᾶσιν ἐφαίνου.

3. [1] Ὑπὲρ λόγον ὁ δεσπότης,* [2] ὑπεράμωμε, || ἐν τῇ μήτρᾳ σου* [3] ἀνε- 233v
καίνισε τὴν κτίσιν* [4] καὶ σταυρὸν καὶ πάθος ἑκούσιον,* [5] ὡς οἶδε,
μόνος καταδεξάμενος* [6] καὶ πραγματευσάμενος πᾶσιν εἰρήνην.

Ὠιδὴ ς΄

1. [1] Ἄφθονα* [2] ναμάτων τοῖς ἀσθενοῦσι σορὸς ἡ θεία* [3] καταπέμπουσα τὰ ῥεῖθρα πᾶσιν* [4] ἡ σὴ σαφῶς ἡ τιμία* [5] ὁρᾶται, Ἀθανάσιε πάντιμε.

2. [1] Ὤφθη σου* [2] ὁ βίος κανὼν καὶ τύπος τοῖς πᾶσιν ὄντως,* [3] Ἀθανάσιε, τοῖς ἐν τῷ βίῳ,* [4] καὶ μονασταῖς καὶ μιγάσι,* [5] ποιμέσι καὶ λαοῖς τοῖς ὑμνοῦσι σε.

3. [1] Πρόστηθι* [2] ὡς μέγιστος ἱεράρχης* [2a] τῶν σὲ ὑμνούντων* [3] καὶ τοῦ κλύδωνος τῆς ἁμαρτίας* [4] ἀναγαγὼν σαῖς πρεσβείαις* [5] ὁδήγησον ζωὴν πρὸς αἰώνιον.

ᾠδὴ ε΄ tr. 1.1 Τῷ συνδέσμῳ τῆς ἀγάπης] Eph 4, 5; Col 3, 14 | tr. 1.5–6 ποσίν ... εἰρήνην] Rm 10, 15; cf. Is 52, 7; Nahum 2, 1 **ᾠδὴ ς΄** tr. 2.2 βίος ... τύπος] cf. Bas. RBr 1128, 49

---

tr. 4] θ(εοτοκίον) in marg. | tr. 4.3 σεμνή σε] sic C; σεμνή vocativus est **ᾠδὴ ε΄** Τῷ συνδέσμῳ τῆς ἀγάπης in marg. | tr. 2.5 ποσί δε] sic C | tr. 3] θ(εοτοκίον) in marg. **ᾠδὴ ς΄** Ἄβυσσος ἐσχάτη in marg.

4. [1] «Ἄχραντε* [2] παρθένε εὐλογημένη, βοήθησόν μοι* [3] καὶ τὸν κλύδωνα παθῶν μου στῆσον* [4] ὡς συμπαθής, θεοτόκε»,* [5] βοῶ σοι, ὑπεράγαθε δέσποινα.

Κοντάκιον

234r [1] Κατὰ δαιμόνων ἐκ Θεοῦ *τὰ νικητήρια** [2] ἐκ || βρέφους, πάτερ, εἰλη-
φώς, πανιερώτατε,* [3] καὶ ἰσάγγελος γενόμενος ἐν ἀνθρώποις* [4] εἰς οὐράνια μετέστης νῦν σκηνώματα·* [5] διὰ τοῦτο καὶ ἡμεῖς οἱ κάτω μένοντες* [6] σοὶ κραυγάζομεν·* [7] «θεῖε, χαίροις, Ἀθανάσιε».

Ὠιδὴ ζ´

1. [1] Φρονήσει κεκοσμημένος* [2] θεοδωρήτῳ κατέλυσας* [3] τὴν τοῦ ψεύδους ἀπάτην* [3a] θεοφρόνως κραυγάζων, μακάριε·* [4] «*εὐλογητὸς εἶ, κύριε, ὁ Θεὸς τῶν πατέρων ἡμῶν*».

2. [1] Τῇ δόξῃ καὶ φρυκτωρίᾳ* [2] λελαμπρυσμένος τοῦ πνεύματος* [3] ἐκκλησίαν Χριστοῦ σὺ ποιμαίνων τοῦ βοᾶν ἐξεπαίδευσας·* [4] «*εὐλογητὸς εἶ, κύριε,* ⟨*ὁ Θεὸς τῶν πατέρων ἡμῶν*»⟩.

3. [1] *Νευστάζων κάραν* ὁ φθόνος* [2] κακὰ προβλέπων ὁ δόλιος* [3] μοχθηρίᾳ λαοῦ* [3a] ἀπελάσαι σε τῆς ποίμνης ἐσπούδασεν,* [4] «*εὐλογητὸς εἶ, κράζοντα, ὁ Θεὸς τῶν* ⟨*πατέρων ἡμῶν*»⟩.

4. [1] Ἀγγέλων τιμιωτέρα,* [2] παρθενομῆτορ, σὺ γέγονας* [3] συλλαβοῦσα Θεόν,* [3a] ὃν ἀπαύστως ὑμνοῦντες κραυγάζομεν·* [4] «*εὐλογητός εἶ, κύριε,* ⟨*ὁ Θεὸς τῶν πατέρων ἡμῶν*»⟩.

Ὠιδὴ η´

1. [1] Ὡς ἱεράρχης τὰ οὐράνια* [2] μεμυημένος, μάκαρ, ὄντως μυστήρια*
234v [3] κατεκόσμησας || τὴν ποίμνην σου* [4] σαῖς διδαχαῖς πανσόφοις*

ᾠδὴ ζ´ tr. 3.3 μοχθηρίᾳ λαοῦ] CAp 8.47.36

---

tr. 4] θ(εοτοκίον) in marg. **Κοντάκιον** ἦχος πλ. δ´ Τῇ ὑπερμάχῳ in marg. **ᾠδὴ ζ´** Οἱ παῖδες ἐν in marg. | tr. 4] θ(εοτοκίον) in marg. | tr. 4.4 εὐλογητός εἶ] sic C **ᾠδὴ η´** Νόμων πατρώων in marg.

[5] μεγαλοφρόνως,* [5a] λόγοις ἐντολῶν τῶν τοῦ Χριστοῦ,* [6] καὶ ποιμάνας εἰσήλασας πρὸς μονὰς οὐρανίους,* [7] «*τὸν κύριον ὑμνεῖτε*», βοῶντας,* [8] «*καὶ ὑπερυψοῦτε** [9] *εἰς πάντας τοὺς αἰῶνας*».

2. [1] Ὤφθης ποιμένων ἐγκαλλώπισμα* [2] ἠξιωμένος πάσης μακαριότητος* [3] ὡς συνόμιλος καὶ σύνοικος* [4] γεγονὼς τῶν ἀγγέλων* [5] καὶ τὴν τελείαν ὄντως εὐκληρίαν κατασχὼν* [6] καὶ σὺν τούτοις γηθόμενος* [6a] ἀναμέλπεις καὶ ψάλλεις·* [7] «*τὸν κύριον ὑμνεῖτε τὰ ἔργα** [8] *καὶ ὑπ⟨ερυψοῦτε** [9] *εἰς πάντας τοὺς αἰῶνας*»⟩.

3. [1] Τοὺς ὑμνῳδούς σου διαφύλαττε* [2] πρὸς τοῦ σωτῆρος τούτοις, μακαριώτατε,* [3] ἐξαιτούμενος ἀΐδιον* [4] καὶ πλουσίαν εἰρήνην* [5] καὶ τῶν σκανδάλων τούτους* [5a] ἐξαιρούμενος σαφῶς* [6] καὶ πταισμάτων τὴν ἄφεσιν καὶ ψυχῶν σωτηρίαν* [7] «*τὸν κύριον ὑμνεῖτε*», βοῶντας,* [8] «*καὶ ὑπ⟨ερυψοῦτε** [9] *εἰς πάντας τοὺς αἰῶνας*»⟩.

4. [1] Σὺ σωτηρίας πᾶσι πρόξενος,* [2] θεογεννῆτορ, ὤφθης, μόνη πανύμνητε,* [3] τὸν ἀθάνατον γεννήσασα* [4] τοῦ Θεοῦ λόγον, κόρη·* [5] δι' οὗ ὁ κόσμος* [5a] σέσωσται θανάτου καὶ φθορᾶς* [6] καὶ τοῖς πίστει κραυγάζουσιν* [6a] εὐλογία πη||γάζει·* [7] «*τὸν κύριον ὑμνεῖτε τὰ ἔργα** [8] *καὶ* 235r
*ὑπ⟨ερυψοῦτε** [9] *εἰς πάντας τοὺς αἰῶνας*»⟩.

Ὠιδὴ θ´

1. [1] *Ξενίας δεσποτικῆς καὶ ἀθανάτου τραπέζης** [2] μεταλαμβάνων, μάκαρ,* [2a] ἐν οὐρανοῖς σαφῶς* [3] ἡμῖν αἴτησαι πρεσβείαις σου* [4] παντοίων ἐγκλημάτων λύσιν* [5] ἐκ τοῦ μόνου δεσπότου, *ὃν μεγαλύνομεν*.

2. [1] Ὡς ῥόδον καινοφανὲς ἡ τῶν λειψάνων σου θήκη* [2] *ἐν ὑπερτίμῳ τόπῳ** [2a] τὰς τῶν πιστῶν ψυχὰς* [3] σαφῶς πάσας κατευφραίνουσα* [4] παρέχει νοσημάτων λύσιν* [5] ὡς θεόθεν πλουτοῦσα χάριν ἀέναον.

3. [1] Ἡλίου φωτοειδοῦς ἡ παναγία σου μνήμη* [2] καθαρωτέρα ὤφθη* [2a] τοῖς καθαραῖς *φρεσὶ** [3] *πιστῶς* ταύτην ἑορτάζουσιν* [4] *ἐπαναβεβηκότι λόγῳ** [5] μυστηρίων ἀρρήτων, θεομακάριστε.

ᾠδὴ η´ tr. 1.6 ποιμάνας ... οὐρανίους] cf. Jh 10, 1–27

---

tr. 4] θ(εοτοκίον) in marg. **ᾠδὴ θ´** Ξενίας δεσποτικῆς in marg.

4. [1] Ἀφράστως σε καθαρὰν καὶ ὑπεράμωμον κόρην* [2] καὶ Χερουβίμ, παρθένε, ὑψηλοτέραν σε* [3] εὑρὼν ὅλως κατεσκήνωσε* [4] Πατρὸς ὁ τοῦ ἀνάρχου Λόγος* [5] ἐπὶ σὲ καὶ τὸν κόσμον φθορᾶς ἐρρύσατο.

---

tr. 4] θ(εοτοκίον) in marg.

CANON X

Ὠιδὴ α΄

1. [1] Ἄβυσσον οὐρανόθεν* [2] τὴν διὰ πλῆθος ἐλέους* [3] ἐν γῇ πλημμυρή- 235v
σασαν* [4] τοῖς πᾶσι καθυπέδειξας·* [5] ἧσπερ τῶν θείων ναμάτων* [6] ἔμ-
πλησον ἡμᾶς, ἱερὲ Ἀθανάσιε.

2. [1] Ὕμνοις προαιρουμένῳ* [2] ἀνευφημεῖν σε ἐν πίστει* [3] παράσχου μοι, ἅγιε,* [4] τὸν φωτισμὸν τῆς χάριτος·* [5] σὺ γὰρ φωτὸς ἀνεσπέρου* [6] υἱὸς ἀνεδείχθης φωτίζων τὸ ποίμνιον.

3. [1] Σώματος ὁ γινώσκων* [2] τὸ ἀσθενὲς ἡμῶν, Λόγε,* [3] ψυχῆς τε τὸ ῥάθυμον* [4] ἐπάμυνον ἐν θλίψεσιν* [5] ἔχων σοῦ τὸν ἱεράρχην,* [6] σῶτερ, δυσωποῦντα τὴν σὴν ἀγαθότητα.

4. [1] Γέγονας ἀθυμοῦσι* [2] παραμυθία, παρθένε,* [3] νοσοῦσι τε ἴαμα,* [4] ἁμαρτωλοῖς ἐξίλασμα·* [5] ὅθεν σεπταῖς ἱκεσίαις* [6] τοῦ σοῦ ἱεράρχου ἡμᾶς διαφύλαξον.

Ὠιδὴ γ΄ || 236r

1. [1] Ὡς θησαυρὸς τῶν ἀγαθῶν* [2] ἡ τῶν λειψάνων σου θήκη* [3] δεδομένη πᾶσιν ἐκ Θεοῦ* [4] παρέχει ἡμῖν ἀφθόνῳ χάριτι* [5] τὰς τῶν θαυμάτων δωρεὰς* [5a] ἐν πειρασμοῖς καὶ κινδύνοις* [6] καὶ ἐν ἀσθενείαις τοῖς αἰτοῦσι σε.

2. [1] *Ὁ* καταβὰς ἐξ *οὐρανοῦ** [2] δι᾽ εὐσπλαχνίαν οἰκείαν* [3] σὲ μεσίτην δέδωκε πιστοῖς* [4] ἀεὶ πρὸς αὐτὸν αὐτοὺς ἰθύνοντα* [5] καὶ ὁδηγοῦντα ἀπλανῶς* [5a] ὡς ἱεράρχης τῷ ὄντι* [6] καὶ ποιμὴν ποιμένων, Ἀθανάσιε.

ᾠδὴ α΄ tr. 3.1–2] cf. Mt 26, 41 **ᾠδὴ γ΄** tr. 1.1 θησαυρὸς τῶν ἀγαθῶν] PeR 394

---

tit. Ἕτερος κανὼν εἰς τὸν ἅγιον Ἀθανάσιον πατριάρχην Κωνσταντινουπόλεως. Θεοκτίστου in marg. **ᾠδὴ α΄** ἦχος βαρύς, Νεύσει σου πρὸς γεώδει (pro γεώδη) in marg. tr. 4] θ(εοτοκίον) in marg. **ᾠδὴ γ΄** Ὁ καταρχὰς τοὺς οὐρανοὺς in marg.

3. [1] Ἐκ τοῦ πελάγους τῶν δεινῶν* [2] τῆς ἁμαρτίας τὴν ποίμνην* [3] ἀνελκύσας ὥσπερ ὁ Μωσῆς* [4] λαὸν Ἰσραὴλ θείῳ κηρύγματι* [5] ἐνατενίζειν νοητῶς* [5a] τῆς ἀληθείας τῷ φέγγει* [6] τοῦτον ἐκδιδάσκεις, Ἀθανάσιε.

4. [1] Ἐκ τοῦ χοὸς τὴν καθ' ἡμᾶς* [2] ὁ ἀπορρήτῳ σοφίᾳ* [3] διαπλάσας φύσιν ὡς Θεός,* [4] αὐτὸς οἰκτιρμοῖς ἀπείροις, δέσποινα,* [5] ταύτην φορέσας ἐκ τῶν σῶν ὑπεραγίων αἱμάτων* [6] ἐν τοῖς οὐρανοῖς νῦν ἐπανήγαγεν.

Ὠιδὴ δ´

236v 1. [1] Ἀποβαλὼν* [2] ἔργοις πονηροῖς* [3] τὴν πρὸς || τὸν κτίστην παρρησίαν, ἅγιε,* [4] σὲ μεσίτην καταλλάττοντα* [5] εἰς αὐτὸν προβάλλομαι* [6] ἐξαιτῶν πταισμάτων συγχώρησιν.

2. [1] Φωτοειδοῦς* [2] πάσης ἀρετῆς* [3] ἐκπεπτω⟨κὼς⟩ τοῖς ζοφεροῖς παρῴκησα,* [4] ἀλλ' αὐτός μοι, Ἀθανάσιε,* [5] φωτὶ τῆς πρεσβείας σου* [6] φωταγώγησόν με τὸν δοῦλόν σου.

3. [1] Τὰ τῆς σαρκὸς* [2] πάθη θανατῶν* [3] τὴν πρὸς Θεὸν ἐπιθυμίαν ζώωσον* [4] τῆς ψυχῆς μου, Ἀθανάσιε,* [5] καὶ ὅλην, πανίερε,* [6] πρὸς τὸν πόθον τούτου μετάγαγε.

4. [1] Ἀεὶ πρὸς σὲ* [2] πάντων ὀφθαλμοὶ* [3] ἐνατενίζουσιν ἀεὶ ἐν θλίψεσι* [4] τῶν τιμώντων σε μητέρα Θεοῦ* [5] λύσιν ἐξαιτούμενοι* [6] τῶν δεινῶν καὶ πάσης κακώσεως.

Ὠιδὴ ε´

1. [1] *Νύξ* με πολλῆς ἀθυμίας,* [2] σοφέ,* [2a] ἐν τῇ τοῦ βίου ὁδῷ* [3] *ἐν* πειρασμοῖς κατέλαβεν,* [3a] ἀλλὰ τῷ φέγγει τῆς σῆς πρεσβείας* [4] πρὸς εὐθυμίαν χειραγώγησον.

---

tr. 3.2–3] cf. Ex 14, 15–31 | tr. 4.1–3] cf. Gen 2, 7 **ᾠδὴ ε´** tr. 1.1 Νύξ ... ἀθυμίας] loc. comm.

---

tr. 4] θ(εοτοκίον) in marg. **ᾠδὴ δ´** Ὁ πατρικοὺς κόλπ⟨ους⟩ in marg. **ᾠδὴ ε´** Νὺξ ἀφεγγὴς τοῖς in marg.

2. [1] Τῇ νοητῇ δᾳδουχίᾳ,* [2] σοφέ, τοῖς τοῦ κυρίου λαοῖς* [3] τὸν τηλαυγῆ τῶν λόγων σου πυρσὸν ἀ||νῆψας* [4] καὶ πρὸς τὸ φέγγος τῆς ἀληθείας 237r
τούτους ἴθυνας.

3. [1] Τοὺς χαλεποὺς διακόψας* [2] δεσμοὺς τῶν σαρκικῶν ἡδονῶν* [3] ἐν τῇ τομῇ τῶν λόγων σου* [3a] τῆς ἀπαθείας ἀλύτῳ πόθῳ* [4] τὴν ποίμνην ἔδησας, θεόληπτε.

4. [1] Ῥάβδος ἡμῖν παρεσχέθης,* [2] ἁγνή, ὑπὸ Χριστοῦ τοῦ Θεοῦ,* [3] τῆς ἀσφαλοῦς δυνάμεως* [3a] ἐχθρῶν τὰ θράση τῇ σῇ ἰσχύϊ* [4] ἐκπολεμοῦσα καὶ συντρίβουσα.

Ὠιδὴ ς´

1. [1] Μακροθύμῳ γνώμῃ* [2] καὶ συμπαθεστάτῃ προνοίᾳ* [3] καὶ τρόποις χρηστότητος, ἱεράρχα,* [3a] τὰ ἐν τῷ βίῳ φυέντα μοι πταίσματα,* [4] ἅγιε, βοῶ, ἐξαφάνισον* [5] καὶ τῶν σῳζομένων με χορῷ κατάταξον.

2. [1] Δαπανήσας ὅλην* [2] ἐν ταῖς ἡδοναῖς, ἱεράρχα,* [3] ζωήν μου, ὁ ἄθλιος,* [3a] καταφεύγων πρὸς τὴν σωτήριον σκέπην σου δέομαι·* [4] μή με ἀπορρίψῃς ἐπταικότα,* [5] ἀλλ᾽ ὡς ποιμενάρχης προσλαβών με ζώωσον.

3. [1] Ἐκμοχλεύων πᾶσαν* [2] τὴν ἐν ταῖς ψυχαῖς || κεκρυμμένην* [3] ἀπά- 237v
την, πανίερε, τῶν παρόντων* [3a] τῶν ἀπλανῶν καὶ μενόντων κατέβαλες,* [4] μάκαρ, ἐν αὐταῖς τὸν θεῖον σπόρον·* [5] ὅθεν φυτουργόν σε τῶν καλῶν γινώσκομεν.

4. [1] Γυμνωθέντες πάλαι* [2] τῇ τῆς ἐντολῆς παραβάσει* [3] στολῆς ἧς ἐτύχομεν, θεοτόκε,* [3a] τῆς κατ᾽ εἰκόνα Θεοῦ τοῦ ποιήσαντος* [4] ταύτην λαμπροτέραν οἱ τὸν τόκον* [5] πάντες σου ἐν πίστει προσκυνοῦντες εὕρομεν.

---

tr. 4.1–3 Ῥάβδος ... δυνάμεως] Ps 109 (110), 2 **ᾠδὴ ς´** tr. 3.3a–5] cf. Mt 13, 3–43; Mc 4, 3–20; Lc 8, 5–15 | tr. 4.1–3a] cf. Gen 3, 7

---

tr. 3.2 δεσμοὺς] θεσμοὺς C | tr. 4] θ(εοτοκίον) in marg. **ᾠδὴ ς´** Ναυτιῶν τῷ σάλῳ in marg. | tr. 4] θ(εοτοκίον) in marg.

Κοντάκιον

[1] Ὡς τῶν ἀΰλων οὐσιῶν θεωρὸν ἄριστον* [2] καὶ πρακτικῶν ὑφηγητὴν παναληθέστατον* [3] ἀνακράζει σοι ἡ ποίμνη σου, θεορρῆμον· * [4] «μὴ ἐλλίπῃς ἱκετεύειν ὑπὲρ τῶν δούλων σου* [5] λυτρωθῆναι πειρασμῶν καὶ περιστάσεων* [6] τῶν βοώντων σοι·* [7] χαίροις, πάτερ Ἀθανάσιε».

Ὠιδὴ ζ´

1. [1] Σῶσον πρεσβείᾳ* [2] τῇ σῇ, ἱεράρχα,* [3] τὸν ἀπογνώσει κρατούμενον,* [4] ἵνα πιστῶς *ἀνυμνήσω* τὰ θαύματα* [5] καὶ δοξολογήσω σου* [6] τῶν χαρίτων σαφῶς πασῶν τὰ δωρήματα.||

238r 2. [1] Ὢ τῆς ταχέως* [2] φθανούσης τοὺς πίστει* [3] προσκαλουμένους σε χάριτος·* [4] ἅμα κληθεὶς γὰρ προφθάνεις καὶ ῥύεσαι* [5] ἐκ πάσης κακώσεως,* [6] ἱερέων κλέος, διό με οἴκτειρον.

3. [1] Ἁμαρτημάτων* [2] πολλαὶ τρικυμίαι* [3] καὶ τῶν παθῶν κατακλύζουσι* [4] καὶ πρὸς βυθὸν ἀπωλείας ἀπάγουσι·* [5] δός μοι χεῖρα, δέσποινα* [6] καὶ διάσωσόν με τὸν ἄθλιον.

Ὠιδὴ η´

1. [1] Ἄβυσσον ἐν γῇ* [2] πλημμυροῦσαν εὐσπλαγχνίας* [3] ὡς πάλαι προεμήνυσας* [4] καὶ νῦν ἡμῖν ταύτης τὰ νάματα* [5] ἐξαίτησαι, δυσωπῶ,* [6] παρασχεθῆναι τοῖς Χριστῷ ἀεὶ κραυγάζουσι·* [7] «πάντα τὰ ἔργα κυρίου τὸν κύριον ὑμνεῖτε* [8] ⟨καὶ ὑπερυψοῦτε εἰς πάντας τοὺς αἰῶνας»⟩.

2. [1] Λόγον του Θεοῦ,* [2] ἱεράρχα, σοῦ τῇ ποίμνῃ* [3] ὡς συμπαθῆ ὑπέδειξας* [4] ἀναμαρτήτως τὸν ἀράμενον* [5] τὰς νόσους τὰς τῶν βροτῶν·* [6] τοῦτον δυσώπει καὶ ἡμῶν τὰ ἁμαρτήματα* [7] πάντων βαστάσαι καὶ σῶσαι,* [7a] ὡς κύριον καὶ κτίστην* [8] τῶν ὑπερυψούντων αὐτὸν εἰς τοὺς αἰῶνας.||

ᾠδὴ η´ tr. 2.4–5] Is 53, 4; Mt 8, 17

Κοντάκιον ἦχος πλ. δ´. Τῇ ὑπερμάχῳ in marg. | kont. 1 θεωρὸν] θεωρῶν C | kont. 3 σοι] σου C **ᾠδὴ ζ´** Κάμινον παῖδες in marg. **ᾠδὴ η´** Ἄφλεκτος πυρὶ in marg.

3. [1] Ἔνδικον τομὴν* [2] κατὰ πάσης ἁμαρτίας* [3] ὡς ἱεράρχης, ὅσιε,* 238ᵛ
[4] ἀποφαινόμενος ἐφύτευσας* [5] τὰς ῥίζας τῶν ἀγαθῶν,* [6] ἐν οἷς τῷ πάντων ποιητῇ* [6a] ἀπαύστως κράζομεν·* [7] «πάντα τὰ ἔργα κυρίου* [7a] τὸν κύριον ὑμν⟨εῖτε* [8] καὶ ὑπερυψοῦτε εἰς πάντας τοὺς αἰῶνας»⟩.

4. [1] Δῶρον παρ᾽ ἡμῶν* [2] ἡ δοθεῖσα τῷ δεσπότῃ* [3] ὡς ἀπαρχὴ τῆς φύσεως* [4] τὰς ἱκεσίας τὰς ἡμῶν, ἀγαθή,* [5] προσδέχου δῶρα τερπνὰ* [6] ἀντιπαρέχουσα ἡμῖν τὴν σὴν βοήθειαν,* [7] ὅπως ἀπαύστως ὑμνοῦμεν σε, παρθένε,* [8] τὴν εὐλογημένην* [8a] καὶ κεχαριτωμένην.

Ὠιδὴ θ΄

1. [1] Ῥῦσαι ταῖς σαῖς* [2] ἱκεσίαις, ἅγιε,* [3] ἐκ τοῦ πυρὸς τῆς γεέννης* [4] καὶ ἐκ πάσης βασάνου τοὺς ἀνυμνοῦντας σε, πανίερε·* [5] ἔχεις γὰρ ὄντως* [6] πολλὴν παρρησίαν* [7] ὡς ἀρχιεράρχης* [7a] καὶ ποιμὴν θεοπρόβλητος.

2. [1] Μαρμαρυγὰς* [2] ἐκ τῆς ἐνοικούσης σοι* [3] θείας λαμπρότητος πέμπεις* [4] καὶ ἀκτῖνας θαυμάτων* [4a] τοῖς τῷ λειψάνῳ σου προστρέχουσιν·* [5] ὅθεν ἐν πίστει* [6] σοὶ πάντες βοῶμεν·* [7] «σῶσον καὶ ἡμᾶς* [7a] τοὺς γνησίους οἰκέτας σου».||

3. [1] Ὅλην ἐν σοὶ* [2] τὴν ἐλπίδα, ἅγιε,* [3] ἀνατεθείκαμεν ἡμεῖς* [4] οἱ 239ʳ
σορόν σου τὴν θείαν* [4a] περικυκλοῦντες καὶ δεόμενοι·* [5] οἶδας γάρ, οἶδας,* [6] ὡς πόθῳ σε πάντες* [7] νῦν ἐπικαλούμεθα σωτῆρα καὶ φύλακα.

4. [1] Ὡς θαυμαστὸς* [2] ἐν ἰσχύϊ, δέσποτα,* [3] καὶ κραταιὸς ἐν πολέμοις* [4] δεξιᾷ σου παλάμῃ* [4a] τῷ βασιλεῖ ἡμῶν συμμάχησον* [5] κατὰ βαρβάρων* [6] τῶν ἀντικειμένων* [7] θείαις μεσιτείαις τῆς ἁγνῶς κυησάσης σε.

---

tr. 4.1–3] MR II 651 **ᾠδὴ θ΄** tr. 4.3] Ps 23, 8

---

tr. 4] θ(εοτοκίον) in marg. **ᾠδὴ θ΄** Μήτηρ Θεοῦ καὶ παρθένε in marg. | tr. 1.4 ἀνυμνοῦντας σε] sic C | tr. 3.6 σε] σοι C | tr. 4] θ(εοτοκίον) in marg.

CANON XI

Ὠιδὴ α´

1. [1] *Σταυρῷ* Χριστοῦ πεποιθὼς* [2] ἐκ νεότητός σου* [3] τὰ τῶν παθῶν
σκιρτήματα* [4] ἐνέκρωσας, μακάριε* [5] καὶ πόθῳ τῷ τοῦ Χριστοῦ* [6] ἐν
ἀσκήσει ἔλαμψας ἀστὴρ ὡς μέγιστος* [7] φωτίσας τὰς αἰσθήσεις* [8] τῆς
ψυχῆς σου, θεόφρον,* [9] βοῶν· «*Χριστῷ ᾄσωμεν, τῷ Θεῷ ἡμῶν, ὅτι
δεδόξασται*».

2. [1] Ἀνέθηκας σεαυτὸν* [2] ὡς εἰκόνα πᾶσι* [3] *φθοροποιῶν λυτήριον**
239v [4] τοῖς μιμου||μένοις, ἅγιε,* [5] τοῦ βίου σου τὸ λαμπρόν·* [6] Φαραὼ δὲ
κάκιστον* [6a] ποντίσας ὤλεσας* [7] τὸν ὄφιν τὸν ἀρχαῖον* [8] τὸν πτερ-
νίσαντα Εὔαν* [9] βοῶν· «*Χριστῷ ᾄσωμεν** [9a] *τῷ Θεῷ ἡμῶν, ⟨ὅτι δε-
δόξασται⟩*».

3. [1] *Ὑπέδειξε* τοῖς λαοῖς* [2] ὁδηγόν σε μέγαν* [3] ὁ φωτοδότης κύριος*
[5] φωτίζοντα τοὺς πιστοὺς* [6] πρὸς ζωὴν ἀΐδιον* [6a] καὶ δόξαν ἄφρα-
στον* [7] τὸν φόβον ὑπογράφων* [8] τῆς γεέννης πανσόφως* [9] βοῶν·
«*Χριστῷ ᾄσωμεν, τῷ ⟨Θεῷ ἡμῶν, ὅτι δεδόξασται*»⟩.

4. [1] Παρθένε, μήτηρ Θεοῦ,* [2] τῆς ψυχῆς μου, δέομαι,* [3] τὸ σκότος φωταγώγησον* [4] ταῖς πρὸς Θεόν, ὃν ἔτεκες,* [5] πρεσβείαις, δέσποινα,
σαῖς,* [6] ἵνα σου τὴν ἄμετρον* [6a] χάριν γηθόμενος* [7] πολλῶν τε δωρη-
μάτων* [8] μεγαλύνω τὴν δόξαν* [9] βοῶν· «*Χριστῷ ᾄσωμεν, τῷ Θεῷ
ἡμῶν, ⟨ὅτι δεδόξασται*»⟩.

ᾠδὴ α´ tr. 2.6–6a] cf. Ex 14, 21–28 | tr. 2.7–8] loc. comm.; cf. Gen 3, 1–6

---

tit. Ἕτερος κανὼν εἰς τὸν ἅγιον Ἀθανάσιον πατριάρχην Κωνσταντινουπόλεως. Θεοκτίστου in marg. **ᾠδὴ α´** Ἦχος πλ. δ´: Σταυρὸν χαράξας Μωσῆς in marg. | tr. 2.3 φθοροποιῶν] φθοροποιοῖς C | tr. 3.3–5] colon deest, sed textus lacunosus non videtur, cf. Einleitung 6.2.3.6, p. 127–128 | tr. 4] θ(εοτοκίον) in marg.

Ὠιδὴ γ΄

1. [1] *Ῥάβδον* ἰσχύος* [2] ἱερωσύνης ἀναδεξάμενος* [3] ὡς καλὸς ποιμενάρχης ἰθύνεις ὄντως,* [4] *τῇ στειρευούσῃ δὲ πρώην** [5] *ἐκκλησίᾳ σὺ ἐξήνθησας** [6] θεῖος ποιμὴν* [7] *εἰς* δόξαν *καὶ* κραταίωμα.

2. [1] Σὺ *ἐπαφῆκας** [2] διδασκαλίας *ὕδωρ* ἀένναον* || [3] εὐπειθοῦντι *λαῷ* 240r
καὶ ἀκολουθοῦντι* [4] ταῖς ὑποθήκαις σου, μάκαρ,* [5] καὶ σοφαῖς σου
εἰσηγήσεσι* [6] καὶ πρὸς ζωὴν* [7] τὴν ἄνω καθωδήγησας.

3. [1] Σὺ καθωράθης* [2] ὡς λύχνος, μάκαρ, φωτίζων ἅπαντας* [3] τοὺς ἐν σκότει παθῶν κατεπτωκότας* [4] καὶ πρὸς τὸ φῶς ἐπανάγων* [5] τῆς ἐκεῖθεν ἀπολαύσεως·* [6] ὅθεν πιστῶς σε πάντες μακαρίζομεν.

4. [1] Τῶν λογισμῶν μου* [2] τῶν ἀκαθάρτων σὺ μόνη, πάναγνε,* [3] ἀποκάθαρον, παρθένε, τοὺς σπίλους* [4] καθαρωτέρα ὡς οὖσα* [5] ἀσυγκρίτως πάσης κτίσεως* [6] καὶ οὐρανίου βασιλείας με ἀξίωσον.

Ὠιδὴ δ΄

1. [1] Ἡ θεόπνευστος γλῶσσα σου* [2] φῶς διδασκαλίας πᾶσιν ἐξέλαμψε* [3] καὶ ἐφώτισε τοὺς θέλοντας* [4] πρὸς ζωὴν βαδίζειν τὴν οὐράνιον.

2. [1] Ἐθαυμάστωσε κύριος* [2] σὲ καὶ μετὰ τέλος ὥσπερ καὶ ζῶντα σὲ* [3] θείοις θαύμασι, θεόληπτε,* [4] καὶ μεσίτην πᾶσιν ἐδωρήσατο.

3. [1] Τὸ τοῦ βίου κλυδώνιον* [2] ὄντως σὺ διέβης ἀβρόχως, πάνσοφε,*
[3] καὶ λιμέσιν ἐγκαθώρ||μισαι* [4] τοῖς ἐπουρανίοις ἀγαλλόμενος. 240v

4. [1] Νεκρωθέντα με ζώωσον,* [2] ἄχραντε παρθένε· σὺ γὰρ ἐκύησας* [3] τὴν ζωὴν τὴν ἐνυπόστατον,* [4] τὸν ζωὴν τοῖς πᾶσι παρεχόμενον.

ᾠδὴ γ΄ tr. 3.2] Mt 5, 15; Mc 4, 21; Lc 8, 16–17; Lc 11, 33 **ᾠδὴ δ΄** tr. 3.1 Τὸ τοῦ βίου κλυδώνιον] cf. Gr. Nys. Ephr. 844.13

ᾠδὴ γ΄ Ῥάβδος εἰς τύπον in marg. | tr. 1.7 εἰς] καὶ C | tr. 4] θ(εοτοκίον) in marg.
ᾠδὴ δ΄ Εἰσακήκοα, κύριε, τῆς in marg. | tr. 2.2 σὲ] sic C | tr. 4] θ(εοτοκίον) in marg.

Ὠιδὴ ε΄

1. [1] Καταστολὴν ἀφθαρσίας* [2] τοὺς ἐν τῇ ποίμνῃ τῇ σῇ* [3] ἐνδύσαι ἐφιέμενος* [4] ἐκδιδάσκων καὶ σοφῶς περιστέλλων* [5] ἀπεγύμνωσας ἐχθροῦ* [6] καλῶς τὰ πανουργεύματα·* [7] διὰ τοῦτο σου* [8] μεμνημένοι μακαρίζομεν.

2. [1] Λελαμπρυσμένος ἐν κάλλει* [2] πολυειδῶν ἀρετῶν* [3] παμμάκαρ Ἀθανάσιε* [4] θείῳ φόβῳ τε πεφραγμένος* [5] τὴν ἀπάτην τοῦ ἐχθροῦ* [6] διέδρασας γενναίως, σοφέ,* [7] καὶ ἐσκήνωσας* [8] γεγηθὼς εἰς τὸν παράδεισον.

3. [1] Ὑπεραγία παρθένε,* [2] τῶν θεραπόντων τῶν σῶν* [3] ἰάτρευσον τὰ τραύματα* [4] τὸν σωτῆρα ἰατρὸν ἡ τεκοῦσα* [5] τὸν ἐν πάθει φρικτῷ* [6] τραυματισθέντα, ἄχραντε,* [7] καὶ παρέχοντα* [8] τὴν εἰρήνην ταῖς ψυχαῖς ἡμῶν.

Ὠιδὴ ς΄

241r 1. [1] Ὡς τόξον, σοφέ, κατέχων* [2] νηστείαν καὶ συμπά||θειαν πολλὴν ἔσβεσας πᾶσαν* [3] τὴν ἰσχὺν τῶν δαιμόνων·* [4] τῷ πόθῳ δὲ τοῦ Χριστοῦ* [5] διδασκαλίαις σου σοφαῖς* [6] τοὺς ἐν ποίμνῃ πλανωμένους* [7] ἀπλανῶς διέσωσας* [8] καὶ προσῆξας αὐτοὺς εἰς οὐράνιον* [9] διαγωγήν, θεοφόρε* [9a] σοφὲ Ἀθανάσιε.

2. [1] Ὑφῆψας τὸ πῦρ πλειόνως* [2] τῆς γνώμης τῆς ἐνθέου εὐσεβῶς, ὦ θεοφόρε* [3] ὁπηνίκα τῷ θρόνῳ* [4] σεπτῶς ἐκάθισας* [5] τῇ τῆς τριάδος ἱερᾷ* [6] ψήφῳ, μακάριε,* [7] καὶ ἅπαντες κατεφωτίζοντο* [8] σοῦ τοῖς λόγοις καὶ πνεύματος χάριτι* [9] τοῦ προωρίσαντος ταῦτα,* [9a] σοφὲ Ἀθανάσιε.

3. [1] Παρθένε, ἁγνὴ παρθένε,* [2] φωτί με καταλάμπρυνον τῷ σῷ, ἄχραντε κόρη,* [3] ἡ τὸ φῶς τετοκυῖα* [4] τὸ πᾶσι πρόξενον* [5] τῆς βασιλείας οὐρανῶν,* [6] ἀθανασίας οὐρανίου τε καὶ ὑπὲρ ἔννοιαν·* [8] ἐν αὐτῇ τὴν χαρὰν προξενοῦντι μοι·* [9] ὅθεν σὲ πᾶσαι γενεαὶ πόθῳ μεγαλύνουσι.

Ὠιδὴ ε΄ Ὦ τρισμακάριστον ξύλον in marg. | tr. 3] θ(εοτοκίον) in marg. **ᾠδὴ ς΄** Νοτίου θηρός in marg. | tr. 3] θ(εοτοκίον) in marg.

Κοντάκιον

[1] Κατὰ δαιμόνων ἐκ Θεοῦ τὰ νικητήρια* || [2] ἐκ βρέφους, πάτερ, εἰληφώς, πανιερώτατε, καὶ ἰσάγγελος γενόμενος ἐν ἀνθρώποις* πρὸς οὐράνια μετέστης νῦν σκηνώματα·* διὰ τοῦτο καὶ ἡμεῖς οἱ κάτω μένοντες* σοὶ κραυγάζομεν· «θεῖε χαίροις, Ἀθανάσιε». 242v

Ὠιδὴ ζ΄

1. [1] Ἄσκησιν ἤνεγκας,* [2] παμμάκαρ, ἱερῶς τὴν ὑπεράνθρωπον* [3] παύουσαν παθῶν τῶν ἀκαθάρτων τὰς προσβολάς, ῥαδίως κακίας πάσης ἐξαίρεις μανίαν* καὶ πάθη ἡμῶν σαφῶς ἰᾶσαι* ψυχικά τε τραύματα* καὶ ψάλλειν προτρεπόμενος·* «*ὁ ὑπερύμνητος* τῶν πατέρων καὶ ἡμῶν Θεὸς εὐλογη*⟨*τὸς εἶ*»⟩.

2. Πόνοις τὴν ἄπονον κληρώσασθαι ζωὴν καλῶς ἐσπούδασας·* ὅθεν τοὺς ἡμῶν πόνους κουφίζεις καὶ τοῖς πιστοῖς* χάριν [......] τὴν ἐξ ὕψους, ἔνδοξε* ἰᾶσαι [......]* καὶ τοὺς δαίμονας ἀποδιώκεις* καὶ καλῶς προΐστασαι καὶ σῴζεις τοὺς κραυγάζοντας·* «*ὁ ὑπερύμνητος* τῶν πατέρων* ⟨*καὶ ἡμῶν Θεὸς εὐλογητὸς εἶ*»⟩.

3. Ὤφθης, μακάριε, [......]ως τὸν δεσπότην σὺ μιμούμενος [..] δι᾽ ἡμᾶς

Κοντάκιον ἦχος πλ. δ΄: Τῇ ὑπερμάχῳ in marg. **ᾠδὴ ζ΄** Ἔκνοον πρόσταγμα in marg. | textus hoc loco abrumpitur

KOMMENTAR

1.6.3: *Προλέγων σαφῶς τὰ γενησόμενα.* Athanasios sah ein Erdbeben voraus. Theoktistos berichtet auch, ohne ins Detail zu gehen, dass Athanasios in der Zeit zwischen den zwei Amtsperioden und nach seiner endgültigen Abdankung dem Kaiser verschiedene Weissagungen mitteilte (PAPADOPOULOS-KERAMEUS, Vita 31.23 und 41.10–16).

2.12: *Σὺ ἐξ ἑσπέρας πρὸς τὴν Βύζαντος πόλιν.* Athanasios ist nach Konstantinopel vom Westen her gekommen: Er wurde in Adrianopel geboren und seine letzte Station vor Konstantinopel war der thrakische Berg Ganos.

3.1.2: *Ἀπὸ βρέφους.* Der hagiographische Topos der frühen Heiligkeit bezieht sich auf Fakten des Lebens des Athanasios: Er wurde bereits in jugendlichem Alter Mönch (PAPADOPOULOS-KERAMEUS, Vita 4.1–24).
3.1.3: *Τὴν πατρίδα σου λιπὼν ἐπὶ ξένης βιοτεύειν σὺ προείλου πανσόφως ἐν ὄρεσι διατρίβων.* Athanasios verließ seine Heimat, um in ein Kloster in Thessaloniki einzutreten; danach lebte er in Klöstern in verschiedenen Regionen. Ἐν ὄρεσι διατρίβων ist ein biblisches Zitat (Hebr 11, 38), es entspricht aber auch seiner Biographie, denn Athanasios lebte auf berühmten Klosterbergen (Athos, Auxentios, Latros, Galesion, Ganos).
3.4.2: Die Trinitätslehre, die in diesem Troparion besprochen wird, war im 14. Jh. unumstritten. Warum Theoktistos auf eine Erwähnung der eigentlichen dogmatisch-kirchenpolitischen Fragen zur Zeit des Athanasios verzichtet, ist unklar. Es ist unwahrscheinlich, dass er eine Provokation vermeiden wollte, denn die Antiunionisten wurden nicht mehr verfolgt. Theoktistos war selber Antiunionist und verlor keine Gelegenheit, dies zu zeigen. Viel wahrscheinlicher ist, dass Theoktistos, der Tradition der hagiographischen Hymnographie folgend, die historischen Tatsachen nur vage andeutete. Es könnte auch die Tendenz der byzantinischen Theologen sein, die neuen „Häresien“ auf große alte zurückzuführen.

4.Kont.: *Ἀπὸ βρέφους.* Siehe 3.1.2

4.111–115: Athanasios sah ein Erdbeben voraus, was den Kaiser von seiner prophetischen Gabe überzeugte. Siehe PAPADOPOULOS-KERAMEUS, Vita 32.17–33.4 und Pachymeres X 34; vgl. auch F. EUANGELATOU-NOTARA, Σεισμοὶ στὸ Βυζάντιο ἀπὸ τὸν 13° μέχρι καὶ τὸν 15° αἰῶνα. Ἱστορικὴ ἐξέταση. Athen 1993, insb. S. 41. Die Pluralform κρατοῦντες könnte ein Hinweis auf den Mitkaiser Michael IX. sein, vielleicht ist es aber nur ein Fall von Unklarheit bezüglich historischer Tatsachen, die in der Hymnographie häufig ist.
4.126: *Μνήμην τῶν φρικτῶν θεωριῶν ὁ μέγας.* Von den Visionen des Athanasios sind detailliertere Informationen über jene zwei, in denen Jesus ihm das Weiden seines Volkes anvertraute, bekannt (Vita 10.26–11.22). Er hatte noch weitere mystische Erlebnisse, über die die Vita nichts Genaueres berichtet (Vita 31.14ff und 41.16ff).

5.5.2: *Ἐν τῷ καιρῷ τῷ τῶν κινδύνων ἀπερίτρεπτος ἔμεινας.* Gemeint sind eher die Verfolgungen der Unionsgegner durch Michael VIII. (s. Kapitel 2.2 und 2.3, S. 57–59). Vielleicht wird auch auf die Konflikte während des Patriarchats angespielt (S. 62–66).
5.8.2: *Οἱ τῶν μαθητῶν σου δῆμοι τῷ θείῳ πυρπολούμενοι ζήλῳ τὴν μνήμην σου τελοῦσι πιστῶς.* Das Zentrum des Kultes des Athanasios waren seine mönchischen Gemeinden in Xerolophos. Der Kanon wurde zu einer Zeit verfasst, als viele Jünger des Athanasios noch lebten.

6.4.4: *Δέσποινα [...] τῷ σῷ ναῷ προσπελάζουσιν.* Athanasios gründete in Xerolophos eine oder zwei Kirchen, die der Gottesmutter gewidmet waren. Laut Ioseph Kalothetos gehörte eine zum Frauenkloster. Zum Problem s. PAPAZOTOS, Isa Kapısı Mescidi, Anm. 27.
6.5.3: *Βλέπων τὰ ἐσόμενα σαφῶς καὶ προλέγων ἄριστα τοῖς κρατοῦσι τὰ μέλλοντα.* Siehe Kommentar zu 1.6.3 und 4.111–115.
6.9.3: *Τὸν αἰτήσαντα τὸν ὕμνον τοῦτον νῦν συντεθῆναι σοι.* Über den Auftraggeber ist nichts bekannt. Es handelt sich wahrscheinlich um eine Privatperson, doch der Kanon spricht von einem Fest und von den Jüngern des Athanasios, vor allem aus der früheren Generation, die zur Zeit der Abfassung des Kanons schon verstorben waren. Siehe Kapitel 1.2.2.

7.1.2: *Ἐκ κοιλίας μητρὸς καθιερώθης Θεῷ καὶ συνηυξήθης ἁγιότητι.* Siehe Kommentar zu 3.1.2. Ἐκ κοιλίας μητρὸς ist ein Zitat aus Gal 1, 15.
7.9.3: *Ἐγώ, ὁ τοὺς ὕμνους σοι ἐκ πόθου καὶ πίστεως ἐξυφαίνων.* Es ist das einzige Mal, dass Theoktistos in den Hymnen über seine Person spricht.

8.1.2: *Ἐκ βρέφους.* Siehe Kommentar zu 3.1.2.

8.4.2: *Στερρῶς ἀντικατέστης … ταῖς τοῦ κρατοῦντος προσβολαῖς· ὅθεν καὶ μάρτυς γενόμενος τῇ προαιρέσει βραβείοις τοῖς τῆς ὁμολογίας κεκόσμησαι.* Athanasios wurde wegen seiner antiunionistischen Tätigkeit verfolgt und vom Bischof von Ganos verprügelt. Ioseph Kalothetos (TSAMIS, Syngrammata 22) erwähnt auch eine Konfrontation mit dem Kaiser, die vielleicht fiktiv ist (TALBOT, Correspondence xvii und Anm. 14). Theoktistos meint hier solch ein tatsächliches oder legendäres Ereignis, denn ὁ κρατῶν ist der Kaiser und nicht der Ortsbischof. Siehe auch Kapitel 2.3. Μάρτυς ist jemand, der wegen seines Glaubens getötet wird, ὁμολογητὴς jemand, der verfolgt wird und doch überlebt, wie Athanasios.
8.4.3: Zum Problem der κίνησις und des ἀκίνητον Gottes vgl. Pseudo-Dionysius Areopagita, De Caelesti Hierarchia, 8.5–10[1]; De Ecclesiastica Hierarchia 82.17–21; 23.28[2]; De Divinis Nominibus 212.16–213.20[3]. Außerdem VÖLKER, W., Maximus Confessor als Meister des geistlichen Lebens. Wiesbaden 1965, 50–53; Lampe, s. v. ἀκίνητος. Diese dogmatische Frage war im 14. Jh. nicht aktuell; in einer Ode, in der der Kampf des Athanasios gegen die Union erwähnt wird, scheint sie irrelevant. Siehe Kommentar zu 3.4.2.
8.4.4: Der Name Maria wurde in der byzantinischen Tradition als „Κυρία“, Herrscherin, interpretiert. Cf. Johannes von Damaskus, Expositio fidei, ed. B. KOTTER (*Die Schriften des Johannes von Damaskos* II). Berlin–New York 1973, 87.50 (S. 200).
8.9.1: *Τὸ σῶμά σου τὸ σεπτὸν ἀπαφθαρτισθέν.* Aus der Rede zur Reliquientranslation (54.32–58.17) ist bekannt, dass die Leiche des Athanasios drei Jahre nach seinem Tod unverwest gefunden wurde. Siehe auch den Kommentar von TALBOT, Miracles, S. 14, Anm. 15.
8.9.2: *Ὁ νεώς σου … ἔχων τὸ σὸν σῶμα τὸ σεπτόν.* Die Kirche, in die der Leichnam des Athanasios bei der Reliquientranslation getragen wurde, war τοῦ Χριστοῦ Σωτῆρος (Vita 48.14–15).
8.9.3: *Τῷ ταύτην ἐκ πόθου σοι συντεθῆναι … τὴν ᾠδὴν αἰτησαμένῳ.* Siehe Kommentar zu 6.9.3. Der Auftraggeber ist auch an dieser Stelle anonym.

---

[1] Pseudo-Dionysius Areopagita, De caelesti hierarchia, ed. G. HEIL, in: Corpus Dionysiacum II. Berlin–New York 1991, 5–59. Zitiert nach Seite und Zeile.
[2] Ebda, 61–132.
[3] Pseudo-Dionysius Areopagita, De Divinis Nominibus, ed. B. R. SUCHLA, in: Corpus Dionysiacum I. Berlin–New York 1990, 93–238. Zitiert nach Seite und Zeile.

9.4.2: *Ἐπὶ τὸ πάθος σὺ βλέπων τὸ τοῦ Χριστοῦ.* Athanasios hatte eine Vision, in der Jesus vom Kreuz herab ihn beauftragte, seine Herde zu weiden. Seitdem hörte man Athanasios flüstern: „Τὸν ἐσταυρωμένον μου Χριστὸν Ἰησοῦν". PAPADOPOULOS-KERAMEUS, Vita 10.26–11.22.
9.5.2: *Ἠμφιέννυσο ῥακίοις πιναροῖς παρ' ὅλον τὸν βίον σου, γυμνοῖς ποσί δε σὺ τὰς πορείας σου καθωραϊζόμενος πᾶσιν ἐφαίνου.* Pachymeres (FAILLER, Pachymeres IV 12, S. 363.29–365.6) kritisiert Athanasios und seine Jünger wegen ihrer ärmlichen Kleidung und, weil sie mit schmutzigen Füßen in der Stadt herumgingen: Πεζῇ τε καὶ βάδην αἱρούμενοι διέρχεσθαι τὰς ὁδούς, ἀνιπτόποδες καὶ χαμαιεῦναι καὶ μονοχίτωνες.
9. kont.: *Ἐκ βρέφους.* Siehe Kommentar zu 3.1.2.
9.7.3: *Ὁ φθόνος μοχθηρίᾳ λαοῦ ἀπελάσαι σε τῆς ποίμνης ἐσπούδασεν.* Die Phrase μοχθηρία λαοῦ ist ein kirchenrechtlicher Begriff. In den Constitutiones Apostolorum wird der Rücktritt eines Bischofs nicht akzeptiert; im Fall eines Konfliktes zwischen Bischof und Volk wegen der μοχθηρία des Letzteren wird die Schuld dem Klerus zugeschoben: Εἴ τις χειροτονηθεὶς ἐπίσκοπος μὴ καταδέχοιτο τὴν λειτουργίαν καὶ τὴν φροντίδα τοῦ λαοῦ τὴν ἐγχειρισθεῖσαν αὐτῷ, τοῦτον ἀφωρισμένον τυγχάνειν, ἕως ἂν καταδέξηται [...] εἰ δὲ ἀπελθὼν μὴ δεχθείη, οὐ παρὰ τὴν ἑαυτοῦ γνώμην, ἀλλὰ παρὰ τὴν τοῦ *λαοῦ μοχθηρίαν*, αὐτὸς μὲν ἔστω ἐπίσκοπος, ὁ δὲ κλῆρος τῆς πόλεως ἀφοριζέσθω, ὅτι τοιούτου λαοῦ ἀνυποτάκτου παιδευταὶ οὐκ ἐγένοντο[4]. Auf diese Weise wird der Rücktritt des Athanasios entschuldigt. Das ist die einzige Erwähnung des Rücktrittes des Athanasios in den Kanones und die einzige Stelle, in der Athanasios nicht als der bei allen beliebte Hirte dargestellt wird.
Zwischen λαός und ποίμνη wird nicht systematisch unterschieden; das Wort λαός (Volk) kann allerdings auch negative Konnotationen haben, wie an dieser Stelle, ποίμνη und ποίμνιον sind hingegen grundsätzlich positiv zu verstehen.

[4] Constitutiones Apostolorum 8.47.36.

INDICES

INDEX LOCORUM

Zahlen verweisen auf Kanon, Ode und Troparion

Vetus Testamentum

Novum Testamentum

Alii

INDEX VERBORUM MEMORABILIUM

Folgende Wörter sind in LS, L und LSSup nicht belegt. Zahlen verweisen auf Kanon, Ode und Troparion.

INDEX NOMINUM PROPRIORUM

Zahlen verweisen auf Seiten

INDEX CODICUM GRAECORUM

Zahlen verweisen auf Seiten

ANHANG: HYMNOGRAPHISCHES GLOSSAR[5].

Das folgende Glossar erklärt Begriffe, die in den Marginalnotizen der elf Kanones sowie der zwei Akoluthiai vorkommen. Manche Begriffe haben mehr als eine Bedeutung; in diesem Fall führe ich nur die an, mit der das Wort im vorliegenden Buch vorkommt.

Αἶνοι: Die Psalmen 148 (149), 149 (150) und 150 (151), die am Ende des *Orthros vor der *Doxologie gesungen werden. Nach jedem oder jedem zweiten Vers werden *Stichera gesungen. Welche Verse jeweils gesungen werden, hängt vom Wochen- und Jahreszyklus sowie vom Triodion ab.

Ἀκολουθία: a) Eine Gruppe von Gebeten, Hymnen und Lesungen, die in einer bestimmten Abfolge gefeiert werden (z.B. Hesperinos, Orthros usw.). b) Die Akolouthiai eines einzelnen Festtags.

Ἄμωμος: Der Psalm 118 (119), der mit den Wörtern «Μακάριοι οἱ ἄμωμοι ἐν ὁδῷ» anfängt. Er wird im Ἀισματικὸς *ὄρθρος (feierlicher Orthros) und im Begräbnisgottesdienst gesungen. Im Orthros des Karsamstags werden zwischen den Versen des Ἄμωμος die Strophen der *Ἐγκώμια gesungen.

Ἀναβαθμοί: «Ὠιδὴ τῶν ἀναβαθμῶν» heißen die Psalmen 119–133 (120–134). In der byzantinischen liturgischen Praxis heißen Anabathmoi Versgruppen, die im Stil dieser Psalmen gebaut wurden. Es gibt acht Gruppen, eine für jeden Echos.

Ἀντίφωνον: Das Wort verweist auf Gesänge, die abwechselnd von zwei Chören bzw. zwei Sängern gesungen werden. Es handelt sich u.a. um Verse aus den Psalmen, aus alttestamentlichen Büchern oder ähnlich konstruierte Verse. Sie werden im *Orthros, in der Liturgie oder gelegentlich in anderen Gottesdiensten gesungen.

---

[5] Die Erklärung basiert, wenn nichts anderes angegeben ist, zum großen Teil auf den entsprechenden Beiträgen in der ΘΗΕ und auf NIKOLAKOPOULOS.

Ἀπόδοσις: Wiederholung der Gottesdienste eines Festes acht Tage nach dem Feiertag.

Ἀπόλυσις: Schlussgebet, vom Priester vorgetragen.

Ἀπολυτίκιον: Kurzes *Troparion, das das Fest zusammenfasst. Es hat eine wichtige Stellung in der Verehrung eines Heiligen. Es wird im *Hesperinos, im *Orthros und auch in der Liturgie gesungen.

Ἀπόστιχον: *Troparion, das nach einem Psalmenvers gesungen wird. Die Unterscheidung zwischen *Στιχηρὰ und Ἀπόστιχα ist nicht immer klar.

Αὐτόμελον: *Troparion, das eine eigene Melodie hat und als Muster für *Prosomoia dient.

Δοξολογία: Loblied auf die hl. Dreifaltigkeit, das zu den ältesten Kirchenhymnen zählt. Die Doxologia wird am Ende des *Orthros nach den *Αἶνοι gesungen.

Ἐγκώμια: *Troparia, die am Karsamstag und an den Festtagen einiger Heiliger während des *Orthros gesungen werden. Ihre Stellung ist zwischen den Versen des *Amomos[6].

Ἐξαποστειλάριον: *Troparion, das im *Orthros nach dem *Kanon und vor den *Ainoi gesungen wird.

Ἑξάψαλμος: Gruppe von sechs Psalmen, die am Beginn des *Orthros vorgelesen wird. Es handelt sich um die Psalmen 3, 37 (38), 62 (63), 87 (88), 102 (103) und 142 (143).

Ἑσπερινός: Vesper. Der Hesperinos wird am Abend gefeiert und bezieht sich auf das Fest des folgenden Tages. Für die Feste, die mit einem Nachtgottesdienst (ἀγρυπνία) gefeiert werden, gibt es den „kleinen" und den „großen" Hesperinos (μικρὸς und μέγας ἑσπερινός), die nacheinander gefeiert werden; darauf folgt der *Orthros und die Liturgie, die in der Nacht

[6] Siehe S. 82, Anm. 245.

gefeiert werden. An den übrigen Tagen gibt es den „üblichen" (συνήθης) Hesperinos.

Θεοτοκίον: *Troparion an die Gottesmutter, das am Schluss einer Gruppe von Troparia steht. Theotokion ist das letzte Troparion der *Oden in einem *Kanon, das letzte *Sticheron oder *Apostichon, das letzte *Exaposteilarion oder *Kathisma, wenn es zwei oder mehr gibt, usw.

Ἰδιόμελον: Jedes *Troparion, das eine eigene Melodie aufweist, ohne dass es als Vorbild von Prosomoia dient. Vgl. *Αὐτόμελον und *Προσόμοιον.

Κάθισμα: *Troparia, die nach jeder *Stichologia gesungen werden. Sie sind auch gelegentlich nach der 3. Ode des Kanons zu finden.

Κανών: Eine der am meisten verbreiteten Gattungen der byzantinischen Hymnographie. Der Kanon ist ein System von *Troparia, die nach neun bzw. acht *Oden geordnet sind. Alle Troparia einer Ode haben dasselbe metrische Schema und dieselbe Melodie.

Καταβασία: Außer dem *Kanon werden im *Orthros die Katabasiai gesungen, d.h. die Heirmoi von Kanones. Vor und nach einem großen Fest werden die Katabasiai dem Kanon jenes Festes entnommen. Der jeweilige Kanon des Tages muss nicht ein Prosomoion des Kanons sein, dem die Katabasiai entnommen wurden.

Κοινωνικόν: Gesang, der während der Kommunion (κοινωνία) gesungen wird. Welches Koinonikon gesungen wird, hängt vom Festtag ab.

Κοντάκιον: Hymnographische Gattung, die ihren Höhepunkt im 6. Jh. erreichte. Das Kontakion ist ein System von beliebig vielen *Oikoi (Strophen), die dasselbe metrische Schema haben. Vor den Oikoi gibt es als Einführung eine Strophe mit anderem metrischen Schema, das Kukulion oder Prooimion. Nach der Einführung des *Kanons wurde das Kontakion allmählich aufgegeben. Nun werden nur mehr das Kukulion und der erste Oikos zwischen der 6. und der 7. *Ode des Kanons gesungen bzw. vorgelesen. Beim Begriff Kontakion erfolgte eine Bedeutungsverschiebung: Es bezeichnet nicht mehr das ganze System, sondern nur das alte Kukulion. Kontakia und Oikoi (jeweils ein Troparion) werden weiter nach dem Vorbild alter Kukulia bzw. Oikoi verfasst. Oft wird auf einen Oikos verzichtet; dann gibt es nur das Kontakion zwischen der 6. und der 7. Ode.

Λιτή: Gottesdienst, der während einer Nachtmesse (ἀγρυπνία) stattfindet.

Οἶκος: Ursprünglich war der Oikos ein Bestandteil des *Kontakions. Später ist der Oikos zu einem Troparion geworden, das unmittelbar nach dem *Kontakion (im späteren Sinn des Wortes) gesungen bzw. gelesen wird. Einen Oikos gibt es eher an den großen Festen.

Ὄρθρος: Morgengottesdienst (Matutin). Im Orthros wird der *Kanon bzw. werden die Kanones des Tages gesungen. Die Gesänge und Lesungen des Orthros variieren; sie sind vom Jahres- und Wochenzyklus sowie vom *Triodion und *Pentekostarion abhängig.

Παράκλησις (Παρακλητικὸς κανών): Kurzer Gottesdienst, gerichtet an Maria oder auch an Heilige und seltener an Jesus. Er enthält einen *Kanon. Die Paraklesis hat keinen festen Platz in den liturgischen Büchern. Sie wird in der Kirche oder privat gelesen.

Παρακλητική: Liturgisches Buch, das die Gottesdienste des Acht-Wochen-Zyklus enthält.

Πεντηκοστάριον: Liturgisches Buch mit den Gottesdiensten vom Ostersonntag bis zum Sonntag Aller Heiligen (erster Sonntag nach Pfingsten).

Προκείμενον: Vers aus den Psalmen oder den biblischen *Oden, der vor den biblischen Lesungen gesungen wird.

Προοιμιακός: Der Psalm 103 (104). Er wird am Anfang des *Hesperinos vorgelesen.

Προσόμοιον: Hymnus, der dem metrischen Schema eines älteren Hymnus folgt und nach dessen Melodie gesungen wird. Siehe *Automelon.

Στιχηρά: Troparia*, die nach Psalmenversen – oder auch ohne Psalmenverse – gesungen werden.

Στιχολογία: Musikalische Rezitation von Psalmen.

Συναξάριον: a) Buch mit Heiligenviten, meistens nach dem Jahreszyklus geordnet. b) Kurze Vita bzw. Bericht des zu feiernden Ereignisses, der im *Orthros nach dem *Kontakion und dem *Oikos gelesen wird. Vor dem

Prosatext gibt es die Synaxarverse. Diese sind normalerweise ein Epigramm in zwei byzantinischen Zwölfsilbern und ein daktylischer Hexameter bzw. ein ähnlich klingender prosodieloser Vers[7].

Τριῴδιον: Liturgisches Buch, das die Gottesdienste für die zehn Wochen vor Ostern enthält (vom Sonntag des Zöllners und Pharisäers bis einschließlich Karwoche).

Τροπάριον: Geläufiger Überbegriff für (fast) jeden kurzen Hymnus, der an sich eigenständig ist, auch wenn er Teil eines komplizierten Systems ist.

Τυπικά: Der erste Abschnitt des ersten Teils der Liturgie.

Τυπικόν: Schrift, in der die Vorschriften, die das Leben einer Kirche bzw. eines Klosters regeln, gesammelt sind. Ein wichtiger Teil des jeweiligen Typikons behandelt die liturgische Praxis.

Ὑπακοή: *Troparion, das am *Orthros des Sonntags vor den *Anabathmoi gesungen wird. An manchen Festen wird die Hypakoe nach der dritten *Ode des *Kanons gesungen.

Ὠιδή: Die biblischen Oden sind dem Alten und Neuen Testament entnommene Texte, die in Zusammenhang mit den Psalmen überliefert wurden. Die neun ersten Oden sind folgende Texte: Ex 15, 1–21 (1. Ode), Deu 32, 1–43 (2. Ode), 1 Re 2, 1–10 (3. Ode), Hab 3, 1–19 (4. Ode), Is 26, 9–20 (5. Ode), Jn 2, 3–10 (6. Ode), Dan 3, 2–33 (7. Ode), Dan 3, 34–67 (8. Ode), Lc 1, 46–55 (9. Ode). Es gibt weitere biblische Oden, deren Überlieferung weniger homogen ist. Die neun Oden sind mit der Entstehung des liturgischen *Kanons eng verbunden; dieser besteht aus neun Oden, die inhaltlich und sprachlich von den entsprechenden biblischen Oden mehr oder weniger beeinflusst sind.

---

7 Siehe Darrouzès, Calendriers; Follieri, Calendari; Hunger, Namensdeutungen.

Tafeln

Tafel 1

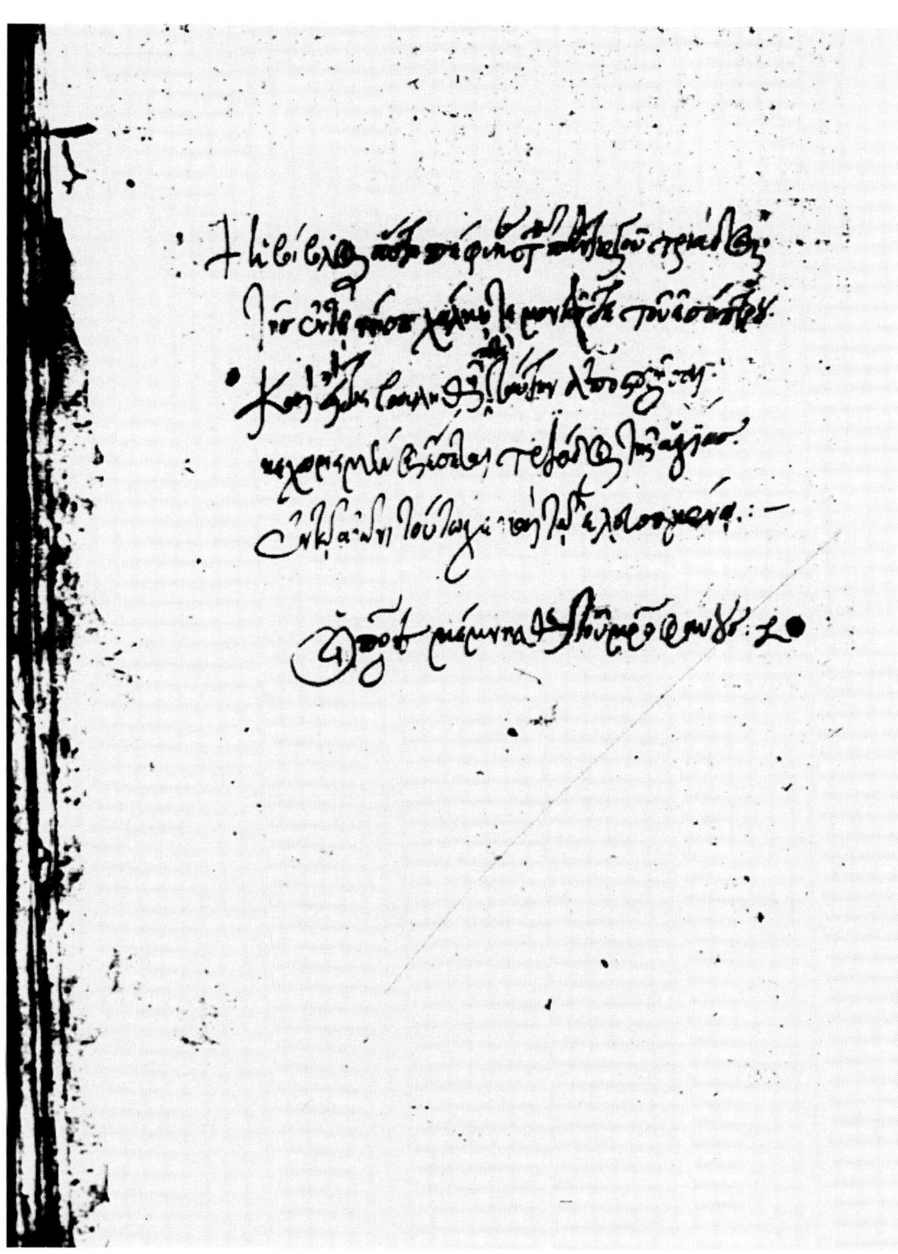

Chalk. S. Trin. 64, f. 37v (IHRT, Paris)

Tafel 2

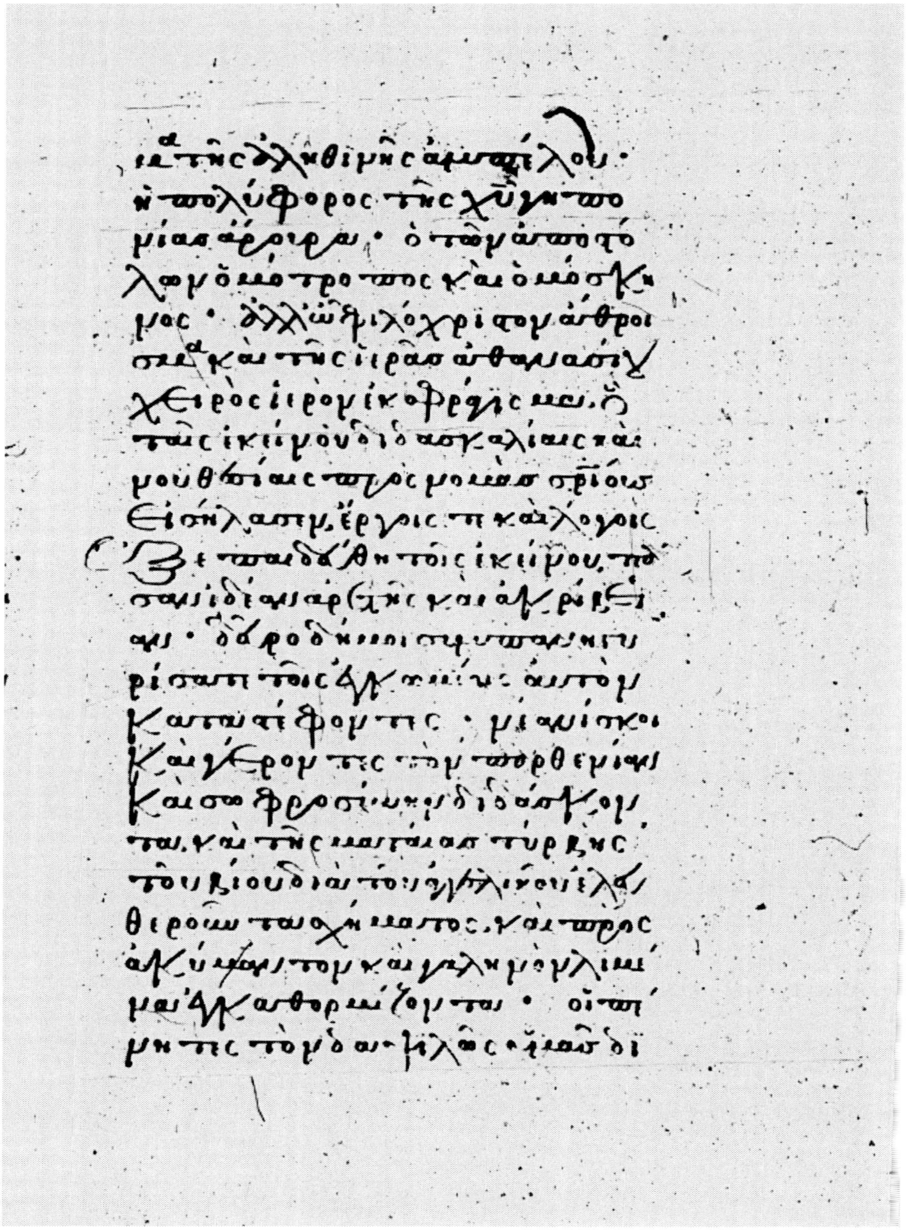

Chalk. S. Trin. 64, f. 126r (IHRT, Paris)

Tafel 3

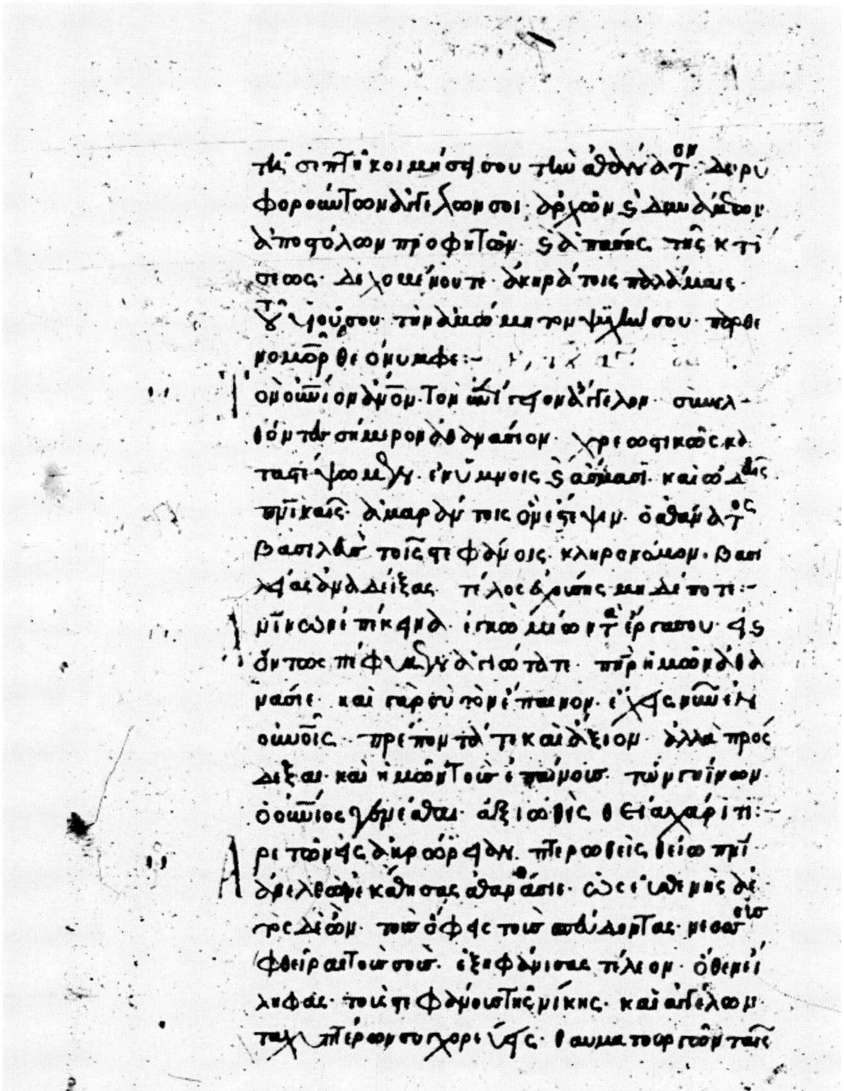

Chalk. S. Trin. 64, f. 150[v] (IHRT, Paris)

Tafel 4

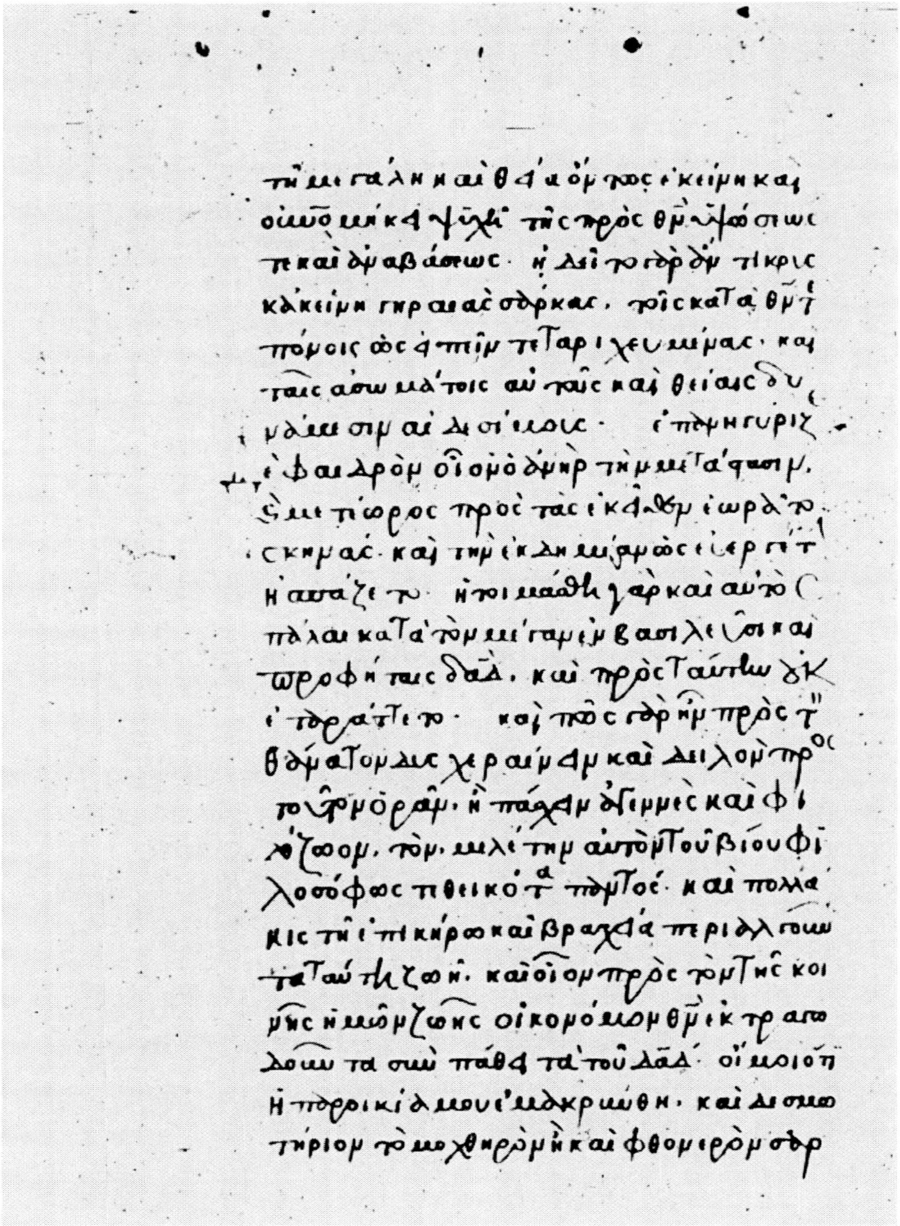

Chalk. S. Trin. 64, f. 160[v] (IHRT, Paris)

Tafel 5

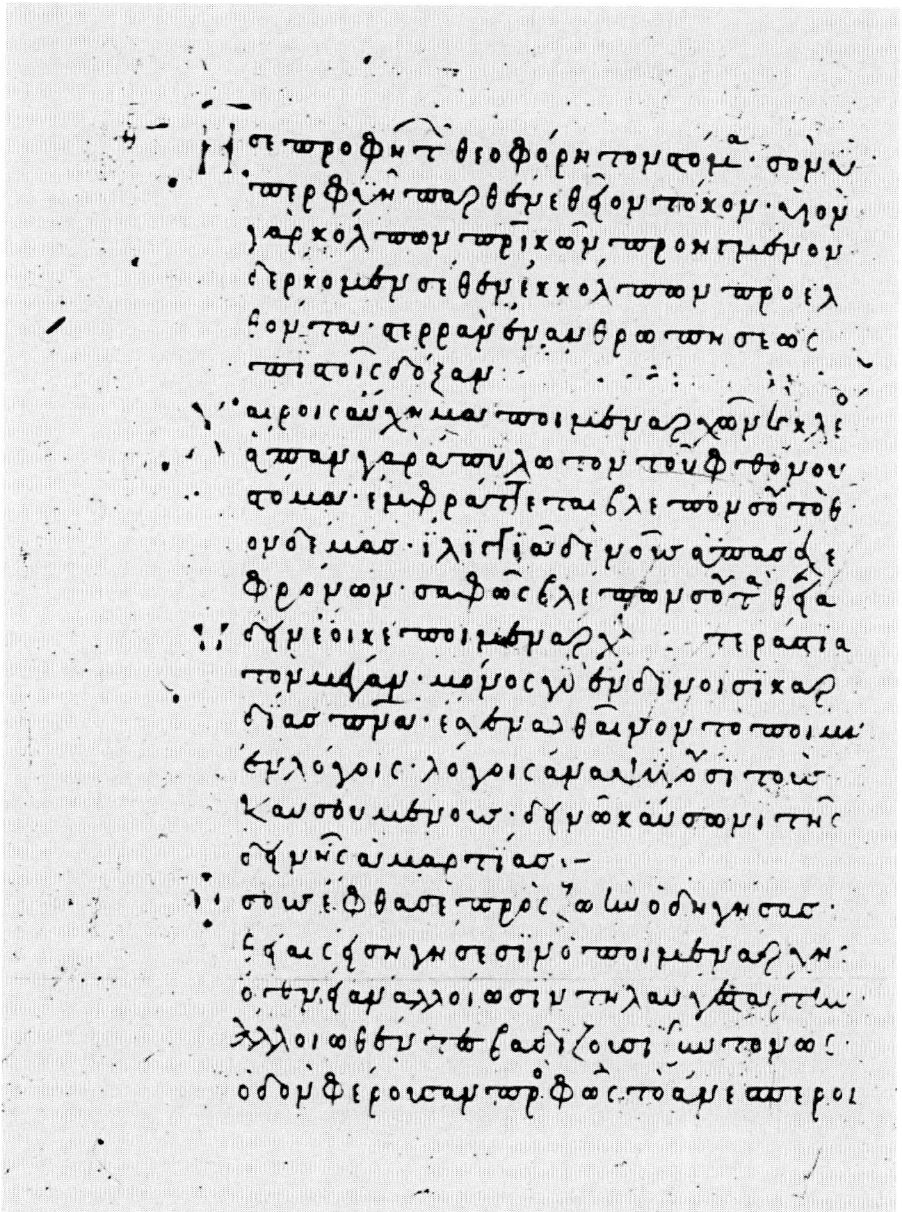

Chalk. S. Trin. 64, f. 215[v] (IHRT, Paris)

Tafel 6

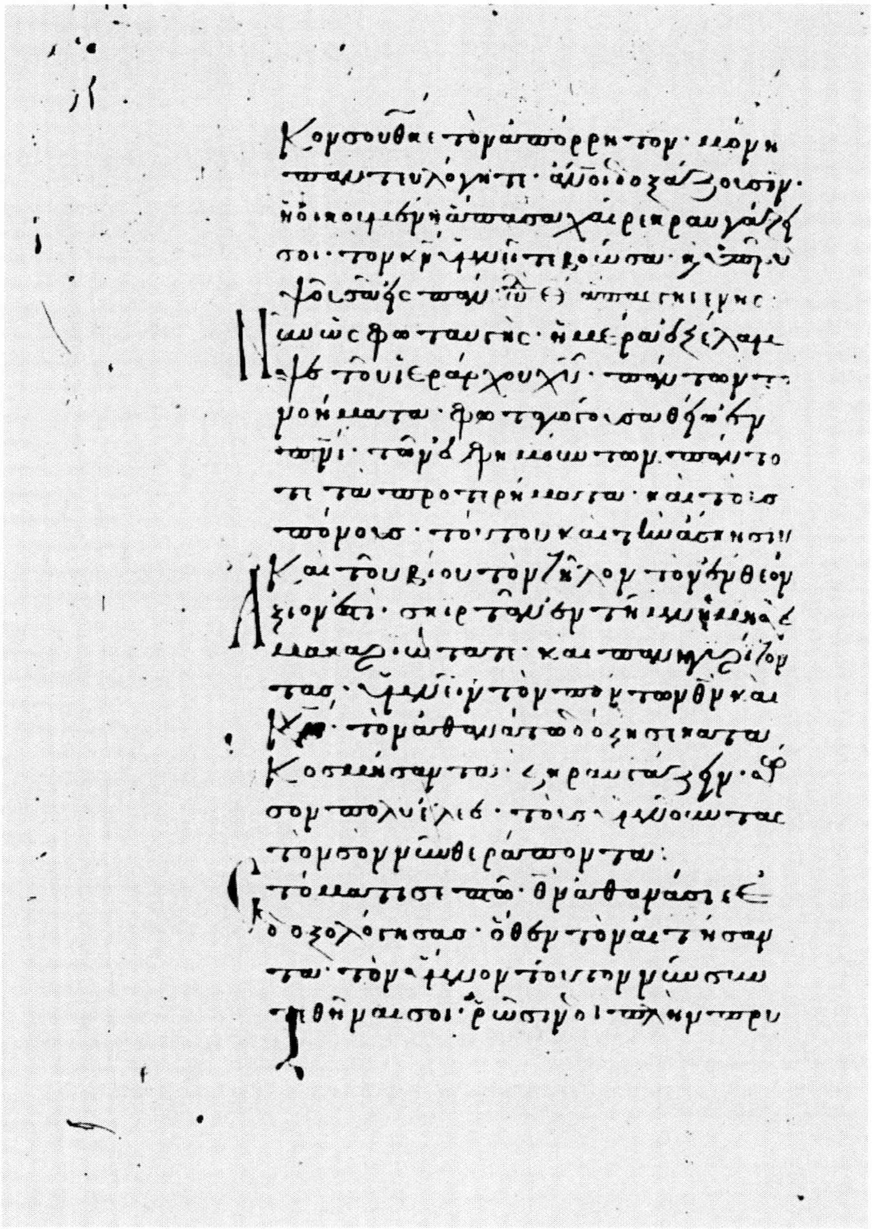

Chalk. S. Trin. 64, f. 223^{v} (IHRT, Paris)

Tafel 7

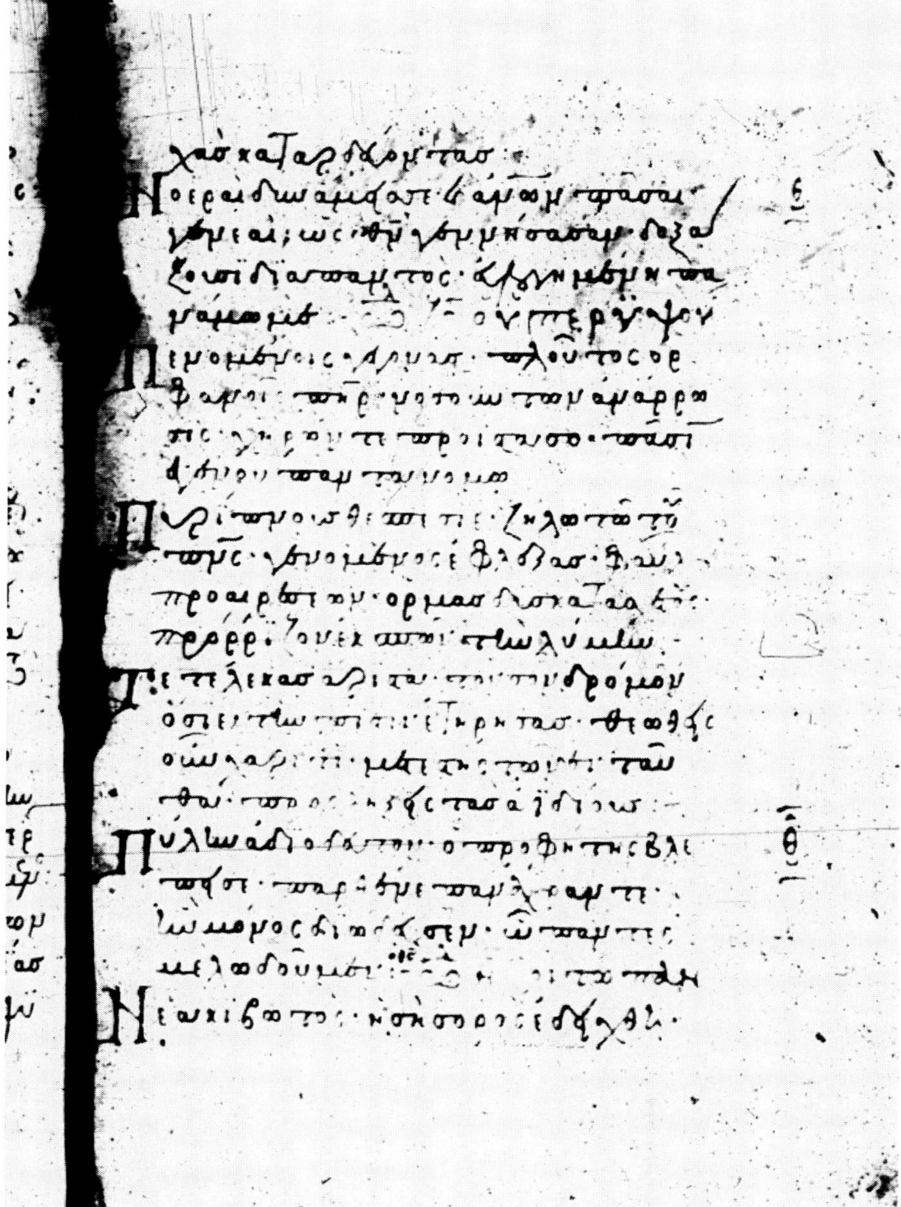

Chalk. S. Trin. 64, f. 229v (IHRT, Paris)